新能源汽车专业系列教材
"互联网+"新形态一体化系列教材

混合动力汽车构造原理与检修

李春明◎主审　　赵振宁◎编著

航空工业出版社
北　京

内 容 提 要

本书以第三代混合动力汽车构造原理与检修进行编写，共分为 10 章。包括第一章混合动力汽车简介；第二章混合动力汽车的使用和维护；第三章米勒发动机系统；第四章电池管理系统；第五章高压配电箱诊断与检修；第六章电机系统诊断与检修；第七章混合动力控制系统；第八章 DC/DC 转换器诊断与检修；第九章线控换挡模块；第十章奥迪 Q5 混合动力汽车技术应用。本书可作为“新能源汽车技术”“汽车检测与维修技术”等汽车专业的学生用书，也可供从事本专业工作的工程技术人员的参考用书。

图书在版编目（CIP）数据

混合动力汽车构造原理与检修 / 赵振宁编著 . — 北京：航空工业出版社，2020.7（2024.2 重印）

ISBN 978-7-5165-2271-4

Ⅰ . ①混…　Ⅱ . ①赵…　Ⅲ . ①混合动力汽车—构造 ②混合动力汽车—车辆检修　Ⅳ . ① U469.7

中国版本图书馆 CIP 数据核字（2020）第 120364 号

混合动力汽车构造原理与检修

Hunhe Dongli Qiche Gouzao Yuanli Yu Jianxiu

航空工业出版社出版发行

（北京市朝阳区京顺路 5 号曙光大厦 C 座四层　100028）

发行部电话：010-85672666　010-85672683

北京荣玉印刷有限公司印刷　　全国各地新华书店经售

2020 年 7 月第 1 版　　2024 年 2 月第 4 次印刷

开本：889 毫米 ×1194 毫米　1/16　　字数：336 千字

印张：14　　定价：56.00 元

前言

本书在编写过程中遵循教育部“以就业为导向，以服务为宗旨，以能力为本位”的职业教育方针。本书落实立德树人的根本任务，深入贯彻党的二十大精神。

在本书的编写过程中，围绕不同的工作任务对传统的学科型汽车专业教学内容进行重新整合，力图把专业知识与具体工作任务和职业能力培养结合起来，使学生在学习过程中能够有效地把理论和实践相结合。

目前阶段新能源汽车主要是电动汽车，电动汽车包括油电混合动力汽车、纯电动汽车和燃料电池汽车三种。

汽车的发展过程是从传统单一汽 / 柴油内燃机向混合动力汽车、纯电动汽车和燃料电池汽车方向发展。

在纯电动汽车成本未降低、基础设施未完备时，要大力发展混合动力汽车。当纯电动汽车成本降低了、基础设施完备了，就要大力发展纯电动汽车。从我国大力发展单一纯电动汽车向插电式油电混合动力汽车和纯电动汽车共同发展的结果可知：未来将是混合动力汽车和纯电动汽车共存的时代，一直会延续很久。

目前，各学校的教具主要是针对第二代混合动力汽车的开发，而在实际工作中，装配有第三代混合动力汽车技术的汽车已在我国销售近十余年，因此，亟需编写第三代混合动力汽车原理与检修教材以适应现在汽术技术发展的需要。

本书主要由长春汽车工业高等专科学校教师赵振宁编写。未经作者同意，严禁对本书内容进行部分复制和传播，否则将追究法律责任。

由于作者的水平有限及本书的篇幅有限，难免会有错漏之处，希望读者不吝指正，作者也会尽量把最新最准的电动汽车技术展现在读者面前。本书还配有讲解视频和后台制作的资源，有需要者可致电 13810412048 或发邮件至 2393867076@qq.com。

赵振宁

目录

第一章　混合动力汽车简介 / 1

第一节　混合动力汽车发展历史 / 2
第二节　混合动力汽车定义和分类 / 5
第三节　两个省油、节油四原则 / 10
第四节　油电混动机械特性 / 12
第五节　微混型混合动力汽车 / 14
第六节　轻混型混合动力汽车 / 15
第七节　串联式混合动力结构 / 17
第八节　丰田普锐斯混联式混合动力汽车结构 / 19

第二章　混合动力汽车的使用和维护 / 29

第一节　混合动力汽车的使用 / 30
第二节　维修基本信息查询 / 31
第三节　维修注意事项 / 32
第四节　高压维修注意事项 / 34
第五节　车辆撞击损坏后应采取的措施 / 36
第六节　如何移走损坏车辆 / 37
第七节　仪表信息 / 38
第八节　处理两种蓄电池的馈电 / 39
第九节　两种检查模式操作程序 / 40
第十节　典型工作任务五例 / 42

第三章　米勒发动机系统 / 51

第一节　操作前注意事项 / 52
第二节　系统原理图和症状表 / 53
第三节　米勒发动机系统诊断与维修 / 61
第四节　米勒发动机系统端子测量 / 93
第五节　米勒发动机系统示波诊断 / 97
第六节　米勒发动机数据分析 / 101

第四章　电池管理系统 / 107

第一节　主要零部件位置 / 108
第二节　电池管理系统检修 / 112
第三节　电池管理系统诊断数据 / 121

第五章 高压配电箱诊断与检修 / 127

第一节 高压绝缘检测 / 128
第二节 高压继电器触点电路 / 129
第三节 高压数据读取 / 132

第六章 电机系统诊断与检修 / 135

第一节 丰田普锐斯逆变器描述 / 136
第二节 电机传感器诊断与检修 / 139
第三节 电机 / 逆变器冷却系统诊断与维修 / 142
第四节 变频器数据读取分析 / 143

第七章 混合动力控制系统 / 145

第一节 检查的注意事项 / 146
第二节 混合动力汽车主要部件 / 148
第三节 系统原理图 / 151
第四节 丰田普锐斯系统描述 / 156
第五节 数据列表分析 / 161

第八章 DC/DC 转换器诊断与检修 / 165

第一节 升压 DC/DC 转换器诊断与检修 / 166
第二节 降压 DC/DC 转换器诊断与检修 / 167
第三节 降压 DC/DC 转换器诊断实训 / 169
第四节 DC/DC 转换器数据读取分析 / 170

第九章 线控换挡模块 / 173

第一节 选挡和换挡控制 / 174
第二节 驻车制动控制 / 177
第三节 换挡数据分析 / 178

第十章 奥迪 Q5 混合动力汽车技术应用 / 179

第一节 奥迪 Q5 混合动力汽车简介 / 180
第二节 奥迪 Q5 混合动力汽车发动机 / 181
第三节 奥迪 Q5 混合动力汽车转向和制动系统 / 186
第四节 奥迪 Q5 混合动力汽车电气系统 / 188
第五节 奥迪 Q5 混合动力汽车电机 / 196
第六节 奥迪 Q5 混合动力汽车空调 / 198
第七节 奥迪 Q5 混合动力汽车高压系统 / 201
第八节 奥迪 Q5 混合动力汽车显示和操纵单元 / 208
第九节 售后服务和车间设备 / 213

参考文献 / 217

第一章

混合动力汽车简介

情境引入

20 岁的汽车专业学生小林毕业后不想长期从事劳动密集型工作，他认为劳动密集型工人的工作很容易被他人或机械替代，为自己未来的发展打算，他想从事技术密集型工作。他自知技术，特别是现在学的新能源汽车技术是未来一门小则保他谋生，大则让他过上较富足生活的学科，他下定决心，努力学好本学科。

他想，怎么能看出一辆混合动力汽车与另一辆混合动力汽车的区别是什么？各自优点和缺点又是什么呢？

学习目标

（1）了解纯电动汽车和油电混合动力汽车的名字是根据什么工况进行确定的。

（2）了解油电混合动力汽车按串并联分类分为几类，并能画出每类的构型图。

（3）了解油电混合动力汽车按混合度分为几类，并知道每类的特点是什么。

（4）了解油电混合动力汽车按是否充电分为几类，并知道每类的特点是什么。

（5）能够画出微混型混合动力汽车的构型图。

（6）能够画出轻混并联型混合动力汽车的构型图。

（7）能够画出中混并联型混合动力汽车的构型图。

（8）能够画出重混混联型混合动力汽车的构型图。

（9）能够说出重混混联型丰田普锐斯混合动力汽车的工作过程。

笔记

第一节 混合动力汽车发展历史

一、1900年至1920年

今天的混合动力汽车，被视作是由传统内燃机汽车发展到未来纯电动汽车的中间形态，但在汽车发展史上，第一辆混合动力汽车却是出现在纯电动汽车诞生的近20年后。令人惊讶的是，它所采用的工作原理，直到今天仍被用于最新型的混合动力汽车甚至是概念车上。

图1–1 保时捷博物馆复原的“罗尼尔–保时捷”Semper Vivus

混合动力汽车的历史要追溯到1900年，世界第一辆混合动力汽车“罗尼尔—保时捷”在当年诞生。他的设计来自25岁的费迪南德·保时捷，这个年轻人后来作为第一代大众甲壳虫的设计师、保时捷品牌的开创者而扬名天下，但1900年时，他只是位于维也纳的雅各布·罗尼尔公司的一位重要雇员，这是他的第一份工作。这家公司原本是一家豪华马车制造商，从19世纪末开始生产电动汽车。

在“罗尼尔—保时捷”上，费迪南德采用了串联式混合动力，由汽油内燃机为发电机提供能量，由安装在前轮内的两个轮毂电动机提供驱动力（见图1-1），最大功率10~14马力。今天的雪佛兰Volt就采用了这种汽油机驱动发电机的形式，而轮毂式电机驱动则被近年来很多纯电动概念车所使用。“罗尼尔—保时捷”有双座和四座两种车身形式，也有以蓄电池为能量源的纯电动型号，在此基础上费迪南德还开发出装备4个轮毂电机的四驱车型。

这辆充满灵感的汽车在1900年的巴黎世界博览会上大出风头，受到媒体广泛关注，但并未对它的市场推广有什么帮助。“罗尼尔—保时捷”售价高达15 000奥匈帝国克朗，而同期最贵的8马力奔驰Velo售价才5 200德国马克，前者是后者的2.6倍。虽然在20世纪初也有汽油价格上涨现象，但受益者更多的是早期电动车。作为市内交通工具，纯电动车曾在19世纪末到20世纪初风行一时，直到1920年欧美城际公路网逐渐形成，电动车“腿短”的缺点越来越明显（这也是同期蒸汽车被淘汰的原因之一）后才渐渐淡出人们的视野。

在混合动力技术的奠基者中，还应该记住的一个名字是亨利·皮珀，他是一位德国工程师和发明家。他在1902年左右发明了并联式混合动力系统，甚至开发出了配套的早期动力管理系统。亨利·皮珀将这一成果授权给一家比利时汽车公司Auto-Mixed，并在1906年到1912年推出一系列车型，如3.5马力的Voiturette。但在亨利·皮珀去世后，Auto-Mixed被另一家公司收购。

1915年，在大西洋另一边的北美大陆上也出现了一家颇具超前性的汽车制造商：欧文·麦哥尼茨（Owen Magnetic）。这家公司专门生产混合动力汽车，其采用串联式混动系统。在1915年纽约车展上Owen Magnetic的6缸混合动力汽车首次与公众见面（见图1-2），由于主顾中包括一些世界闻名的男高音歌唱家，如爱尔兰的约翰·麦考马克和意大利的恩里科·卡鲁索，这个品牌很快就变得广为人知，可以说是早期“明星营销”的成功典范之一。Owen Magnetic一直生产到1921年，他们的最后一款产品是Model Magnetic 60 Touring（见图1-3）。

笔记

图 1-2　1915 年 Owen Magnetic 混合动力汽车

图 1-3　1921 年 Owen Magnetic Model 60 Touring

在同一时期，另一家电动汽车制造商，芝加哥的伍兹汽车公司也生产混合动力汽车。1916 年伍兹公司宣称他们的混合动力汽车最高时速可以达到 56 km，百公里油耗 4.9 升。但与烧汽油的内燃机车型相比，混合动力汽车始终存在价格昂贵和动力偏弱的问题，很快被淹没在汽油机汽车的汪洋大海中。以 1913 年美国市场为例，电动汽车加混合动力汽车共计销售了 6 000 辆，而采用汽油内燃机的福特 T 销售了 182 809 辆。从 1920 年开始，混合动力汽车进入了一个近 40 年的静默期。

二、1966 年至 1980 年

1966 年，美国国会通过的一项议案，拂去了电动和混合动力汽车身上的尘埃。为了减轻日益严重的空气污染，这项议案提倡使用电动汽车。1969 年，通用汽车推出了他们的应对之策——512 系列混合动力实验车。GM512 甚至比微型车还小（见图 1-4），更像个玩具，只能乘坐 2 人，后置后驱布局。它采用了一套并联式混合动力系统，速度在 16 km/h 以内时由电动机驱动，在 16~21 km/h 时为电动机和两缸汽油内燃机共同工作，在 21 km/h 以上时为汽油机单独提供动力，其最高时速为 64 km。这种玩具般的小车在当时的交通环境里基本没有实际意义，因此有批评者认为通用并不愿意亲手终结盈利颇丰的传统汽车产业，只是用 512 系列来缓解对降低空气污染的舆论压力。

图 1-4　1969 年通用的微型混合动力实验车 512 系列

图 1-5　1977 年丰田混合动力概念车 Sport 800 GT Hybrid

但 1973 年，影响全球范围的第一次石油危机再次将电动和混合动力汽车推到聚光灯下，比起作用缓慢的空气污染，“钱包变薄”问题更迫在眉睫。到 1979 年，通用汽车在电动汽车项目上花费了 2 000 万美元，并乐观地估计到 20 世纪 80 年代中期就可以投入量产，直接跳过混合动力的过渡阶段。丰田在 1977 年也推出了一款混合动力概念车 Sport 800 GT Hybrid（见图 1-5），采用“燃气轮机＋电动机”的并联形式。

笔记

三、1980 年至 1997 年

进入 1980 年后，各大汽车制造商都在进行新能源领域的尝试，奥迪在 1989 年展出了在奥迪 100 Avent Quattro 基础上研发的 Duo 实验车（见图 1-6），由 12.6 马力的电动机驱动后轮，能量来自可充电的镍镉电池，由 136 马力的 2.3 升 5 缸汽油机驱动前轮。奥迪 Duo 的尝试一直持续到 1997 年，基于 A4 Avent 的第三代 Duo 正式量产（见图 1-7），这使奥迪成为第一家生产现代混合动力汽车的欧洲厂商，但这款车型并未得到市场认可并最终停产。BMW 则在 1991 年推出了电动概念车 E1（见图 1-8），同年日产也发布了他们的电动概念车 FEV（Future Electric Vehicle，见图 1-9），并在 1995 年发布了第二代 FEV（见图 1-10）。

1990 年代中期，苦心钻研的通用终于修成正果，世界上第一辆现代意义上的量产电动汽车 EV1 在 1996 年上市（见图 1-11），但它短暂的生命似乎证明了电动汽车的生不逢时。而 EV1 的兄弟，纯电动的雪佛兰紧凑型皮卡 S-10EV 甚至比它还短命，生产仅 1 年便停产。

图 1-6　1989 年奥迪第一代混合动力实验车 Duo

图 1-7　1997 年基于 A4 Avent 的第三代 Duo

图 1-8　1991 年 BMW 电动概念车 E1

图 1-9　1991 年日产推出第一代 FEV 概念车

图 1-10　1995 年日产第二代 FEV

图 1-11　1996 年通用诞生的 EV1

笔记

1996 年诞生的 EV1，在 4 年的生命周期里只生产了 1 117 辆。福特在 1998 年也生产出了纯电动皮卡 Ranger EV（见图 1-12），到 2002 年停产共生产了 1 500 辆。在 EV1 奋力求生的同时，1997 年第一代丰田普锐斯（Prius）上市（见图 1-13），只在日本市场发售，少量被出口到英国、澳大利亚和新西兰。迄今为止全球最畅销的混合动力车就此诞生，在第一年就卖出 1.8 万辆，而到 2011 年 3 月累计销量达到了 300 万辆。

图 1–12　1998 年福特纯电动皮卡 Ranger EV

图 1–13　1997 年上市的第一代丰田普锐斯

在混合动力汽车的历史中，日本丰田普锐斯是一个重要标志。在经历了近百年风雨之后，混合动力车终于迎来了自己的春天。

目前世界上已经有 70 余种车型的燃料电池汽车问世，在国外最热门、销量最大的新能源汽车就是混合动力汽车。

四、1997 年至现在

1997 年，第一款量产混合动力品牌普锐斯由丰田推向日本市场，当年售出 1.8 万辆。1999 年，本田混合动力双门小车 Insight 在美国推出，受到好评。2007 年年底，美国权威机构 AutoData 的统计数据显示，2007 年 10 月份美国混合动力汽车的销售量与上一年相比，同期增长了 30 个百分点，销售量为 24 443 辆。混合动力车型甚至成了平淡的美国汽车市场的一大亮点。2007 年，美国市场销售混合动力车型超过 30 万辆。2007 年 5 月 17 日，丰田混合动力汽车全球累计销售突破 100 万辆。

第二节　混合动力汽车定义和分类

一、混合动力汽车定义

“Hybrid”译为混合，车尾部标有 Hybrid 字样的汽车称为混合动力汽车。混合动力汽车是个大的概念，范围较广，由于实用的混合动力汽车是由内燃机和电动机两种动力混合作为输出，所以称为油电混合动力汽车，本书的“混合动力汽车”仅特指油电混合动力汽车。

从能量源来看，“油”可以代表汽油、柴油，甚至是天然气；“电”是以蓄电池、电容、储能飞轮三种形式储能，但三者储存的能量都来源于内燃机带动的发电机，即此时“电也是油”。

笔记

二、混合动力汽车按串并联分类

传统的混合动力汽车分为串联式和并联式。近年来出现了一种同时具有串并联特征的混合动力汽车，称为混联式。

1. 串联式

串联式混合动力汽车也称为“增程式”电动汽车，如图 1-14 所示为串联式混合动力汽车简化结构示意图。串联就是与车轮直接机械连接的仅是电机。串联式混合动力汽车的工作模式就是用传统内燃机直接通过发电机为电池充电，然后完全由电动机提供动力的动力驱动汽车。其目的在于使内燃机长时间保持在最佳工作状态，以达到减排的效果。具体地说，内燃机输出的机械能首先通过发电机转化为电能，转化后的电能一部分用来给蓄电池充电，另一部分经由电动机和传动装置驱动车轮。和燃油车相比，它是一种内燃机辅助型的电动车，主要是为了增加车辆的行驶里程。由于在内燃机和发电机之间的机械连接装置中没有离合器，因而它有一定的灵活性。尽管其传动结构简单，但它也需要三个驱动装置：内燃机、发电机和电动机。如果串联式混合型电动汽车设计时考虑爬长坡，为提供最大功率的三个驱动装置的尺寸就会较大，短途运行如当通勤车或只是用于购物，相应的内燃机发电机装置应采用低功率的。这种形式的好处是内燃机可以不受行驶状态的影响，一直处于最佳工作状态，对于改善排放大有好处，但转换效率偏低。丰田曾经将这种串联形式应用在考斯特上，并进行了批量生产。

串联式混合动力汽车工作过程如下。

（1）纯电动工况：蓄电池→变频器 2→电机 2→变速箱→车轮。

（2）内燃机起动：蓄电池→变频器 1→电机 1→内燃机。

（3）车辆原地发电：内燃机→电机 1→变频器 1→蓄电池。

（4）行驶中串联：内燃机→电机 1→变频器 1→蓄电池→变频器 2→电机 2→变速箱→车轮。

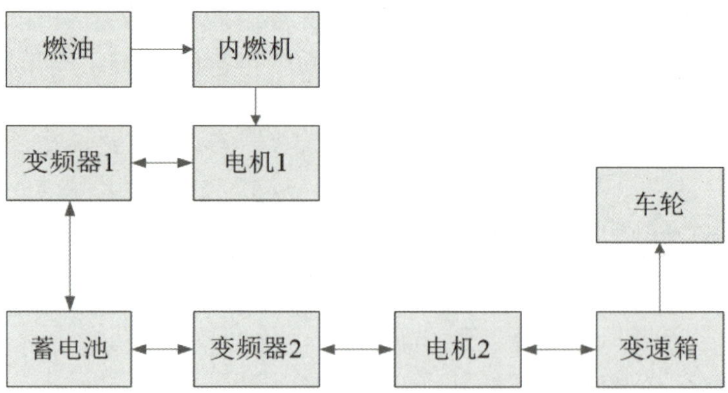

图 1–14　串联式混合动力汽车简化结构示意图

2. 并联式

如图 1-15 所示为并联式混合动力汽车简化结构示意图。所谓并联式混合动力，就是电动机和内燃机并行排布，动力可以由两者单独提供或是共同提供。在并联混合动力系统中，电动机同时也是发电机，其作用是让内燃机尽量接近最佳效率状态，以达到节油的效果。并联式混合动力汽车受电动机和电池能力的限制，仍然要以内燃机为主要动力。但由于保留了常规汽车的动力传递

笔记

形式，在效率上更高。

具体地说，与串联式混合动力汽车不同的是，并联式混合动力汽车采用内燃机和电动机两套独立的驱动系统驱动车轮。内燃机和电动机通常通过不同的离合器来驱动车轮，可以采用内燃机单独驱动、电力单独驱动或者内燃机和发电机混合驱动三种工作模式驱动。从概念上讲，它是电力辅助型的燃油车，目的是降低排放和燃油消耗。当内燃机提供的功率大于驱动电动车所需的功率或者再生制动时，电动机工作在发电机状态，将多余的能量充入电池。与串联式混合动力汽车比较，它只需两个驱动装置内燃机和电动机，而且在蓄电池放完电之前，如果要得到相同的性能，并联式混合动汽车比串联式混合动力汽车的内燃机和电动机的体积要小。即使在长途行驶时，内燃机的功率可以达到最大，而电动机的功率只需发出一半即可。

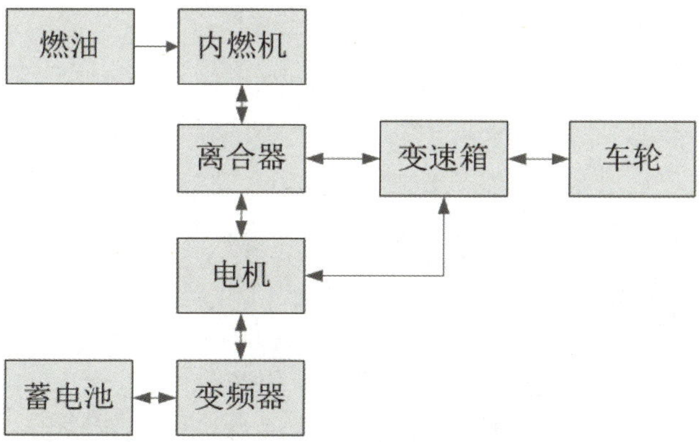

图 1–15　并联式混合动力汽车简化结构示意图

并联式混合动力汽车工作过程如下。

（1）纯电动工况：蓄电池→变频器→电机（离合器断开）→变速箱→车轮。

（2）内燃机起动：蓄电池→变频器→电机→离合器闭合→内燃机。

（3）车辆原地发电：内燃机→离合器闭合→电机→变频器→蓄电池。

（4）行驶中并联：第一路为内燃机→离合器闭合→变速箱→车轮，第二路为蓄电池→变频器→电机→变速箱→车轮。

（5）能量回收：车轮→变速箱→电机→变频器→蓄电池。

3. 混联式

如图 1-16 所示为混联式混合动力汽车简化结构示意图。混联形式顾名思义就是结合了并联和串联两种形式的优点。其在并联的基础上，将发电机和电动机分离开，这样电动机在运转过程中也能进行充电，使车辆能以串联和并联两种形式工作。目前的混合动力汽车基本属于这种模式。具体地说，混联式混合动力汽车在结构上综合了串联式和并联式的特点：与串联式相比，它增加了机械动力的传递路线；与并联式相比，它增加了电能的传输路线。尽管混联式混合动力汽车同时具有串联式和并联式的优点，但其结构复杂，成本高。不过，随着控制技术和制造技术的发展，现代混合动力汽车更倾向于选择这种结构。

笔记

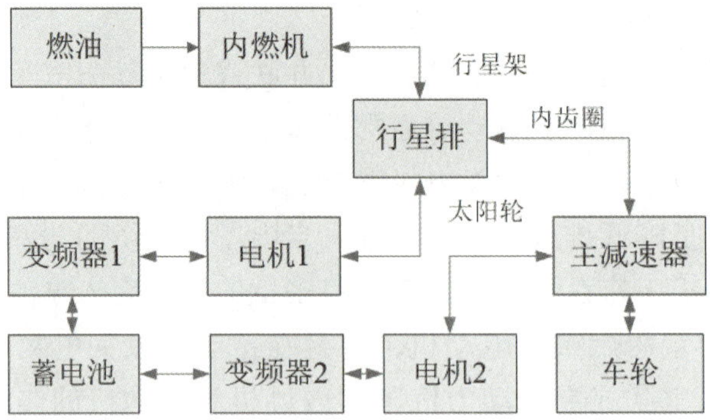

图 1–16　混联式混合动力汽车简化结构示意图

混联式混合动力汽车工作过程如下。

（1）纯电动工况：蓄电池→变频器 2 →电机 2 →主减速器→车轮。

（2）内燃机起动：蓄电池→变频器 1 →电机 1 →行星排的太阳轮（内齿轮固定或转动）→行星架→内燃机。

（3）车辆原地发电：内燃机→行星排的内齿圈（内齿轮固定）→太阳轮→电机 1 →变频器 1 →蓄电池。

（4）行驶中串联：内燃机→行星排的内齿圈（内齿轮转动）→太阳轮→电机 1 →变频器 1 →蓄电池→变频器 2 →电机 2 →主减速器→车轮。

（5）行驶中并联：内燃机→行星排的行星架→行星排的内齿圈→主减速器→车轮，同时加上串联过程中电机 2 的输出。

三、混合动力汽车按照混合度分类

混合度指电机功率占动力系统总功率的百分比（动力系统总功率为蓄电池给电机的功率与发动机的功率和），分为微混、轻度混、中度混合、重度混合四种。

1. 微混

混合度小于等于 5% 的称为微混合动力，“微混”也称“停起”（Stop-Start）式。在交通拥堵的城市，可以实现节油率 5%~10%。微混合动力车型的电机基本不具备驱动车辆的功能，一般是用作迅速起动发动机，实现停起功能。

例如，Smart fortwo MHD（双人迷你型混合动力汽车）就属于这种类型。优点是汽车结构改变很小，成本增加很少，易于实现，有可能成为乘用车的标准设置；缺点是当停车需要空调时不起作用；推广“停起式”结构需要提高公众的节能意识，且学术界有人认为“停起式”算不上混合动力系统，并不是因为混合度的问题，而是没有电机和发动机共同驱动的过程。

2. 轻度混

混合度在 5%~15% 的为轻度混合动力。在这种类型中，发动机依然是主要动力，电机不能单独驱动汽车，只是在爬坡或加速时辅助驱动，平时主要使用发动机动力，电机在汽车加速爬坡时提供辅助动力，同时具有制动能量回收和停起功能。

别克君越 ECO-Hybrid 就属于这种轻度混合动力类型。发动机排量可减少 10%~20%，节油率可达到 10%~15%；技术难度相对较小，成本增加不是很多。

轻度混合动力汽车的特性：车辆停止时，关闭发动机。起步和加速时电机起辅助发动机作用。

减速 / 制动时，发动机因传统电控发动机系统控制而执行断油模式，并将获得的制动再生能量充入蓄电池。有技术结构较简单、成本低、应用广泛的优势。

3. 中度混合

混合度在 15%~40% 的为中度混合动力，电机可以单独驱动汽车，其他与轻度混相同。

4. 重度混合

混合度在 40% 以上的为重度混合动力。汽车起步、倒车和低速行驶时为纯电动行驶；在小负荷串联时，发动机驱动汽车；中负荷时以发动机驱动为主；在大负荷或急加速时电机和发动机同时驱动汽车；具有制动能量回收和停起功能。电机的功率约为发动机功率 50%，节油率可达到 30%~50%，技术难度较大，成本增加多。典型的例子是丰田普锐斯。

四、混合动力汽车按能否外接电源进行充电分类

混合动力汽车按能否外接电源进行充电，分为混合动力 HEV（Hybrid Electric Vehicle）和插电式混合动力 PHEV（Plug-in Hybrid Electric Vehicle，见图 1-17）两种。

1. 混合动力系统

混合动力系统（HEV）不能外接充电，蓄电池的电能在下降一定数值，例如 60% 时，由发动机工作带动高压发电机给蓄电池充电，这种充电大多数是在发动机处于高效率工况时。

2. 插电式混合动力系统

插电式混合动力系统（PHEV）根据欧美驾车习惯而来，能外接充电更有利于节能减排。国外研究机构根据资料统计得出结论，法国城镇居民 80% 以上日均驾车里程少于 50 km，美国汽车驾驶者也有 60% 以上日均行驶里程少于 50 km，80% 以上日均行驶里程少于 90 km。因此，在车辆上安装一套巨大的蓄电池组，使其电量足以撑过这一里程，就可以在大部分日常行驶中达到零排放。

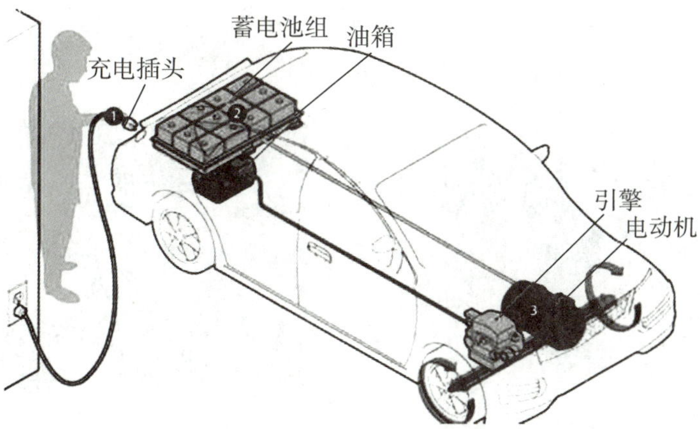

图 1–17　插电式混合动力示意图

插电式混合动力系统的特征是由电能单独驱动，并配备一个大容量的可外部充电的蓄电池组，显著的特性是可通过停车场的 380 V 或家庭的 220 V 交流电源进行充电，也可通过充电站的直流充电桩进行快速充电。插电式混合动力汽车电机的功率接近发动机的，可实现较长距离的纯电动行驶，电池容量依纯电动行驶里程来选定，节油率在不计电能时最大可达到 100%。

笔记

第三节 两个省油、节油四原则

一、汽车省油四原则

1. 轻量化技术

汽车的轻量化，就是在保证汽车的强度和安全性能的前提下，尽可能地降低汽车的整备质量，从而提高汽车的动力性，减少燃料消耗，降低排气污染。主要指导思想是在确保稳定提升性能的基础上，节能化设计各总成零部件，持续优化车型。

实验证明：汽车整备质量降低 10%，燃油效率可提高 6%~8%；汽车整备质量每减少 100kg，百公里油耗可降低 0.3~0.6 L；汽车整备质量降低 1%，油耗可降低 0.7%。当前，由于环保和节能的需要，汽车的轻量化已经成为世界汽车发展的潮流。

实现汽车的轻量化主要途径有如下几种。

①汽车主流规格车型持续优化（见图 1-18）。在规格主参数尺寸保留的前提下，提升整车结构强度，减少耗材用量。

②采用轻质材料，如铝、镁、陶瓷、塑料、玻璃纤维或碳纤维复合材料等。

③采用计算机进行结构设计，如采用有限元分析、局部加强设计等。

④采用承载式车身，减薄车身板料厚度等。

其中，当前汽车的轻量化措施主要是采用轻质材料。

2. 减风阻技术

空气阻力是汽车行驶时所遇到最大的也是最重要的外力。空气阻力系数，又称风阻系数，是计算汽车空气阻力的一个重要系数。它是通过风洞实验（见图 1-19）和下滑实验所确定的一个数学参数，用它可以计算出汽车在行驶时的空气阻力。风阻系数的大小取决于汽车的外形。风阻系数越大，则空气阻力越大。现代汽车的风阻系数一般在 0.3~0.5 之间。风阻系数不仅适用于空气，也适用于其他流体内部。

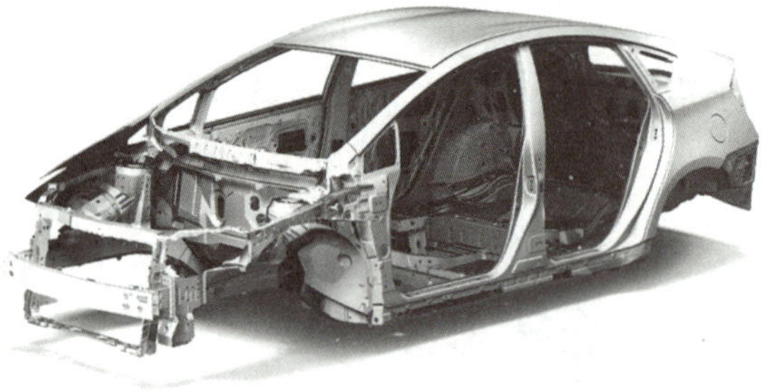

图 1-18　轻量化设计后的车身

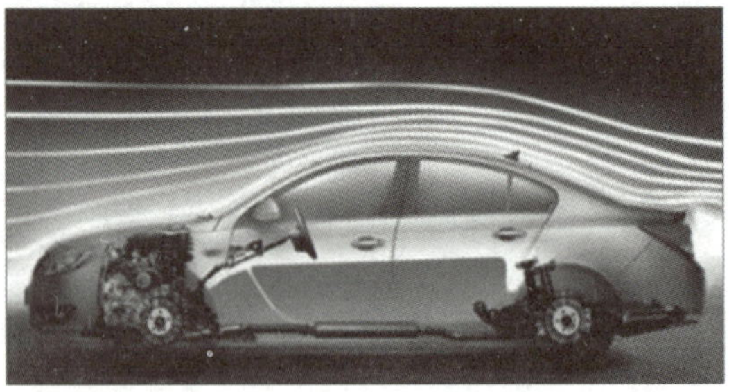

图 1-19　车身风洞实验的流线

风阻是车辆行驶时来自空气的阻力，一般空气阻力有三种形式：第一是气流撞击车辆正面所产生的阻力，就像拿一块木板顶风而行，所受到的阻力几乎都是气流撞击所产生的阻力；第二是摩擦阻力，空气划过车身会产生摩擦力，然而以一般车辆能行驶的最快速度来说，摩擦阻力小到几乎可以忽略；第三是外形阻力，车辆高速行驶时，外形阻力是最主要的空气阻力来源。外形所造成的阻力来自车后方的真空区，真空区越大，阻力就越大。一般来说，三厢式的房车的外形阻

笔记

力会比掀背式休旅车小。

3. 高效率动力机械

动力机械的高效率包括燃烧高效率和机械高效率。

（1）发动机燃烧高效率。汽油机或柴油机的转矩输出特性不适合驱动汽车，加之驱动轮转速和发动机转速之间相互影响，使发动机不能高效地工作。为提高发动机燃烧效率可采用重混的油电混合动力机械（见图 1-20），这种发动机的转速受驱动轮转速影响比较小。

（2）机械高效率。机械高效率包括安装松的活塞气环和油环，用电动水泵替换机械水泵，机油泵采用变量泵，采用更低黏度的机油，换飞溅润滑为压力润滑等。

4. 高效率传动系统

高效率传动系统包括离合器、变速箱、分动箱、万向节、驱动桥，作用是保证动力在传动过程中是高效的，不仅是变速箱本身（见图 1-21）。

图 1-20　高效重混的油电混合动力机械

图 1-21　高效率传动系统（变速箱传动高效率）

二、发动机节油四原则

1. 小排量发动机

为保证汽车的加速和爬坡性能，内燃机的最大功率选定为车辆以 100km/h 在平路上行驶时所需功率的 10 倍，或者是在 6° 坡上以 100km/h 行驶时所需功率的 3~4 倍。传统汽车为了保证动力性，匹配了功率过大的内燃机，导致内燃机大部分时间低负荷工作，出现“大马拉小车”的现象，这是内燃机低效率的主要原因之一。

为了节油，混合动力汽车内燃机采用了 Downsize 技术，也就是采用内燃机小排量的技术。

2. 怠速停起技术

混合动力汽车没有怠速工况。传统内燃机需要产生扭矩以维持自身怠速运转，基本不向外输出扭矩。另外，内燃机扭矩以怠速扭矩为基础，在一定范围内，其输出扭矩随转速上升而上升。这种特性不利于汽车行驶。而混合动力汽车中的电机则在一开始起动就能达到峰值扭矩，根本不需要怠速。当电机转速上升时，输出扭矩也随之降低，这种特性恰好适用于汽车低速大扭矩、高速小扭矩的动力需求。

3. 工作在经济区

内燃机和车轮间的直接机械连接关系使内燃机效率降低。为适应驱动的需要，内燃机工作是变工况工作，所以效率从低到高变化很大，但平均效率仍然很低。

电机和内燃机混合驱动可以提高内燃机效率。原因是内燃机的效率虽然很低，但永磁电机的

笔记

发电和电动效率都在 95% 左右。混动过程中有多阶段的能量损失，但由于此时内燃机是在高效率下产生的能量，即使经过这些阶段的能量损失，最后留下的能量也比传统内燃机一个动力机械实现同样的功能要多。混合动力汽车利用内燃机在高效率区工作，驱动汽车的同时也发出电能并储存在蓄电池内，储存的能量会在内燃机进入低效率区时发挥作用。例如低速时采用纯电动工况，中高速则采用内燃机工作发电的混合动力工况，急加速和高速则采用电机电动的混合动力工况。

内燃机在中等转速时，一般汽车在 60~90 km/h 的范围内行驶，此时内燃机效率最高，电机参与度下降，这样就达到省油的效果。

4. 制动能量回馈

传统汽车在制动过程中没有能量回收功能，而混合动力汽车有能量回收功能。

从技术上讲，混合动力汽车的纯电动工况就是纯电动汽车，混合动力汽车在概念上就包括了纯电动汽车。区别就是混合动力汽车原则上不是一定要充电，纯电动汽车则必须要充电。从汽车的发展来看，纯电动汽车（这里指高速电动汽车）是未来发展的主要方向（但并不是要全部代替燃油车，至少在燃油完全枯竭前）。目前，电动汽车成本高、充电时间长和续驶里程偏短等因素仍阻碍着电动汽车产业的快速发展，而从节能和环保两大主题出发的混合动力汽车发展较好。

第四节 油电混动机械特性

一、电动汽车电机机械特性

电动汽车的电机由于有变频器控制，变频电机的机械特性与工频电机的机械特性不同。如图 1-22 所示为电动机在变频器控制下的机械特性曲线，是一条受控曲线，这条曲线不仅与负载有关，还与变频器的控制输出有关。曲线图中，低速时扭矩先大后小，同时电机最高转速时的扭矩也不是很低，机械特性的电机比内燃机更适合驱动汽车。

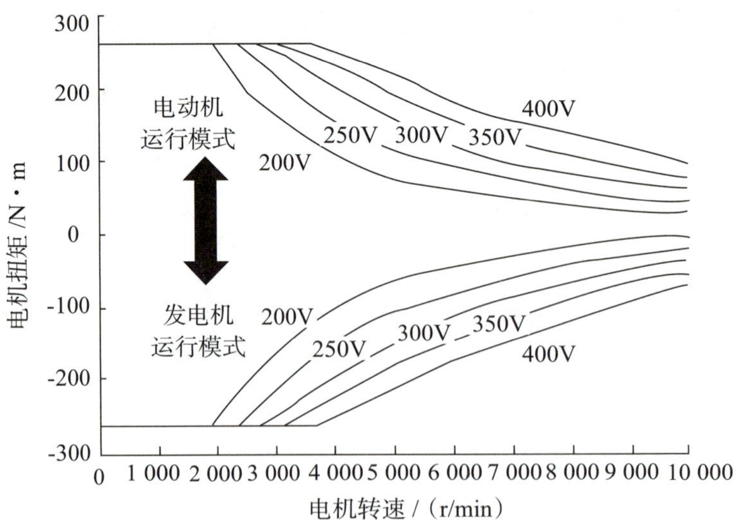

图 1-22 电动机在变频器控制下的机械特性曲线

笔记

二、内燃机机械特性

如图 1-23 所示为奥迪某电控直喷内燃机系统控制下的机械外特性曲线，除了升功率（接近 75 kW/L）大大提升外，内燃机在 1 800 r/min 至 5 000 r/min 时都能输出最大扭矩 280 N·m，这说明汽车在不同车速都有极好的加速超车能力，这是涡轮增压和可变配气相位技术的功劳。

但是，图中 800~1 800 r/min 转速时的扭矩特性不适合汽车大扭矩起步的需要，因此更多依赖变速箱。

三、油电混动机械特性

图 1-24 所示为奥迪 Q5 混合动力 2.0L TFSI 发动机，发动机代码为 CHJA 的扭矩—功率特性曲线，从虚线可以看出扭矩和功率都得到了提升，低速小功率时产生大扭矩是汽车行驶需要的扭力输出。

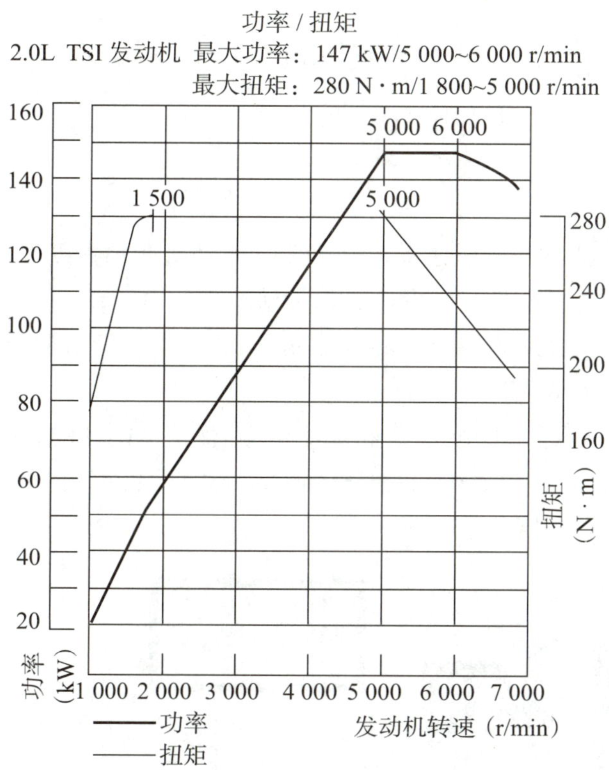

图 1-23 内燃机系统控制下的机械外特性曲线

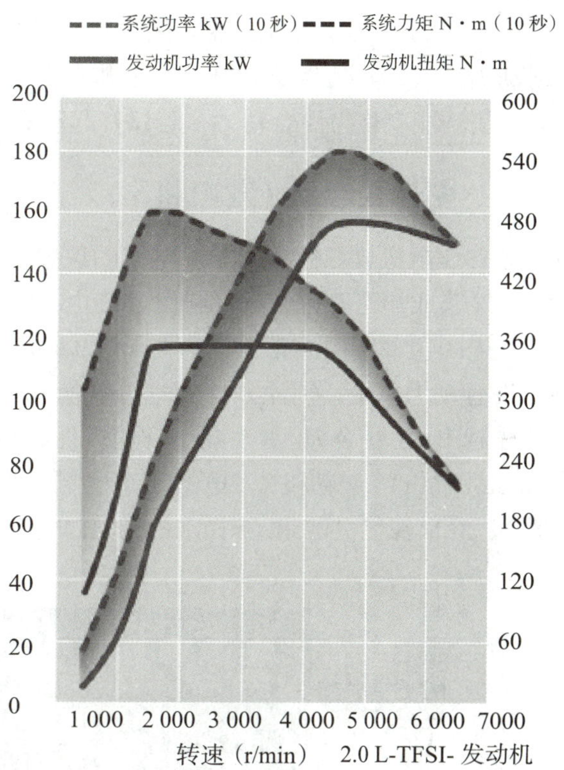

图 1-24 轻混型油电混合动力机械的扭矩 – 功率特性曲线

笔记

第五节 微混型混合动力汽车

传统燃油汽车的怠速停起功能有强化起动机起动和集成电动/发电机（Integrated Starter & Generator，ISG）起动两种方式，但只有集成电动/发电机起动才是微混型。

图 1-25　皮带式怠速停起系统

一、ISG 电机

ISG 电机采用 36V（也称 42V 系统）或更高电压。图 1-25 所示的皮带式怠速停启系统，也称 BSG（Belt Starter & Generator，皮带传动起动/发电）电机，是一种采用皮带传动方式进行油电混合，具备怠速停机和起动的弱（微）混合动力技术的电机，若此电机有辅助加速功能就称为混合动力，若仅有起动和能量回收功能则不称为微混。

二、皮带式起动/发电机

将 ISG 电机放在传统汽车发电机的位置，通过 ISG 电机驱动皮带来驱动发动机曲轴帮助发动机实现停起或加速助力，也可利用 ISG 电机在发动机小负荷时发电，但无法实现纯电驱动。

上述的这种结构通常也称为 Belt Alternator Starter 或 Belt Starter Generator 系统，即 BAS 或 BSG 混合动力系统，须注意电机的功率较大时才能成为轻混。

君越 BAS 混合动力系统结构如图 1-26 所示。其由起动机/发电机总成 MGU（Motor Generator Unit）、起动机/发电机功率控制模块 SGCM（Starter Generator Control Module，也称变频器）、36V 镍氢电池组（Ni-MH）和 12V 铅酸蓄电池组成。

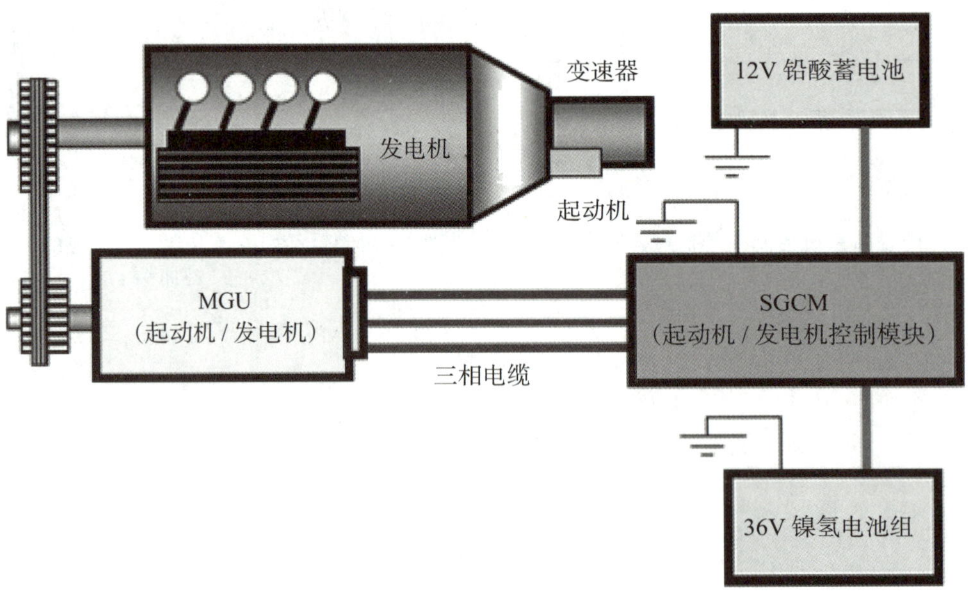

图 1-26　君越 BAS 混合动力系统结构

笔记

三、工作过程

1. 燃油供给阶段

发动机正常工作，消耗燃油。

2. 加速电机助力

驾驶员踩下油门比较深时，电机对车辆进行电动助力。

3. 智能充电阶段

电机由发动机带动旋转，电池组尽可能地从发动机小负荷工作过程中通过发电增加发动机负荷而发电。

4. 减速断油阶段

车辆进入滑行阶段或停下来后，发动机被切断燃油供应，在某些滑行期间，为了保证扭矩的平顺性，电机也将转动。

5. 再生制动阶段

车辆减速时，发动机停止供油，变矩器锁止，车辆带动发动机转动，电机此时作为发电机进行发电，发电机相当于车辆的负载，对车辆有制动作用（类似于发动机制动），系统进入再生制动阶段。

第六节 轻混型混合动力汽车

一、轻混功能

轻混型混合动力系统的车辆主要功能有怠速停起、再生制动、辅助驱动和发电四种功能。

HCU（Hybrid Control Unit，混合动力控制单元）会根据驾驶员请求（油门踏下深度）、电池箱能量存储单元的状态（能允许放出的电量）、电驱动系统状态（停车、行车）以及整车车辆状态等控制 ISG 电机的工作模式，自动实现以上四种功能。

二、轻混奔驰组成

奔驰 400 代表了轻混型混合动力的高端水平，其主要零部件如图 1-27 所示，包括高压电池模块、电机功率模块和电动机组成的电动助力系统；DC/DC 转换器为直流电压转换系统；转换系统采用了 EHPS（Electro-Hydranlic Power Steering）电动液压转向系统；功率控制器，如电机控制器和 DC/DC 转换器采用了双电动冷却循环泵的设计；制动系统采用了电动真空泵、真空助力器和 ABS 控制单元配合电动机实现再生制动；空调采用电控电动压缩机。

笔记

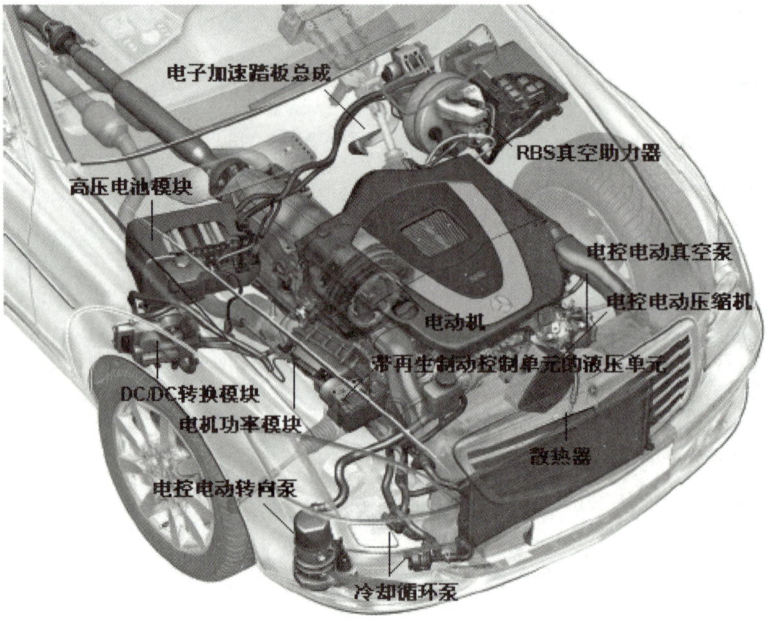

图 1-27　奔驰 400 混合动力系统主要零部件

奔驰 400 的混合动力系统结构如图 1-28 所示，由六缸发动机、电动机、七挡自动变速箱、高压蓄电池、功率控制模块、12V 交流发电机和 DC/DC 转换器等组成。

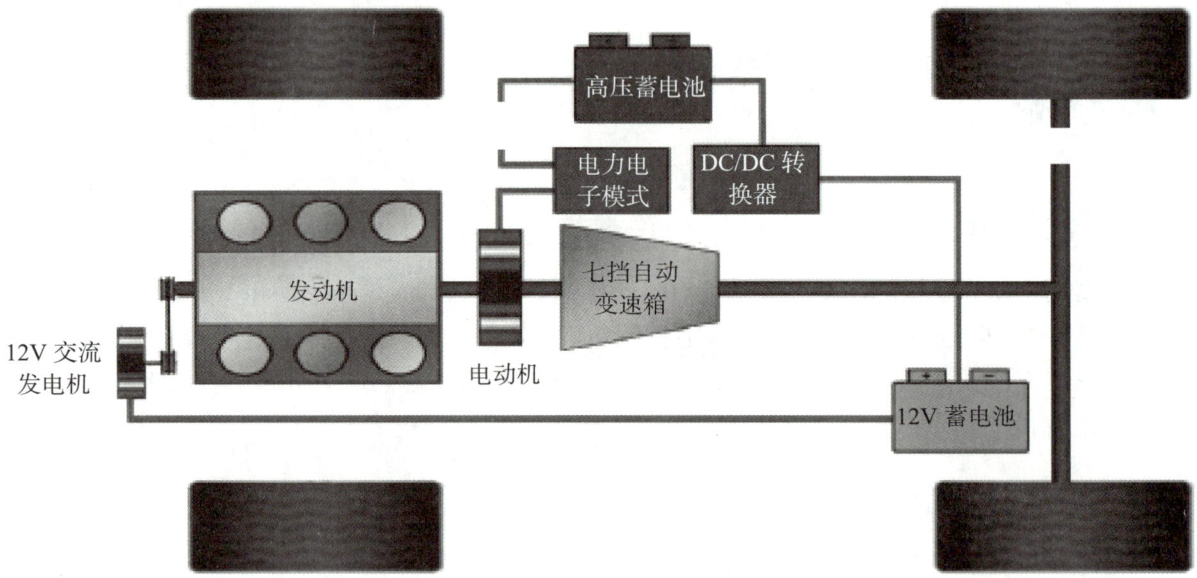

图 1-28　奔驰 400 的混合动力系统结构

三、工作过程

1. 起动过程：高压蓄电池→变频器→电机→发动机。

2. 原地充电过程：发动机→电机→变频器→锂离子电池；同时双向 DC/DC 转换器将高压蓄电池电降压为 14V 给 12V 蓄电池充电。

3. 行驶中：发动机→变速箱输出→车轮；这个过程中可以有原地充电过程。

4. 高压应急起动：12V 蓄电池→双向 DC/DC 转换器→锂离子蓄电池→变频器→电

笔记

机 ⟶发动机。

12V 蓄电池仍保留传统汽车的发电机，目的是增加电气系统的可靠度。

第七节 串联式混合动力结构

一、基本结构

串联式混合动力汽车的化学能、电能、机械能传递如图 1-29 所示。

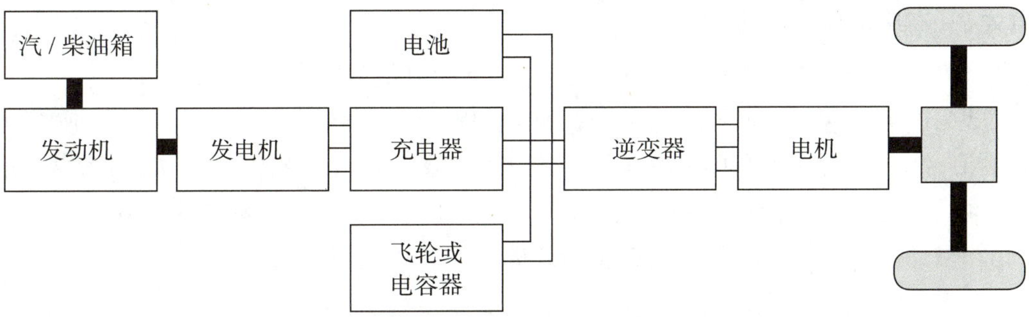

图 1–29 串联式混合动力化学能、电能、机械能传递示意图

二、Volt 动力系统结构

美国通用公司的 Volt 增程式电动汽车于 2010 年 7 月在北美上市，是世界首款量产增程式汽车，其结构如图 1-30 所示。增程器由 1.4 升汽油发动机和永磁直流发电机组成。在 Volt 中，主驱动电机和发电机与行星齿轮机构集成设计，称之为 “Voltec 系统”。

两台电机之间通过行星齿轮机构驱动车辆。与前述基本结构不同的是，Volt 还包括两个离合器 C_1、C_2 和一个制动器 B。根据车辆不同的行驶模式，通过控制这些离合器和制动器使发电机处于不同的工作状态。

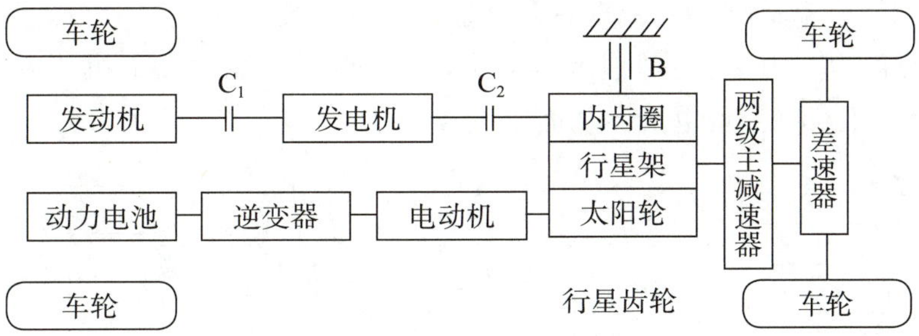

图 1–30 Volt 增程式电动汽车的化学能、电能、机械能传递示意图

三、工作模式

1. 模式 1（低速纯电力驱动）

在该模式（见图 1-31）下，内齿圈被制动器 B 锁止，而离合器 C_1 与离合器 C_2 均处于脱开状

笔记

态。故而发电机与发动机以及行星齿轮均无接触，两者都不工作。太阳轮通过行星齿轮减速后将动力传输给行星齿轮架和输出轴驱动车轮，因而车辆仅由主驱动电机驱动。

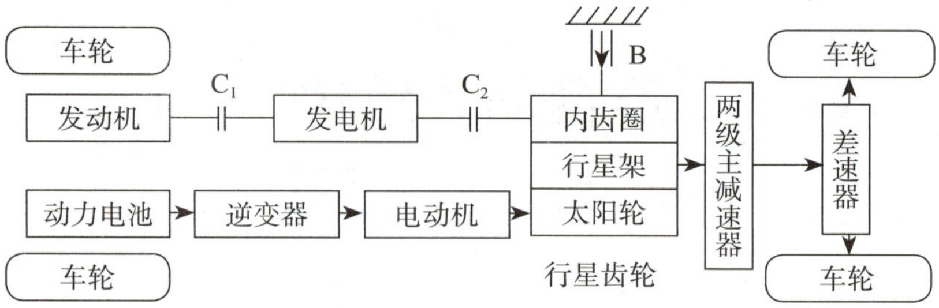

图 1-31　模式 1（低速纯电力驱动）

2. 模式 2（高速纯电力驱动）

在模式 2（见图 1-32）下，随着车速提升，主驱动电机的转速也随之加快。考虑到保护主驱动电机 MG2 为降低转速，就不再适合仅仅由单电机驱动。因此，这一模式被设计成离合器 C_1 分离，离合器 C_2 结合，发电机与内齿圈连接，发电机 MG1 和电机 MG2 合力驱动车辆。此时发电机 MG1 从动力电池中获取能量以输出动力。而双电机驱动，使得电机转速从 6 500 r/min 降低至 3 250 r/min。但是，请注意，内燃机没有参与到提供动力的进程中来。

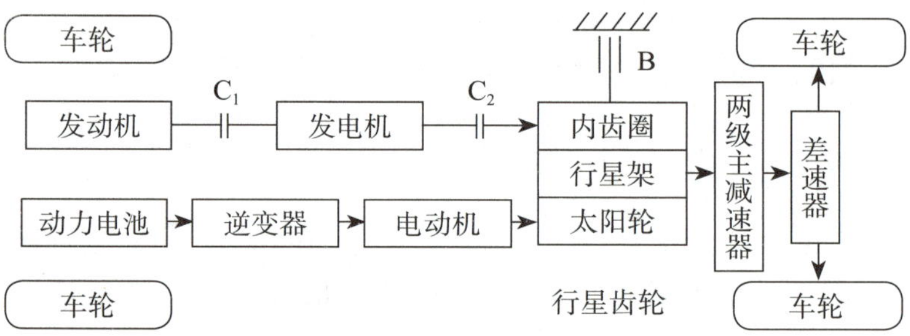

图 1-32　模式 2（高速纯电力驱动）

3. 模式 3（低速增程）

在模式 3（见图 1-33）下，当 Volt 的电池组达到其设定的电量剩余临界点时，第三种模式将起动。离合器 C_1 和制动器 B 工作，此时内燃机就会直接去驱动发电机 MG1 进行发电，而由于内齿圈被制动器 B 锁止，车辆仍然是由主驱动电机 MG2 驱动。主驱动电机从电池以及由发动机带动发电机产生的电力组合中获取电能，从而驱动车辆。

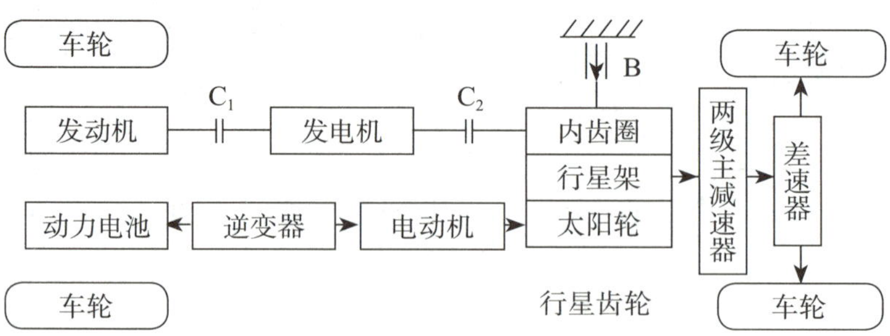

图 1-33　模式 3（低速增程）

笔记

4. 模式 4（高速增程）

模式 4（见图 1-34）与模式 2 一样，双电机驱动模式将再次启用。制动器 B 脱开，离合器 C_1、C_2 同时接合。车辆的驱动力来自电动机和发动机的动力耦合。

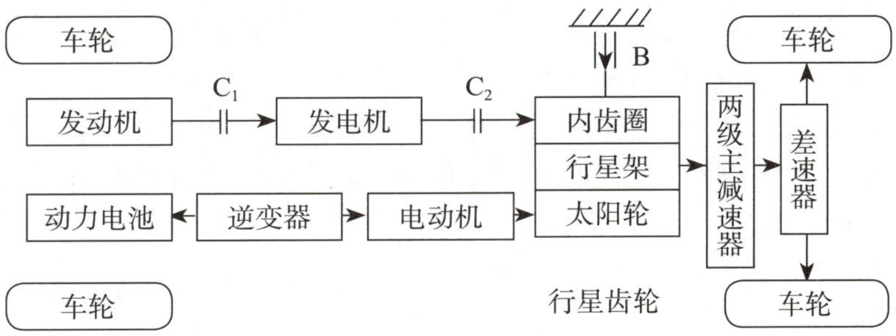

图 1-34　模式 4（高速增程）

第八节　丰田普锐斯混联式混合动力汽车结构

一、丰田普锐斯品牌简介

丰田普锐斯是史上第一款量产的混合动力汽车，1997 年量产上市，不过中国区普锐斯在 2001 年上市第一代，到 2004 年推出第二代，2009 年 4 月丰田普锐斯第三代上市。丰田普锐斯是史上第一款销售量突破 100 万辆的混合动力汽车，自 1997 年量产上市以来，10 年光景在全球 40 多个国家的销售数量接近 120 万辆，其中美国、日本分别超过 70 万辆、30 万辆，美国市场的月销量接近于 1.5 万，占美国同期混合动力汽车市场半壁江山，也是丰田混合动力车的主力车型，为丰田集团贡献 70% 的混合动力汽车销量，而丰田系的凯美瑞、汉兰达、雷克萨斯 RX400h、LS600hl 和 GS450h 五个混合动力车型的总销量也不及普锐斯的一半。

二、丰田普锐斯结构组成

1.HV 蓄电池

第二代普锐斯的 HV 蓄电池有 168 个蓄电池（1.2V×6 单体 ×28 组），额定电压为 DC 201.6V。通过这些内部改进，蓄电池具有紧凑、重量轻的特点。蓄电池和蓄电池间为双点连接，这样的改进使蓄电池的内部电阻得以降低。变频器总成中配有增压转换器，它可以将 HV 蓄电池输出的额定电压 DC 201.6 V，增压到最大值 DC 500V。MG1、MG2 桥电路和信号处理器 / 保护功能处理器集成在 IPM（集成动力模块）中以提高车辆性能。集成在变频器总成中的空调变频器为空调系统中的电动变频压缩机提供电能，将变频器散热器和发动机散热器整合为一，更加合理地利用了空间资源。

2. 电机

通过提高 MG1 转子的强度，使其最大可输出转速为 10 000 r/min，从而提高了充电能力。MG2 转子内的永磁铁变为 V 形结构，使扭矩和输出功率增大。

对于 MG2 控制，在 MG2 的中速范围内引入了新研制的过调控制系统。

3. 控制系统

HV ECU（Electronic Control Unit）中的 CPU。均由 16 位变为 32 位，提高了处理信号的速度。发动机 ECU 中的 CPU 由 16 位变为 32 位，提高了处理信号的速度。蓄电池 ECU 优化结构后更加紧凑。蓄电池 ECU 中的 CPU 由 16 位变为 32 位，提高了处理信号的速度。制动防滑控制 ECU 中的 CPU 由 16 位变为 32 位，提高了处理信号的速度。通信上与 THSII 控制系统相连的主要的 ECU（HV ECU、蓄电池 ECU、发动机 ECU 和制动防滑控制 ECU）间采用了 CAN（控制器局域网）通信网络来建立通信。

4. 发动机

第二代丰田普锐斯采用 1.5L 小型发动机，集合了各式混合动力系统的优势发动机和发电机，可根据行驶状况共同驱动或分开单独使用。停驶时自动停止发动机，减少能量浪费，更有效地控制发动机和电动机，加速反应更快。

5. 电力无级变速驱动桥

混合动力变速驱动桥由发电机 MG1、驱动电机 MG2 和行星齿轮组组成。混联式是串并联相结合的系统，这种混合动力系统是由点燃式发动机和两台采用永磁铁的三相交流异步电机组成。三相交流异步电机也可以作为发电机运行（电动机 MG1 和发电机 MG2）。内燃机与两台电动机通过行星齿轮机构相互连接。MG2 和驱动轮的差速器通过传动链条和齿轮连接在一起。通过行星齿轮组传输的发动机输出功率分为两部分，太阳齿轮→ MG1、环齿轮→ MG2、行星齿轮架→发动机输出轴。

丰田普锐斯混联式混合动力系统变速驱动桥结构如图 1-35 所示，变速驱动桥主要包括变速驱动桥阻尼器（带扭转减振的飞轮、MG1、MG2 和减速装置）、链、中间轴主动齿轮、中间轴从动齿轮、主减速器小齿轮和主减速器环齿轮，行星齿轮组、MG1、MG2。变速驱动桥阻尼器和主动链轮都安装在同心轴上，动力从主动链轮传输到减速装置。

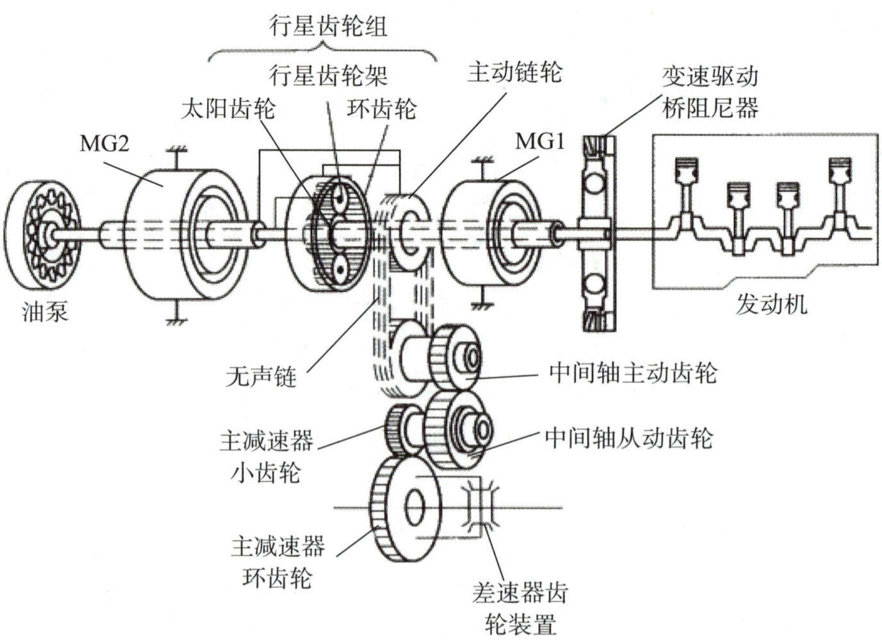

图 1-35　变速驱动桥组成

笔记

三、工作过程

以丰田普锐斯混动系统为例，动力系统工作切换过程如下。

1.MG1 作电动机时的发动机起动和 MG1 的发电工况

HV ECU 起动 MG1 从而起动发动机。运行期间，为了防止环齿轮转动并驱动车轮，MG2 处于电动状态以施加制动，这个功能称为“反作用控制”或“起动控制”。图 1-36 所示为起动控制行星齿轮速度。

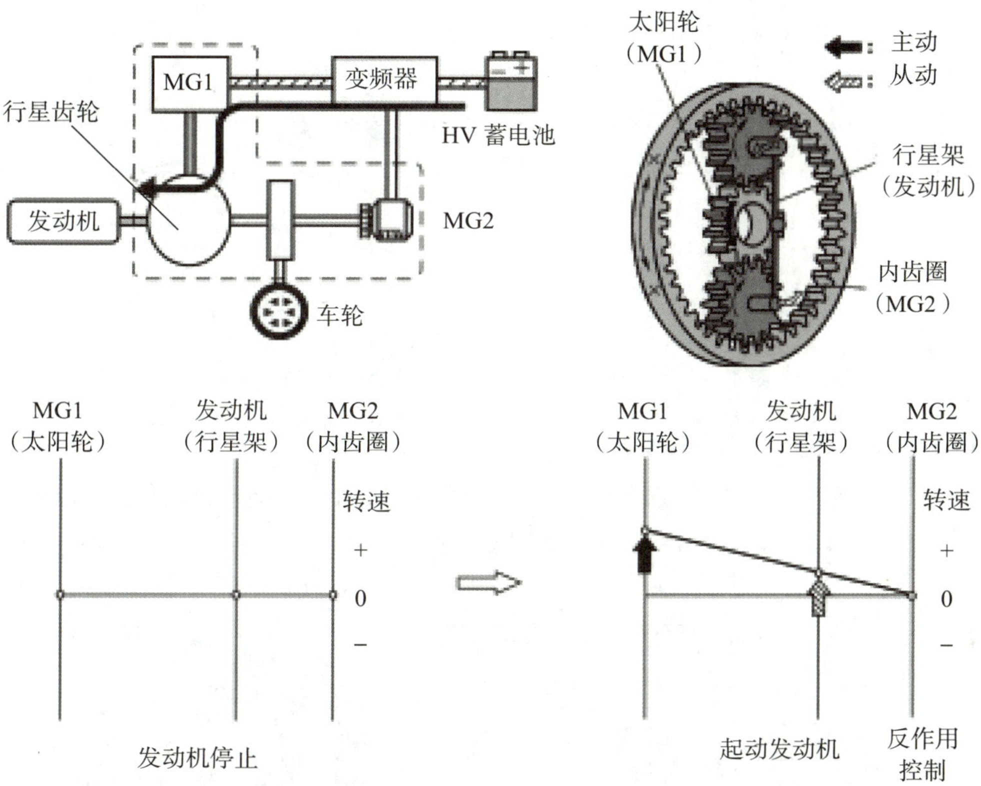

图 1-36　起动控制行星齿轮速度图

注：图中行星齿轮的运动状态是从 MG2 向 MG1 方向看的。

图 1-37 所示为发动机拖动 MG1 发电时的行星齿轮速度。在行驶中发动机转动带动太阳轮转动，此时 MG1 作发电机为 HV 蓄电池充电。

笔记

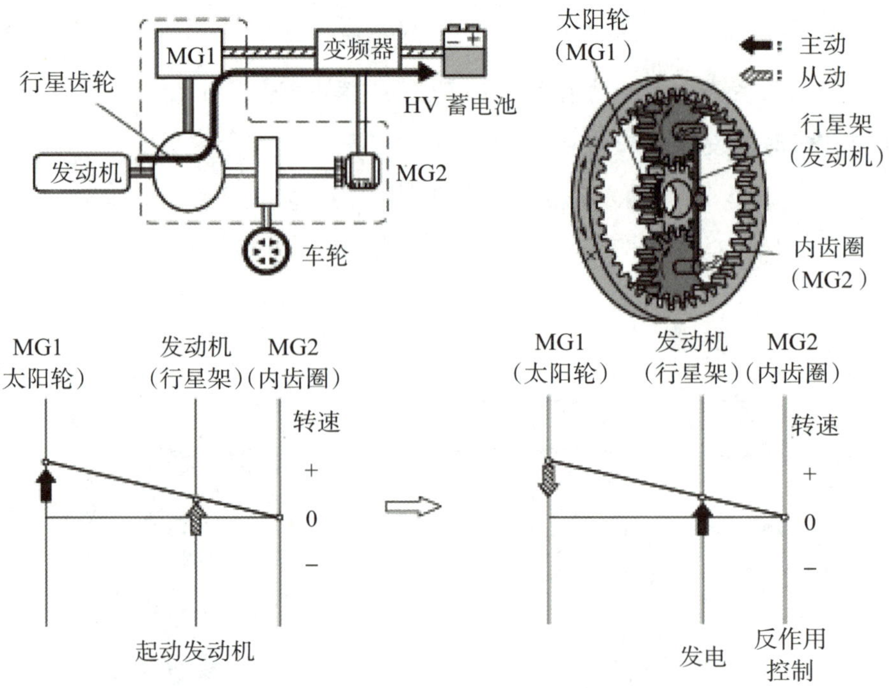

图 1–37　发动机拖动 MG1 发电时的行星齿轮速度图

2.MG2 驱动时的纯电动工况起动

图 1-38 所示为纯电动工况起动时的行星齿轮速度。MG2 驱动车辆起步后，车辆仅由 MG2 驱动。这时发动机保持停止状态，MG1 以反方向旋转而不发电。

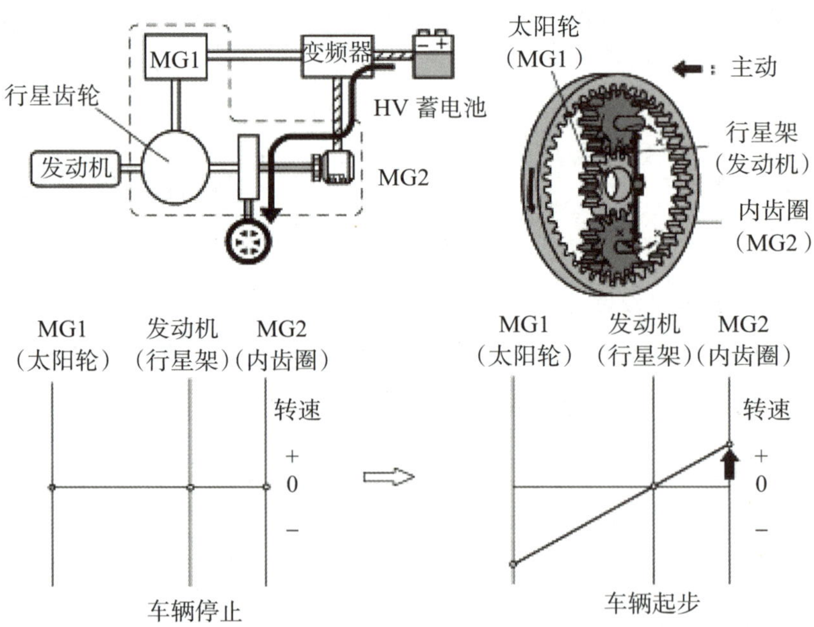

图 1–38　纯电动工况起动时的行星齿轮速度图

3. 纯电动转混合动力时的发动机起动控制

图 1-39 所示为纯电动转混合动力时的发动机起动控制行星齿轮速度。纯电动工况只有 MG2 工作时，如果增加所需驱动扭矩，MG1 将被起动，此时 MG1 和 MG2 共同拖动发动机起动。在

笔记

纯电动工况不需增加扭矩时，若 HV ECU 监视的项目如 SOC（State of Charge）状态、蓄电池温度、水温和电载荷状态与规定值有偏差，则 MG1 也将被起动，进而起动发动机。

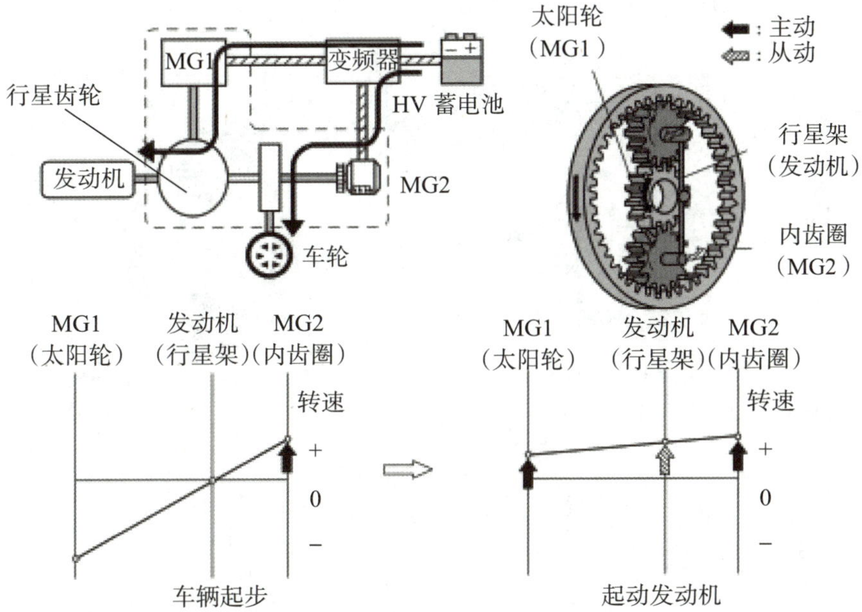

图 1-39　纯电动转混合动力时的发动机起动控制行星齿轮速度图

4.MG1 发电和微加速模式

图 1-40 所示为 MG1 在小负荷作发电机用时的行星齿轮速度。小负荷时已经起动的发动机将使 MG1 作为发电机为 HV 蓄电池充电，并向 MG2 供电。但需要增加驱动扭矩时，发动机将起动作为发电机的 MG1 并转变为电动机，这种工况也称为“发动机微加速”模式。

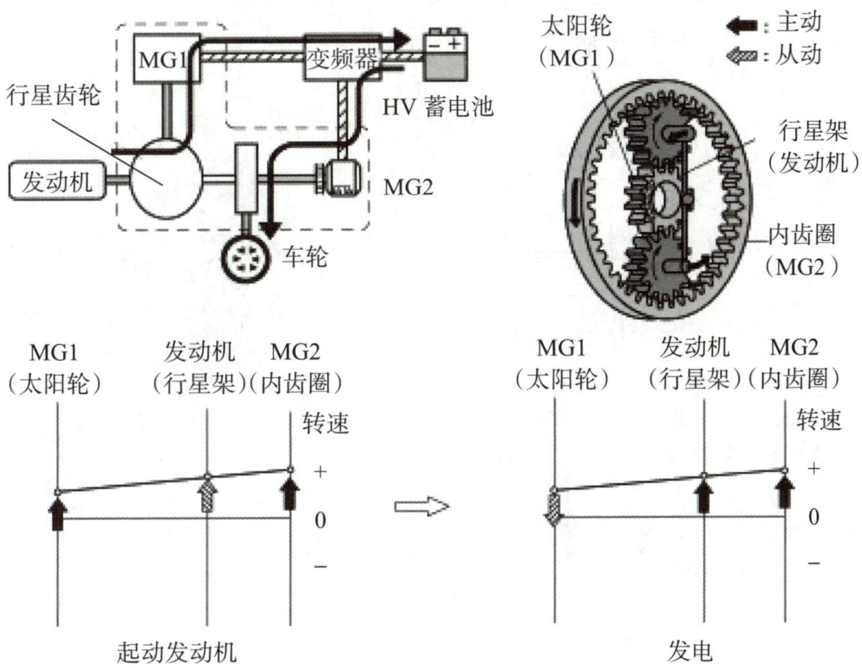

图 1-40　MG1 在小负荷作发电机用时的行星齿轮速度图

笔记

图 1-41 所示为 MG1 在微加速模式作电动机时的行星齿轮速度。发动机微加速时，发动机的动力由行星齿轮分配，其中一部分动力直接输出，剩余动力用于 MG1 发电。通过变频器的电动传输，电力输送到 MG2 用作 MG2 的输出动力。

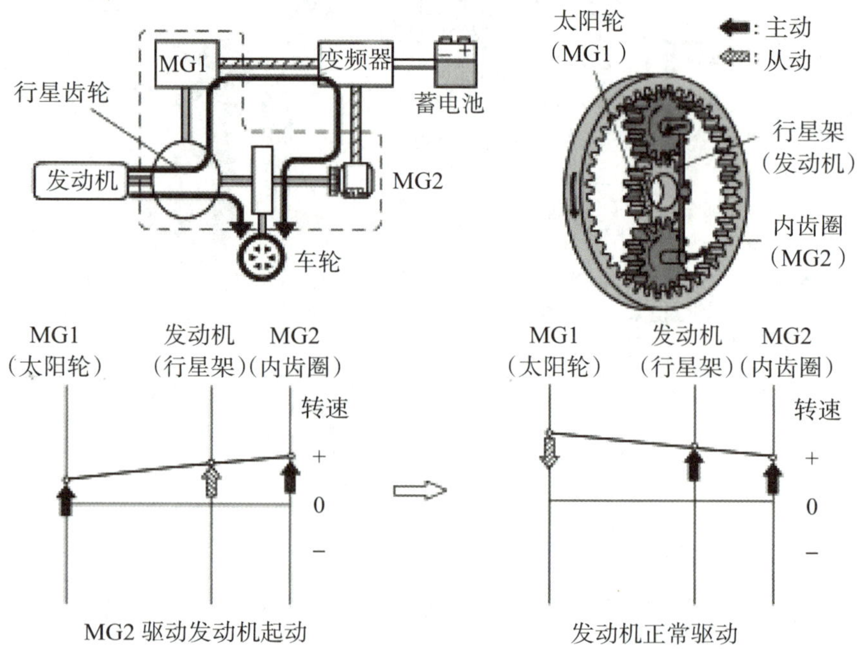

图 1-41　MG1 在微加速模式作电动机时的行星齿轮速度图

5. 低载荷巡航时

图 1-42 所示为 MG1 在低载荷巡航时的行星齿轮速度。车辆以低载荷巡航时，发动机的动力由行星齿轮分配。其中一部分动力直接输出，剩余动力用于 MG1 发电。通过变频器的电动传输，电力输送到 MG2 用作 MG2 的输出动力。

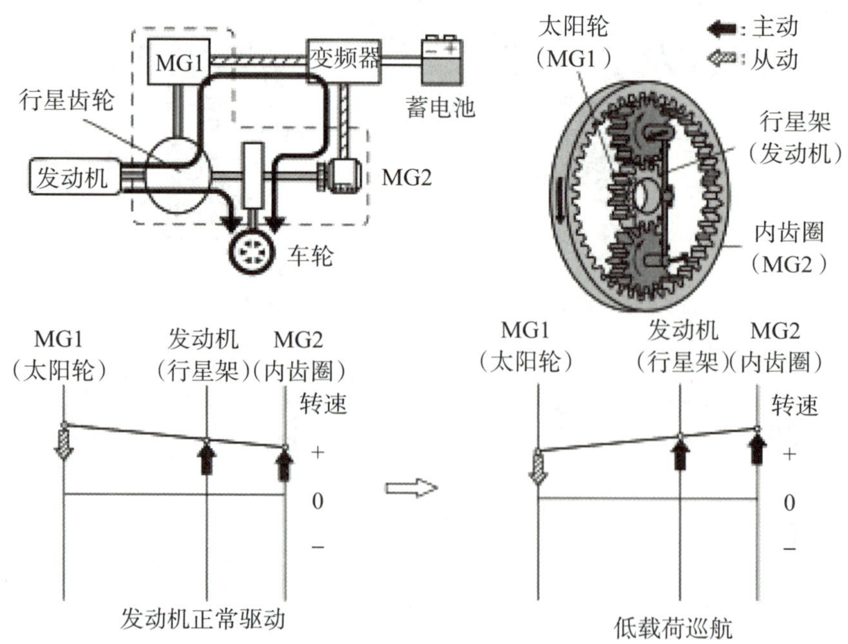

图 1-42　MG1 在低载荷巡航时的行星齿轮速度图

笔记

6. 节气门全开加速时

图 1-43 所示为加速工况时的行星齿轮速度。车辆从低载荷巡航转换为节气门全开加速模式时，系统将在保持 MG2 动力的基础上，增加 HV 蓄电池的电动力，此时发动机、MG1 和 MG2 全部给汽车加力以产生加速扭矩。

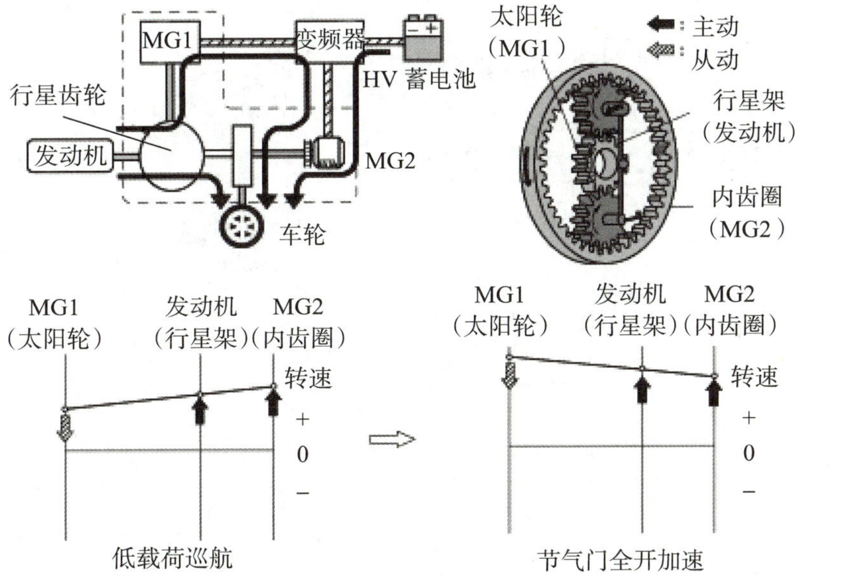

图 1-43　加速工况时的行星齿轮速度图

7. 减速行驶时

图 1-44 所示为 D 挡减速时行的星齿轮速度。分为 D 挡减速行驶和 B 挡减速行驶两种情况。车辆以 D 挡较低车速减速行驶时，发动机停止工作，动力为零。这时，车轮驱动 MG2，使 MG2 作为发电机运行并为 HV 蓄电池充电，太阳轮反转，MG1 不进行发电控制，从而不发电。另外当车辆从较高速度开始减速时，发动机以预定速度继续工作保护行星齿轮组，防止因行星齿轮转速过高而烧毁行星齿轮轴承。

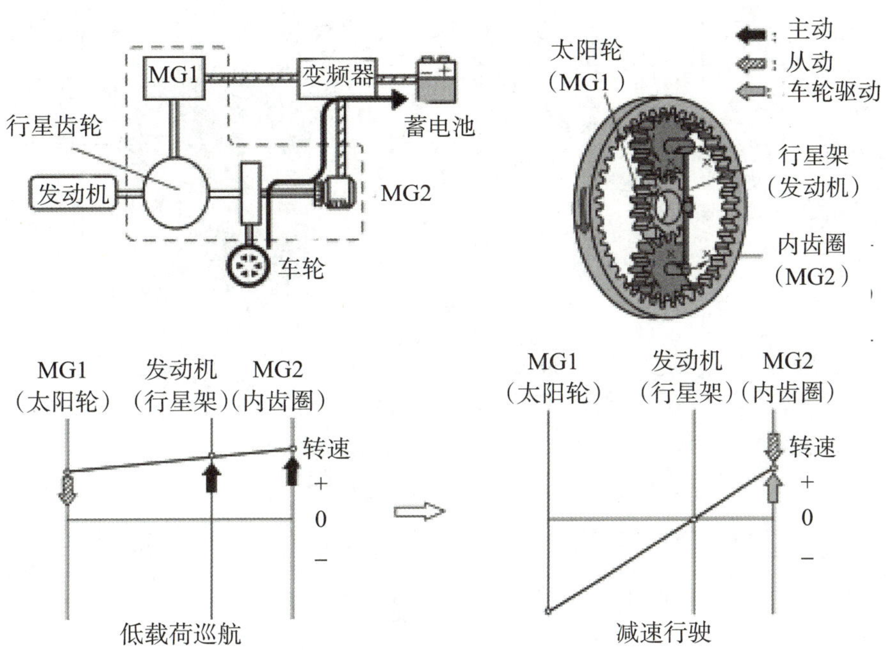

图 1-44　D 挡减速时的行星齿轮速度图

笔记

图 1-45 所示为 B 挡减速时的行星齿轮速度。车辆以 B 挡减速行驶时，车轮能量一部分驱动 MG2，使 MG2 作为发电机工作并为 HV 蓄电池充电，为 MG1 供电，这样 MG1 处于电动机状态带动太阳轮正转，内齿圈转动能量的另一部分经发动机转速并施加给发动机制动。这时，发动机燃油供给被切断。

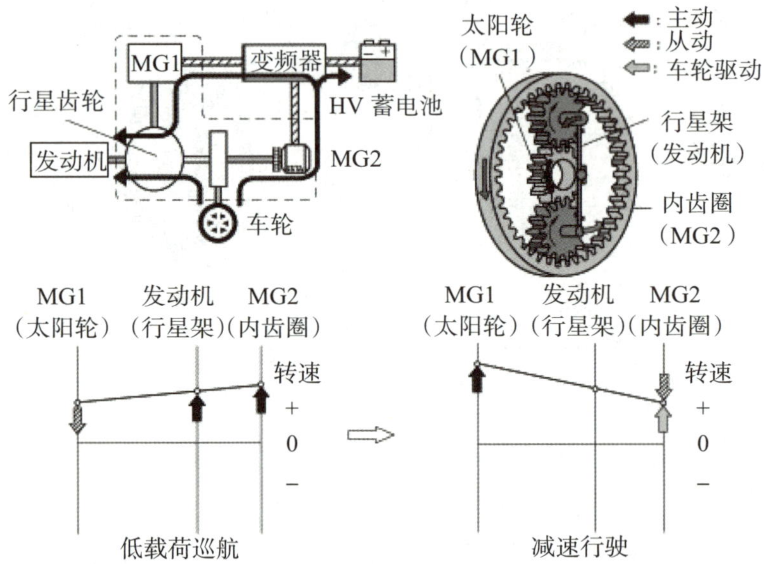

图 1-45　B 挡减速时的行星齿轮速度图

如果驾驶员踩下制动踏板，制动防滑控制 ECU 计算所需的再生制动力并发送信号到 HV 蓄电池 ECU，HV 蓄电池 ECU 接收到信号后在符合所需再生制动力的范围内增加再生制动力。这样就可以控制 MG2 产生充足的电量。

8. 倒车工况

图 1-46 所示为车辆倒车时的行星齿轮速度。MG2 驱动车辆倒车时，仅以 MG2 为车辆提供动力。这时 MG 2 反向旋转，发动机不工作，MG1 正向旋转但并不发电。

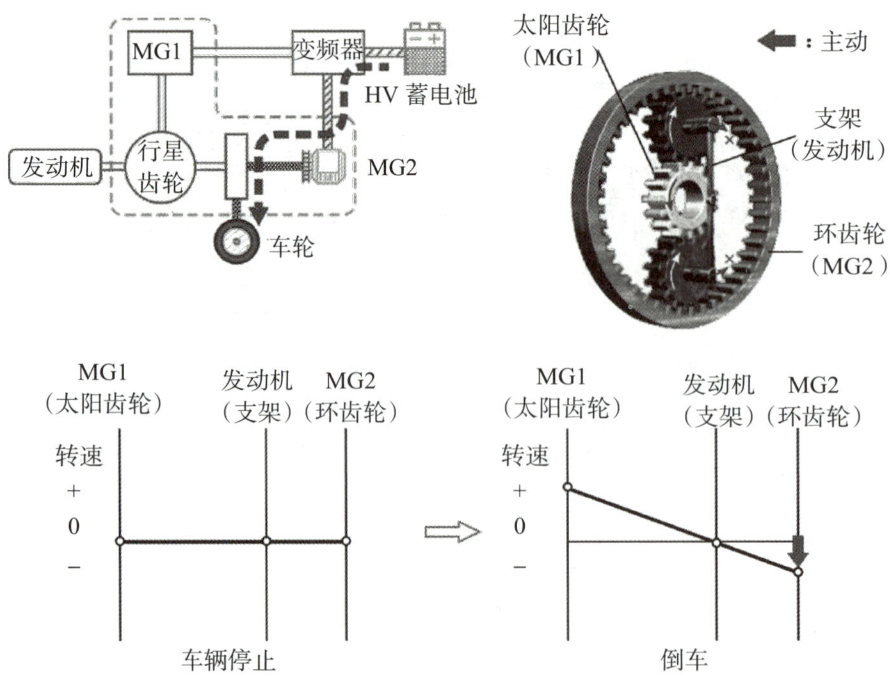

图 1-46　车辆倒车时的行星齿轮速度图

笔记

图 1-47 所示为起动发动机时的行星齿轮速度。MG2 驱动车辆倒车需要起动发动机时，如果 HV ECU 监视到 SOC 状态、蓄电池温度、水温和电载荷状态与规定值有偏差，那么 MG1 将被带动进而起动发动机。

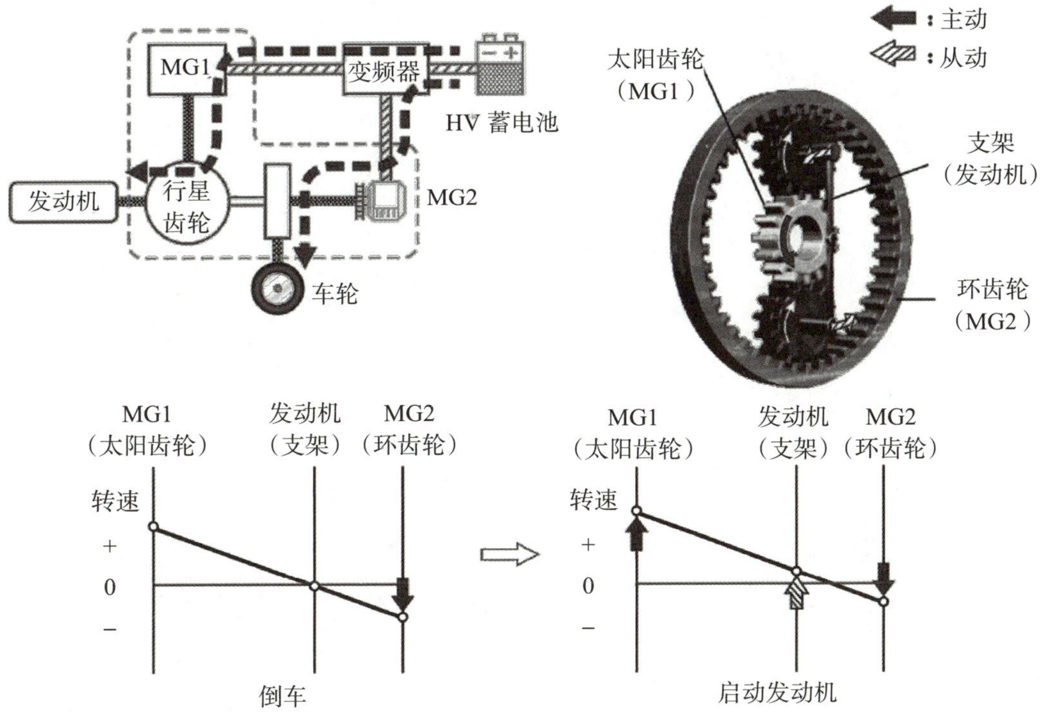

图 1–47　起动发动机时的行星齿轮速度图

图 1-48 所示为发动机驱动发电机时的行星齿轮速度。倒车时，发动机带动 MG1 作为发电机工作并为 HV 蓄电池充电。

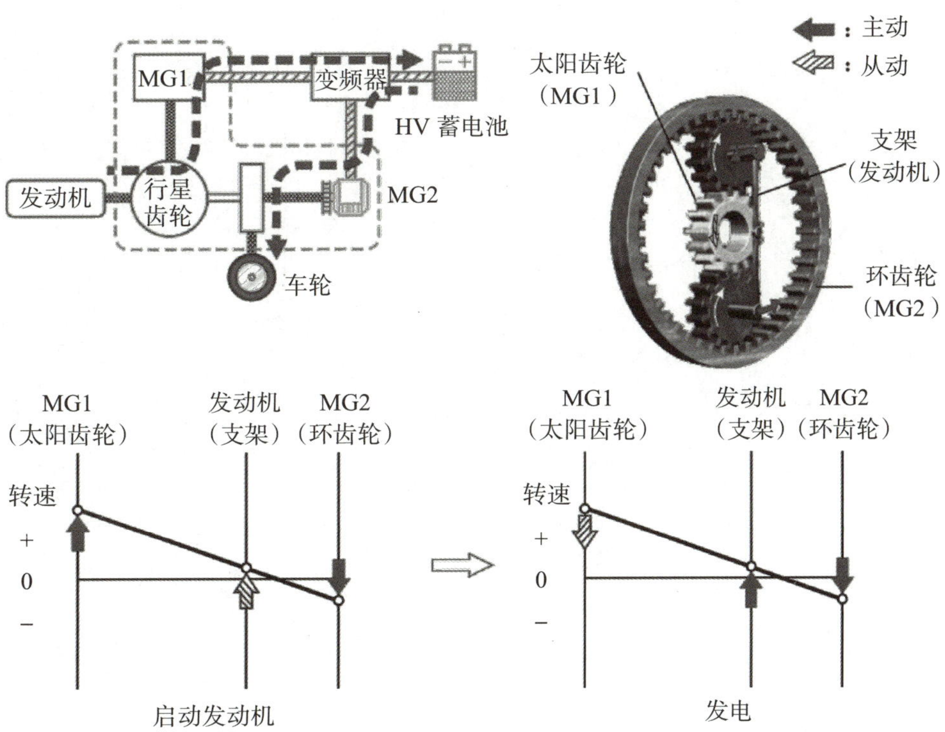

图 1–48　发动机驱动发电机时的行星齿轮速度图

第二章 混合动力汽车的使用和维护

情境引入

21 岁的汽车专业学生小林毕业后打算先从汽车技术干起，为将来的发展打下坚实的技术基础。因此毕业后他应聘进入了丰田服务站，他想在这里学到全球顶尖的混合动力汽车技术。小林刚进入汽车维修车间的前两周，你知道他要用到哪些知识吗?

学习目标

（1）了解混合动力汽车如何使用。
（2）了解混合动力汽车一般工作流程。
（3）了解混合动力汽车识别信息。
（4）了解混合动力汽车维修注意事项。
（5）了解混合动力汽车高压维修注意事项。
（6）了解检查或维修发动机室时应遵守的注意事项。
（7）了解混合动力车辆蓄电池放电时的处理措施。
（8）了解车辆撞击损坏后应采取的措施。

笔记

第一节 混合动力汽车的使用

一、电动汽车驾驶

1. 加速踏板控制

驾驶员通过控制加速踏板踏下的深度可以向混合动力汽车的管理系统提出扭矩申请，混合动力汽车管理系统通过控制电机和发动机来协调完成动力输出。

2. 制动踏板控制

为了驾驶员在不同车型转换使用时不会产生制动力的区别，也为了符合法规的要求，混合动力汽车要有和传统汽车相同的制动减速度和操纵轻便度。

3. 换挡控制

混合动力汽车变速器必须是自动变速器。

轻混型汽车通常以液力自动变速器（AT）、机械式自动变速器（AMT/DSG）或无级变速器（CVT）其中之一作为变速器，在发动机和变速器之间增加离合器，这时换挡杆通常仍为 P 位、R 位、N 位、D 位，与传统汽车相同。

采用行星排的电力无级变速器车型换挡杆多为 R 位、N 位、D 位、B 位，其中 B 挡是为了实现发动机制动功能而设计的。将原来 P 挡操纵控制棘轮和棘爪的直接操纵机构换为线控驻车挡，即由 P 挡来进行线控驻车申请，变速器控制单元控制减速电机来完成驻车功能。

二、行驶模式

1.EV 行驶模式控制

EV 行驶模式可降低车辆噪音，进入或离开车库时，还能同时减少车库内产生的废气量。驾驶员操作 EV 行驶模式开关时，如果满足工作条件，动力管理控制 ECU（HV ECU）仅使用 MG2 驱动车辆。

满足所有工作条件时，按下“EV 行驶模式”开关进入 EV 行驶模式，并且 EV 行驶模式指示灯点亮。如果未满足任一工作条件而按下 EV 行驶模式开关，多信息显示屏上将显示信息以告知驾驶员 EV 行驶模式开关操作被拒绝，无法进入 EV 行驶模式。

车辆在 EV 行驶模式下行驶时，如果未满足任一工作条件，EV 行驶模式指示灯将闪烁 3 次且蜂鸣器鸣响以告知驾驶员 EV 行驶模式即将取消。EV 行驶模式自动取消后，将再显示一条信息，提示 EV 行驶模式已取消。

满足下列所有工作条件时，可使用 EV 行驶模式。

（1）混合动力系统温度不高（车外气温高时、车辆爬坡行驶或高速行驶后，混合动力系统温度会升高）。

（2）混合动力系统温度不低（车外气温低且车辆长时间未使用时，混合动力系统温度会降低）。

（3）发动机冷却液温度为 0℃或更高。

（4）SOC 为 50% 或更高。

（5）发动机冷机状态车速为 30 km/h 或更低。

笔记

（6）发动机暖机状态车速为 45 km/h 或更低。

（7）加速踏板踩下量为特定值或更低。

（8）除霜器关闭。

（9）巡航控制系统未工作。

【提示】EV 行驶模式期间的可连续行驶里程根据 HV 蓄电池的 SOC 和行驶条件（如平坦路面和山坡）的不同而不同。但是，通常在数百米和两千米之间。

2.PWR 模式

PWR（动力控制驾驶）模式下（见图 2-1），动力管理控制 ECU（HV ECU）通过增大比正常控制模式下的加速踏板开度中间范围的原动力来优化加速性能。

3.ECO 模式控制

ECO（经济）模式下（见图 2-1），动力管理控制 ECU（HV ECU）通过缓慢产生原动力（与加速踏板操作相比）来优化燃油经济性和行驶性能。同时，通过优化空调性能来支持环保驾驶。

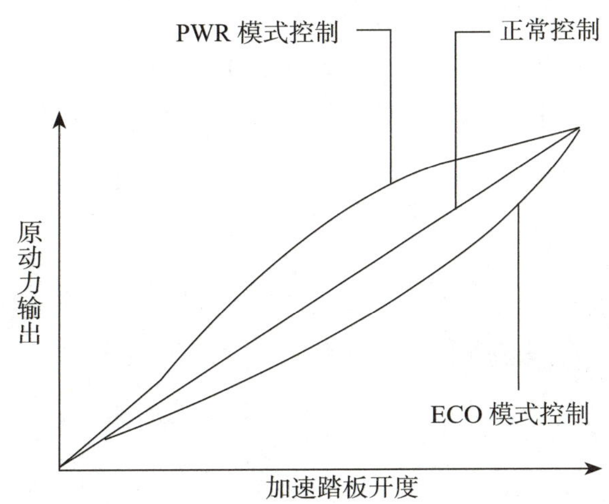

图 2-1　电动汽车 PWR 模式和 ECO 模式控制

第二节　维修基本信息查询

一、一般工作流程

维修操作分为以下三个主要过程。

（1）诊断。

（2）拆卸、安装、更换、拆解 / 重新装配、检查和调节。

（3）最终检查。

笔记

二、识别信息

1. 车辆识别号

车辆识别号压印在车身和认证标签上。A 为车辆识别（见图 2-2），B 为认证标签（见图 2-3）。

图 2-2　车辆识别

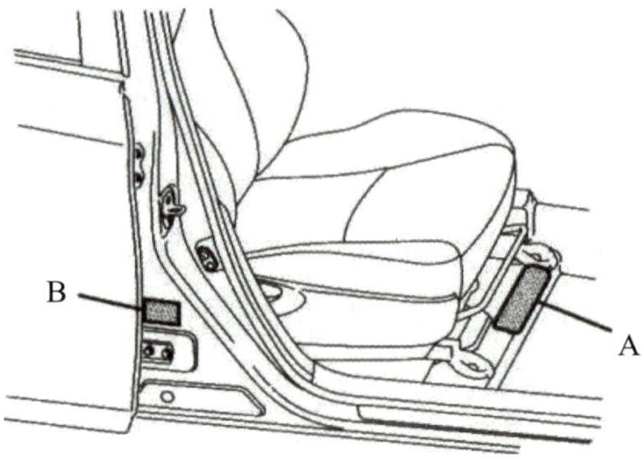

图 2-3　认证标签

2. 发动机系列号和传动桥系列号

发动机系列号压印在发动机气缸体上，A 为 5ZR-FXE 发动机系列号（见图 2-4）。传动桥代码压印在壳体上，A 为 P410 传动桥代码（见图 2-5）。

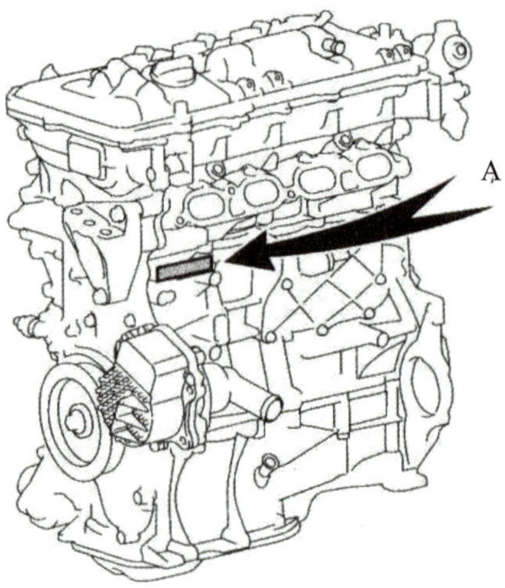

图 2-4　5ZR-FXE 发动机系列号

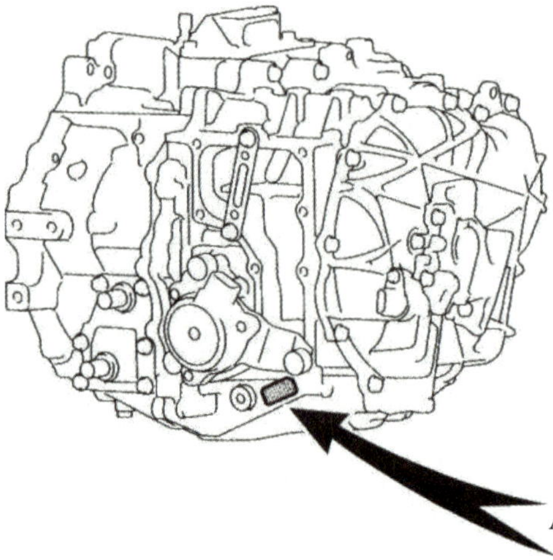

图 2-5　P410 传动桥代码

第三节　维修注意事项

维修注意事项如图 2-6 所示。

1. 着装

身着清洁的工作服，戴好帽子，穿好安全鞋，戴好手套。从事高压电的操作前一定要进行下电操作，待变频器中电容放电后再从事电池箱以外的高压线路或高压产品操作。

笔记

2. 车辆保护

开始工作前，准备好散热器格栅罩、翼子板保护罩、座椅护面及地板垫。

3. 安全操作

与两个或两个以上人员一起工作时，务必要相互检查安全情况，特别是在从事高压操作前。在发动机运转的情况下进行工作时，要确保修理车间中具备通风装置，以排出废气，防止 CO 或 NO_x 中毒。维修高温、高压、旋转、移动或振动的零件时，一定要佩戴适当的安全设备，并且要格外小心，不要使自己或他人受到伤害。顶起车辆时，务必顶在车辆底部的安全支撑规定部位。举升车辆时，使用适当的安全设备。

4. 准备工具和测量设备

开始工作前，准备好所需工具台、专用工具、测量设备（万用表、示波器和诊断仪）、油液和全部的更换零件。

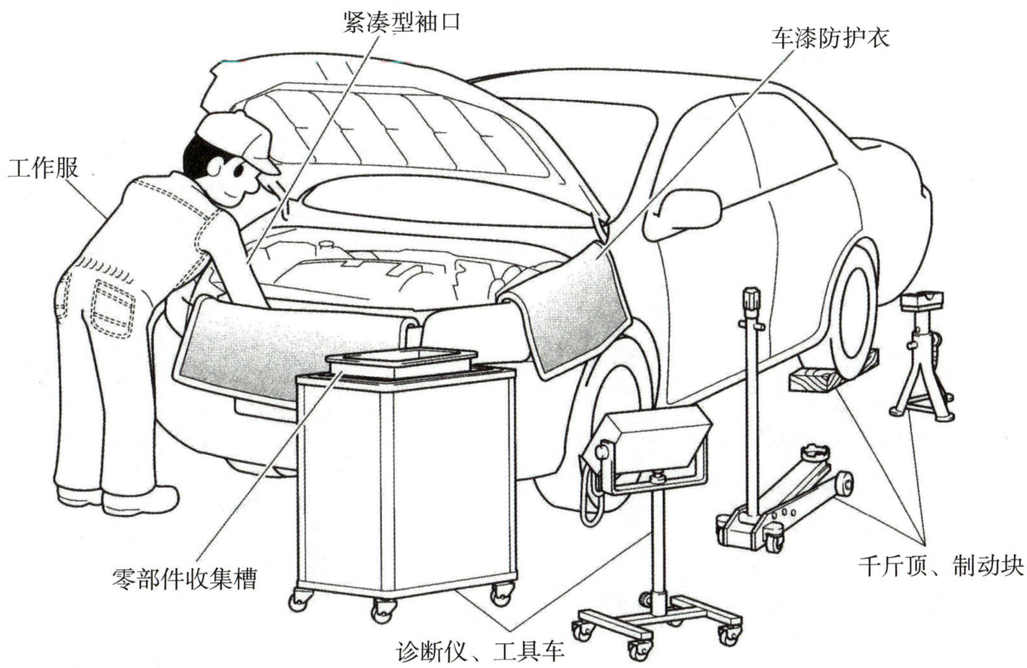

图 2-6　维修注意事项

5. 拆卸和安装、拆解和装配操作

在充分了解正确的维修程序和报修故障之后，对故障进行诊断。拆卸任何零件前，都要检查总成的总体状况以确认是否变形和损坏。如果程序复杂，要做记录。例如，记录拆下的电气连接器、螺栓或软管的总数。加上装配标记，以确保将各零部件重新装配到其原来位置。如有必要，可暂时对软管及其管接头做标记。标记方法有记号笔记号、贴纸记号或手机照相记号等。如有必要，清洗拆下的零件，彻底检查后，再装配这些零件。

6. 拆下零件的检查

将拆下的零件放在一个单独干净的铁盘内，避免与新零件混淆或弄脏新零件。对于不可重复使用的零件，如衬垫、O 形圈和自锁螺母等，要按照厂家提供手册中的说明用新件进行更换。如客户要求保留拆下的零件，应保留拆下的零件，以备客户检查，不可欺骗客户或藏匿部件，或以

笔记

其他车辆的旧部件给客户检查，避免对企业形象造成不良的影响。

7. 工作完成后检查

确保要更换的部件全部都正确安装、力矩准确，例如，在更换发动机机油过程中，要拧紧拆下和安装的零件（机油加注口盖、机油尺和地板垫等）；确保使用的抹布或工具没有遗留在发动机室或车内；检查并确认没有机油泄漏等。

第四节 高压维修注意事项

一、下电操作

（1）在检查或维修高压系统之前，务必遵守所有安全措施，例如：在戴好绝缘手套后，才能拆下检修塞（见图 2-7），防止电击。

（2）将拆下的检修塞装在自己的口袋里，防止其他技师在您维修车辆时将其意外重新连接。

（3）拆下检修塞把手后，除非修理手册规定，否则请勿将电源开关置于“ON”（READY）位置，这样可能会导致混合动力管理控制单元故障。拆下检修塞把手后，在接触任何高压连接器和端子前，等待 10 分钟以便带转换器的逆变器总成内的高压电容器充分放电。

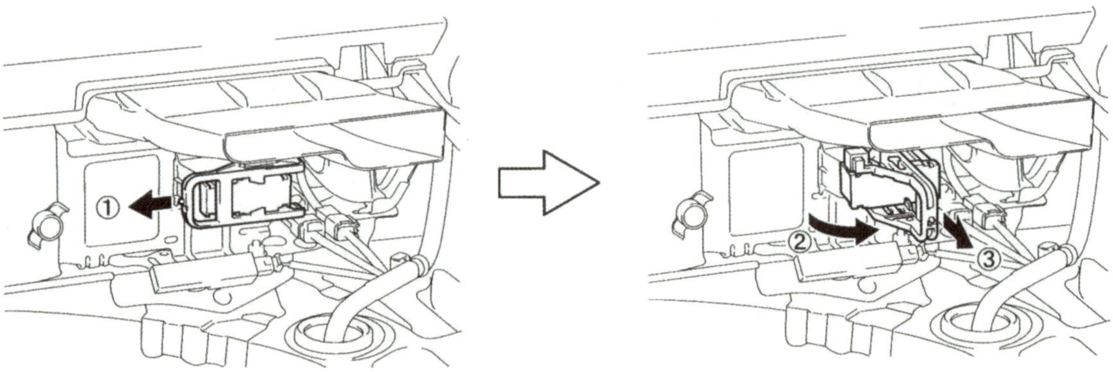

（a）检修塞解锁（互锁开关断开）　　（b）取下检修塞

图 2–7　拆下检修塞

二、带电操作时

1. 安全佩戴

带电操作时务必佩戴绝缘手套、护目镜，穿好安全鞋。对电池箱内元件进行带电操作时，必须使用绝缘手套。

为了检查手套是否有裂口，请按如图 2-8 所示进行四步检查。

（1）将手套侧放。

（2）向上卷开口 2 或 3 次。

（3）对折开口以将其封死。

（4）放在耳侧用手捏听是否有气体溢出，确保没有空气泄漏。

笔记

通过这四步来检查它们是否有破裂、磨损或其它类型的损坏。

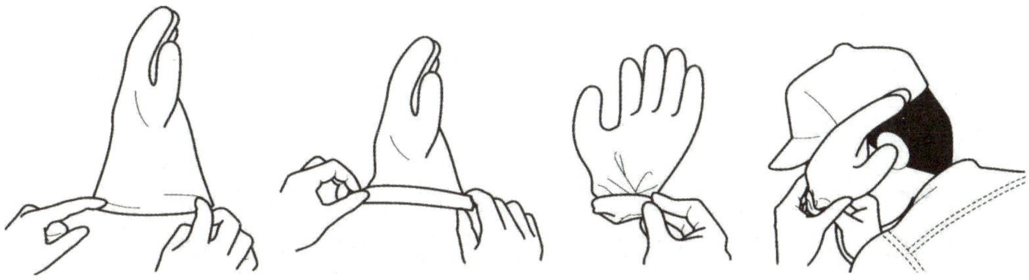

（1）　（2）　（3）　（4）

图 2-8　手套裂口的检查

2. 维修车辆

维修车辆时，特别是在高压配电箱中带电操作时，不要携带自动铅笔或刻度尺之类的金属物品，以免这些物品意外掉落导致短路。在接触配电箱中裸露的高压端子之前，要戴好绝缘手套并用检测仪确定该端子的电压为 0 V。

需要长期暴露高压连接器或端子时，要立即使用保鲜膜包住，再用绝缘胶带将其包住绝缘（见图 2-9），防止人为导致检修塞处意外接通的触电。使用保鲜膜的目的是防止绝缘胶带的黏性物质粘在端子上不易清除，也防止因手上的盐渍或其他污染物造成腐蚀产生电阻。

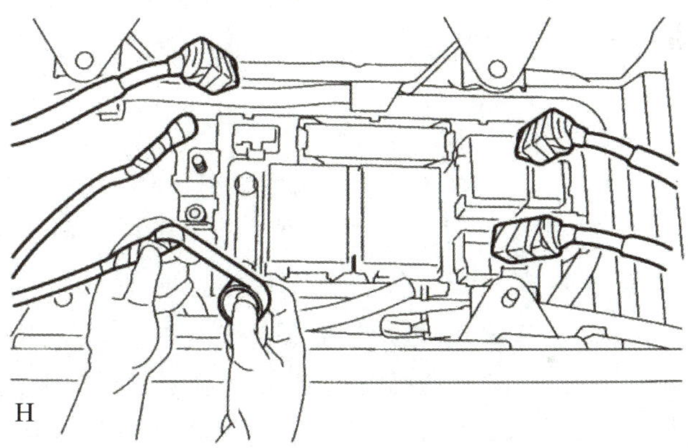

图 2-9　高压电缆的端子防腐蚀保护和绝缘隔离

应将高压端子的螺栓和螺母紧固至规定扭矩。扭矩过大（损坏母孔导致松动）和不足（出现虚接电阻）均可能导致电阻故障，电阻在过大时会产生失火故障，是十分危险的。

如果短时间拆下端子，只要检修塞下电操作完成，在完成验电无电的操作后，可不必用绝缘胶带将其包住，但不要用手接触金属部分，防止因手上的盐渍或其他污染物造成腐蚀产生电阻。

使用“警告：高压请勿触碰”的标牌告知其他技师正在检查 / 维修高压系统。

在维修高压系统之后和重新安装检修塞之前，再次检查并确认以下内容：①有无任何零件或工具遗留在高压系统内；②所有拆过的高压端子紧固是否良好，电缆的正、负极性连接器连接是否正确；③进行包括高压线束的作业时，使用缠有乙烯绝缘胶带的工具或绝缘工具。在安装混合动力系统零部件时，如 HV 蓄电池，确保连接的所有极性正确。

三、喷漆操作

从车辆安全方面考虑，新能源汽车车身外观受损，需要对其进行重新喷漆时，在喷涂完毕后将新能源汽车送入烤漆房之前一定要将电动汽车电池包拆下来。因为烤漆房在对车身漆面进行高温烘干处理的时候，烤漆房内温度将达到 50 ℃以上，有些甚至达到 100 ℃以上，这已经大大超过了电动汽车电池包的高温承受范围，容易引起火灾。

笔记

第五节 车辆撞击损坏后应采取的措施

一、撞车时的处理

（1）务必按照厂家手册中的说明操作。否则可能会导致严重伤害或电击。

（2）事故现场应准备的用品：防护服（绝缘手套、橡胶手套、护目镜和安全鞋）；20L 饱和硼酸溶液（将 800g 硼酸粉末放在容器中用水溶解）；红色石蕊试纸；“ABC”灭火器（可有效扑灭油火及电火）；抹布或布条（用于擦除电解液）；绝缘胶带（用于电缆绝缘）。

混合动力汽车使用镍氢蓄电池时，镍氢蓄电池电解液为含有氢氧化钾的强碱溶液。

在镍氢蓄电池被撞，车挤压变形后，应目测检查 HV 蓄电池及其周围区域是否有电解液泄漏。请勿接触任何泄漏的液体。因其可能是强碱性电解液，需戴好橡胶手套和护目镜，用饱和硼酸溶液中和泄漏的液体，然后用红色石蕊试纸测试该液体。检查并确认试纸未变成蓝色后，用抹布或布条擦净中和的液体。如果皮肤接触到电解液，可用饱和硼酸溶液或大量清水进行冲洗；如果衣物接触到电解液，立即将该衣物脱掉；如果电解液进入眼睛，不要揉擦眼睛，要大声呼救，并立即用大量清水冲洗眼睛，然后去医院就医。

【注意】

①硼酸为白色粉末状结晶或三斜轴面鳞片状光泽结晶，有滑腻手感，无臭味。硼酸在水中的溶解度很小，20 ℃下 100 g 水中仅能溶解 5 g 硼酸。用热水溶解足量硼酸，充分搅拌一定时间，自然冷却后，取上层清澈溶液即可。

②石蕊试纸有红色石蕊试纸和蓝色石蕊试纸两种。红色用来检验碱性物质，蓝色用来检验酸性物质。碱性溶液使红色试纸变蓝，酸性溶液使蓝色试纸变红。

③“ABC”灭火剂表示的是磷酸铵盐干粉，这种灭火剂适用于扑救 A 类（固体）、B 类（液体）、C 类（气体）火灾。其他型号灭火器的编号含义：P—泡沫灭火剂，酸碱灭火剂；F—干粉灭火剂；T—二氧化碳灭火剂；Y—1211 灭火剂；SQ—清水灭火剂。

（3）在事故现场应采取的措施：不要接触可能为高压电缆的裸露电缆。如果必须接触电缆或不可避免意外接触该电缆，应戴好绝缘手套并用绝缘胶带将电缆绝缘。

二、撞车后失火处理

如果车辆起火，则用“ABC”灭火器将火扑灭，或用大量的水灭火，或等待消防队员灭火。

三、有水且撞车蓄电池损坏的处理

拆下 HV 蓄电池后，使其远离水源。暴露在水中可能会使 HV 蓄电池产生热量，从而导致起火。只有将车辆从水中拖出之后，才可以处理车辆。

四、高压零部件和电缆损坏的处理

如果怀疑任一高压零部件或电缆损坏，则按照以下程序切断高压电路（过程中务必佩戴绝缘手套、护目镜，穿好安全鞋）：先将电源开关置于“OFF”位置；如果不能将电源开关置于“OFF”

笔记

位置，则从发动机室继电器盒和接线盒总成上拆下动力管理系统的供电保险丝，如 IGCT 保险丝和 AM2 保险丝，并确认“READY”灯熄灭；然后从辅助蓄电池负极（-）端子上断开电缆；再佩戴绝缘手套拆下检修塞。

拆下检修塞把手后，除非修理手册规定，否则请勿将电源开关置于“ON（READY)”位置。因为此时电控单元会检测到检修塞上的互锁开关断开的故障，这个故障一旦存储，在检修塞插回时，系统也是无法上电就绪的，要等诊断仪清除故障码后才可以上电就绪。

第六节 如何移走损坏车辆

一、拖车条件

出现以下四个条件之一时用拖车拖走车辆。

（1）一个或多个高压零部件及电缆损坏。

（2）与驱动系统、传动桥或燃油系统有关的零部件损坏。

（3）主警告灯点亮。

（4）尝试将电源开关置于“ON（READY)”位置时“READY”灯不亮。

【注意】在用拖车拖走车辆之前，要从辅助蓄电池的负极（-）端子上断开电缆，并拆下检修塞把手，以对高压系统做下电处理。

二、车辆牵引准备

如果“READY”灯熄灭或者在驾驶时出现异常噪声、异味或强烈振动，则执行以下程序。

（1）先将车辆停放在安全位置，防止发生追尾，或影响交通。

（2）施加驻车制动，然后按下“P”位置开关。

（3）将电源开关置于“OFF”位置，断开后备箱内右侧铅酸蓄电池负极（-）端子上的电缆。

（4）在佩戴绝缘手套的情况下拆下检修塞把手。

三、牵引车辆时的注意事项

1. 两轮着地的牵引方式

牵引损坏的车辆时，应使其前轮和后轮离开地面。如果在牵引损坏的车辆时使其前轮接触地面，可能会导致永磁同步电机发电。根据车辆损坏的性质，这种电流可能会泄漏并导致起火。

2. 四轮着地牵引方式

在四个车轮全部着地的情况下，如果需要使用绳索牵引车辆，则牵引速度不能超过 30 km/h，且只能牵引较短距离，然后用卡车将车辆拖走。将电源开关置于“ON（IG)”位置，将换挡杆移至“N”位，并确认已选择空挡“N”；如果辅助蓄电池断开，则无法选择空挡“N”。与变速器控制 ECU 有关的零件有故障时，可能无法选择空挡“N”。确保牵引车辆时不要将电源开关置于“OFF”位置，否则可能选择驻车挡“P”，从而导致损坏或发生事故。如果损坏的车辆在牵引期间出现异常情况，要立即停止牵引。

笔记

第七节 仪表信息

一、仪表主要指示灯

仪表板上的“READY”高压上电就绪灯点亮时（见图 2-10），车辆的发动机会进入自动起动和自动停止控制，这个自动过程依据用电负荷的大小。为避免受伤，在发动机舱内作业时要确保电源开关内的指示灯和仪表上的“READY”灯都是熄灭的状态。

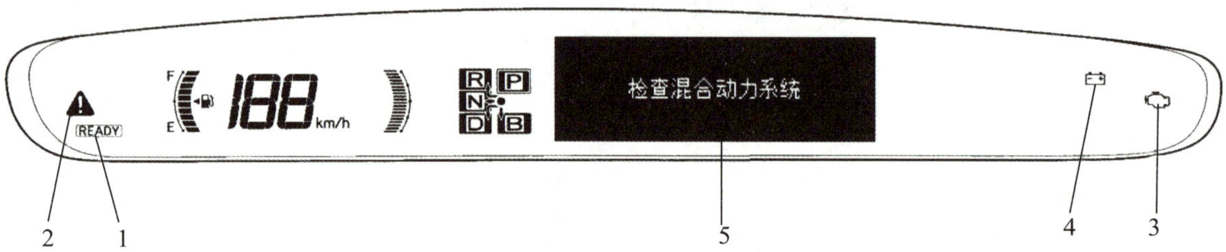

1-READY 灯；2- 主警告灯；3- 发动机 MIL；4- 充电警告灯；5- 多信息显示屏

图 2-10　仪表主要指示灯

二、警告灯点亮时应采取的措施

1.READY 灯

仪表绿色的“READY”灯在将电源开关置于“ON（READY)”位置时点亮，表示车辆已为驾驶准备就绪，高压电已经过高压配电箱的正、负极继电器加电到变频器。

2. 主警告灯

主警告灯特征是三角内有个感叹号，主警告灯点亮或闪烁，表示多信息显示屏正显示当前警告。根据警告，蜂鸣器也可能鸣响。混合动力系统或混合动力蓄电池系统发生任何故障时，主警告灯点亮或闪烁，蜂鸣器鸣响，多信息显示屏上显示警告“检查混合动力系统”。

3. 发动机 MIL

发动机 MIL（Malfunction Indication Lamp，故障灯）为黄色的故障灯，当发动机控制系统中出现故障时点亮（将电源开关置于“ON（IG)”位置和“ON（READY)”位置时也会点亮）。

如果主警告灯、MI 和充电警告灯三个灯（见图 2-10）中有一个点亮，则将智能检测仪连接到 DLC3（通信链路连接器 3）检查 DTC（诊断故障码）。然后，参考维修手册中适用的故障排除步骤来检查和维修受影响的部位。如果尝试将电源开关置于“ON（READY)”位置时，READY 灯未点亮，也需要执行上述操作。

当电源开关置于“READY”位置时，蓄电池形状的 12 V 电系充电警告灯亮代表 DC/DC 转换系统出现故障，相当于传统汽车的发电机未给蓄电池充电。如果此灯连同主警告灯一同点亮，则务必检查诊断 DTC 故障码。

笔记

第八节 处理两种蓄电池的馈电

丰田普锐斯混合动力汽车，车辆使用标称为 12 V 铅酸蓄电池和标称为 201.6 V 镍氢蓄电池。铅酸蓄电池为汽车的电系供电，而镍氢蓄电池为高压电系供电。当两种蓄电池馈电时，要使用两种不同方法重新充电。

一、12V 蓄电池放电时应采取的措施

标称为 12V 的铅酸蓄电池的电量完全耗尽时执行该程序。使用车下充足电的蓄电池并联车内馈电的蓄电池，由于蓄电池一般不在发动机机舱内，所以要通过发动机舱内的保险丝盒内辅助正极端子和车身的接地来并联为车上蓄电池充电（见图 2-11）。

方法是使车辆处于驻车制动状态，将电源开关置于“OFF”位置，并将钥匙移出车内检测区域。拆下发动机舱内的继电器盒盖，通常在一个标有红色正号的盖子下面会找到熄火车辆的起动辅助正极端子，另一头接救援车辆的辅助蓄电池正极端子。然后，找到救援车辆的辅助蓄电池负极端子接上起动电缆，并在熄火车辆上找到良好的搭铁点，一般用发动机上的吊钩作搭铁。这时救援车辆的 12 V 蓄电池与熄火车辆的辅助蓄电池相连接，汽车的电控单元在 12 V 供电状态下处于可工作状态，可以起动救援车辆的发动机，使发动机在略高于通常的转速下运行。将电源开关置于“ON（READY）”位置。

在混合动力系统起动后，按照与连接时相反的顺序立即断开起动辅助电缆。不要使起动辅助电缆一直保持连接状态，因为这时的外接蓄电池会成为用电设备，延长原车电池恢复电能的时间。

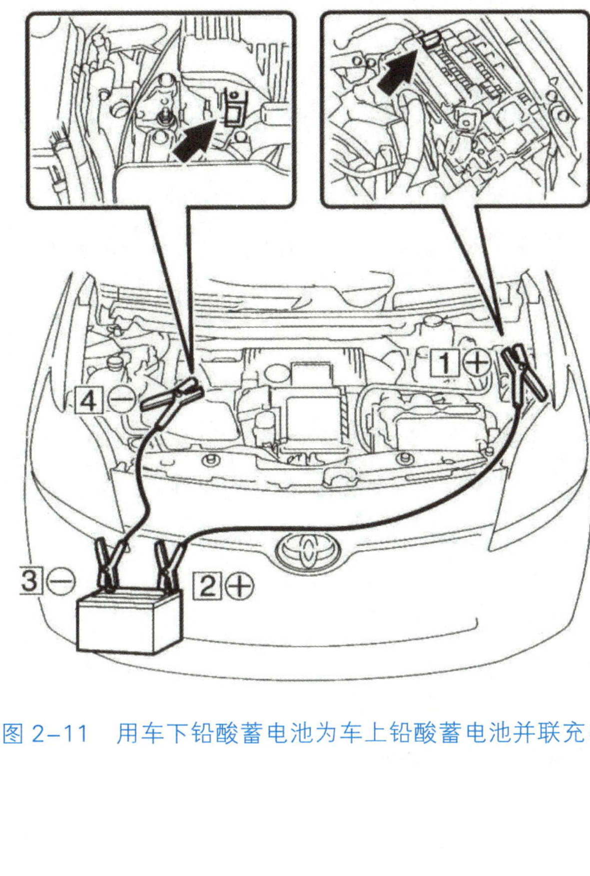

图 2-11　用车下铅酸蓄电池为车上铅酸蓄电池并联充电

笔记

【注意事项】切勿使用交流晶闸管阶跃电压调节式快速充电器给蓄电池长期充电，因为这种充电器很难调节一个合适的充电电压，一旦误操作输出的电压过高，一是会导致车上的许多控制单元可能无法正常工作或损坏电子元件，二是长时间用这种高电压给蓄电池充电也会造成蓄电池损坏。

【技师指导】继电器盒的正极端子与后备厢的蓄电池正极是物理连通的，在这个端子上接上起动电缆的正夹钳时，正夹钳要求外部套有绝缘套，防止夹钳手柄与车身的金属相碰产生大的火花。每次操作时只操作正极电缆或负极电缆，不可两条电缆同时带电操作，因为这样可能发生两个正、负夹钳短路烧伤操作人员的手，火花也可能进入眼睛，造成伤害。

二、混合动力车辆蓄电池放电时

在 12 V 蓄电池有电的情况下，如果未能起动混合动力系统，并且显示 HV 蓄电池警告，蓄电池符号内部或侧面标有感叹号时，则 HV 蓄电池可能放电。混合动力车辆蓄电池放电或电量低，或显示低牵引能力的电池“Low Traction Battery”时，应更换混合动力车辆蓄电池总成或用服务站专业人员专用的充电机为其动力电池充电。

第九节 两种检查模式操作程序

一、什么是检查模式

检查模式包括保养模式和认证模式。

1. 保养模式

保养模式（Maintenance Mode）是让发动机单独运转的模式，以方便汽车诊断与维修或进行车检中的尾气检查。它是进行发动机保养时点火正时检查、怠速废气排放测试（CO，HC）检查、以及使用速度表检测台和两轮底盘测功机等的测试准备的模式。方法是选择驻车挡“P”时保持发动机怠速运转。

2. 认证模式

认证模式（Certification Mode）用于切断牵引力控制系统 TRC。方法是使用速度表检测台检查车速表准确性或在两轮底盘测功机测试转矩，此模式要在行驶挡位取消牵引控制。

二、激活检查模式注意事项

激活检查模式中的保养模式让发动机单独工作之前，要先关闭空调，在选择驻车挡“P”的情况下起动混合动力系统，检查并确认发动机在起动数秒后停止（发动机暖机检查完成，动力正常）。

激活相应的检查模式并检查车辆，各测试的挡位如表 2-1 所示。

笔记

表 2-1 检查项目使用的挡位

测试项目	模式	挡位
车辆直线行驶测试（侧滑检查）	保养模式或正常模式	D
制动力测试	保养模式	N
速度表测试	保养模式	D
废气测试（怠速）	保养模式	P
前照灯测试	保养模式或正常模式	P

【车速表测试注意事项】确保在保养模式下（D 挡）进行测试。请勿在速度表检测台上进行快速起动或快速加速，否则可能损坏传动桥。正确的操作方法是缓慢踩下加速踏板，使车辆逐渐加速，进行测量。测量后，用制动器使车辆逐渐减速。

【使用底盘测功机的特殊注意事项】开始 D 挡测试之前，务必设置相应的负载。在最小负载下，对底盘测功机上的车辆执行突然加速或减速可能会损坏传动桥。

三、如何激活保养模式

1. 不使用智能检测仪激活保养模式

在 60 秒内，执行以下步骤。

步骤 1：将电源开关置于“ON（IG）”位置。

步骤 2：选择驻车挡“P”时，完全踩下加速踏板两次，对于四驱车踩下加速踏板四次。

步骤 3：选择空挡“N”时，完全踩下加速踏板两次，对于四驱车踩下加速踏板四次。

步骤 4：选择驻车挡“P”时，完全踩下加速踏板两次，对于四驱车踩下加速踏板四次。

步骤 5：检查并确认多信息显示屏上显示“保养模式”。

步骤 6：踩下制动踏板时，通过将电源开关置于“ON（READY）”位置起动发动机。

【提示】例如，丰田普锐斯混合动力汽车，在选择驻车挡“P”的情况下，保养模式下的怠速转速大约为 1 000 r/min。在选择驻车挡“P”的情况下，踩下加速踏板时，发动机转速升高至 1 500 r/min。将加速踏板踩下超过一半或完全踩下加速踏板时，发动机转速升高至大约 2 5 00r/min。

2. 使用智能检测仪激活保养模式

步骤 1：将智能检测仪连接到 DLC3。

步骤 2：将电源开关置于“ON（IG）”位置。

步骤 3：打开智能检测仪。

步骤 4：进入以下菜单：动力传动（Power Train）/ 混合动力控制（Hybrid Control）/ 工具（Utility）/ 测量尾气的检查模式（Inspection Mode-2WD for measuring Exhaust Gas）。

步骤 5：检查并确认多信息显示屏上显示“保养模式”。

步骤 6：踩下制动踏板时，通过将电源开关置于“ON（READY）”位置起动发动机。

笔记

【提示】在选择驻车挡“P”的情况下，保养模式下的怠速转速大约为 1 000 r/min。在选择驻车挡“P”的情况下，踩下加速踏板时，发动机转速升高至 1 500 r/min。将加速踏板踩下超过一半或完全踩下加速踏板时，发动机转速升高至大约 2 500 r/min。

四、如何激活认证模式

1. 不使用智能检测仪激活认证模式

在 60 秒内，执行以下步骤。

步骤 1：将电源开关置于“ON（IG）”位置。

步骤 2：选择驻车挡“P”时，完全踩下加速踏板三次。

步骤 3：选择空挡“N”时，完全踩下加速踏板三次。

步骤 4：选择驻车挡“P”时，完全踩下加速踏板三次。

步骤 5：检查并确认多信息显示屏上显示“认证模式”。

步骤 6：踩下制动踏板时，通过将电源开关置于“ON（READY）”位置起动发动机。

2. 使用智能检测仪激活认证模式

步骤 1：将智能检测仪连接到 DLC3。

步骤 2：将电源开关置于“ON（IG）”位置。

步骤 3：打开智能检测仪。

步骤 4：进入以下菜单：动力传动（Power Train）/ 混合动力控制（Hybrid Control）/ 工具（Utility）/ 两轮驱动汽车切断牵引力控制检查（Inspection Mode-2WD for cutting TRC）。

步骤 5：检查并确认多信息显示屏上显示“认证模式”。

步骤 6：踩下制动踏板时，通过将电源开关置于“ON（READY）”位置起动发动机。

【提示】如果检查模式期间控制单元检查出故障，并存有 DTC 时，则仪表上的主警告灯点亮，并且出现警告信息。检查模式期间主警告灯（黄色三角内含感叹号）和警告信息点亮时会自动取消检查模式，这时应排除故障，并消除 DTC，重新进入检查模式。

检查模式完成后，解除检查模式的操作方法是将电源开关置于“OFF”位置，解除检查模式。若未取消检查模式直接行驶车辆可能会损坏传动桥。

第十节 典型工作任务五例

一、模式开关的使用

在车辆驾驶过程中为了实现驾驶员想要的动力输出模式设计了模式开关。经济模式省油，但车辆动力不强；动力模式费油，车辆动力强。两种模式都不选时默认为标准模式，兼顾动力和经济模式。

笔记

模式开关的操作按图 2-12 至图 2-19 所示的步骤执行。

图 2-12　按下经济（ECO）模式开关

步骤 1：按图 2-12 所示按下经济“ECO”模式开关。

图 2-13　仪表 ECO MODE 指示灯点亮

步骤 2：按图 2-13 所示，仪表中 ECO MODE 指示灯点亮确认模式选择成功。

图 2-14　按下动力（POWER）模式开关

步骤 3：按图 2-14 所示按下动力（POWER）模式开关。

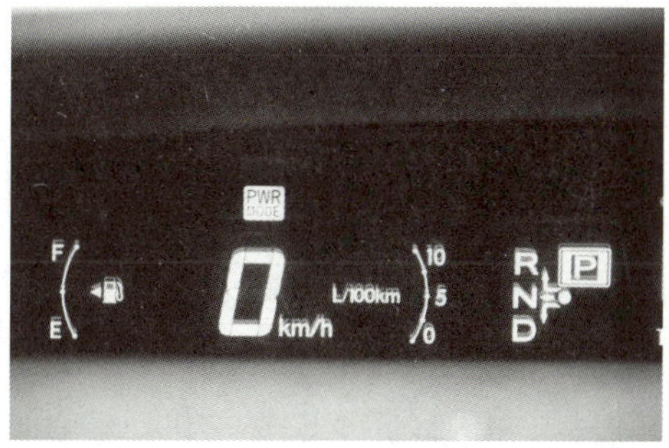

图 2-15　仪表 PWR MODE 指示灯点亮

步骤 4：如图 2-15 所示，仪表中 PWR MODE 指示灯点亮确认模式选择成功。

图 2-16　按下纯电动（EV）模式开关（1）

步骤 5：按图 2-16 所示，在动力电池馈电时，按下纯电动“EV”模式开关。

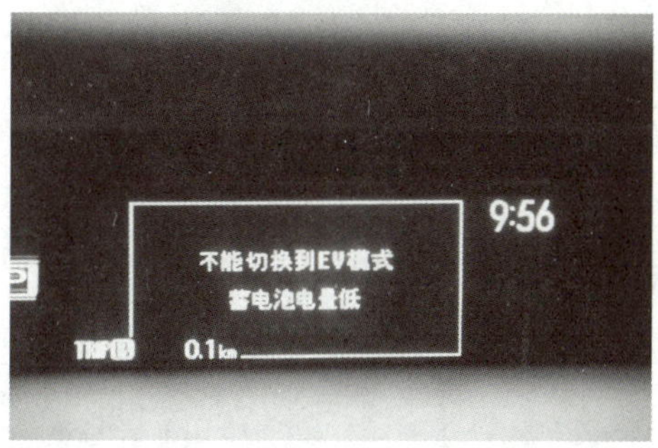

图 2-17　仪表信息显示“不能切换到 EV 模式”

步骤 6：如图 2-17 所示，仪表信息显示屏确认模式选择不成功。

笔记

图 2-18　按下纯电动（EV）模式开关（2）

步骤 7：按图 2-18 所示，在动力电池足电时，按下纯电动“EV”模式开关。

图 2-19　仪表 EV MODE 指示灯点亮

步骤 8：如图 2-19 所示，从仪表信息显示屏中确认 EV 模式选择成功。

二、车辆信息录入

车辆识别码（VIN）是汽车车身的身份证明，车身出厂时，车辆识别码是唯一的。车辆识别码在汽车车身上通常会有几处，例如可以在前风挡玻璃左下部（最常见）、车内座椅下部的车身上、发动机舱发动机后部的防火墙位置。

发动机代码是同型号发动机型号的区分方法，通常是同型号发动机的生产序号，也称缸体号，是打在发动机缸体上的发动机身份证明，发动机代码也是唯一的。

同种变速器型号的用不同变速器代号区分，是一种打在变速器壳体上的变速器身份证明，变速器代码也是唯一的。

车辆信息录入按图 2-20 至图 2-25 的步骤操作。

图 2-20　前风挡玻璃左下角 17 位 VIN 码

步骤 1：按图 2-20 所示，读取前风挡玻璃左下角 17 位 VIN 码。

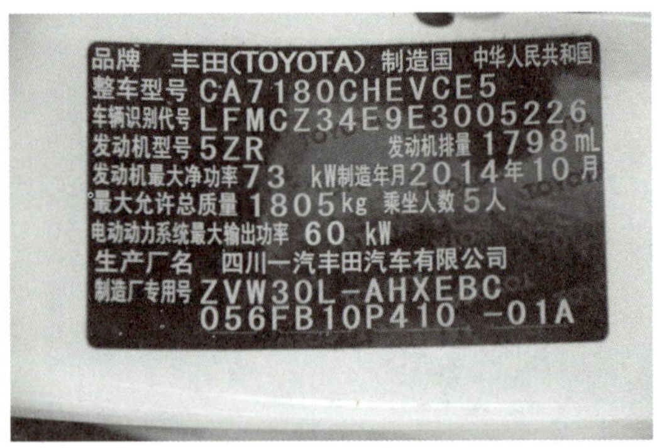

图 2-21　B 柱车辆认证标识

步骤 2：按图 2-21 所示，读取 B 柱车辆认证标识。

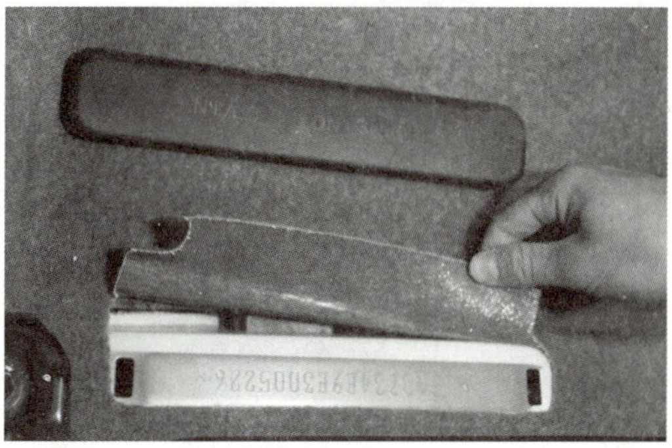

图 2-22　副驾驶座椅前部下侧 17 位 VIN 码

步骤 3：按图 2-22 所示，读取副驾驶座椅前部下侧 17 位 VIN 码。

图 2-23　发动机型号 + 代码 5ZR6158306

步骤 4：按图 2-23 所示，读取发动机型号 + 代码 5ZR6158306。

图 2-24　电力无级变速箱型号 P410

步骤 5：按图 2-24 所示，读取电力无级变速箱型号 P410。

图 2-25　电力无级变速箱代码 3JM

步骤 6：按图 2-25 所示，读取电力无级变速箱代码 3JM。

三、铅酸蓄电池馈电处理方法

当 12V 铅酸蓄电池馈电时，可以通过外接蓄电池的方法实现车辆起动。第一种方法是将外部蓄电池直接与车上蓄电池并联；第二种方法是利用发动机舱内的保险丝盒处设计的起动端子实现与车内的蓄电池并联（见图 2-26 至图 2-31）。

【重要提示】当车内蓄电池严重馈电时，还需要将车内蓄电池的负极取下，防止车内蓄电池从外接蓄电池夺电，外部蓄电池的电能大量流入馈电蓄电池时会导致车辆的供电能力变弱，造成车辆起动困难。

笔记

图 2-26　在保险丝盒内找到红色的正极标记

步骤 1：按图 2-26 所示在保险丝盒内找到红色的正极标记。

图 2-27　取下正极标保护盖

步骤 2：按图 2-27 所示取下正极标记保护盖。

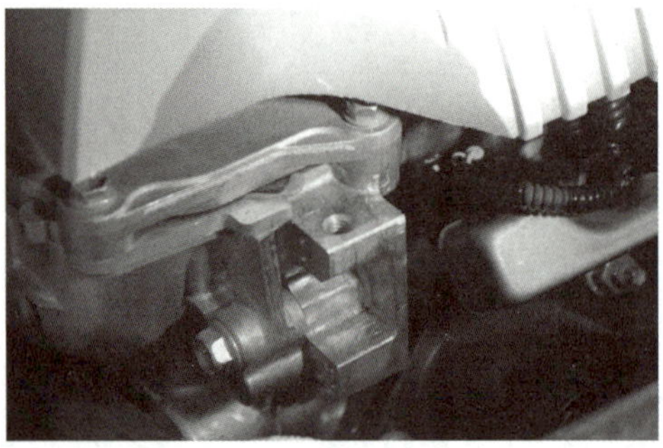

图 2-28　在发动机上找到负极电缆夹持点

步骤 3：按图 2-28 所示在发动机上找到负极电缆夹持点。

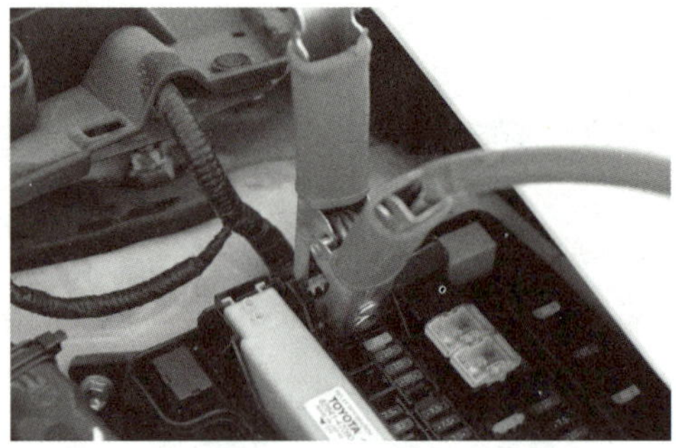

图 2-29　将正极电缆钳夹在正极夹持点上

步骤 4：按图 2-29 所示将正极电缆钳夹在正极夹持点上（正极钳子不要碰到车身）。

图 2-30　将黑色电缆接在发动机负极夹持点上

步骤 5：按图 2-30 所示将黑色电缆接在发动机负极夹持点上。

图 2-31　将正、负电缆连接在蓄电池正、负极桩上

步骤 6：按图 2-31 所示将电缆连接蓄电池，并起动汽车到 READY 挡。

四、手动进入保养模式方法

手动进入保养模式是汽车诊断修理检查发动机各个系统（如点火系统、燃油系统等）的一个操作，操作步骤按图 2-32 至图 2-41 执行。

笔记

图 2-32　按一键按钮开关，打到点火挡

步骤 1：按图 2-32 所示，按一键按钮开关，打到点火挡。

图 2-33　反复踩加速踏板到底两次

步骤 2：按图 2-33 所示，反复踩加速踏板到底两次。

图 2-34　踩制动踏板，换挡到 N 挡

步骤 3：按图 2-34 所示，踩制动踏板，换挡到 N 挡。

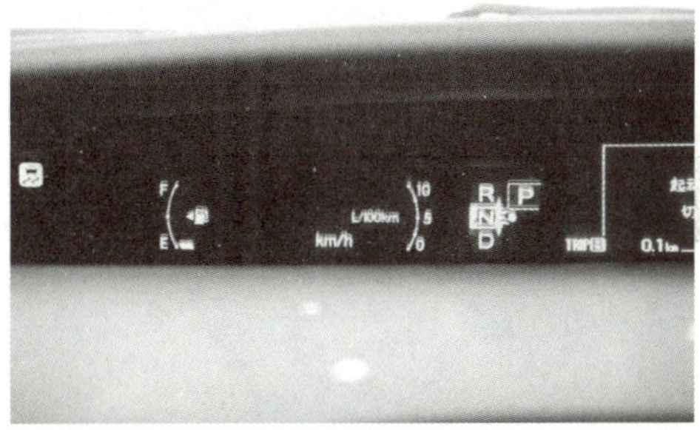

图 2-35　等待仪表显示执行 N 挡

步骤 4：按图 2-35 所示，等待仪表显示执行 N 挡。

图 2-36　反复踩加速踏板到底两次

步骤 5：按图 2-36 所示，反复踩加速踏板到底两次。

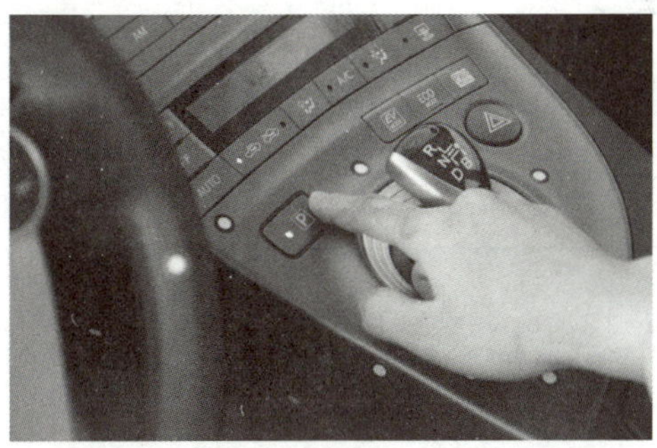

图 2-37　按下 P 挡按钮

步骤 6：按图 2-37 所示，按下“P”挡按钮。

笔记

图 2-38　反复踩加速踏板到底两次

步骤 7：按图 2-38 所示，反复踩加速踏板到底两次。

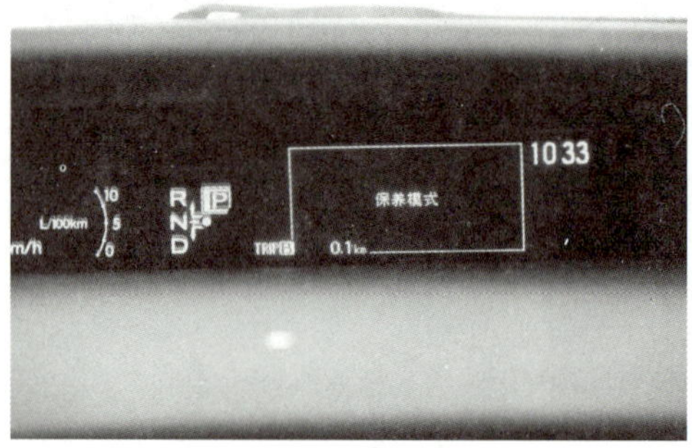

图 2-39　仪表显示保养模式

步骤 8：按图 2-39 所示，确认仪表显示保养模式。

图 2-40　打到 READY 挡

步骤 9：按图 2-40 所示，踩制动踏板，按一键起动开关，打到“READY”挡。

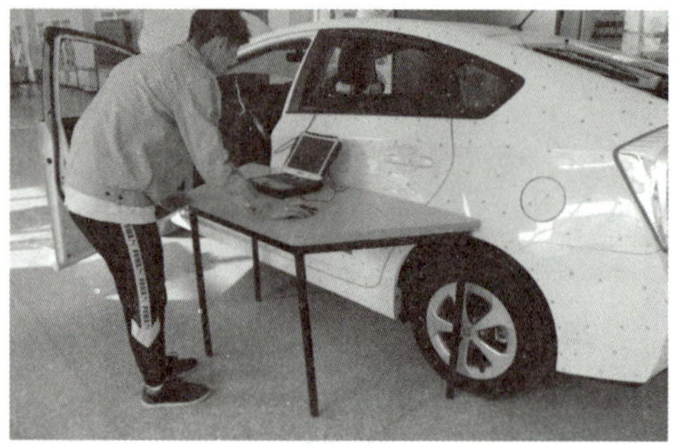

图 2-41　将诊断仪连接至 OBD 诊断接口

步骤 10：按图 2-41 所示，将诊断仪连接至 OBD 诊断接口，准备读取诊断仪数据。

五、手动进入认证模式方法

认证模式是汽车进行年检时需要进入的模式，其进入步骤按图 2-42 至图 2-49 所示。

图 2-42　操作一键开关到点火挡

步骤 1：按图 2-42 所示，操作一键开关到点火挡（仪表点亮）。

图 2-43　踩加速踏板到底三次

步骤 2：按图 2-43 所示，踩加速踏板到底三次。

图 2-44　踩制动踏板，换挡到 N 挡

步骤 3：按图 2-44 所示，踩制动踏板，换挡到 N 挡。

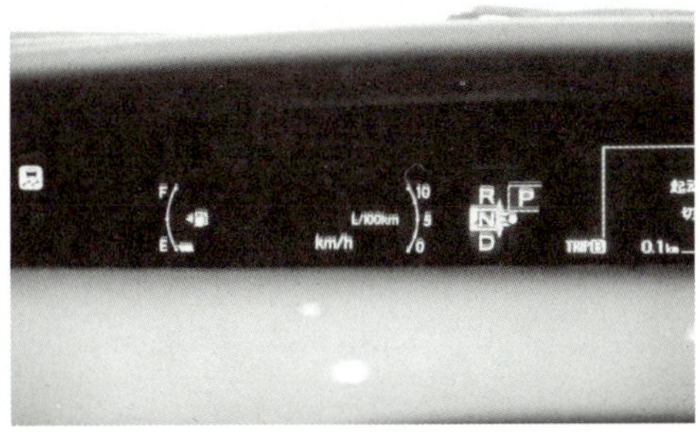

图 2-45　等待仪表显示执行 N 挡

步骤 4：按图 2-45 所示，等待仪表显示执行 N 挡。

图 2-46　踩加速踏板到底三次

步骤 5：按图 2-46 所示，踩加速踏板到底三次。

图 2-47　按下 P 挡按钮

步骤 6：按图 2-47 所示，按下“P”挡按钮。

图 2-48　踩加速踏板到底三次

步骤 7：按图 2-48 所示，踩加速踏板到底三次。

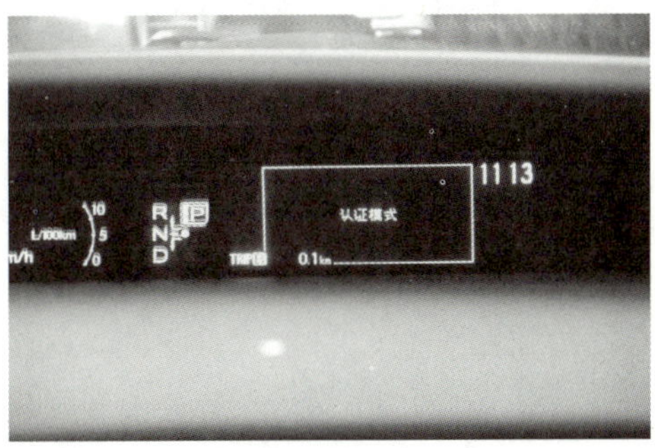

图 2-49　仪表显示进入认证模式

步骤 8：按图 2-49 所示，确认仪表显示认证模式。

第三章

米勒发动机系统

情境引入

小林工作两周后已经掌握了混合动力汽车使用和维护的理论及操作部分，曹师傅对小林的好学上进非常满意，打算尽快教他发动机电控系统的诊断。第三周开始师傅让他诊断和维修米勒发动机。一大早就有一辆丰田普锐斯因撞车事故，需要更换前部水箱、前照灯、电动空调压缩机和电子节气门体。在更换全部损坏部件后发现纯电动行驶正常，车辆原地稍踩下加速踏板时，可以感觉到高压电机 MG1 将发动机起动了，排气管排气正常且稳定。但当挂“D”挡行驶时，发动机出现抖动并熄火，多次测试现象相同。

假如你是车间的小林，你知道解决这个问题要用到哪些知识吗?

学习目标

（1）了解修理发动机操作前注意事项。

（2）能够说出发动机转矩控制原理。

（3）了解系统原理图和电路图的区别。

（4）能够说出症状表的内容。

（5）能够 说出丰田普锐斯米勒发动机的传感器有什么。

（6）能够检查米勒发动机的燃油供给系统。

（7）能够检查米勒发动机的点火系统。

（8）能够进行丰田普锐斯米勒发动机缸压测量。

（9）能够读出丰田普锐斯发动机数据流中的关键数据。

笔记

第一节　操作前注意事项

一、检查注意事项

（1）检查高压系统部件或断开带转换器的逆变器总成低压连接器前，务必采取安全措施，如佩戴绝缘手套后再拆下检修塞把手（见图 3-1），以防电击。拆下检修塞把手后，请放到自己的口袋中，防止其他技师在你进行高压系统作业时，将其拾起插入检修塞座重新连接导致意外。

【注意】

①将电源开关置于“OFF”位置后，从辅助蓄电池负极（–）端子上断开电缆前需要等待一定的时间。因此，继续工作前，确保阅读从辅助蓄电池负极（–）端子上断开电缆的注意事项。

②拆下检修塞把手后，由于检修塞处的互锁开关断开，再将电源开关置于“ON(READY)”位置时，会识别出这个互锁开关断开故障，导致故障码产生。除非修理手册规定，否则不要将电源开关置于“ON（READY)”位置。

（2）断开检修塞把手后，接触任何高压连接器或端子前，等待至少 10 分钟。

【提示】使带转换器的逆变器总成内的高压电容器放电至少需等待 10 分钟。

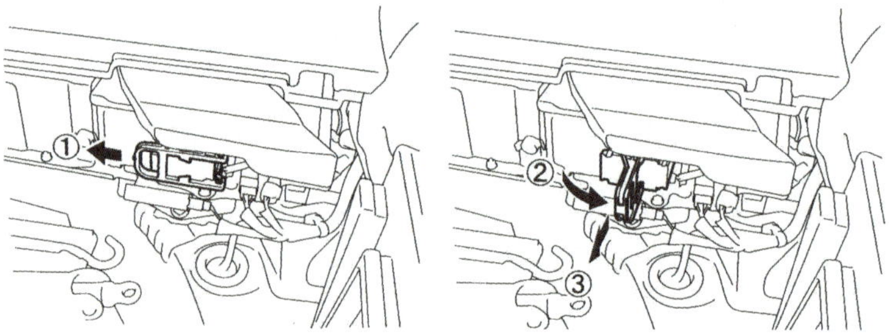

图 3-1　拆下检修塞

（3）检查带转换器的逆变器总成内检查点的端子电压。

【注意】务必佩戴绝缘手套。

二、混合动力控制系统激活的注意事项

警告灯点亮或断开并重新连接辅助蓄电池时，首次尝试将电源开关置于“ON（READY)”位置可能不会起动系统（系统可能未进入 READY—ON 状态）。如果发生此情况，则将电源开关置于“OFF”位置，并再次尝试起动混合动力系统。

三、关于智能检测仪的使用

为确保安全，应遵守下列事项。

（1）使用智能检测仪前先阅读说明书。

（2）连接有智能检测仪的车辆时，防止智能检测仪电缆卡在踏板、换挡杆或方向盘上。

笔记

（3）驾驶车辆使用智能检测仪进行检测时，需要两人。一人驾驶车辆，另一人操作智能检测仪。

四、断开并重新连接辅助蓄电池负极电缆

对电子部件进行操作前，从辅助蓄电池负极（–）端子上断开电缆以防止损坏电气系统或电气部件。断开并重新连接辅助蓄电池电缆前，将电源开关置于“OFF”位置并关闭前照灯开关。然后，完全松开端子螺母。不要损坏电缆或端子。断开辅助蓄电池电缆时，时钟和收音机设定以及存储的 DTC 会被清除。因此，断开辅助蓄电池电缆前，应对其进行记录。

【注意】将电源开关置于“OFF”位置后，从辅助蓄电池负极（–）端子上断开电缆前需要等待一定的时间。因此，继续工作前，确保阅读从辅助蓄电池负极（–）端子上断开电缆的注意事项。断开并重新连接辅助蓄电池负极（–）端子电缆后，系统需要初始化。

第二节 系统原理图和症状表

一、系统原理图

系统原理图是一个系统完整的输入和输出控制的总原理图。

【技师指导】学习汽车电控系统的顺序是原理图学习→症状表应用→电路图应用。学习原理图时，先要从元件位置、功能→系统总原理图→元件原理图顺序进行学习，最后再结合电路图学习才能做到举一反三。

系统总原理图学习应在学习元件原理图之前，因为这样学习能让学生总览全局，更好地理解传感器、ECU、执行器。

二、发动机系统元件

（1）发动机主要部件位置，如图 3-2 所示。

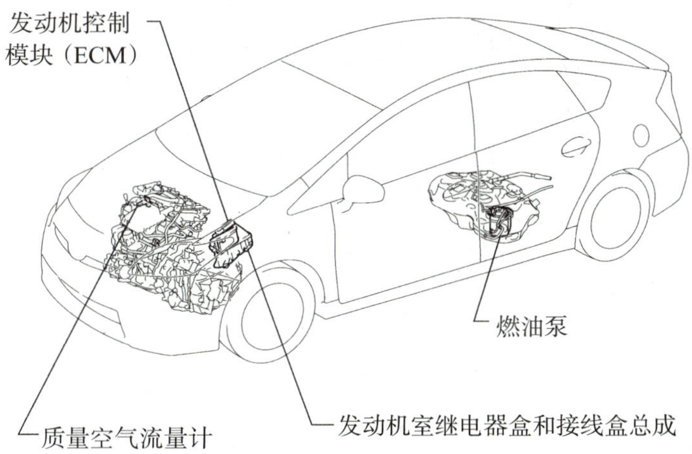

图 3–2　发动机主要部件位置

笔记

（2）车内主要元件位置，如图 3-3 所示。

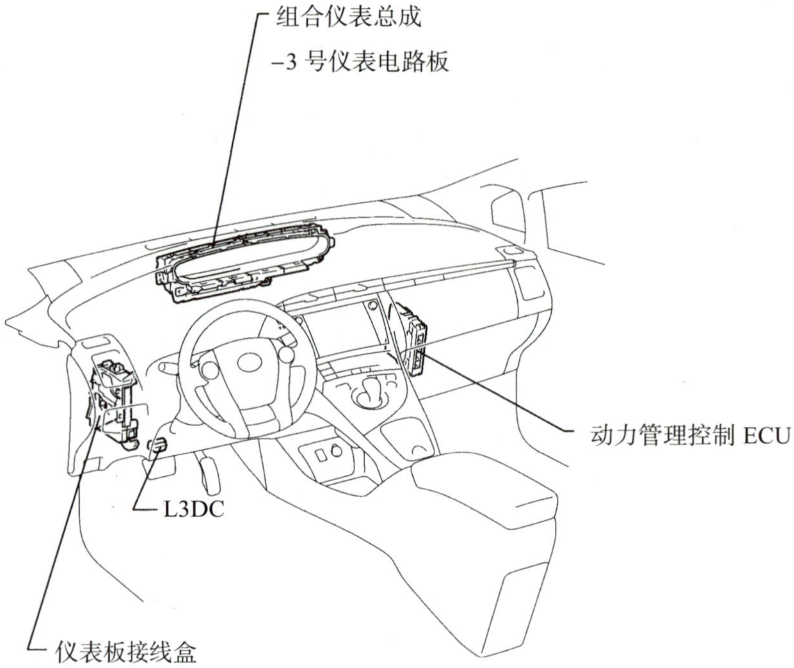

图 3-3　仪表台附近发动机主要相关部件位置

（3）传感器和执行器，如图 3-4 所示。

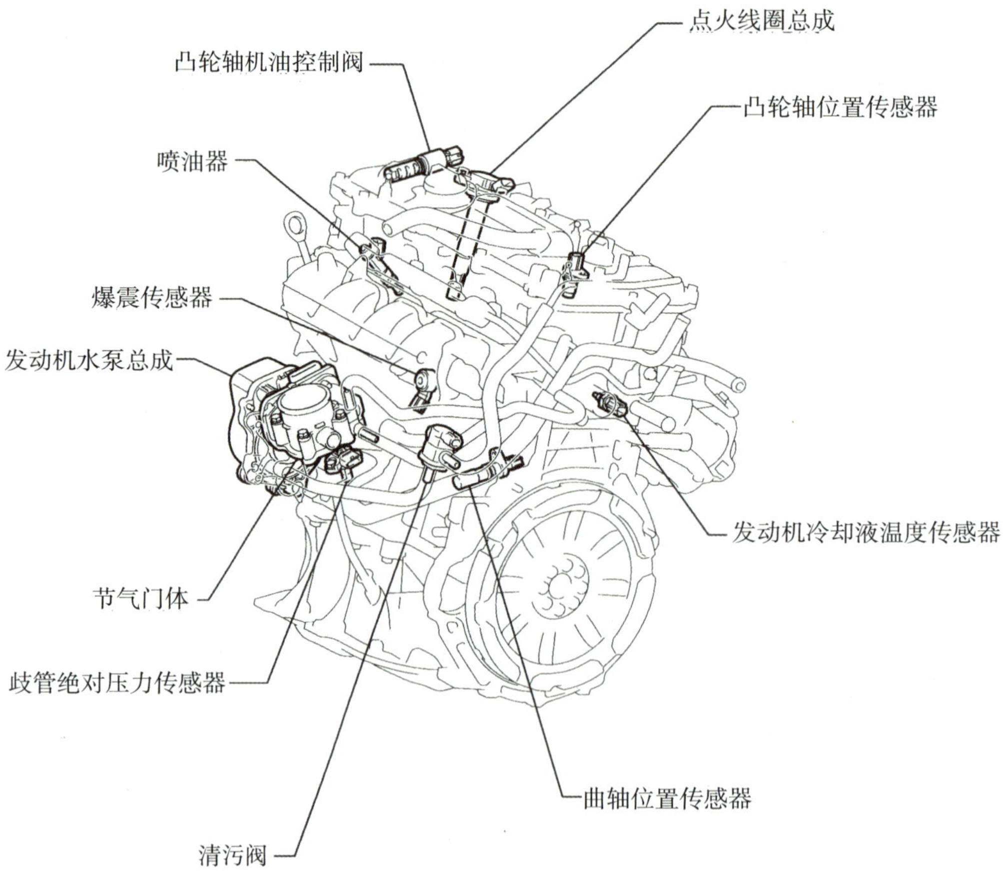

图 3-4　5ZR-FXE 发动机控制系统

笔记

（4）排气管，如图 3-5 所示。

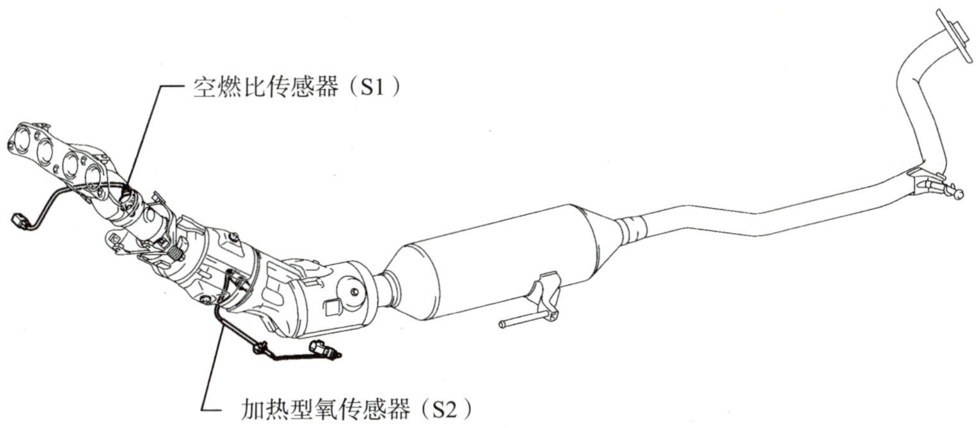

图 3-5　5ZR-FXE 发动机排气系统部件

三、系统总原理图

丰田普锐斯混合动力汽车发动机 ECM 系统如图 3-6 所示，由图可知，发动机 ECM 系统分为五个部分。

1. 电源部分

电源常电端口 BATT 用于发动机 ECM 内部微控制器（MCU）的供电，端口 IGSW 用于发动机 ECM 的唤醒，唤醒由电源管理 ECU 根据驾驶员操作供电开关及制动踏板的操作确定的附件挡（ACC）、点火挡（IG）和上电就绪挡（READY），注意没有起动挡，起动过程是自动实现的无需人为控制。

2. 传感器部分

曲轴位置和转速传感器、凸轮轴位置传感器、质量空气流量计分总成、节气门位置传感器、真空度（绝对压力）传感器、空燃比氧传感器、三元催化器效率监测氧传感器、爆震传感器、水温传感器、进气温度传感器等结构和原理与传统汽车发动机几乎相同。

3. 执行器部分

包括主断电器控制、燃油泵控制、喷油器、带点火线圈的点火模块、电子节气门电机、碳罐电磁阀、加热型氧传感器、仪表故障灯、发动机冷却风扇继电器、冷却水泵控制等。

4. 网络通信部分

发动机 ECM 挂在总线型 CAN 总线上，G2O 为发动机转速信号输出。

5. 诊断部分

发动机 DLC3 的自诊断接口。

笔记

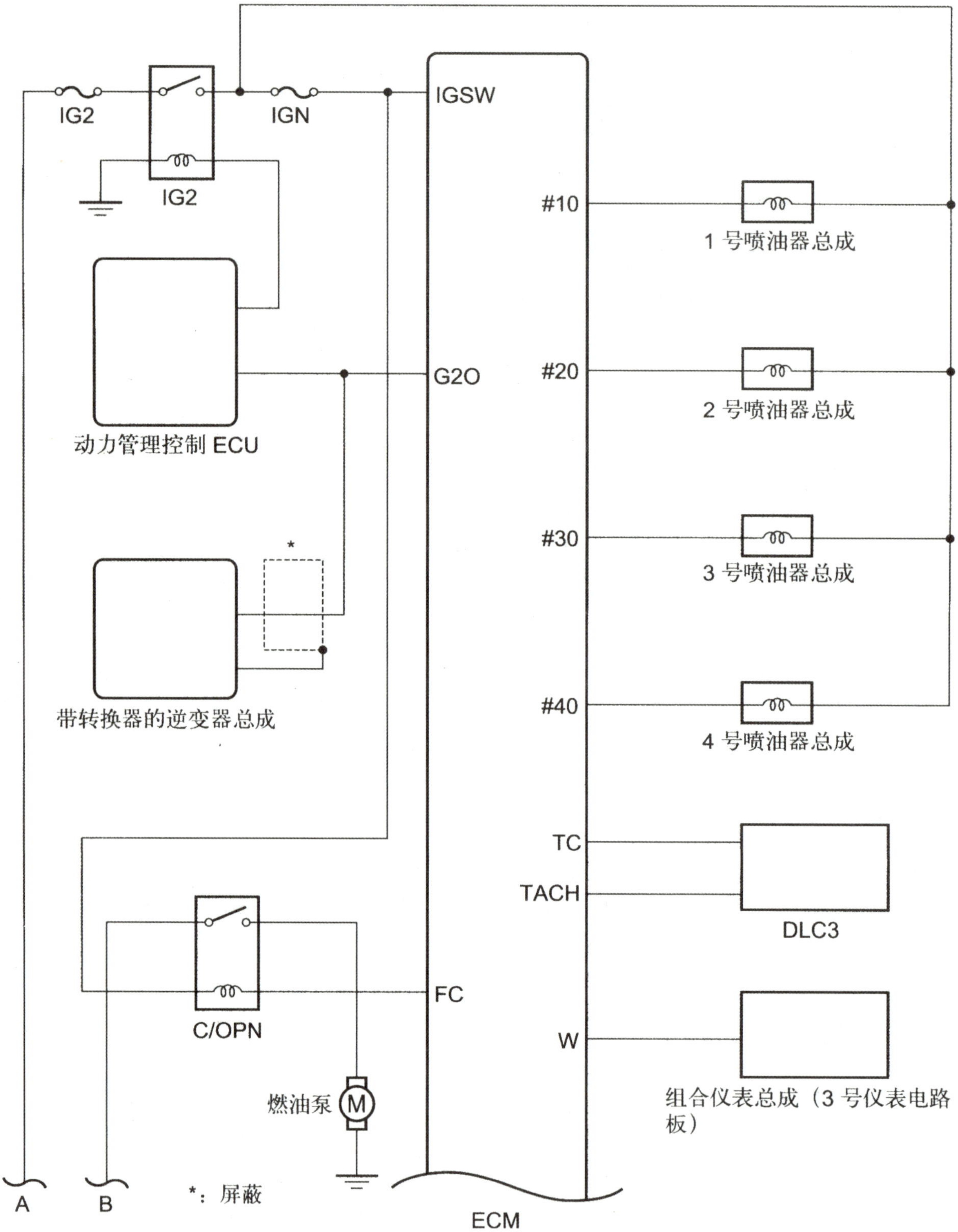

图 3-6（a） 5ZR-FXE 发动机 ECM 系统原理图（1）

笔记

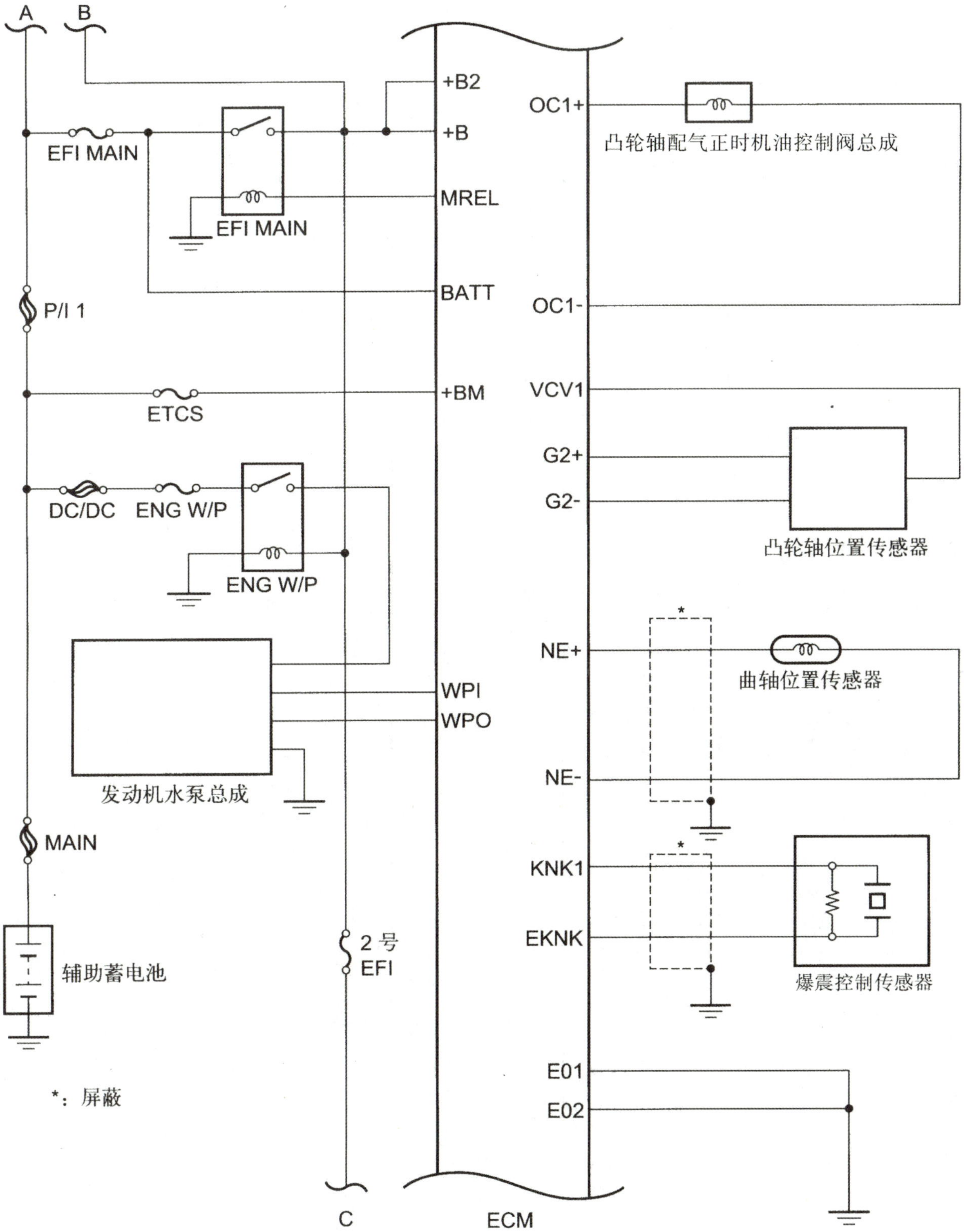

图 3-6（b） 5ZR-FXE 发动机 ECM 系统原理图（2）

笔记

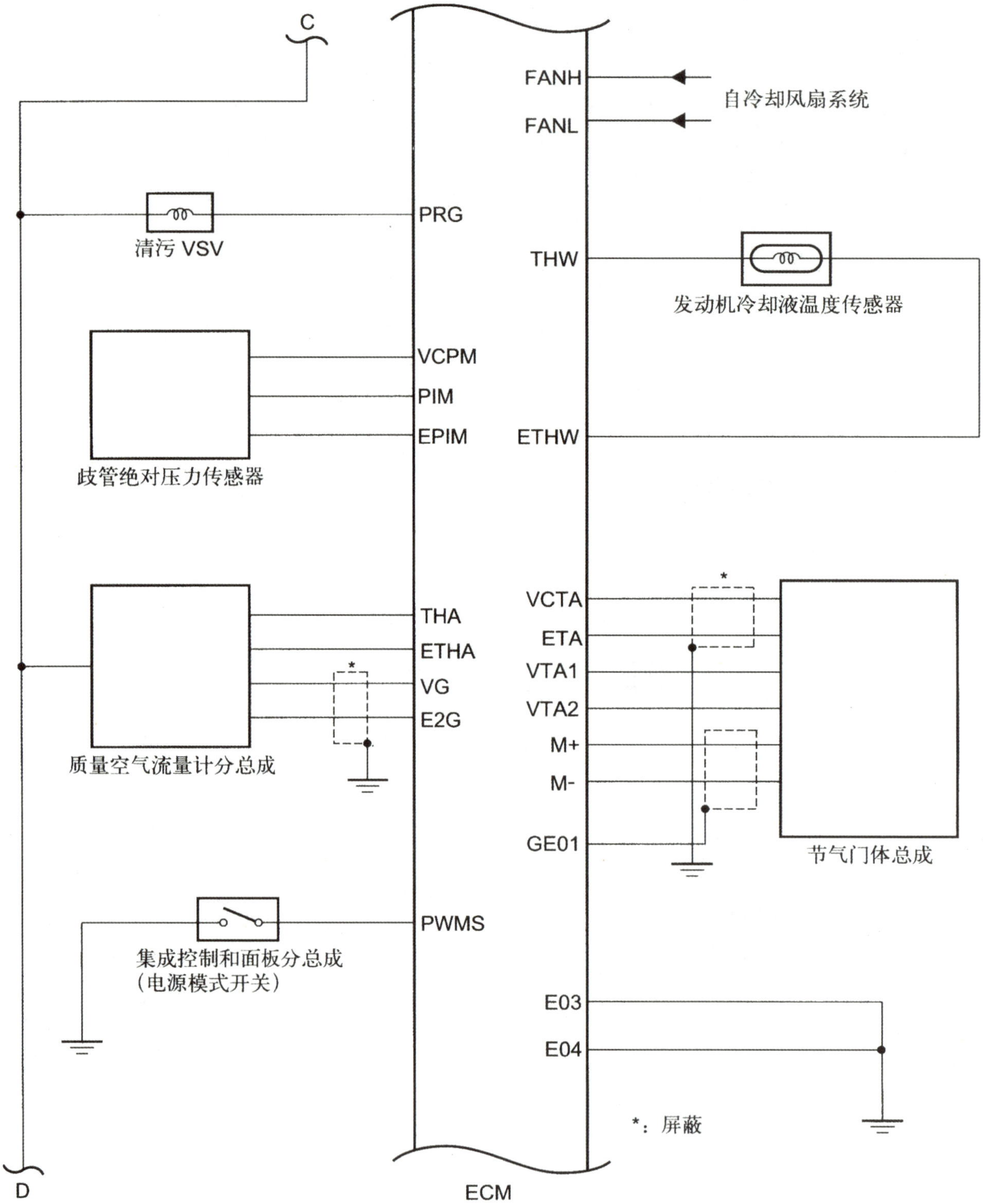

图 3-6（c） 5ZR-FXE 发动机 ECM 系统原理图（3）

笔记

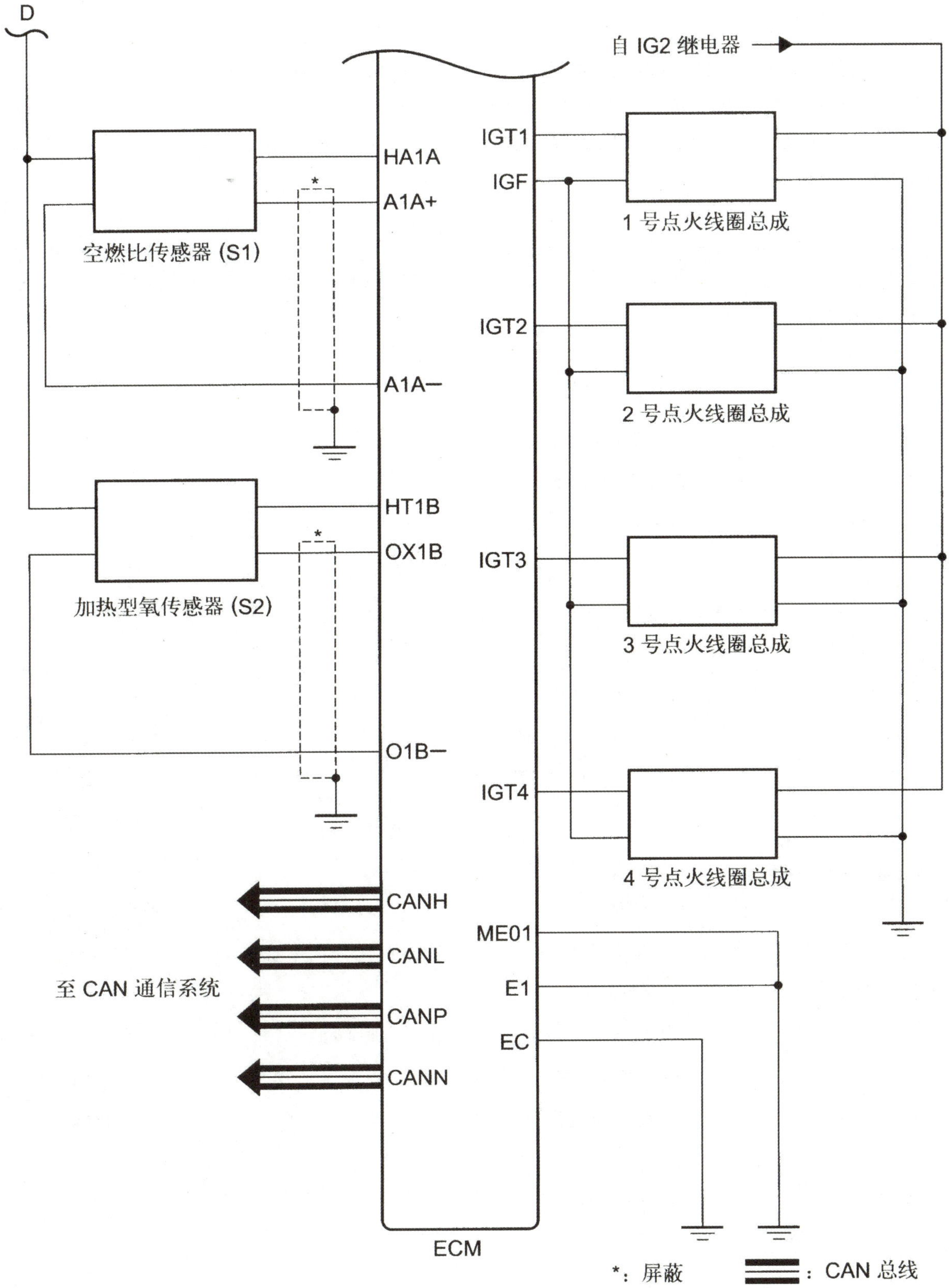

图 3-6（d） 5ZR-FXE 发动机 ECM 系统原理图（4）

笔记

四、故障症状表

正规或世界知名厂家使用故障症状表有助于确定故障症状的原因（见表 3-1）。如果列出多个可疑部位，则在表中可疑部位栏中将症状的可能原因按照可能性写出。按照所列顺序检查可疑部位，以确定各症状原因。必要时更换零件。检查每个可疑部位前，先检查与本系统相关的保险丝和继电器。

表 3-1　SFI 系统故障症状表

症状	可疑部位	症状	可疑部位
发动机曲轴不能转动（不起动）	混合动力控制系统	怠速不稳	压缩压力
	VC 输出电路		空燃比传感器
无初始燃烧（不起动）	ECM 电源电路		加热型氧传感器
	VC 输出电路		质量空气流量计分总成
	曲轴位置传感器		歧管绝对压力传感器
	燃油泵控制电路		点火系统
	点火系统		燃油管路
	喷油器电路		气门正时
	气门正时		燃油泵
发动机曲轴转动正常但起动困难	燃油泵控制电路		进气系统
	燃油泵		PCV 系统
	发动机冷却液温度传感器	抖动	PCV 系统
	点火系统		空燃比传感器
	喷油器总成		质量空气流量计分总成
	压缩压力	喘抖 / 加速不良	燃油管路
	喷油器电路		燃油泵
	进气系统		气门正时
	节气门体总成		质量空气流量计分总成
	ECM 电源电路		节气门体总成
发生不完全间歇式燃烧（不起动）	燃油泵控制电路		爆震控制传感器
	燃油泵		制动超控系统
	燃油管路	喘振（操纵性能差）	燃油管路
	点火系统		燃油泵控制电路
	喷油器总成		燃油泵
	曲轴位置传感器		点火系统
	气门正时		喷油器总成

笔记

续表

症状	可疑部位	症状	可疑部位
发动机怠速高	节气门体总成	起动后不久发动机熄火	质量空气流量计分总成
	进气系统		进气系统
	发动机冷却液温度传感器		歧管绝对压力传感器
	PCV 系统		燃油管路
	ECM 电源电路		气门正时
发动机怠速转速低（怠速不良）	燃油泵控制电路	减速时发动机熄火	怠速（参见“发动机怠速转速低”）
	节气门体总成		
	进气系统		
	PCV 系统		

五、基本检查

通过检查 DTC 未能确认故障时，对所有可能引起故障的电路进行故障排除。大多数情况下，按系统故障症状表进行发动机基本检查可以快速有效地找出故障部位。因此，对发动机进行故障排除时，务必进行此检查。

六、如何检查间歇性故障

使用检查模式检查车辆的 ECM。ECM 在检查模式下，使用智能检测仪更加容易检测到间歇性故障。在检查模式下，ECM 使用单程检测逻辑，与使用双程检测逻辑的正常模式（默认）相比，对故障有更高的灵敏度。

（1）清除 DTC。

（2）使用检测仪将 ECM 从正常模式切换至检查模式。

（3）进行模拟测试。

（4）检查并晃动线束、连接器和端子。

第三节 米勒发动机系统诊断与维修

一、质量空气流量计分总成

1. 描述

质量空气流量计分总成是测量流经节气门空气量的传感器，ECM 利用此信息确定燃油喷射时间并提供适当的空燃比。质量空气流量计分总成内部有一个暴露于进气气流的铂热丝，向铂热丝施加一个特定的电流。进气气流会冷却铂热丝和内部热敏电阻，从而影响它们的电阻。为保持恒定的热丝温度值，将电流施加到质量空气流量计分总成的这些零部件。电压高低与通过传感器的

笔记

空气流量成比例，ECM 利用这种规律来计算进气量。该电路的结构使铂热丝和温度传感器构成桥接电路，并且功率晶体管的控制使电桥的桥臂两端电压保持相等，以便将温度维持在预定温度。

【提示】设定这些 DTC 中的任意一个时，ECM 进入失效保护模式。在失效保护模式下，ECM 根据发动机转速和节气门位置计算点火正时。失效保护模式持续运行，直至检测到通过条件。

2. 电路图（见图 3-7）

质量空气流量计分总成端口：+B 为 12 V 电源、VG 为信号输出、E2G 为传感器地。

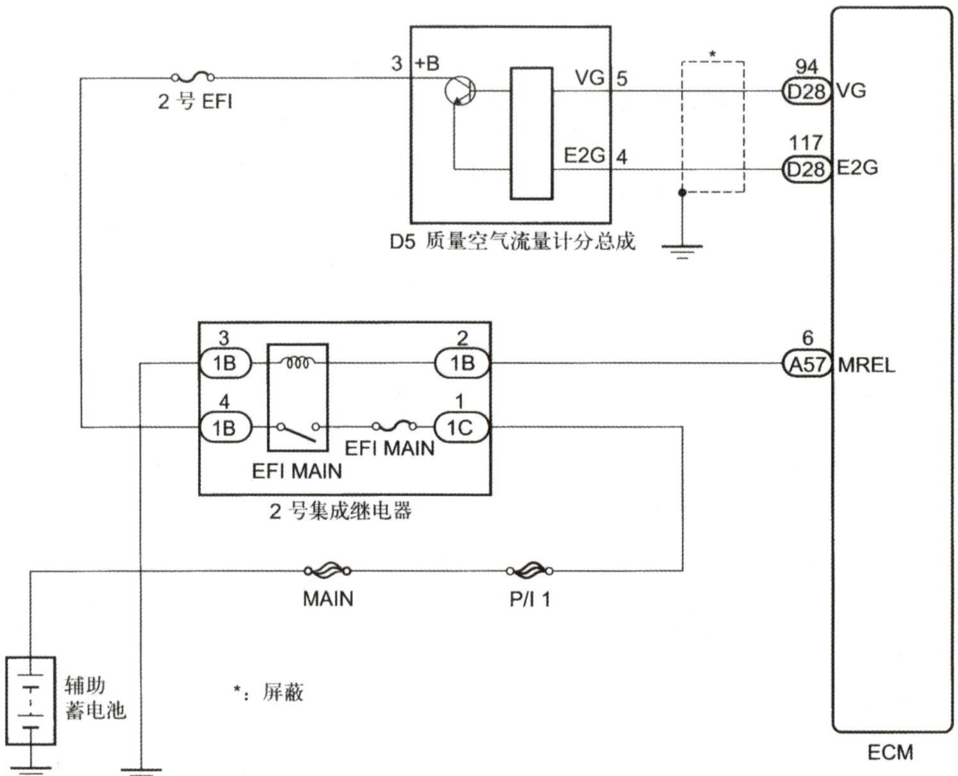

图 3-7　5ZR-FXE 发动机空气流量计分总成电路

3. 诊断方法

执行检查程序前，先检查本系统相关电路的保险丝。再根据故障码和数据流进行诊断。

二、歧管绝对压力传感器

1. 描述

歧管绝对压力传感器通过内置传感器检测进气歧管的内部压力作为绝对压力并输出电压。根据来自歧管绝对压力传感器的电压，ECM 控制空燃比并校正由于压力改变而导致的压力传感器故障。

2. 电路图（见图 3-8）

歧管绝对压力传感器端口：VC 为 5 V 电源、PIM 为信号输出、E2 为传感器地。

笔记

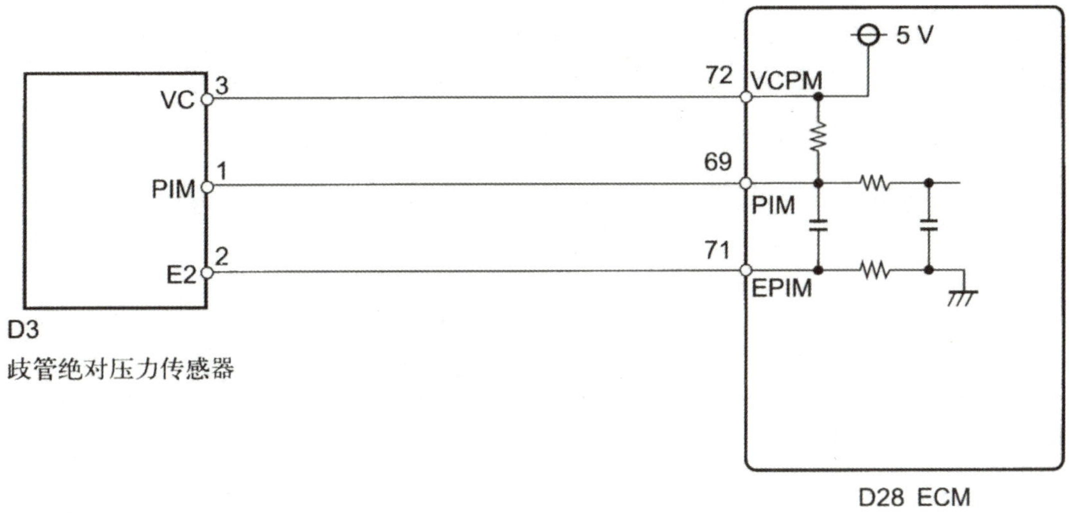

图 3-8 5ZR-FXE 歧管绝对压力传感器电路

3. 诊断方法

首先，要根据故障码和数据流进行诊断。

其次，压力传感器除了电路图中的电源外，更精确的测量是绝对压力和信号输出的关系测量（见图 3-9）。大多数情况下没这个必要，除非压力通道有堵塞或传感器损坏。

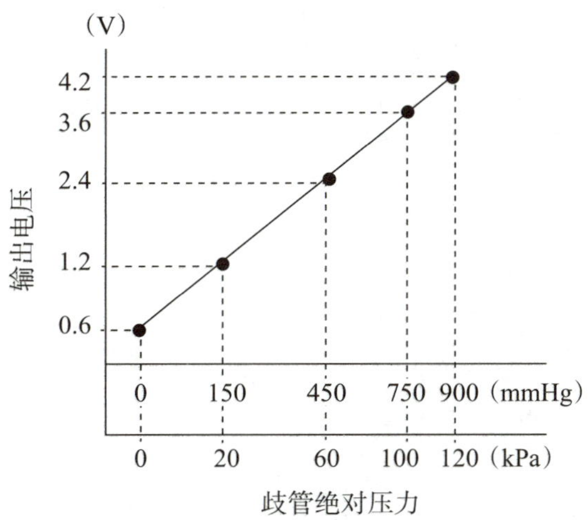

图 3-9 5ZR-FXE 歧管绝对压力和信号输出的关系

三、进气温度传感器

1. 描述

进气温度传感器安装在质量空气流量计分总成内，用于监视进气温度。进气温度传感器中内置有热敏电阻，电阻随进气温度的变化而变化。进气温度变低时，热敏电阻的电阻增大。温度变高时，电阻减小。电阻的这些变化转化为电压的变化传输至 ECM。ECM 端子 THA 经 ECM 内的电阻器 R 将 5 V 电源施加到进气温度传感器上。电阻器 R 和进气温度传感器是串联的。进气温度传感器的电阻值随进气温度的变化而变化时，端子 THA 上的电压也随之变化。发动机冷机时，ECM 根据此信号增加燃油喷射量以提高操纵性能。

笔记

【提示】设定 DTC P0112 或 P0113 时，ECM 进入失效保护模式。在失效保护模式下，ECM 估算进气温度为 20 ℃（68 ℉）。失效保护模式持续运行，直至检测到通过条件。

2. 电路图（见图 3-10）

进气温度传感器端口：THA 为 5V 电源线，也是信号输出、E2 为传感器地。

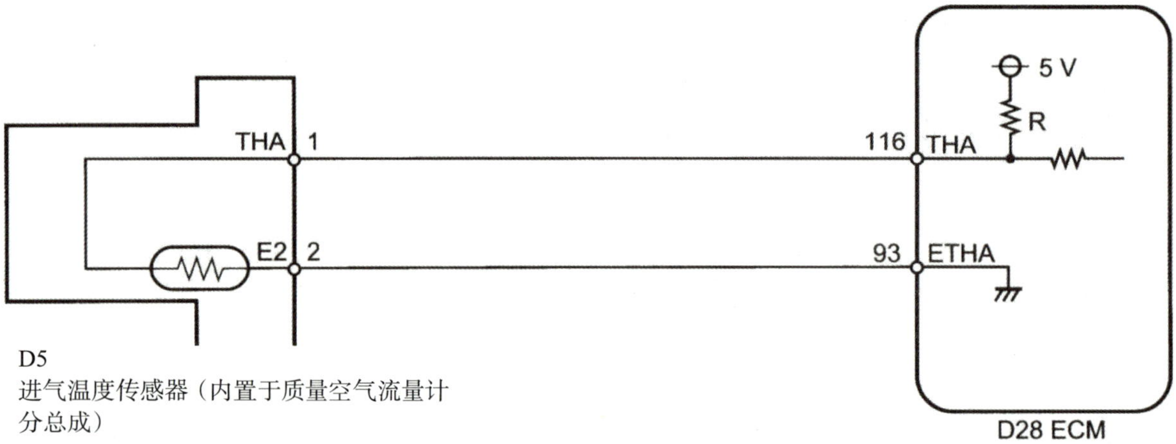

图 3-10　5ZR-FXE 发动机进气温度传感器电路

3. 诊断方法

首先要根据故障码和数据流进行诊断。

其次测量针对压力传感器，除了图 3-10 中的电源外，更精确的测量还要按图 3-11 所示的温度和信号输出的关系来进行。

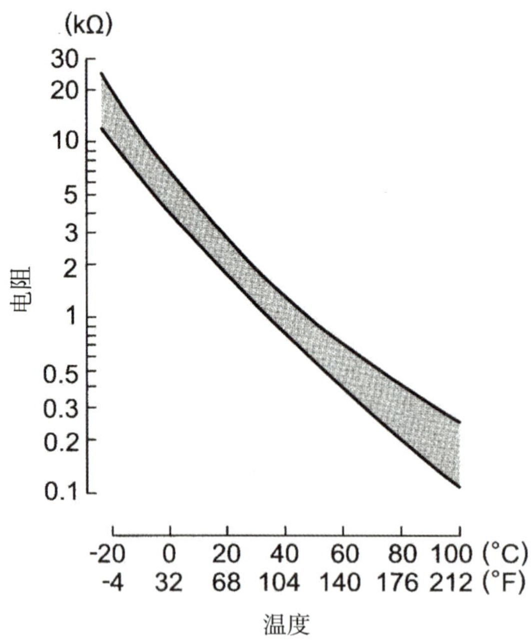

图 3-11　5ZR-FXE 发动机进气温度和信号输出关系

笔记

四、冷却液温度传感器

1. 描述

热敏电阻内置于发动机冷却液温度传感器，其电阻值随发动机冷却液温度的变化而变化。传感器的结构及其与 ECM 的连接方式和进气温度传感器相同。

【提示】设定 DTC P0115、P0117 和 P0118 中的任意一个时，ECM 进入失效保护模式。在失效保护模式下，ECM 估算发动机冷却液温度为 80 ℃（176 ℉）。失效保护模式持续运行，直至检测到通过条件。

2. 电路图（见图 3-12）

冷却液温度传感器端口：THW 为 5V 电源、也是信号输出，E2 为传感器地。

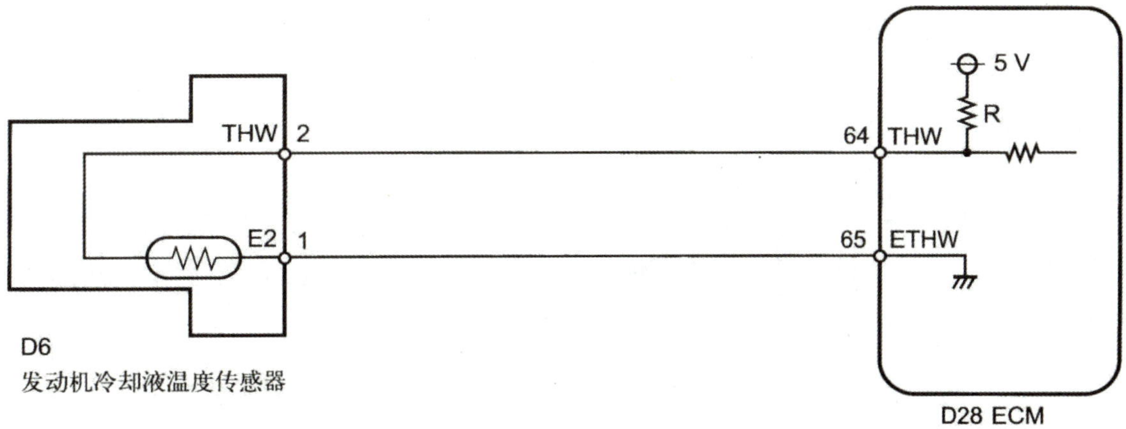

图 3-12　5ZR-FXE 发动机冷却液温度传感器电路

3. 诊断方法

首先要根据故障码和数据流进行诊断。如果存储 DTC P0117，则检查并确认发动机没有过热（由于发动机过热，可能会存储 DTC P0117）。

五、节气门位置传感器

1. 描述

这些 DTC 与节气门位置传感器有关。节气门位置传感器安装在节气门体总成上，用于检测节气门开度。该传感器为非接触型，使用霍尔效应元件，以便在极端条件下，也能生成精确的信号。

节气门位置传感器有两个传感器电路 VTA1 和 VTA2，各传送一个信号。VTA1 用于检测节气门开度，VTA2 用于检测 VTA1 的故障。传感器信号电压与节气门开度成比例，在 0 V 和 5 V 之间变化，并且传送到 ECM 端子 VTA。

2. 电路图（见图 3-13）

节气门位置传感器端口：VC 为 5V 电源、VTA 为位置主信号输出、VTA2 为位置副信号输出、E2 为传感器地。

笔记

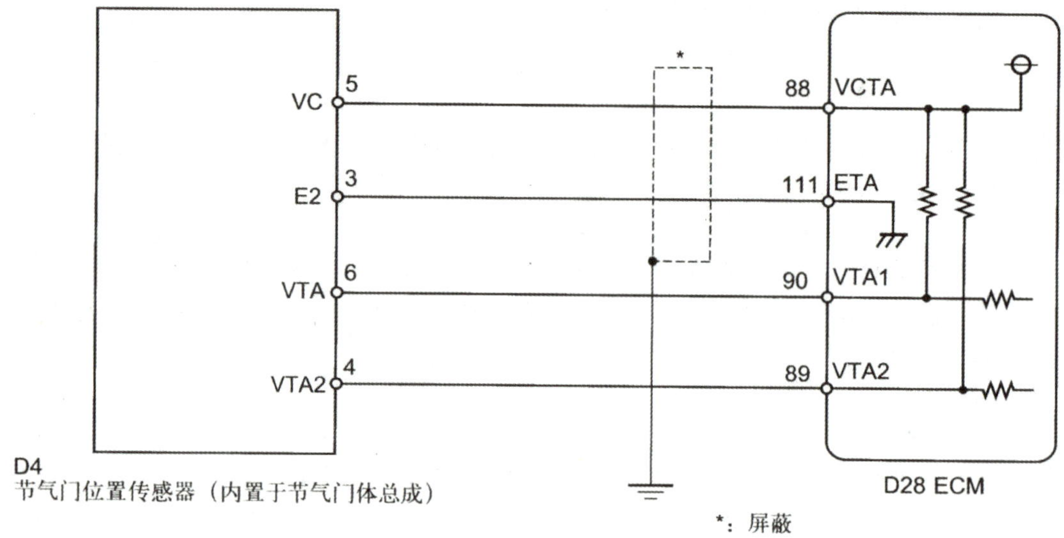

图 3-13　5ZR-FXE 发动机节气门位置传感器电路

3. 诊断方法

首先要根据故障码和数据流进行诊断。

节气门关闭时，传感器输出电压降低，节气门开启时，传感器输出电压升高。ECM 根据这些信号（见图 3-14）来计算节气门开度并响应驾驶员输入来控制节气门执行器。这些信号同时也用来计算空燃比修正值和功率提高修正值，并控制燃油切断。

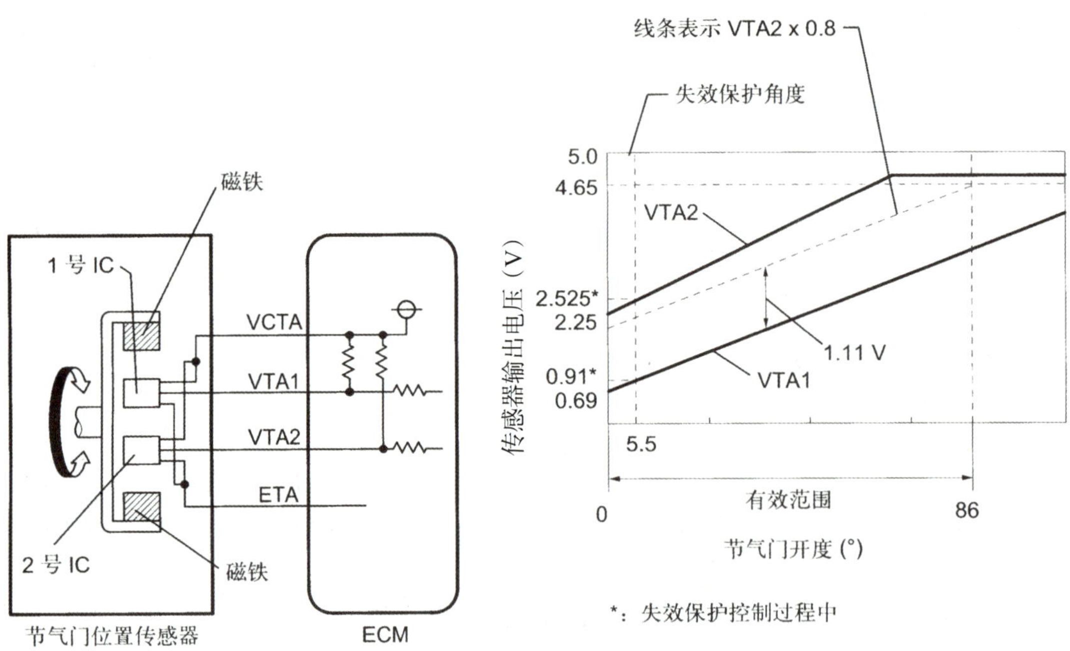

图 3-14　5ZR-FXE 发动机节气门位置传感器信号输出

通过传感器端子 VTA1 传输的节气门开度以百分比形式表示：10% 和 22% 之间表示节气门全关，64% 和 96% 之间表示节气门全开，失效保护角度大约 18.2%（5.5°）。

失效保护：设定了这些 DTC 中的任意一个，或者与电子节气门控制系统故障有关的其他

笔记

DTC 时，ECM 进入失效保护模式。在失效保护模式下，ECM 切断流向节气门执行器的电流，并且节气门在回位弹簧的作用下返回到 5.5° 节气门开度。ECM 停止发动机且仅可使用混合动力系统行驶车辆。如果平稳而缓慢地踩下加速踏板，则车辆会缓慢行驶。

失效保护模式持续运行，直至检测到通过条件且将电源开关置于“OFF”位置。

六、空燃比（A/F）传感器

1. 描述

设定这些 DTC 中的任一个时，ECM 进入失效保护模式。在失效保护模式下，ECM 关闭空燃比传感器加热器。失效保护模式持续直至将电源开关置于“OFF”位置。尽管 DTC 标题中提及氧传感器，但这些 DTC 与空燃比传感器有关。S1 指安装在三元催化转化器前面、靠近发动机总成的传感器。ECM 利用脉宽调制来调节通过加热器的电流。空燃比传感器加热器电路使用电路 +B 侧的继电器。

2. 电路图（见图 3–15）

空燃比传感器端口：+B 为传感器加热器供电、HA1A 为加热线负极、A1A– 为空燃比传感器信号输出的负极、A1A+ 为空燃比传感器信号输出的正极。

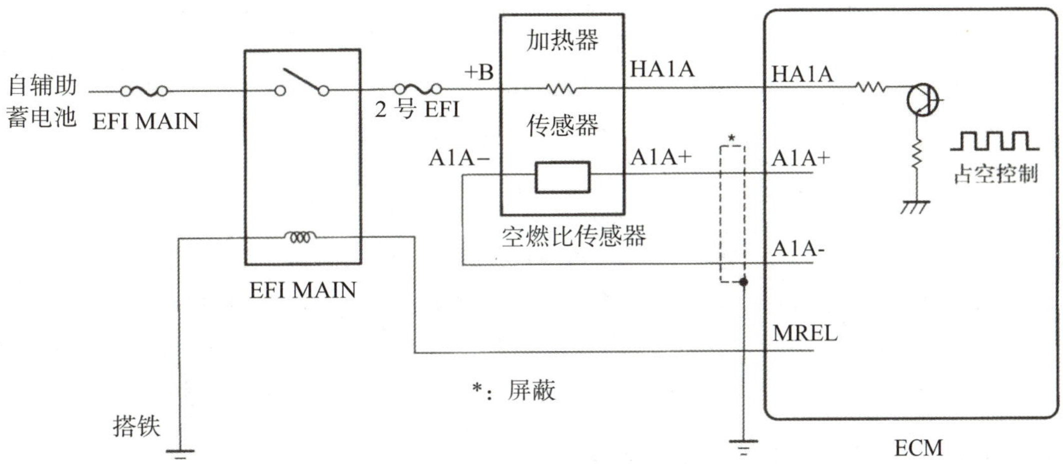

图 3–15　5ZR–FXE 发动机空燃比（A/F）传感器电路

3. 诊断方法

执行检查程序前，先检查本系统相关电路的保险丝。

（1）参见“数据表 / 主动测试”A/F Heater Duty#1。

（2）使用智能检测仪读取定格数据。存储 DTC 时，ECM 将车辆和驾驶状况信息记录为定格数据。进行故障排除时，定格数据有助于确定故障出现时车辆是运行还是停止，发动机是暖机还是未暖机，空燃比是稀还是浓以及其他数据。

（3）使用主动测试提供的控制喷油量功能改变燃油喷射量并监视空燃比传感器的输出电压。进行主动测试时，如果传感器的输出电压不改变（几乎无反应），则传感器可能有故障。

七、三元催化器效率监测氧传感器加热器

1. 描述

S2 指安装在三元催化转化器后面、远离发动机总成的传感器。设定这些 DTC 中的任意一个

笔记

时，ECM 进入失效保护模式。在失效保护模式下，ECM 关闭加热型氧传感器加热器。失效保护模式持续直至将电源开关置于“OFF”位置。ECM 利用脉宽调制来调节通过加热器的电流。加热型氧传感器加热器电路使用电路 +B 侧的继电器。

2. 电路图（见图 3–16）

加热型氧传感器端口：+B 为传感器加热器供电、HT1B 为加热线负极、E2 为空气比氧传感器信号输出的负极、OX1B 为空气比氧传感器信号输出的正极。

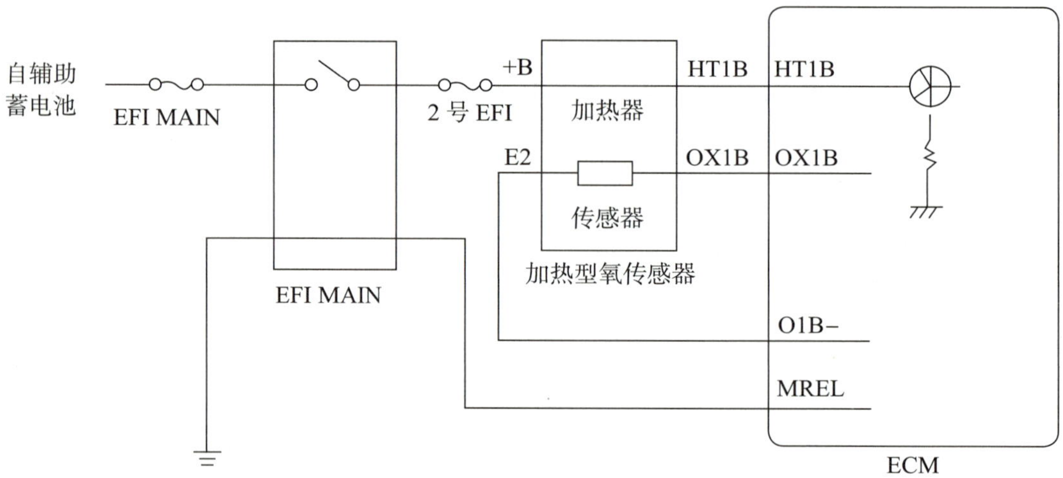

图 3–16　5ZR–FXE 发动机氧传感器系统电路

3. 诊断方法

（1）参见“数据表，主动测试”02 Heater B1S2 和 02 Heater Curr Val B1S2。

（2）数据表项目 02 Heater Curr Val B1S2 的值不为 0 A 时，加热器打开。

（3）使用主动测试提供的控制喷油量功能改变燃油喷射量并监视加热型氧传感器的输出电压。进行主动测试时，如果传感器的输出电压不改变（几乎无反应），则传感器可能有故障。

八、三元催化器效率监测氧传感器

1. 描述

S2 指安装在三元催化转化器后面、远离发动机总成的传感器。三元催化转化器用于提高废气中一氧化碳（CO）、碳氢化合物（HC）和氮氧化合物（NO_x）的净化率。为了最有效地利用三元催化转化器，必须精确控制空燃比，使其接近理论空燃比。为帮助 ECM 精确控制空燃比，采用了加热型氧传感器。

加热型氧传感器位于三元催化转化器后面，用于检测废气中的氧浓度。由于此传感器与对感应部位进行加热的加热器集成在一起，所以即使在进气量较小（废气温度较低）时，它也能检测出氧浓度。

空燃比变稀时（见图 3-17），废气中的氧浓度变大，加热型氧传感器会通知 ECM，经过三元催化转化器后的空燃比过稀（低压，即低于 0.45 V 的电压）。相反，实际空燃比比理论空燃比浓时，废气中氧浓度变小，加热型氧传感器会通知 ECM，经过三元催化转化器后的空燃比过浓（高压，即高于 0.45 V 的电压）。实际空燃比接近理论空燃比时，加热型氧传感器的输出电压会急剧变化。

ECM 利用来自加热型氧传感器的补充信息，来确定经过三元催化转化器后的空燃比是浓还是稀，并相应地调节燃油喷射时间。因此，如果加热型氧传感器由于内部故障而工作异常，ECM 就不能补偿空燃比控制中出现的偏差。

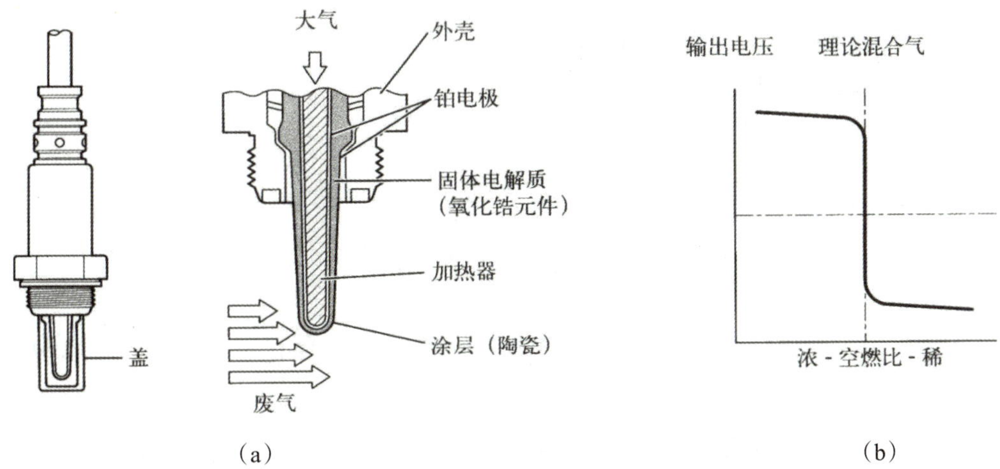

图 3-17　5ZR-FXE 发动机窄带氧传感器的原理和信号

2. 电路图（见图 3-18）

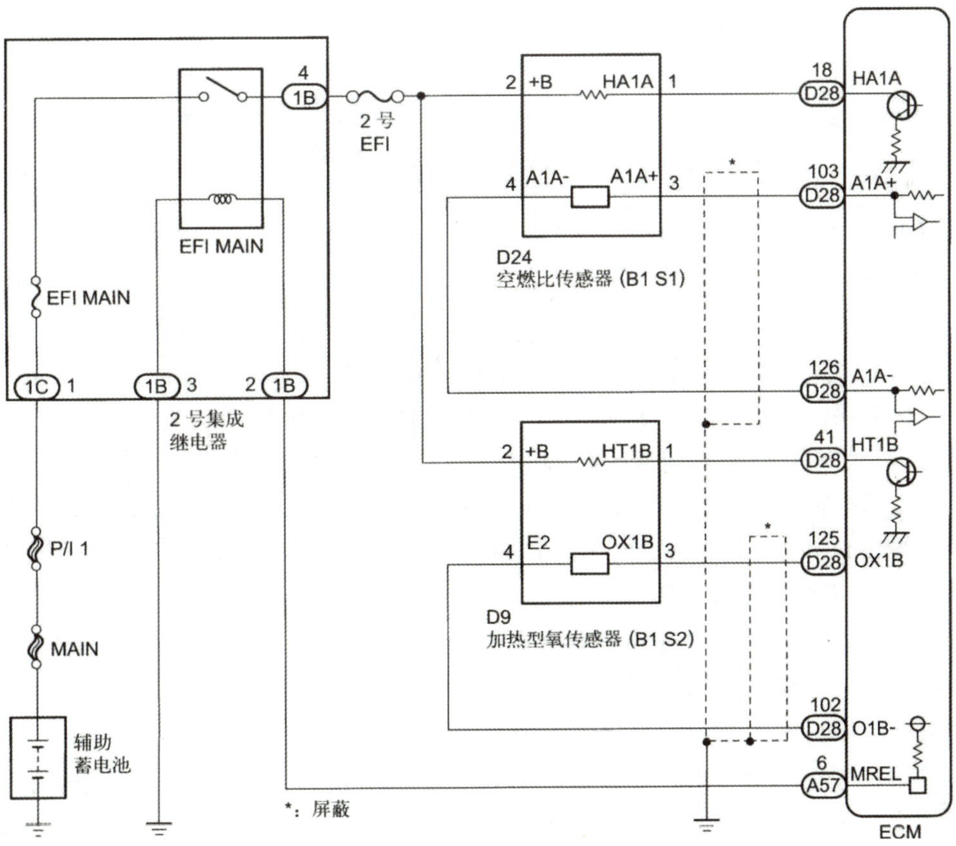

图 3-18　5ZR-FXE 发动机窄带氧传感器电路图

笔记

3. 诊断方法

【提示】进行主动测试中的控制喷油量功能可以识别故障部位。控制喷油量功能有助于确定空燃比传感器、加热型氧传感器和其他可能的部位是否有故障。

4. 如何使用智能检测仪进行控制喷油量操作

（1）将智能检测仪连接到 DLC3。

（2）将电源开关置于“ON（IG）”位置，并打开检测仪。

（3）将发动机置于检查模式（保养模式）。

（4）起动发动机。

（5）以 2 500 r/min 的转速运转发动机大约 90 秒以暖机。

【提示】充电控制期间，发动机转速设定为怠速。因此，踩下加速踏板时，发动机转速未增加。在这种情况下，完成充电控制后对发动机进行暖机。

（6）进入以下菜单：Power train/Engine and ECT/Active Test/Control the Injection Volume，Data List/All Data/AFS Voltage B1S1 and 02S B1S2。

（7）在发动机怠速运转状态下，进行主动测试操作。

（8）监视检测仪上显示的空燃比和加热型氧传感器（AFS Voltage B1 S1 和 02S B1 S2）的输出电压。

【提示】

①使燃油喷射量在 –12% 和 12% 之间变化。喷油量可以细微地梯度改变。

②各传感器根据燃油喷射量的增加和减少作出响应。

5. 燃油修正

燃油修正值与反馈补偿值有关，而与基本喷油持续时间无关。燃油修正包括短期燃油修正和长期燃油修正。

短期燃油修正是指用于将空燃比持续保持在理论值的燃油补偿。来自空燃比传感器的信号指示空燃比与理论空燃比相比是浓还是稀。这使燃油喷射量在空燃比偏浓时减少，在空燃比偏稀时增加。各发动机间的差别、随时间造成的磨损和工作环境的改变都会使短期燃油修正值偏离中间值。长期燃油修正控制总体燃油补偿，用于补偿短期燃油修正造成的与中间值的长期偏差。

如果短期燃油修正值和长期燃油修正值都比预定值偏稀或偏浓，这会被判定为一个故障，ECM 将点亮 MIL 并设定 DTC。

在闭环燃油控制下，燃油喷射量与 ECM 估算的量相偏离，并导致长期燃油修正补偿值发生改变。如果短期燃油修正值持续出现偏差，则会调节长期燃油修正。与 ECM 估算的燃油喷射量的偏差也影响燃油修正平均学习值，该学习值是短期燃油修正平均值（燃油反馈补偿值）和长期燃油修正平均值（空燃比学习值）的综合值。如果燃油修正平均学习值超出故障阈值，则 ECM 将其视为燃油系统发生故障并设定 DTC。例如，如果燃油修正平均学习值为 +35% 及以上，或为 –35% 及以下，则 ECM 将其视为燃油系统故障（见图 3-19）。

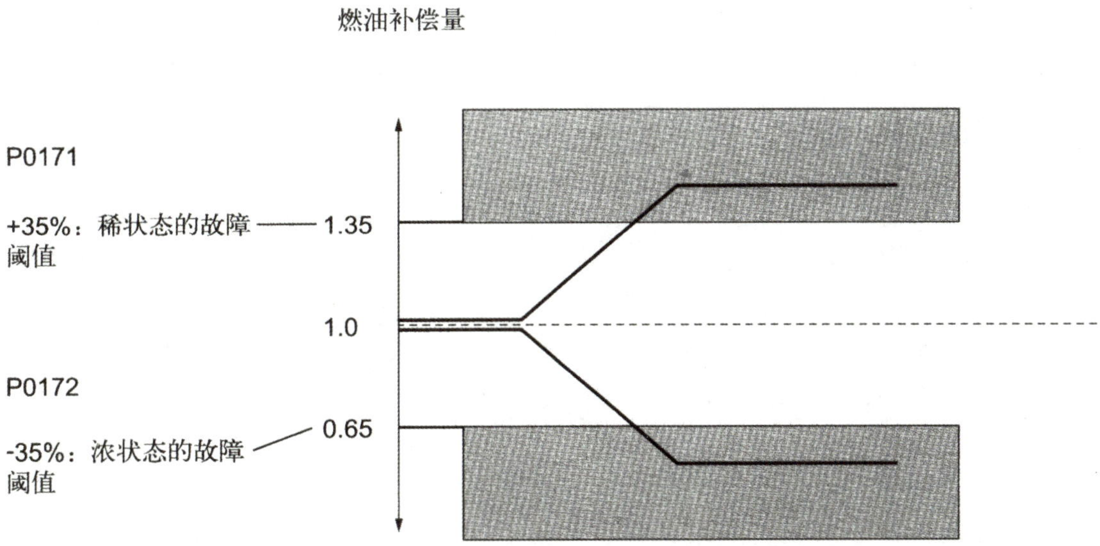

图 3-19　5ZR-FXE 发动机燃油补偿量曲线

6. 确认行驶模式（见图 3-20）

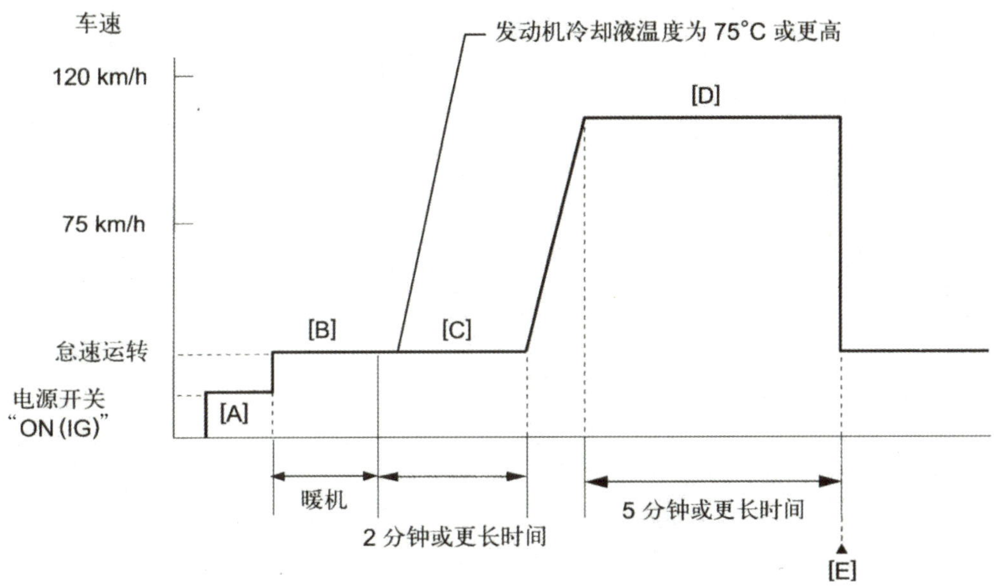

图 3-20　5ZR-FXE 发动机行驶模式曲线

【提示】在诊断故障排除程序"执行确认行驶模式"中使用确认行驶模式。执行该"确认行驶模式"将激活加热型氧传感器监视器（同时执行催化剂监视器）。这有助于验证维修是否完成。

发动机缺火时，高浓度碳氢化合物（HC）进入废气中。高浓度的 HC 会导致废气排放量增加。极高浓度的 HC 也可使三元催化转化器温度升高，从而可能导致其损坏。为了避免排放量增加以及高温造成的损坏，ECM 会监视缺火率。三元催化转化器的温度达到热衰退点时，ECM 会使 MIL 闪烁。ECM 使用凸轮轴位置（CMP）传感器和曲轴位置（CKP）传感器监测缺火情况。凸轮轴位置传感器用于识别缺火的气缸，而曲轴位置传感器则用于测量曲轴转速的变化。曲轴转速

笔记

变化超出预定阈值时，将统计缺火数。如果缺火数超过了阈值并有可能导致排放控制系统性能恶化，则 ECM 点亮 MIL 并设定 DTC。

九、爆震控制传感器

1. 描述

平面型爆震控制传感器（非谐振型）的结构可检测频率在 6 kHz 和 15 kHz 之间的宽频带振动。

爆震控制传感器安装在发动机缸体上，用于检测发动机爆震。爆震控制传感器内装有压电元件，它在变形时产生电压。发动机缸体因爆震而振动时，就会产生电压。任何发动机爆震的发生都可以通过延迟点火正时加以抑制。

2. 电路图（见图 3-21）

端口：KNK1 为爆震控制传感器的正向信号输出方向，EKNK 为爆震控制传感器的负向信号输出方向。

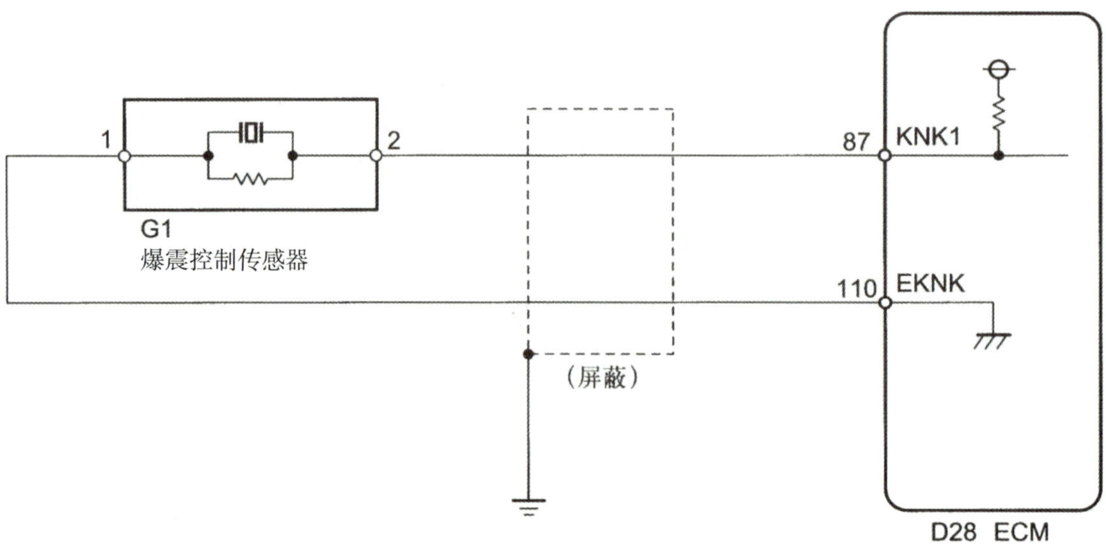

图 3-21　平面型爆震控制传感器电路图

十、曲轴位置传感器

1. 描述

曲轴位置传感器系统由 1 号曲轴位置信号盘和拾波线圈组成。信号盘有 34 个齿，并安装在曲轴上，拾波线圈由缠绕的铜线、铁芯和磁铁组成。信号盘旋转时，随着每个齿经过拾波线圈，产生一个脉冲信号，发动机每转一圈，拾波线圈产生 34 个信号。ECM 根据这些信号计算曲轴位置和发动机转速，利用这些计算结果控制燃油喷射时间和点火正时。

2. 电路图（见图 3-22）

端口：VC 为传感器加热器供电、VVI- 为接地、VVI+ 为传感器信号输出。NE+ 为曲轴位置传感器信号的正方向，NE- 为曲轴位置传感器信号的负方向。

笔记

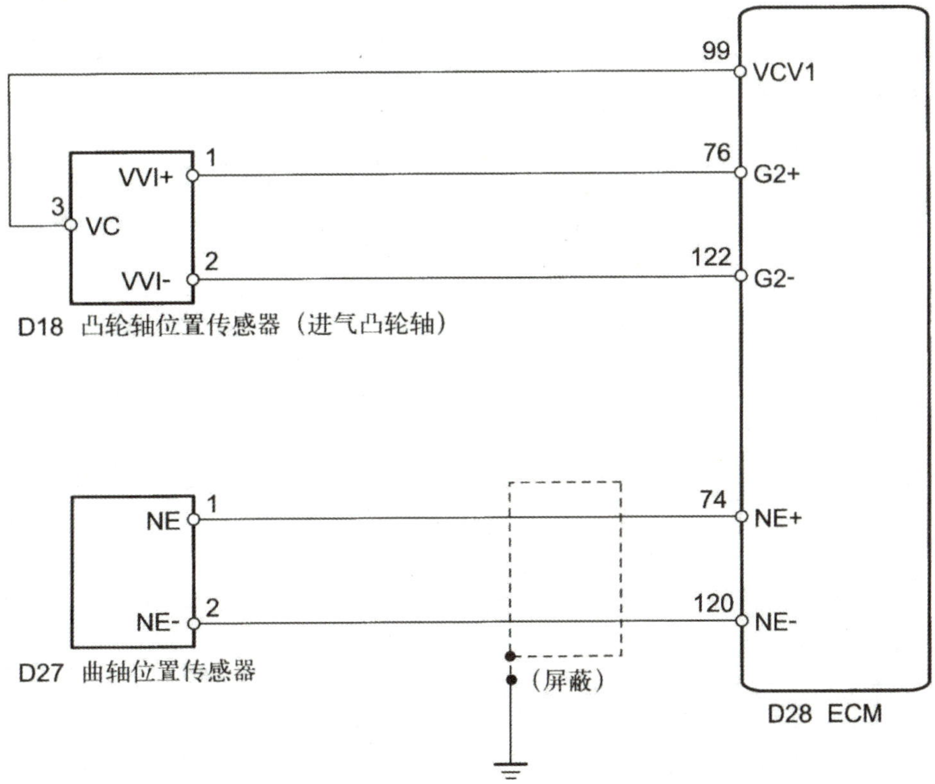

图 3-22 曲轴和凸轮轴位置传感器系统电路图

十一、凸轮轴位置传感器

凸轮轴位置传感器（G2 信号）由磁铁和 MRE（磁阻元件）组成。

凸轮轴上有凸轮轴位置传感器正时转子。凸轮轴转动时，正时转子和 MRE 元件之间的气隙会发生改变，从而影响磁场，MRE 材料的电阻从而发生波动。凸轮轴位置传感器将凸轮轴旋转数据转换成脉冲信号，并将脉冲信号发送到 ECM 来确定凸轮轴转角，然后，ECM 利用此数据来控制燃油喷射时间和喷油正时。

十二、点火线圈初级 / 次级电路

1. 描述

DIS 是直接点火系统，其中各气缸由其各自的点火线圈总成和火花塞点火，各点火线圈的高压导线产生的高压直接作用到各火花塞上，火花塞产生的火花通过中心电极到达搭铁电极。

ECM 确定点火正时并为各气缸传输点火（IGT）信号（见图 3-23）。ECM 根据 IGT 信号接通和断开点火器内的功率晶体管，功率晶体管进而接通或断开流向初级线圈的电流。初级线圈中的电流被切断时，次级线圈中产生高压，此高压被施加到火花塞上并使其在气缸内部产生火花。一旦 ECM 切断流向初级线圈的电流，点火器会将点火确认（IGF）信号发送回 ECM，用于各气缸点火。

图 3-32 中的端口：IGT 为触发点火信号，IGF 为点火反馈信号。

笔记

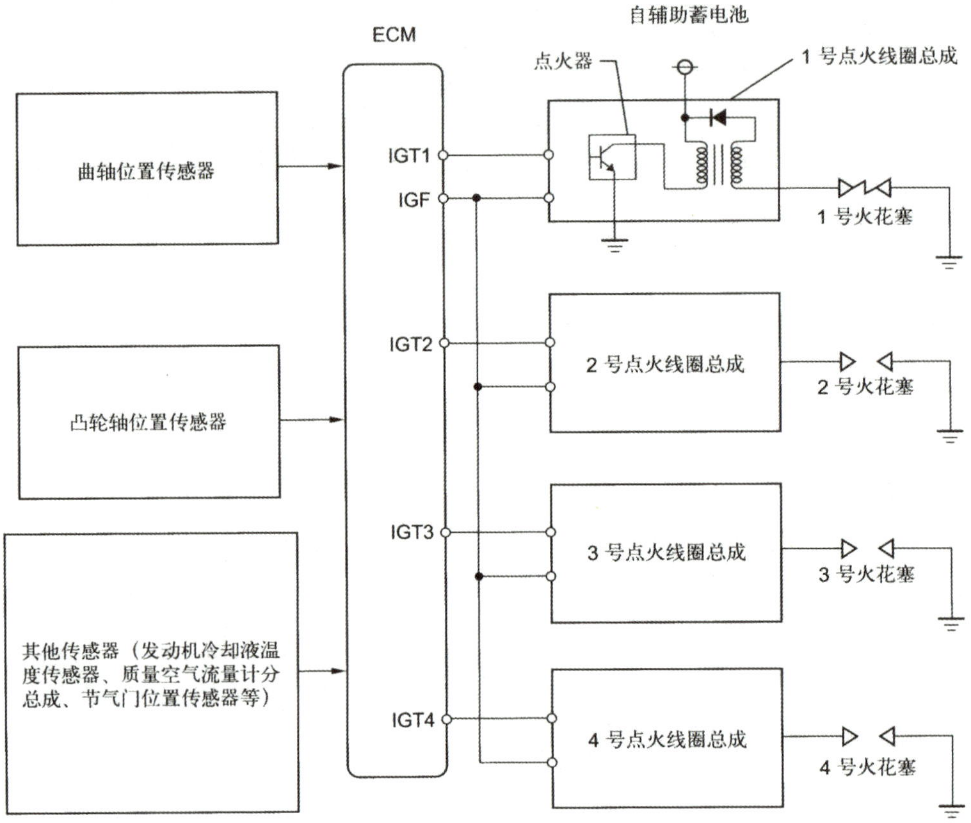

图 3-23　直接点火系统（DIS）原理

2. 电路图（见图 3-24）

端口：IG2D 为电源管理对 IG 继电器的控制端口。

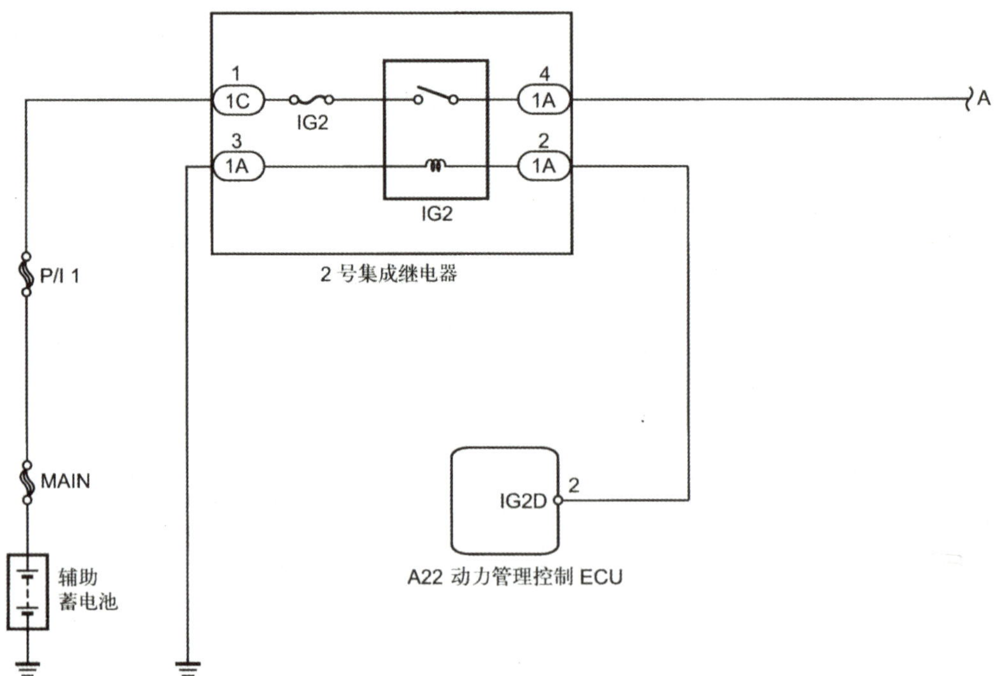

图 3-24　直接点火系统（DIS）电路图

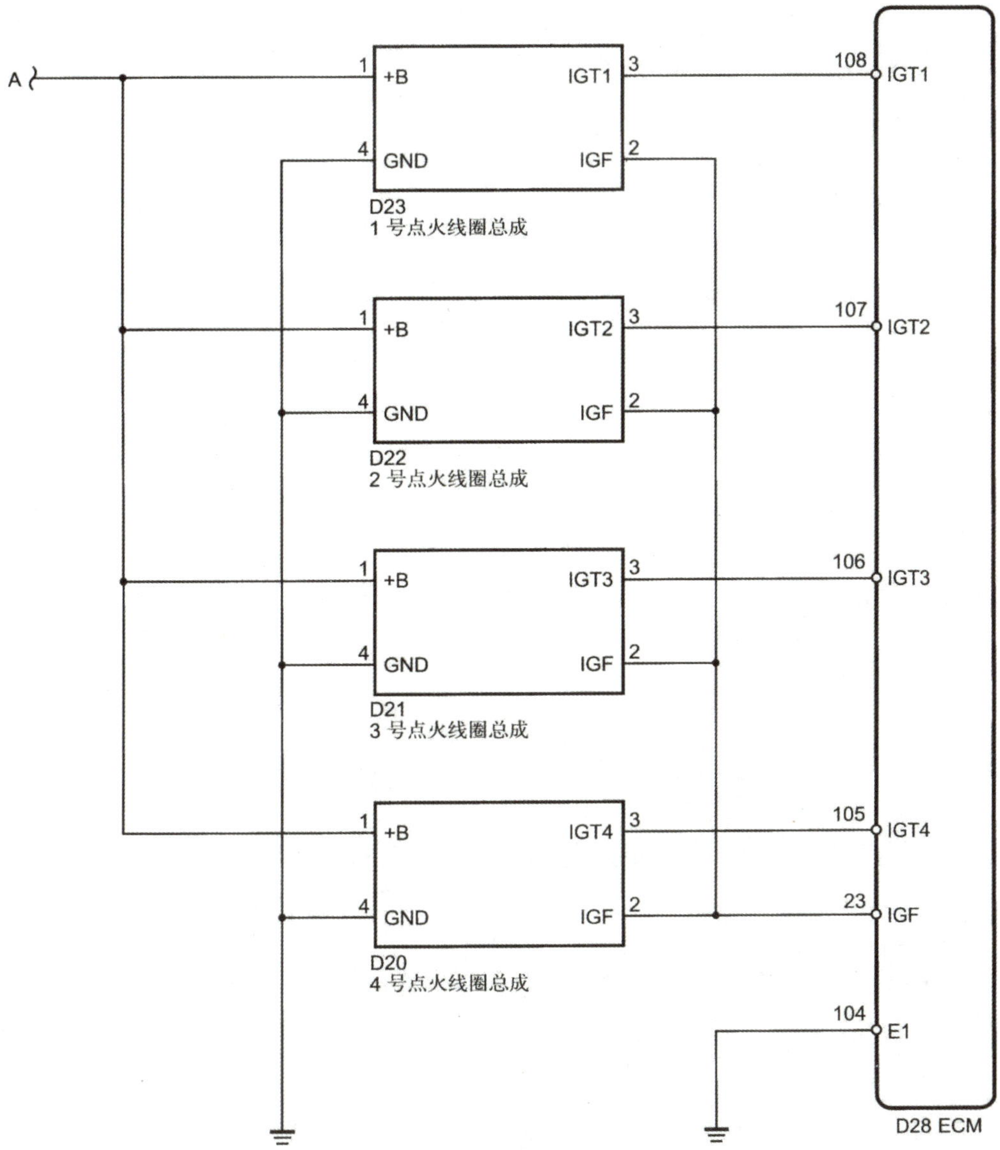

图 3-24　直接点火系统（DIS）电路图（续）

十三、催化系统效率低于阈值（B1）

ECM 使用安装在三元催化转化器前面和后面的传感器来监视其效率。第一个传感器，即空燃比传感器，向 ECM 发送催化处理之前的信息。第二个传感器，即加热型氧传感器，向 ECM 发送催化处理之后的信息。

为检查三元催化转化器内出现的任何老化现象，ECM 会计算该三元催化转化器的储氧能力。这种计算在进行主动空燃比控制的同时根据加热型氧传感器的输出电压来进行。储氧能力值可以显示三元催化转化器的储氧能力。车辆暖机行驶时，主动空燃比控制执行大约 15~20 秒。执行时，ECM 会据此设定空燃比的稀浓程度。如果加热型氧传感器的波形周期变长，则储氧能力变大。三元催化转化器的加热型氧传感器和储氧能力之间有直接关系。

ECM 利用储氧能力值来确定三元催化转化器的状态。如果发生任何老化，则将点亮 MIL 并设定 DTC。该系统使用比后催化剂更灵敏的前催化剂储氧能力值作为典型值，确定整个催化系统

笔记

的恶化程度（包括前、后催化剂）。因此，有必要更换催化剂时，确保一起更换前、后催化剂。如果三元催化转化器老化，那么即使在正常驾驶条件下（未执行主动空燃比控制），加热型氧传感器（位于三元催化转化器后面）的输出电压也频繁上下波动。

未执行主动空燃比控制时的电压输出如图 3-25 所示。

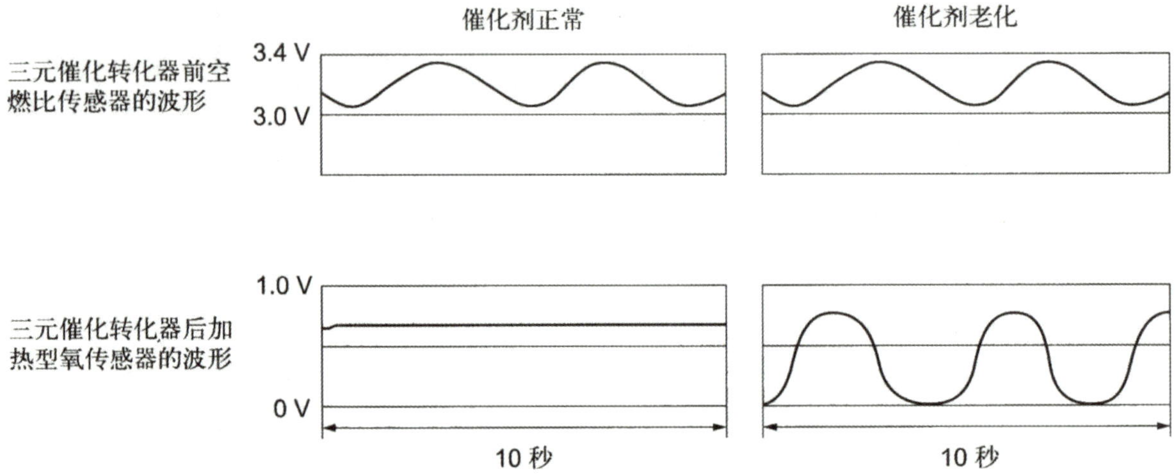

图 3-25　未执行主动空燃比控制时的电压输出

十四、燃油蒸气排放控制系统清污控制阀（VSV）

1. 描述

发动机暖机后，ECM 改变向清污 VSV 发送的占空比信号，以使碳氢化合物（HC）排放的进气量与所处状态（发动机负载、发动机转速、车速等）相适应。

2. 电路图（见图 3-26）

端口：PRG 为炭罐电磁阀 VSV 的接地控制端；MREL 为主继电器输出，在 IG 挡此端口输出电流。

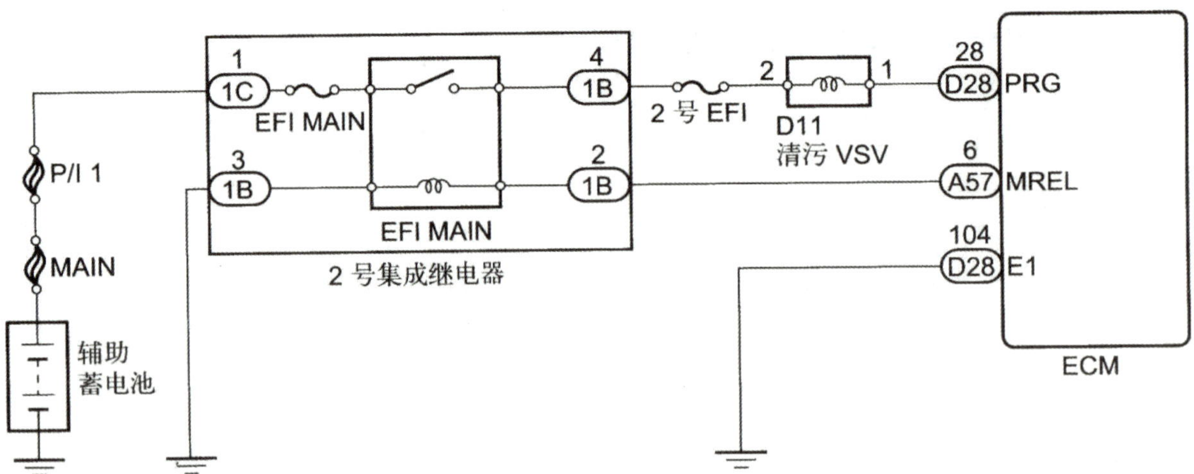

图 3-26　燃油蒸气排放控制系统清污控制阀电路图

笔记

3. 诊断方法

使用智能检测仪进行主动测试（激活燃油蒸发控制系统 EVAP 控制的 VSV）。

（1）从清污 VSV 上断开炭罐侧真空软管，将智能检测仪连接到 DLC3。

（2）将电源开关置于“ON（IG)”位置，并打开检测仪。

（3）将发动机置于检查模式（保养模式），起动发动机进入以下菜单：Power train/Engine and ECT/Active Test /Activate the VSV for Evap Control，使用检测仪操作清污 VSV 时，检查空气是否被吸入端口内。检测仪操作“ON”（清污 VSV 打开）状态为吸气，“OFF”（清污 VSV 关闭）状态为不吸气（见图 3-27）。

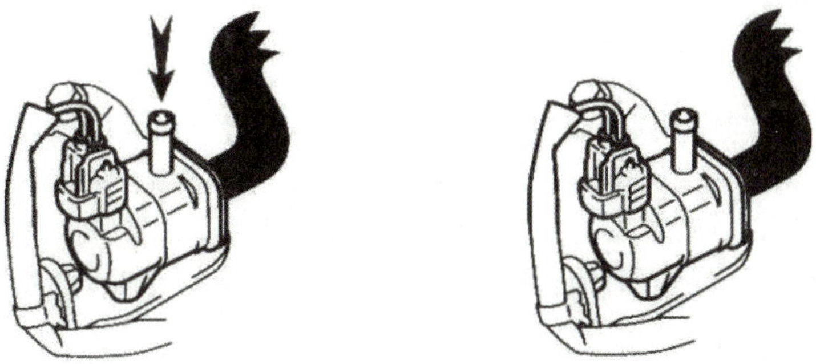

（a）VSV 打开　　（b）VSV 关闭

图 3-27　检测仪操作清污 VSV

十五、系统电压

1. 描述

即使将电源开关置于“OFF”位置，辅助蓄电池也会向 ECM 供电。该电源可使 ECM 储存数据，如 DTC 记录、定格数据和燃油修正值。如果辅助蓄电池电压降至最低值以下，则这些存储信息会被清除且 ECM 会判定电源电路出现故障。发动机下次起动时，ECM 将点亮 MIL 并设定 DTC。

2. 电路图（见图 3-28）

端口：BATT 为 ECM 的常电，E1 为与 BATT 构成回路的搭铁。

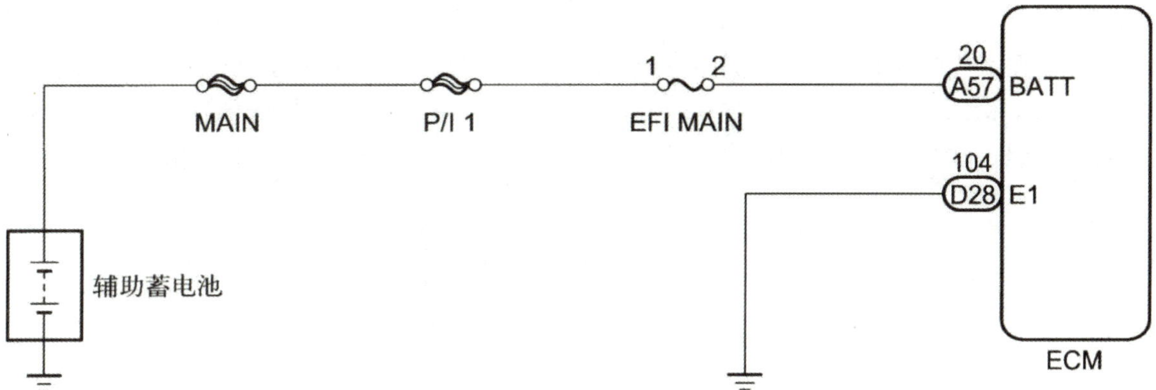

图 3-28　辅助蓄电池向 ECM 供电电路图

笔记

十六、ECM 处理器

ECM 持续监视其内部存储器状态、内部电路和发送至节气门执行器的输出信号。这种自检可以确保 ECM 正常工作。如果检测到任何故障，则 ECM 设定相应 DTC 并点亮 MIL。

ECM 存储器状态由主 MCU（微控制器）和副 MCU 的内部“镜像”功能进行诊断，以检测随机存储器（RAM）故障。这 2 个 MCU 也持续进行相互监视。

如果发生下列情况，ECM 将点亮 MIL 并设定 DTC：一是 2 个 MCU（微控制器）的输出不同或偏离标准；二是发送至节气门执行器的信号偏离标准；三是节气门执行器电源电压出现故障；四是发现其他 ECM 故障。

十七、发动机冷却液泵超速

1. 描述

ECM 根据发动机冷却液温度、发动机转速和车速信息计算所需的冷却液流量来控制发动机水泵总成。发动机水泵总成的转速由 ECM 发送的占空比信号无级控制。此最佳控制提高了暖机性能并减少了冷却损失，从而降低了发动机的特定油耗。根据一定时间内的实际转速高于目标转速这一事实判断发动机冷却液泵总成转速过高时，ECM 监视发动机冷却液泵总成的转速并设定 DTC。但是，发动机警告灯不点亮。

【提示】发动机冷却液温度为 117 ℃（243 ℉）或更高时，内置于组合仪表总成的发动机冷却液温度指示灯点亮或闪烁。

2. 诊断方法

如果在发动机冷却液不足时持续运行发动机，则可能存储 DTC P148F。车辆送入修理车间时，如果发动机冷却液足量且再次出现 DTC P148F，则确认在发动机冷却液不足时行驶车辆后是否添加了发动机冷却液。

使用智能检测仪读取定格数据。存储 DTC 时，ECM 将车辆和驾驶状况信息记录为定格数据。进行故障排除时，定格数据有助于确定故障出现时车辆是运行还是停止，发动机是暖机还是未暖机，空燃比是稀还是浓以及其他数据。

十八、节气门执行器控制电动机

1. 描述

ECM 操作节气门执行器，节气门执行器通过齿轮来打开和关闭节气门。节气门位置传感器安装在节气门体总成上，用来检测节气门开度。节气门位置传感器将反馈信息发送到 ECM。通过这些反馈信息，ECM 可以在响应驾驶员输入时正确控制节气门执行器并监视节气门开度。

【提示】此电子节气门控制系统（ETCS）不使用节气门拉索。

笔记

失效保护：当存储了这些 DTC 中的任意一个，或者与电子节气门控制系统故障有关的其他 DTC 时，ECM 进入失效保护模式。在失效保护模式下，ECM 切断流向节气门执行器的电流，并且节气门在回位弹簧的作用下返回到 5.5° 节气门开度。ECM 停止发动机且仅可使用混合动力系统行驶车辆。如果平稳而缓慢地踩下加速踏板，则车辆会缓慢行驶。

失效保护模式持续运行，直至检测到通过条件且将电源开关置于“OFF”位置。

2. 电路图（见图 3-29）

端口：M+ 为节气门执行器电机正向转动时（节气门开大时）的电流流出方向，M- 为节气门执行器电机反向转动时（节气门关小时）的电流流出方向，“+”和“-”不是电压或电流的正、负，而是节气门电机正转或反转时的电流输出端口。

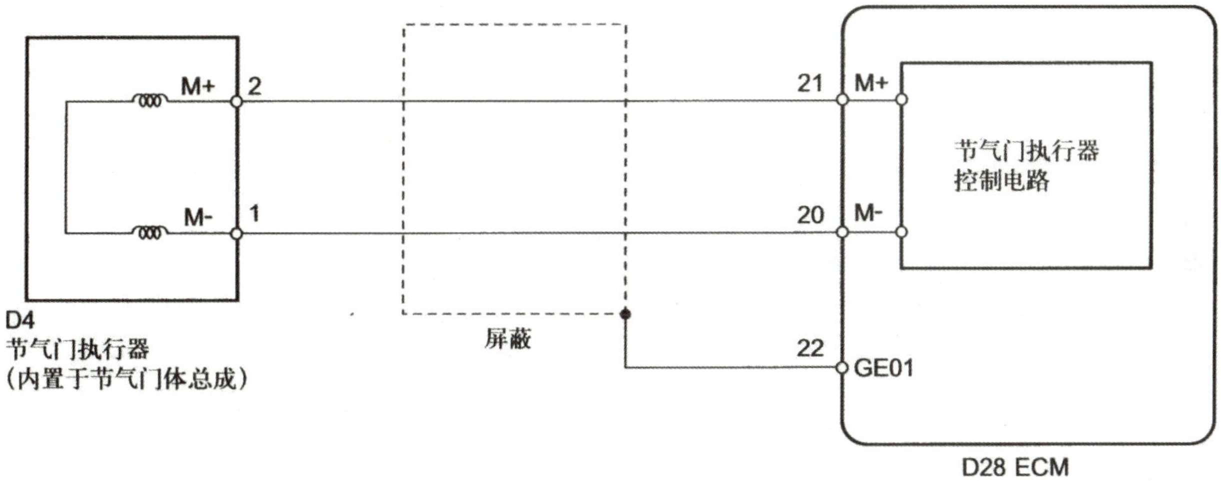

图 3-29 电子节气门控制系统（ETCS）电路图

十九、节气门执行器控制电动机电流范围性能

1. 描述

电子节气门控制系统有一个专用的电源电路。监视电压（+BM）且电压过低（低于 4 V）时，ECM 判定电子节气门控制系统有故障并切断流向节气门执行器的电流。电压不稳时，电子节气门控制系统也变得不稳。因此，电压低时，流向节气门执行器的电流被切断。如果维修后系统恢复正常，则将电源开关置于“OFF”位置，然后 ECM 允许电流流向节气门执行器，从而使执行器可以重新起动。

2. 原理图（见图 3-30）

端口：+BM 为节气门电机 H 型逆变桥的电源电压供电端口。

笔记

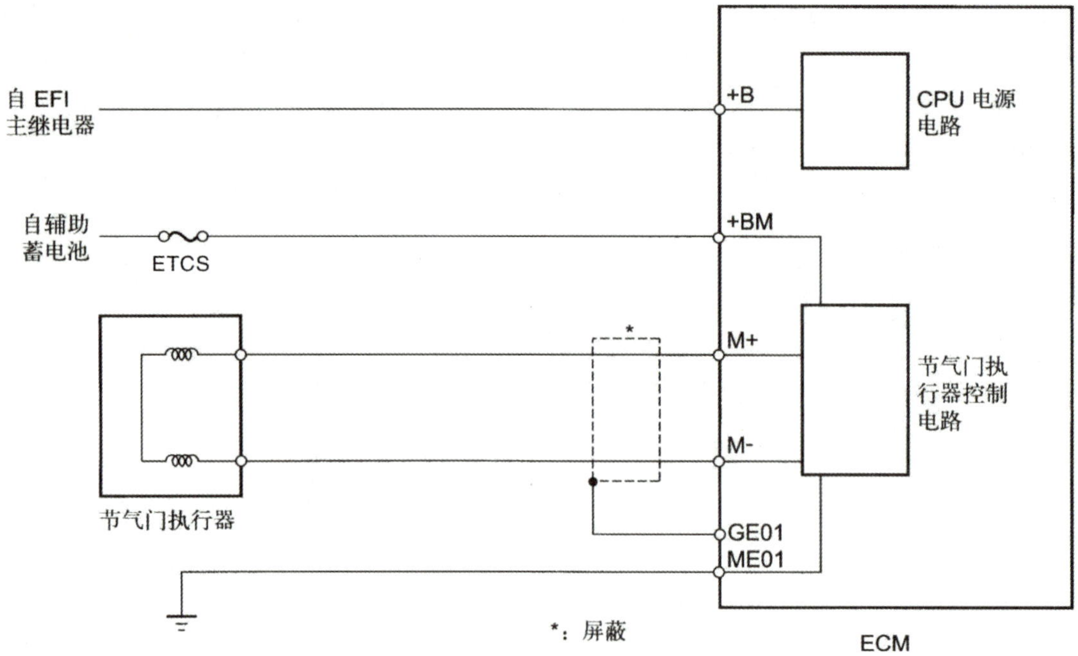

图 3-30　电子节气门控制系统（ETCS）原理图

3. 电路图（见图 3-31）

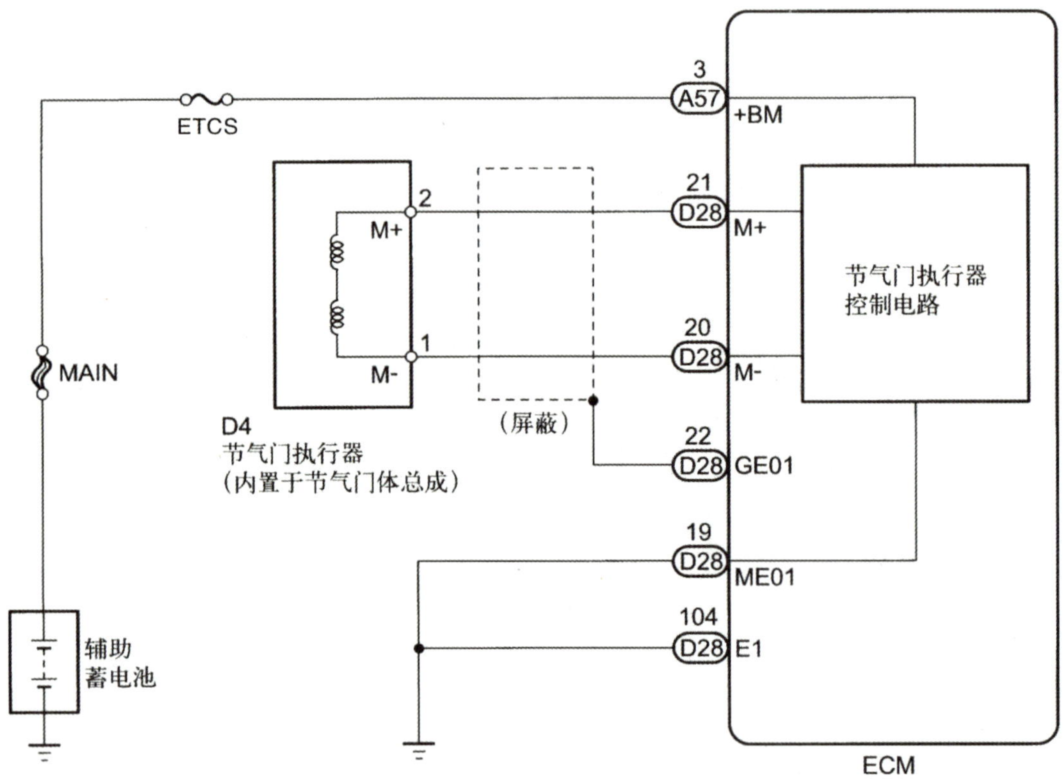

图 3-31　电子节气门控制系统（ETCS）电路总图

笔记

二十、宽带型氧传感器（A/F）

1. 描述

尽管 DTC 标题中提及氧传感器，但这些 DTC 与空燃比传感器有关。空燃比传感器产生与实际空燃比对应的电压，此传感器电压用来向 ECM 提供反馈，以便 ECM 能够控制空燃比。ECM 确定与理论空燃比的偏差，然后调节喷油持续时间。如果空燃比传感器出现故障，则 ECM 将无法对空燃比进行准确控制。

空燃比传感器是平面型的（见图 3-32），与用来加热固体电解质（氧化锆元件）的加热器集成为一体。此加热器由 ECM 控制。进气量偏小（废气温度偏低）时，电流流向加热器以加热传感器，从而便于准确检测氧浓度。此外，与常规型相比，此传感器和加热器部分较窄。加热器产生的热量通过氧化铝传导至固体电解质，从而加速了传感器的激活。三元催化转化器用于将一氧化碳（CO）、碳氢化合物（HC）和氮氧化物（NO_x）转化为危害较小的物质。为使三元催化转化器有效工作，务必使发动机空燃比接近理论空燃比。

ECM 中的值发生变化。空燃比传感器采用电流输出元件，因而电流在 ECM 内转换成电压。在空燃比传感器或 ECM 插接器上测量电压时将始终显示恒定的电压值。

2. 结构和信号

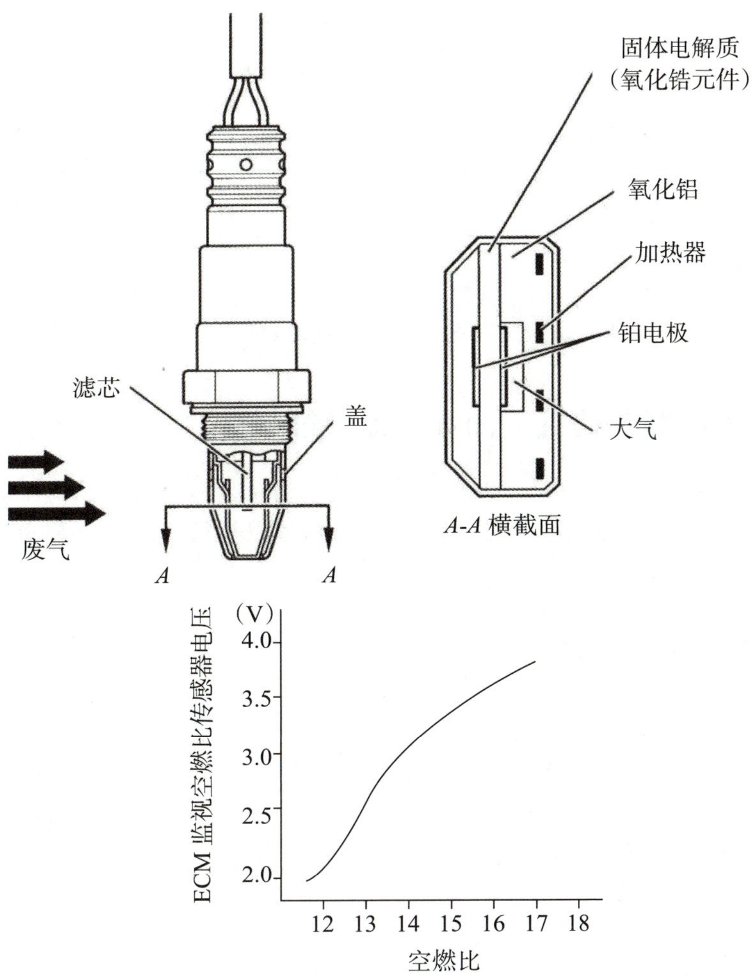

图 3-32　宽带型氧传感器结构和信号输出

笔记

3. 电路图（见图 3–33）

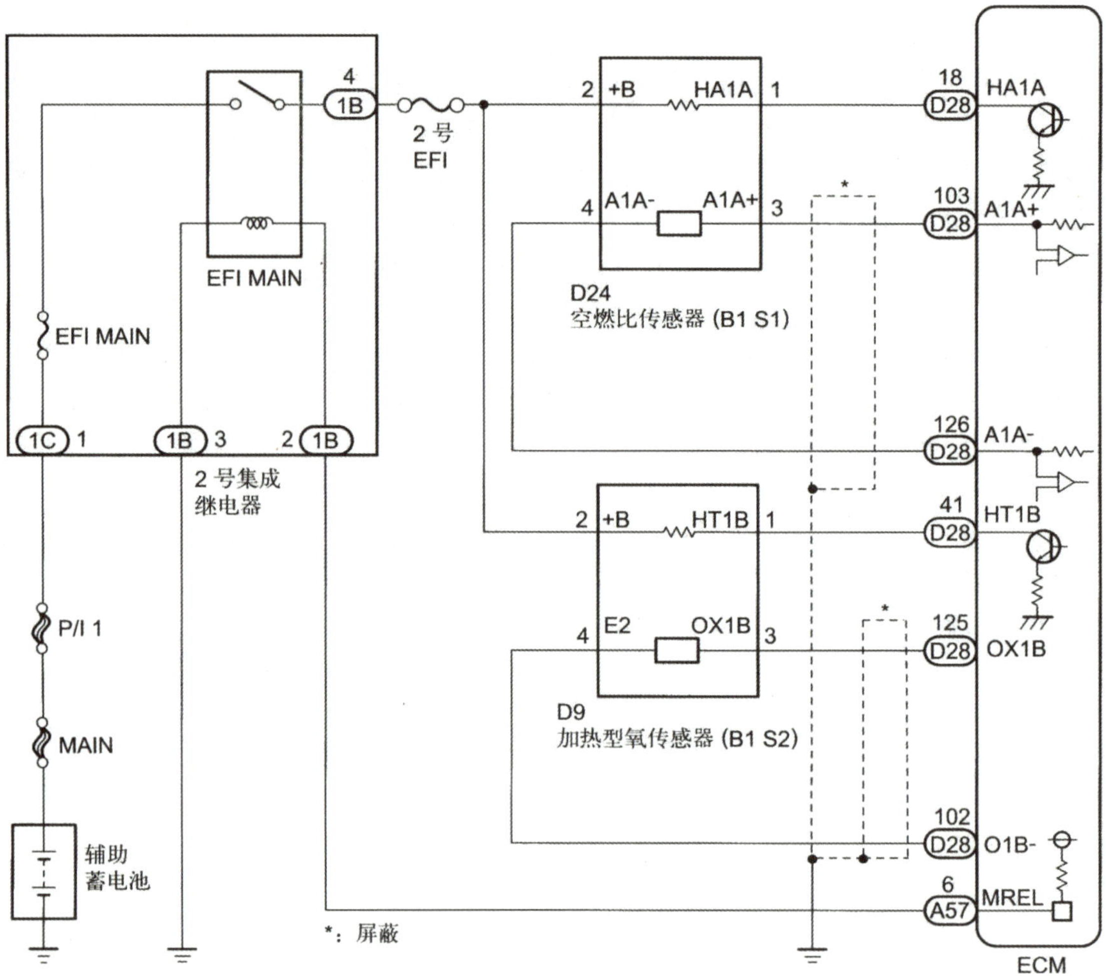

图 3–33　宽带型氧传感器电路图

二十一、ECM 内部发动机关闭计时器性能

供电延时关闭计时器在将电源开关置于“OFF”位置后工作（见图 3-34）。将电源开关置于“OFF”位置一段时间后，供电延时关闭计时器激活 ECM 以执行仅在发动机停止后可执行的故障检查。供电延时关闭计时器内置于 ECM。

二十二、发动机冷却液泵

1. 描述

ECM 根据发动机冷却液温度、发动机转速和车速信息计算所需的冷却液流量来控制发动机冷却液泵总成。发动机冷却液泵总成的转速由 ECM 发送的占空比信号无级控制。此最佳控制提高了暖机性能并减少了冷却损失，从而降低了发动机的特定油耗。

2. 电路图（见图 3–35）

端口：SWP 为带有控制器的电动冷却液泵模块的信号输入，NWP 为电动冷却液泵模块有故障时的信号输出。

笔记

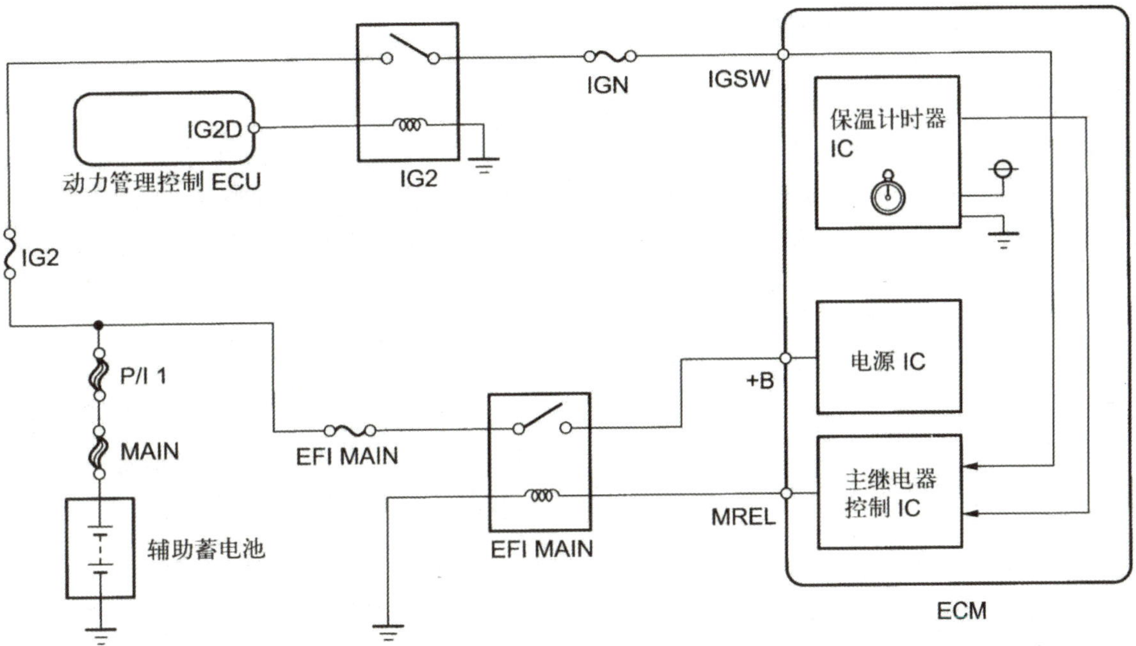

图 3-34　ECM 内部发动机关闭计时器性能

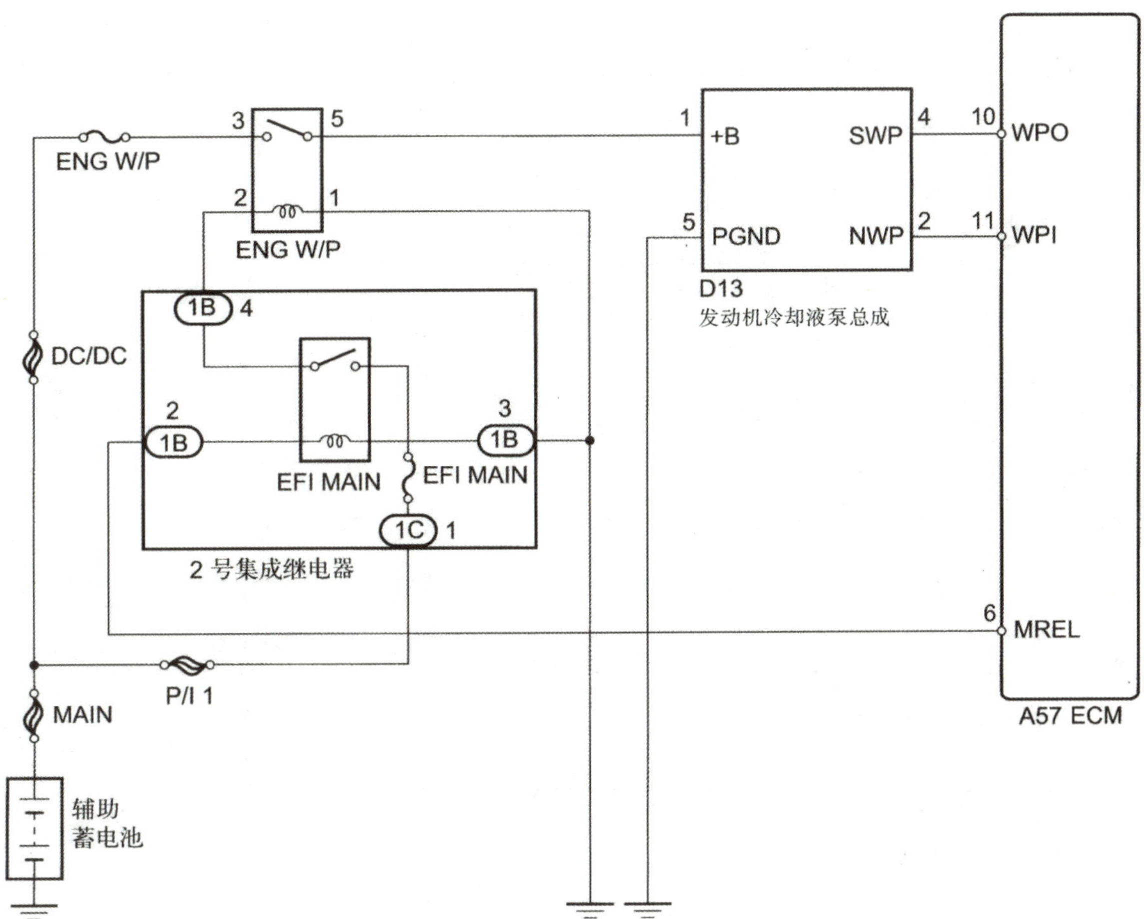

图 3-35　发动机冷却液泵总成电路图

笔记

二十三、可变配气正时系统诊断

1. 描述

VVT（可变气门正时）系统调节进气门正时以提高操纵性能。发动机机油压力转动 VVT 控制器以调节气门正时（见图 3-36）。凸轮轴正时机油控制阀总成是一个电磁阀并可切换发动机机油管路。ECM 将 12 V 电压施加到电磁阀上时该阀移动。ECM 根据凸轮轴位置、曲轴位置、节气门位置等改变电磁阀（占空比）的励磁时间。

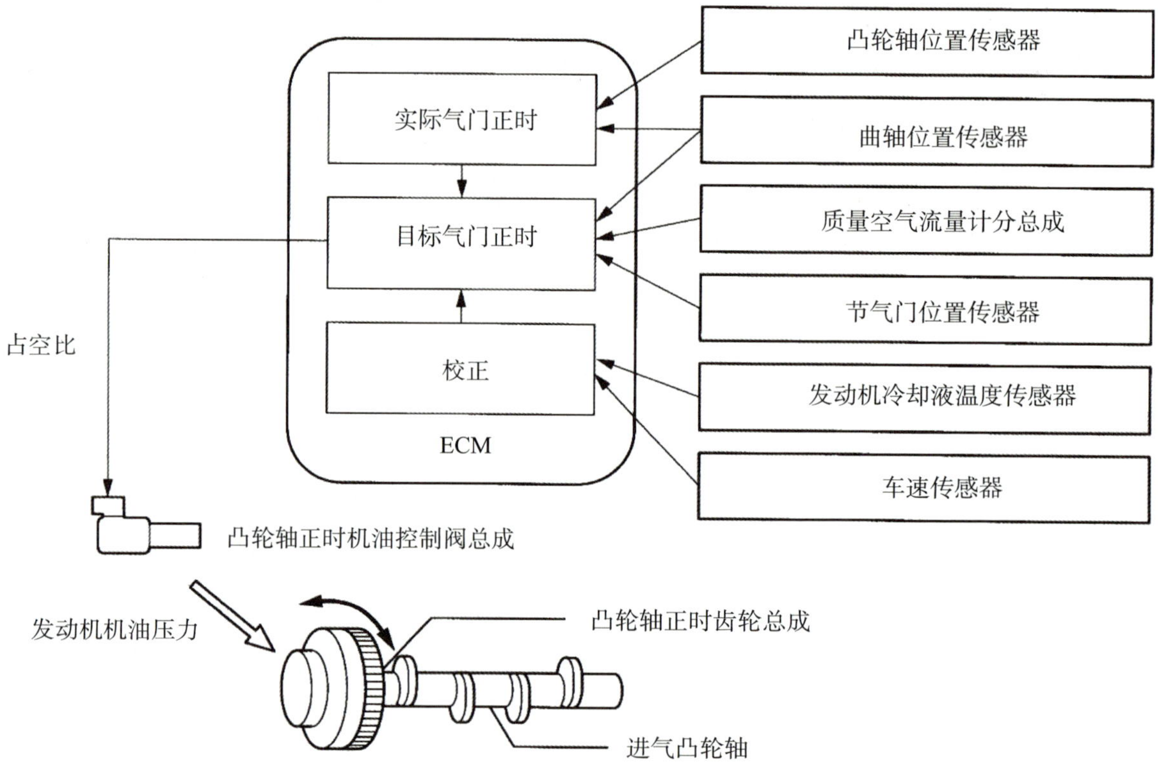

图 3-36　5ZR-FXE 发动机可变配气正时控制系统组成

2. 电路图（见图 3-37）

端口：OC1+ 为可变配气正时调节电磁阀的正极。

图 3-37　5ZR-FXE 发动机可变配气正时控制执行器

笔记

3. 诊断方法

首先要使用智能检测仪读取定格数据。

存储 DTC 时，ECM 将车辆和驾驶状况信息记录为定格数据。定格数据有助于确定故障出现时车辆是运行还是停止，发动机是暖机还是未暖机，空燃比是稀还是浓以及其他数据。

发动机机油中的异物卡在系统的某些零件中时，可能存储 DTC P0011 或 P0012。即使系统短时间后恢复正常，DTC 的存储仍将保持不变。可用机油滤清器滤出异物。

ECM 利用 VVT（可变气门正时）系统使气门正时达到最佳以控制进气凸轮轴。VVT 系统包括 ECM、凸轮轴正时机油控制阀总成和 VVT 控制器（凸轮轴正时齿轮总成）。ECM 向凸轮轴正时机油控制阀总成发送目标占空比控制信号，该控制信号调节供给 VVT 控制器的机油压力，使 VVT 控制器可提前或延迟进气凸轮轴。

二十四、发动机动力不足、发动机不起动、燃油耗尽

ECM 接收来自动力管理控制 ECU 的数据，如发动机所需输出功率（输出请求）、发动机产生的估算转矩（估算转矩）、控制目标发动机转速（目标转速），以及发动机是否处于起动模式。然后，根据输出请求和目标转速，ECM 计算发动机产生的目标转矩，并将其与估算转矩进行比较。如果估算转矩与目标转矩相比非常小，或者发动机在根据冷却液温度计算出的时间内一直处于起动模式，则将检测到异常情况。

二十五、与 HV ECU 失去通信

1. 描述

控制器区域网络（CAN）是一个用于实时应用的串行数据通信系统。它是为车载使用设计的多路通信系统，提供高达 500 kbps 的通信速度，同时还可以检测故障。通过 CANH 和 CANL 总线的组合，CAN 能够根据电压差保持通信。

2. 电路图（见图 3–38）

端口：CA1H、CA1L 为 CAN 总线的一个信道，CA3P、CA3N 为 CAN 总线的第二个信道。

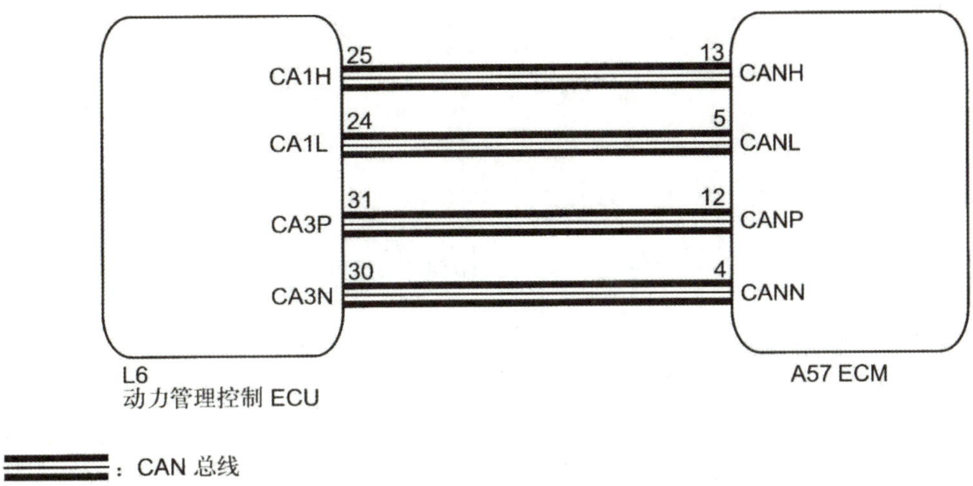

图 3–38　发动机 ECM 和动力管理 ECU 间的 CAN 通信

笔记

二十六、ECM 电源电路

1. 描述

电源开关置于“ON（IG)”位置时，辅助蓄电池电压施加到 ECM 的 IGSW 上。ECM 的端子 MREL 输出信号使电流流向线圈，闭合 2 号集成继电器（EFI 主继电器）触点并向 ECM 的端子 +B 和 +B2 供电。

2. 电路图（见图 3-39）

端口：BATT 为 ECM 的常电；+B、+B2 为 IG 挡给 ECM 的供电，是 ECM 主要执行器的供电；IGSW 由电源管理 IG2D 控制的 IG2 继电器提供唤醒。

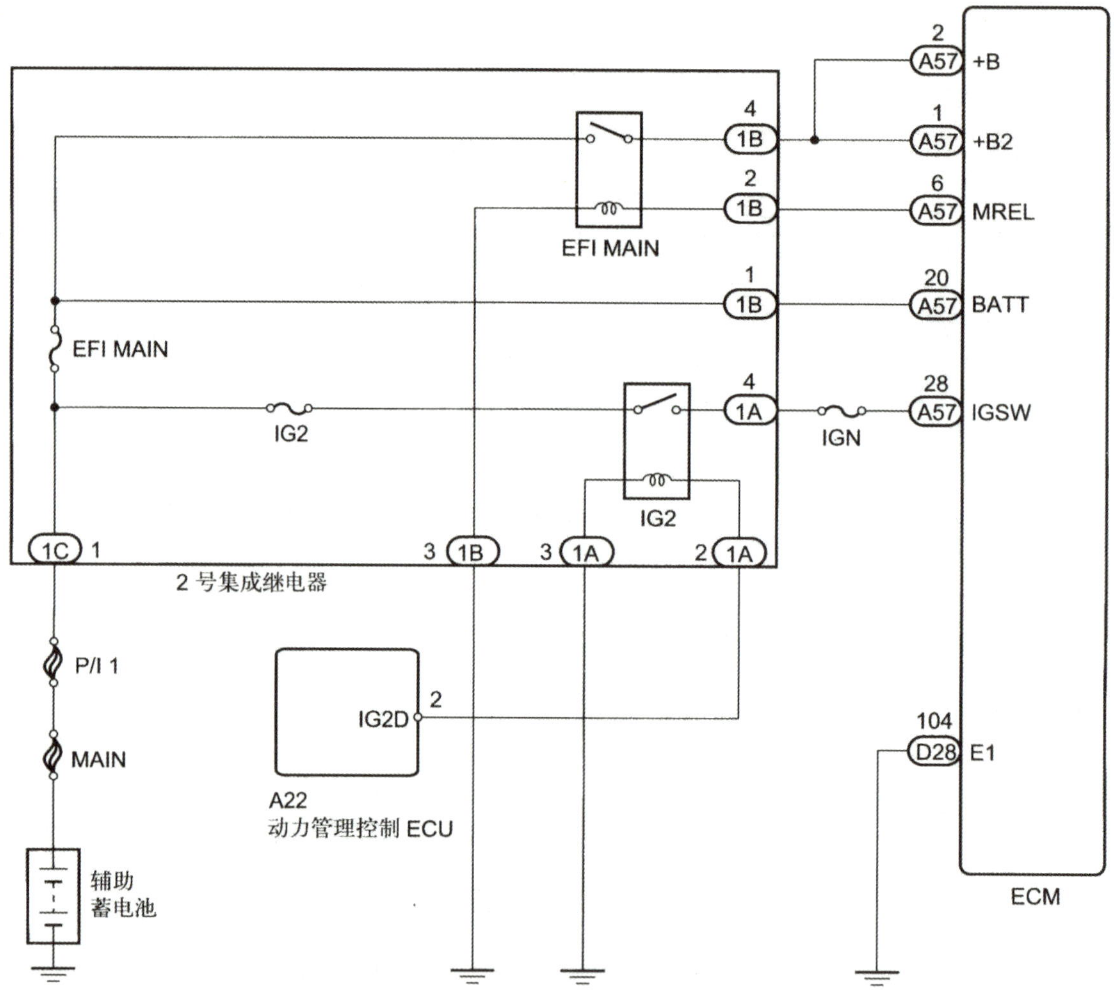

图 3-39　ECM 电源电路图

二十七、VC 输出电路

1. 描述

ECM 持续将 5V 辅助蓄电池电压供给端子 +B（BATT）以操作微处理器。ECM 同时通过 VC 输出电路将该电源供应到传感器（见图 3-40）。

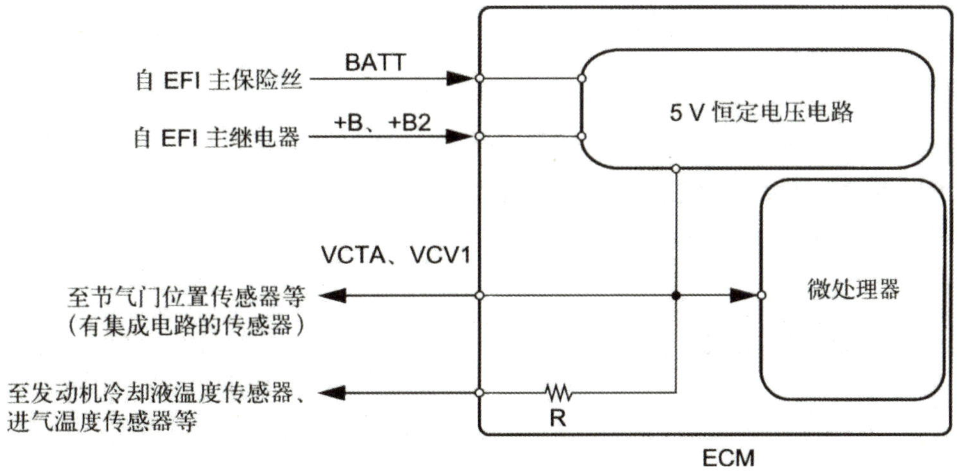

图 3–40　ECM 电源 5V 恒压电路图

VC 电路短路时，ECM 中的微处理器和通过 VC 电路获得电源的传感器由于没有从 VC 电路获得电源而不能激活。在此条件下，系统不能起动，且即使系统故障，MIL 也不亮。

【提示】正常状态下，电源开关首次置于“ON（IG）”位置时，MIL 点亮并持续数秒。将电源开关置于“ON（READY）”位置时，MIL 熄灭。

2. 电路图（见图 3–41）

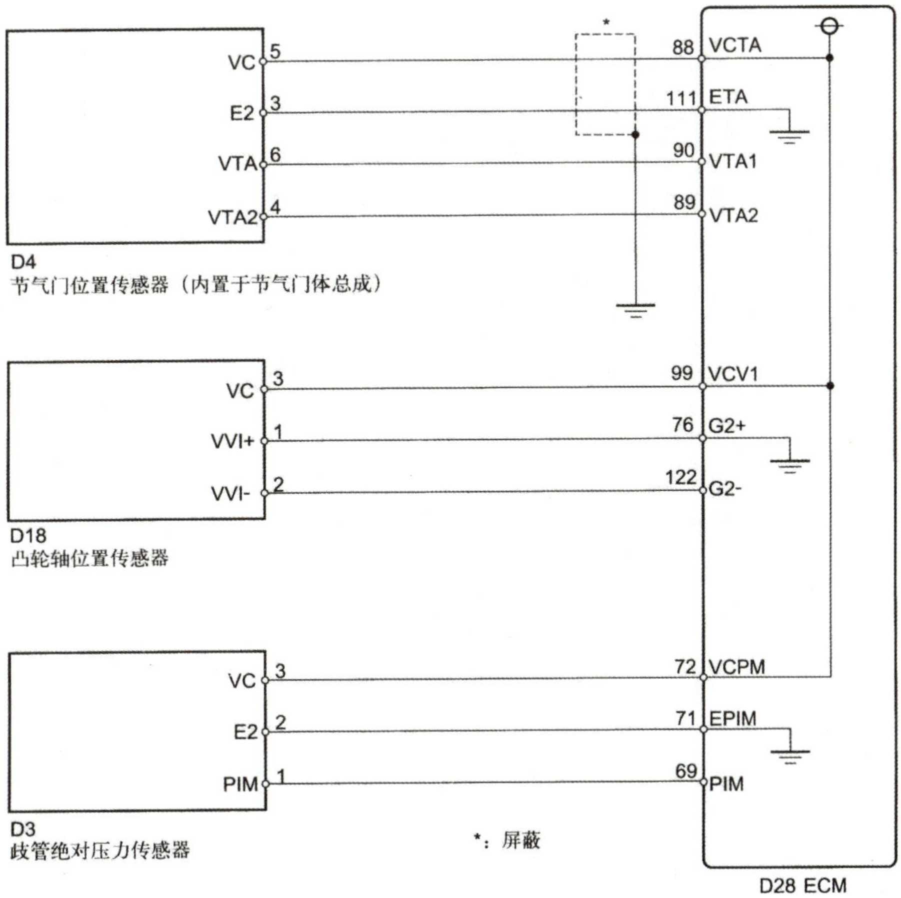

图 3–41　ECM 电源 5V 供电传感器电路图

笔记

二十八、燃油泵控制电路

1. 描述

NE 信号输入 ECM 时（见图 3-42），Tr 接通，电流将流向电路断路继电器线圈，继电器开关接通，向燃油泵供电，燃油泵工作。产生 NE 信号（发动机运转）时，ECM 将保持 Tr 接通（电路断路继电器接通），且燃油泵也保持工作。

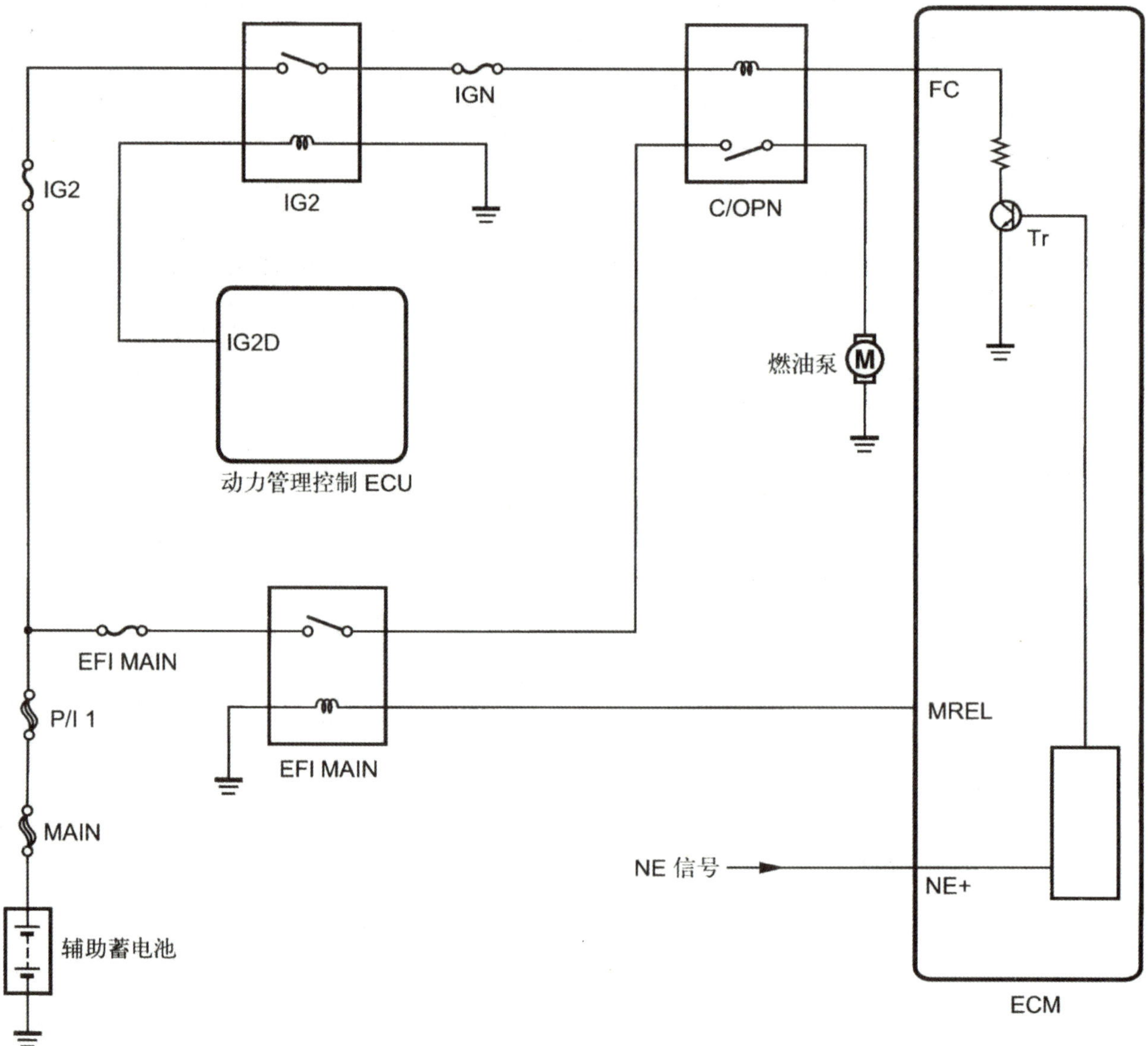

图 3-42　燃油泵控制信号

笔记

2. 电路图（见图 3-43）

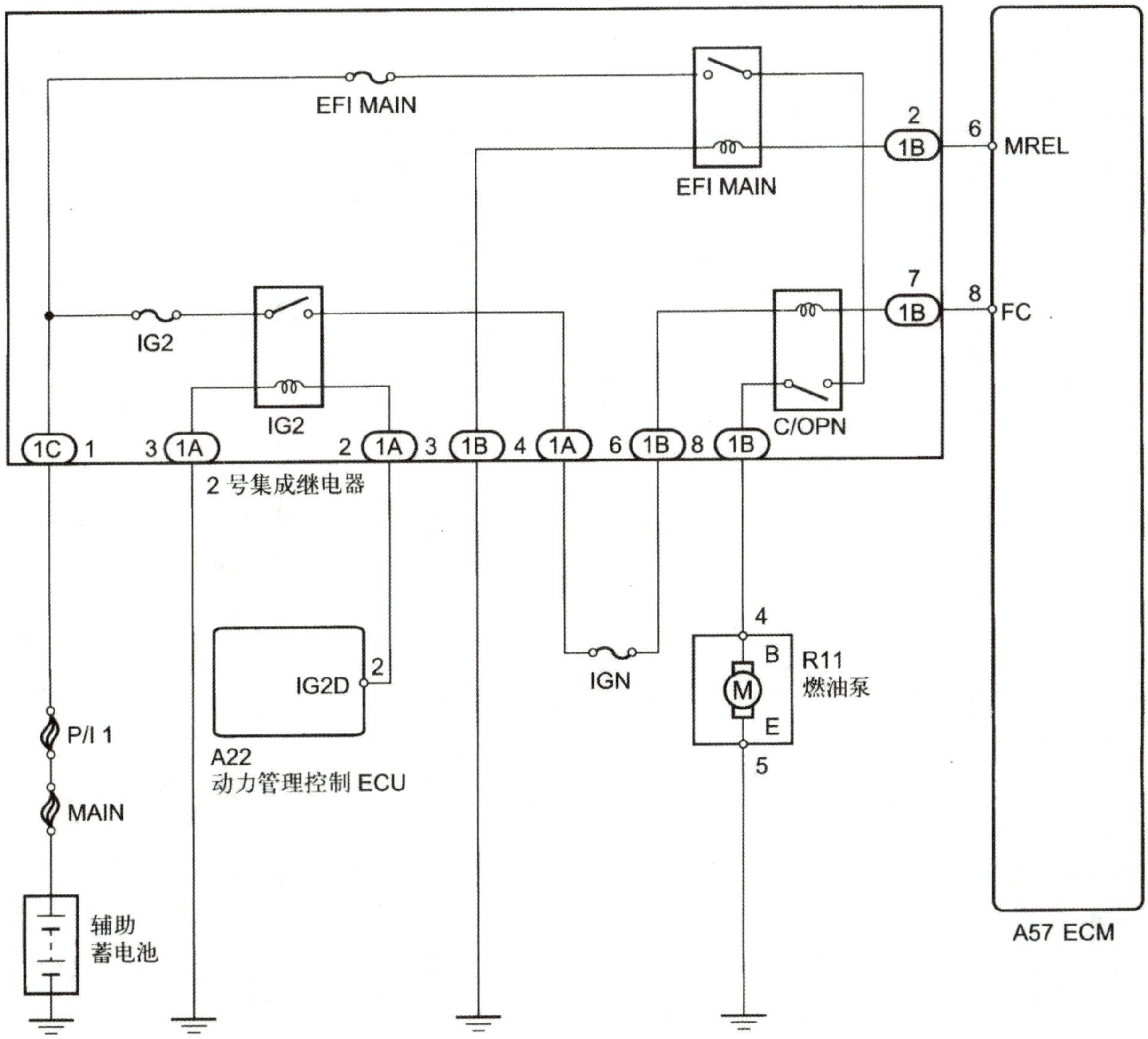

图 3-43　燃油泵控制电路图

二十九、喷油器电路

1. 描述

喷油器位于进气歧管上，喷油器根据来自 ECM 的信号将燃油喷入气缸内。

笔记

2. 电路图（见图 3-44）

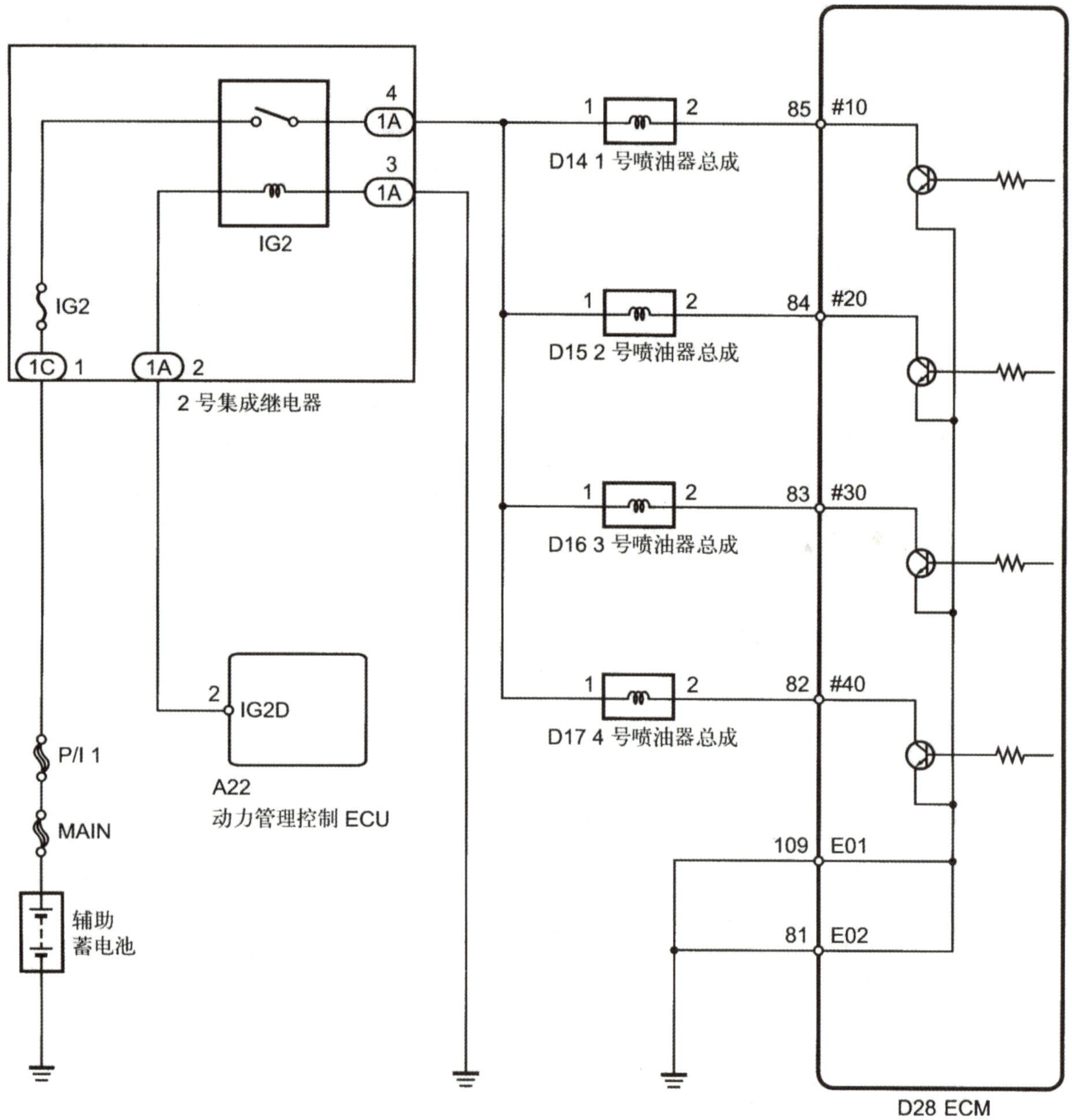

图 3-44　喷油器控制电路图

三十、MIL 电路

1. 描述

MIL（发动机故障指示灯）用于指示 ECM 检测到的车辆故障。将电源开关置于“ON（IG)”位置时，向 MIL 电路供电，并且 ECM 提供电路搭铁以点亮 MIL。

可目视检查 MIL 工作情况：首先将电源开关置于“ON（IG)”位置时，MIL 应点亮，然后将电源开关置于“ON（READY)”位置时熄灭。如果 MIL 一直亮或不亮，则使用智能检测仪执行故障排除程序。

笔记

2. 电路图（见图 3-45）

端口：W 为仪表故障灯的接地控制端口。

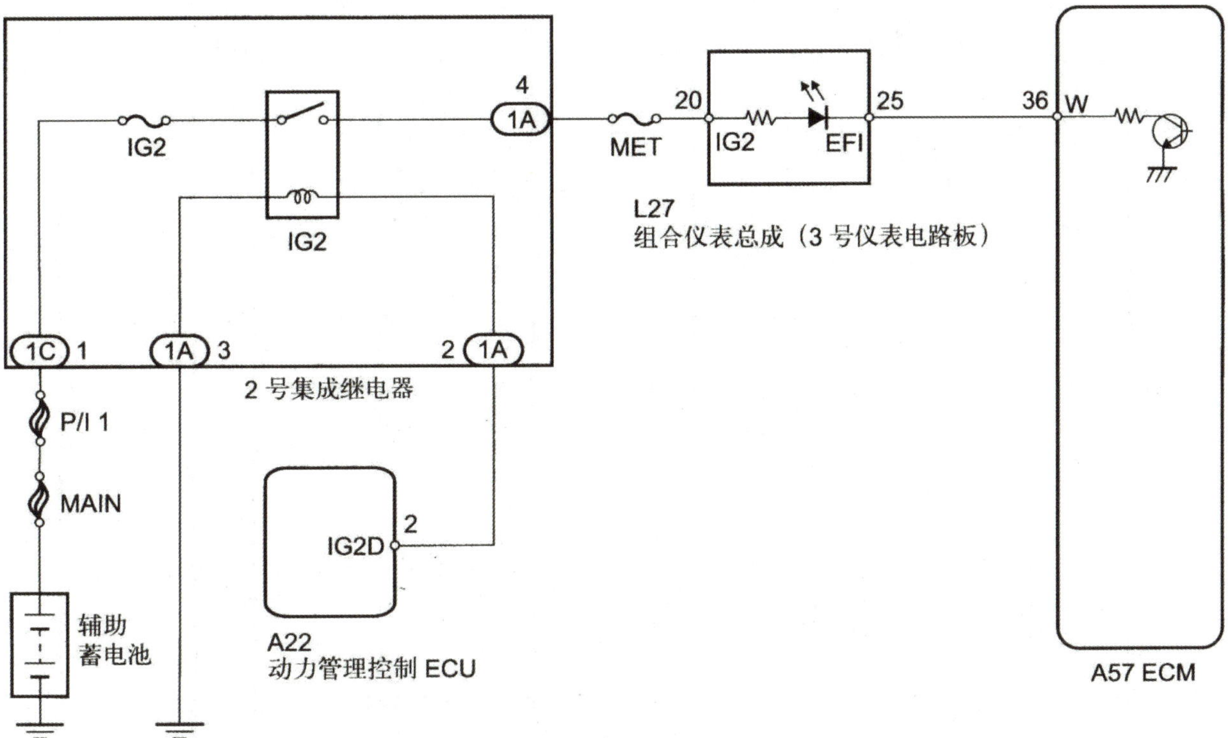

图 3-45　MIL（发动机故障指示灯）电路图

三十一、点火系统

1. 零件位置（见图 3-46）

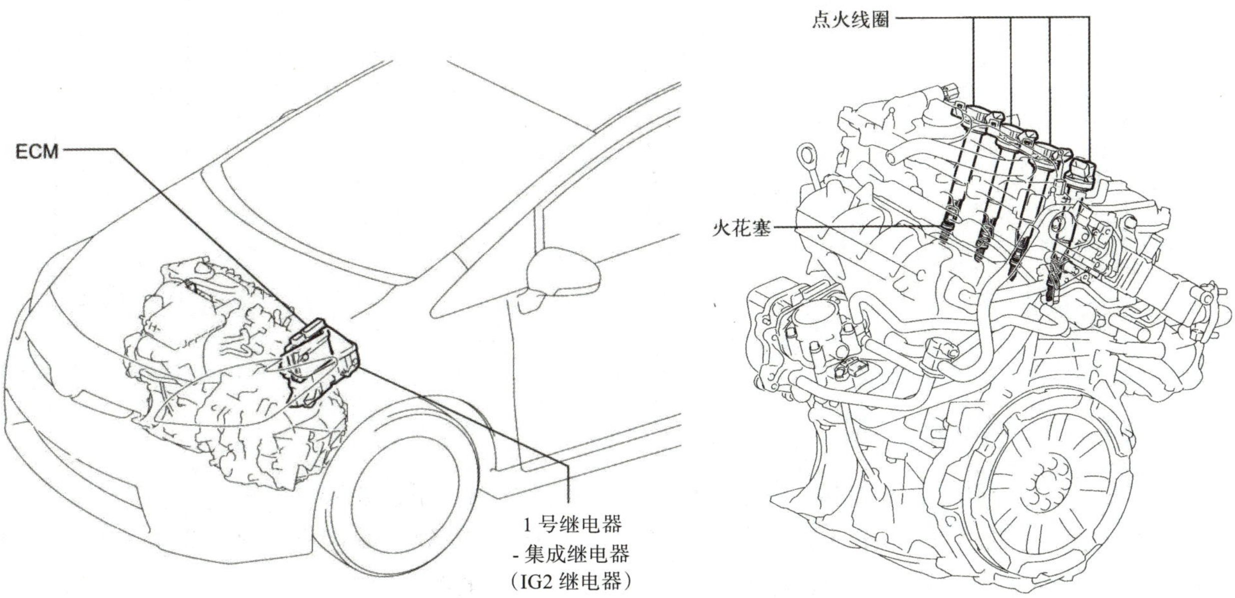

图 3-46　点火系统零件位置

笔记

2. 电路图（见图 3-47）

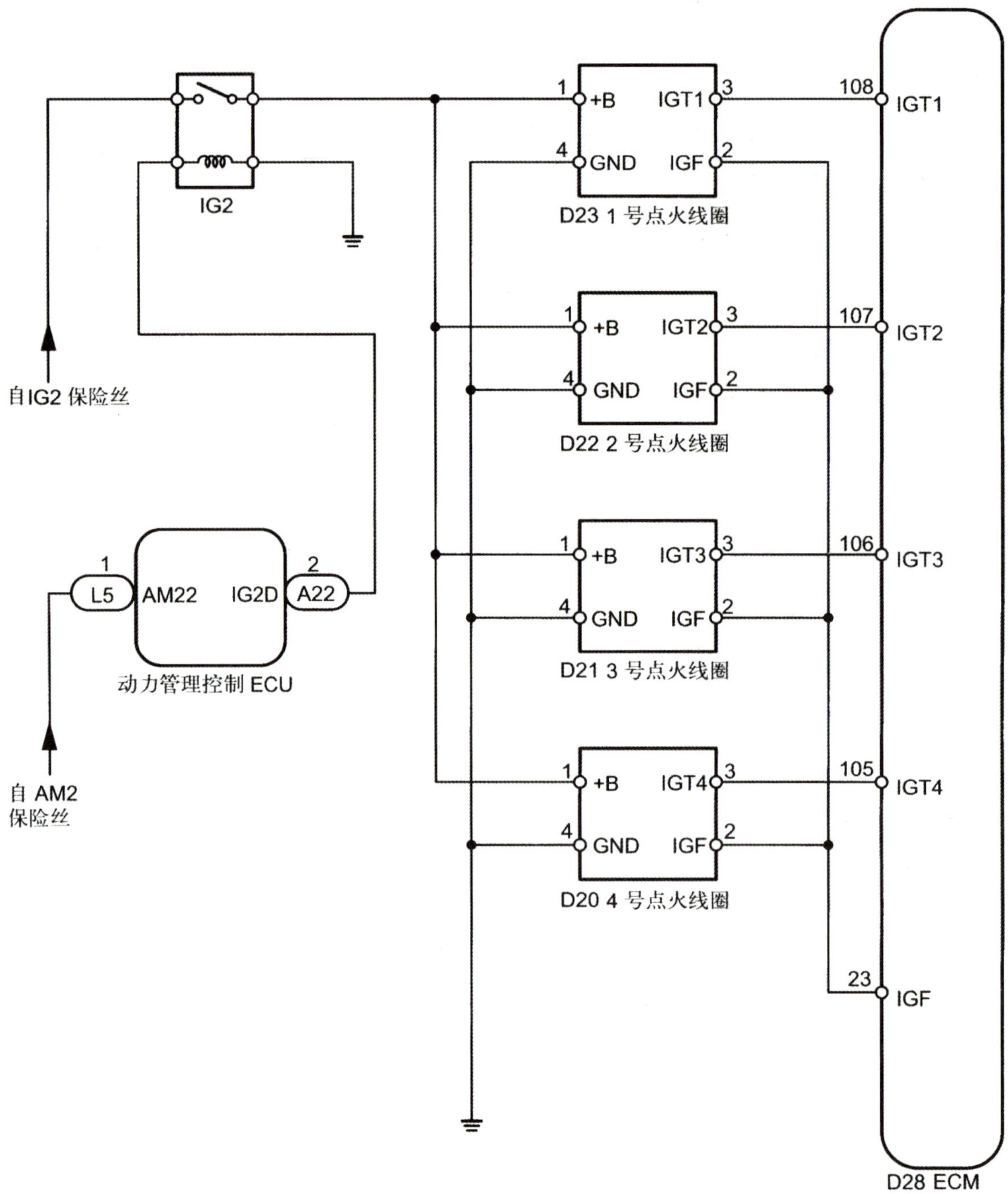

图 3–47　点火系统电路图

三十二、继电器控制

集成继电器控制（见图 3-48）位于保险丝和继电器盒内，不易找到，集成继电器内部由四个继电器组成，分别是 IG2（电源管理 IG2 号继电器）、BATT FAN（高压电池鼓风机继电器）、EFI MAIN（电控燃油喷射系统主继电器）、C/OPN（油泵开路继电器，即油泵继电器）。

笔记

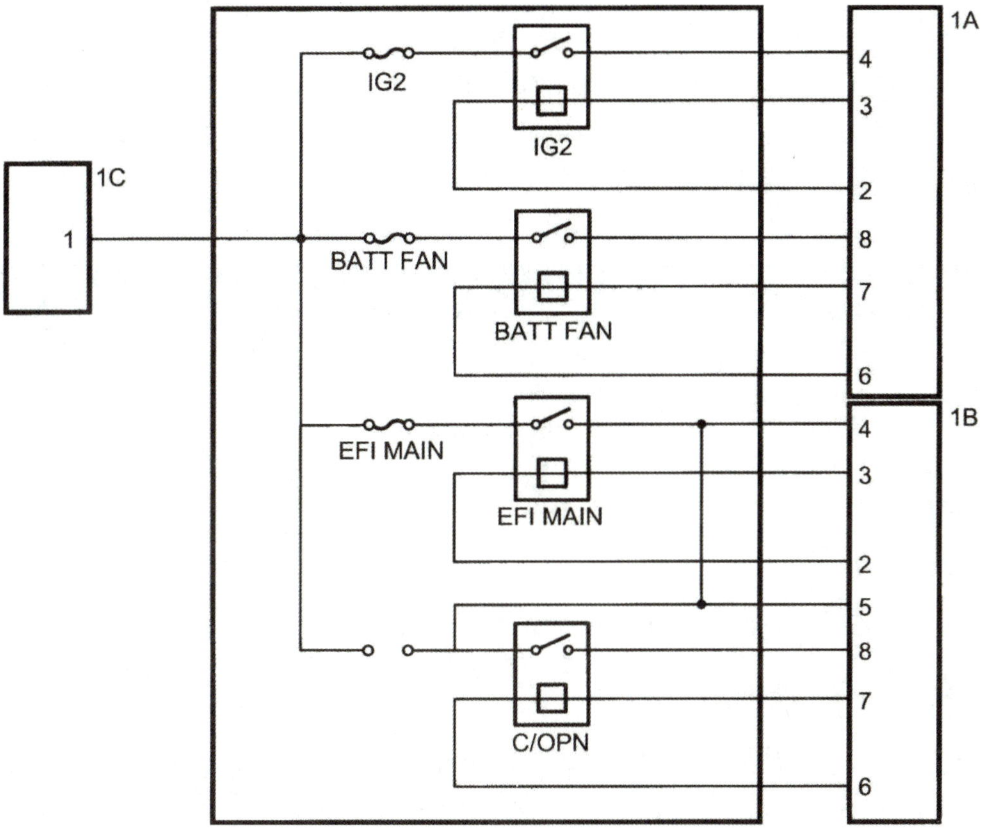

图 3-48　集成继电器控制

第四节　米勒发动机系统端子测量

一、ECM 端子识别

图 3-49 可用作识别 ECM 端子位置的参考。

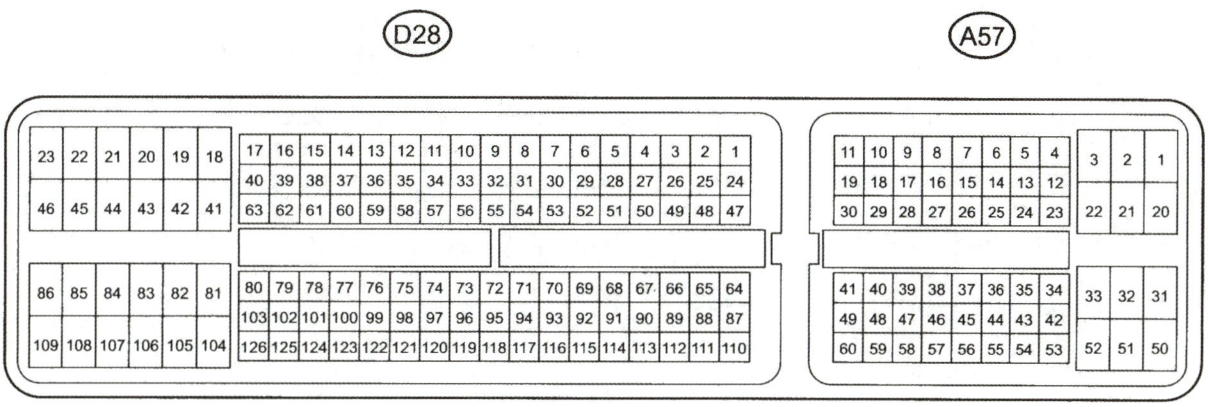

图 3-49　ECM 端子识别

笔记

二、ECM 端子之间的标准正常电压

表 3-2 列出了每对 ECM 端子之间的标准正常电压，同时还指出了每对端子的相应检查测量条件。将检查结果与“规定状态”栏所示的每对端子的标准正常电压进行比较。进行 ECM 端子之间的标准正常电压测量是非常重要的。

表 3-2　ECM 端子之间的标准正常电压

端子编号（符号）	配线颜色	端子描述	测量条件	规定状态
A57—20（BATT）—D28—104（E1）	R—BR	辅助蓄电池（测量辅助蓄电池电压和 ECM 存储器）	始终	11~16 V
A57—2（+B）—D28—104（E1）	B—BR	ECM 电源	电源开关 ON（IG）	11~14 V
A57—1（+B2）—D28—104（E1）	B—BR	ECM 电源	电源开关 ON（IG）	11~14 V
A57—3（+BM）—D28—104（E1）	GR—BR	节气门执行器电源	始终	11~16 V
D28—108（IGT1）—D28—104（E1）	P—BR	点火线圈总成（点火信号）	怠速运转	产生脉冲（参见波形 1）
D28—107（IGT2）—D28—104（E1）	G—BR			
D28—106（IGT3）—D28—104（E1）	P—BR			
D28—105（IGT4）—D28—104（E1）	Y—BR			
D28—23（IGF）—D28—104（E1）	L—BR	点火线圈总成（点火确认信号）	电源开关 ON（IG）	4.5~5.5 V
			怠速运转	产生脉冲（参见波形 1）
D28—74（NE+）—D28—120（NE-）	B—W	曲轴位置传感器	发动机暖机时怠速运转	产生脉冲（参见波形 2）
D28—76（G2+）—D28—122（G2-）	B—W	凸轮轴位置传感器	发动机暖机时怠速运转	产生脉冲（参见波形 3）
D28—85（#10）—D28—109（E01）	Y—BR	喷油器总成	电源开关 ON（IG）	11~14 V
D28—84（#20）—D28—109（E01）	B—BR	喷油器总成	电源开关 ON（IG）	11~14 V
D28—83（#30）—D28—109（E01）	L—BR	喷油器总成	电源开关 ON（IG）	11~14 V
D28—82（#40）—D28—109（E01）	R—BR	喷油器总成	电源开关 ON（IG）	11~14 V
D28—85（#10）—D28—109（E01）	Y—BR	喷油器总成	怠速运转	产生脉冲（参见波形）
D28—84（#20）—D28—109（E01）	B—BR			
D28—83（#30）—D28—109（E01）	L—BR			
D28—82（#0）—D28—109（E01）	R—BR			

笔记

续表

端子编号（符号）	配线颜色	端子描述	测量条件	规定状态
D28—18（HA1A）—D28—46（E04）	G—BR	空燃比传感器（S1）加热器	电源开关 ON（IG）	11~14 V
			怠速运转	产生脉冲（参见波形）
D28—103（A1A+）—D28—104（E1）	Y—BR	空燃比传感器（S1）	怠速运转	3.3 V
D28—126（A1A–）—D28—104（E1）	BR—BR	空燃比传感器（S1）	怠速运转	3.0 V
D28—41（HT1 B）—D28—86（E03）	BR—BR	加热型氧传感器（S2）加热器	电源开关 ON（IG）	11~14 V
			怠速运转	低于 3.0 V
D28—125（OX1B）—D28—102（01B–）	L—P	加热型氧传感器（S2）	发动机暖机后，保持发动机转速 2 500 r/min 2 分钟	产生脉冲（参见波形 6）
D28—87（KNK1）—D28—110（EKNK）	B—W	爆震控制传感器	发动机暖机后，保持发动机转速 2 500 r/min	产生脉冲（参见波形 7）
D28—64（THW）—D28—65（ETHW）	P—BR	发动机冷却液温度传感器	怠速运转，发动机冷却液温度 80℃（176 ℉）	0.2~1.0 V
D28—116（THA）—D28—93（ETHA）	P—BR	进气温度传感器（内置于质量空气流量计分总成）	怠速运转，进气温度 20℃（68 ℉）	0.5~3.4 V
D28—94（VG）—D28—117（E2G）	B—W	质量空气流量计分总成	怠速运转，换挡杆置于“N”位，空调开关关闭	0.5~3.0 V
A57—36（W）—D28—104（E1）	LG—BR	MIL	电源开关 ON（IG）(MIL 熄灭）	低于 3.0 V
			电源开关 ON(READY）	11~14 V
D28—90（VTA1）—D28—111（ETA）	Y—G	节气门位置传感器（发动机控制）	电源开关 ON（IG），完全松开加速踏板（节气门全关）	0.5~1.1 V
D28—89（VTA2）—D28—111（ETA）	B—G	节气门位置传感器（传感器故障检测）	电源开关 ON（IG），完全松开加速踏板（节气门全关）	2.1~3.1 V
D28—88（VCTA）—D28—111（ETA）	R—G	节气门位置传感器电源（规定电压）	电源开关 ON（IG）	4.5~5.5 V
D28—21（M+）—D28—19（ME01）	L—BR	节气门执行器	发动机暖机时怠速运转	产生脉冲（参见波形 8）

笔记

续表

端子编号（符号）	配线颜色	端子描述	测量条件	规定状态
D28—20（M-）—D28—19（ME01）	P—BR	节气门执行器	发动机暖机时怠速运转	产生脉冲（参见波形 9）
D28—28（PRG）—D28—104（E1）	V—BR	清污 VSV	电源开关 ON（IG）	11~14 V
			怠速运转，清污控制下	产生脉冲（参见波形 10）
A57—8（FC）—D28—104（E1）	R—BR	燃油泵控制	电源开关 ON（IG）	11~14 V
			怠速运转	低于 1.5 V
A57—26（TACH）—D28—104（E1）	Y—BR	发动机转速	怠速运转	产生脉冲（参见波形 11）
A57—7（TC）—D28—104（E1）	P—BR	DLC3 端子 TC	电源开关 ON（IG）	11~14 V
D28—36（OCl+）—D28—59（OCl-）	G—Y	凸轮轴正时机油控制阀总成	怠速运转	产生脉冲（参见波形 12）
A57—13（CANH）—D28—104（E1）	P—BR	CAN 通信线路	发动机停止且电源开关 ON（1G）	产生脉冲（参见波形 13）
A57—5（CANL）—D28—104（E1）	V—BR	CAN 通信线路	发动机停止且电源开关 ON（1G）	产生脉冲（参见波形 14）
A57—12（CANP）—D28—104（E1）	B—BR	CAN 通信线路	发动机停止且电源开关 ON（IG）	产生脉冲（参见波形 15）
A57—4（CANN）—D28—104（E1）	W—BR	CAN 通信线路	发动机停止且电源开关 ON（IG）	产生脉冲（参见波形 16）
A57—28（IGSW）—D28—104（E1）	W—BR	电源开关	电源开关 ON（IG）	11~14 V
A57—6（MREL）—D28—104（E1）	G—BR	EFI 主继电器	电源开关 ON（IG）	11~14 V
D28—99（VCVl）—D28—104（E1）	R—BR	凸轮轴位置传感器电源	电源开关 ON（IG）	4.5~5.5 V
A57—10（WPO）—D28—104（E1）	L—BR	发动机水泵总成	发动机暖机时怠速运转	产生脉冲（参见波形 15）
A57—11（WPI）—D28—104（E1）	G—BR	发动机水泵总成	发动机暖机时怠速运转	产生脉冲（参见波形 16）
D28—72（VCPM）—D28—71（EPIM）	L—Y	歧管绝对压力传感器总成	电源开关 ON（IG）	4.5~5.5 V
D28—69（PIM）—D28—71（EPIM）	B—Y	歧管绝对压力传感器总成	电源开关 ON（IG）	3.0~5.0 V

笔记

续表

端子编号（符号）	配线颜色	端子描述	测量条件	规定状态
D28—48（G20）—D28—104（E1）	Y—BR	凸轮轴位置信号	怠速运转	产生脉冲（参见波形 17）
A57—22（FANH）—D28—104（E1）	LG—BR	冷却风扇继电器	电源开关 ON（IG）	11~14 V
A57—21（FANL）—D28—104（E1）	L—BR	冷却风扇继电器	电源开关 ON（IG）	11~14 V
A57—46（PWMS）—D28—104（E1）	G—BR	动力模式开关	电源开关 ON（IG），动力模式开关关闭	11~14 V
			电源开关 ON（IG），动力模式开关打开	低于 1.5 V
D28—104（E1）—车身搭铁	BR—车身搭铁	搭铁	始终	小于 1 Ω
D28—109（E01）—车身搭铁	BR—车身搭铁	搭铁	始终	小于 1 Ω
D28—81（E02）—车身搭铁	VB—车身搭铁	搭铁	始终	小于 1 Ω
D28—86（E03）—车身搭铁	BR—车身搭铁	搭铁	始终	小于 1 Ω
D28—46（E04）—车身搭铁	BR—车身搭铁	搭铁	始终	小于 1 Ω
A57—32（EC）—车身搭铁	WB—车身搭铁	搭铁	始终	小于 1 Ω
D28—22（GE01）—D28—104（E1）	WB—BR	节气门执行器的屏蔽接地（搭铁）电路	始终	低于 1 V

第五节 米勒发动机系统示波诊断

一、点火触发和反馈波形

ECM 端子电压恒定，与传感器的输出电压无关。点火线圈 IGT 信号（自 ECM 至点火线圈总成）和点火线圈 IGF 信号（自点火线圈总成至 ECM）。

【提示】如图 3-50 怠速运转，IGT（1~4）和 E1 之间，IGF 和 E1 之间设定为 2 V/ 格，20 ms/ 格，高脉冲部分持续时间随发动机转速的增加而变短。

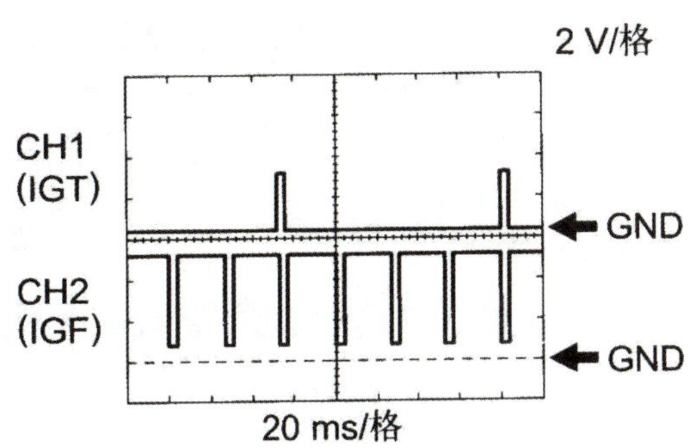

图 3-50 点火触发和反馈波形

笔记

二、曲轴位置传感器信号

【提示】如图 3-51 所示，NE+ 和 NE− 之间设定为 5 V/ 格，20 ms/ 格，发动机暖机时怠速运转波长随发动机转速的增加而变短。

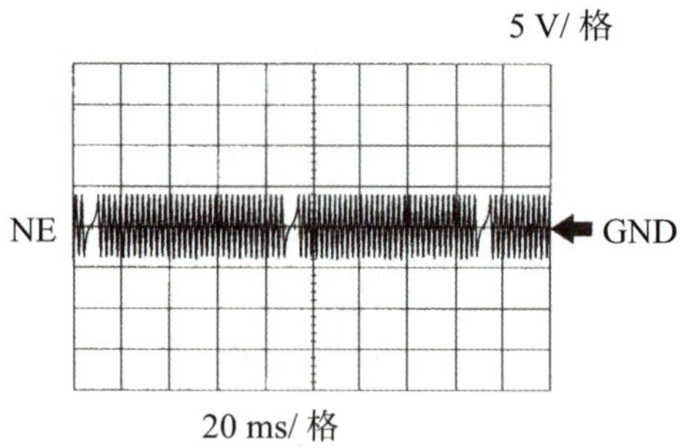

图 3–51　曲轴位置传感器信号

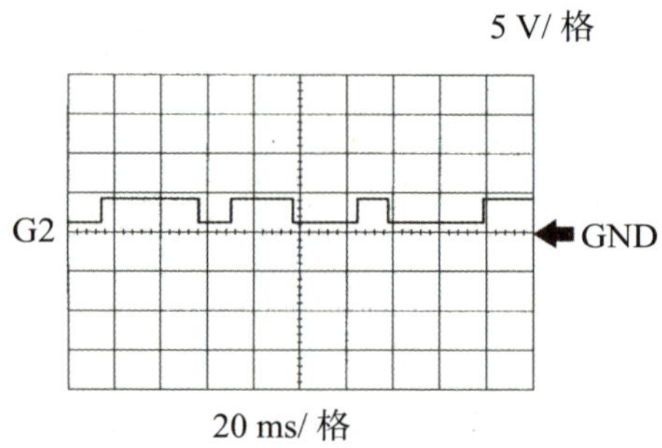

图 3–52　曲轴位置传感器信号

【提示】发动机暖机时，如图 3-52 所示示波器设定为 5 V/ 格，20 ms/ 格，测量点 G2+ 和 G2 之间怠速运转波长随发动机转速的增加而变短。

三、1 号至 4 号喷油器信号

【提示】怠速运转，如图 3-53 所示，示波器设置为 20 V/ 格，20 ms/ 格，测量点 1 号至 4 号和 E01 之间，波长随发动机转速的增加而变短。

四、空燃比传感器（S1）加热器信号

【提示】怠速运转，如图 3-54 所示，HA1A 和 E04 之间，设定为 5 V/ 格，10 ms/ 格，波长随发动机工作状态的变化而变化。

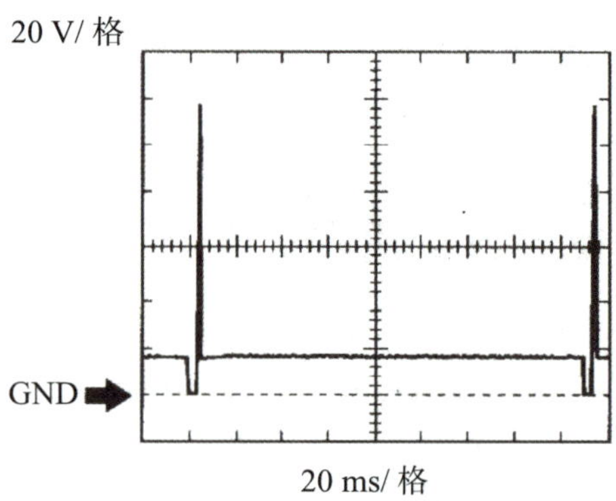

图 3–53　1 号至 4 号喷油器信号

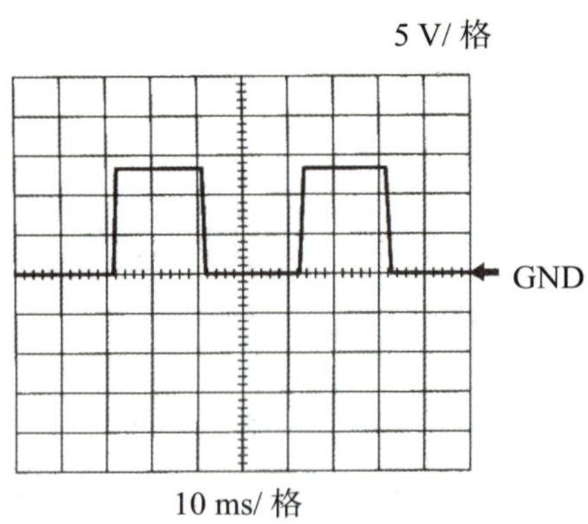

图 3–54　空燃比传感器（S1）加热器信号

五、加热型氧传感器（S2）信号

【提示】发动机暖机后，保持发动机转速 2 500 r/min 2 分钟，OX1B 和 01B 之间，如图 3-55 所示，设定为 0.2 V/ 格，200 ms/ 格。在数据表中，项目 02S B1S2 显示从加热型氧传感器输入至 ECM 的值。

笔记

六、爆震控制传感器信号

【提示】KNK1 和 EKNK 之间，如图 3-56 所示，设定为 1 V/ 格，1 ms/ 格，发动机暖机后，保持发动机转速 2 500 r/min，波长随发动机转速的增加而变短。波形和振幅根据车辆状况稍有差别。

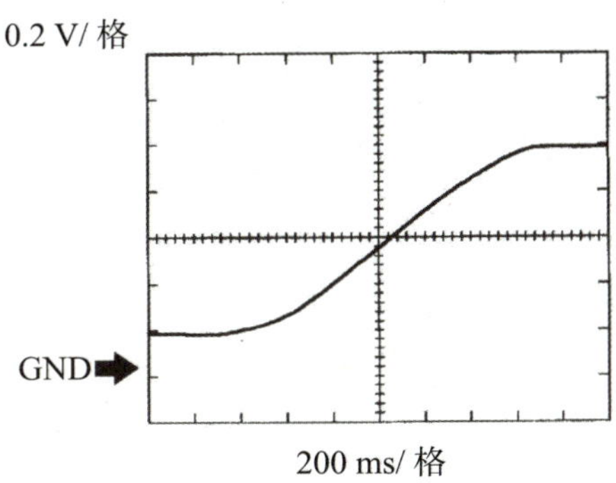

图 3–55　加热型氧传感器（S2）信号

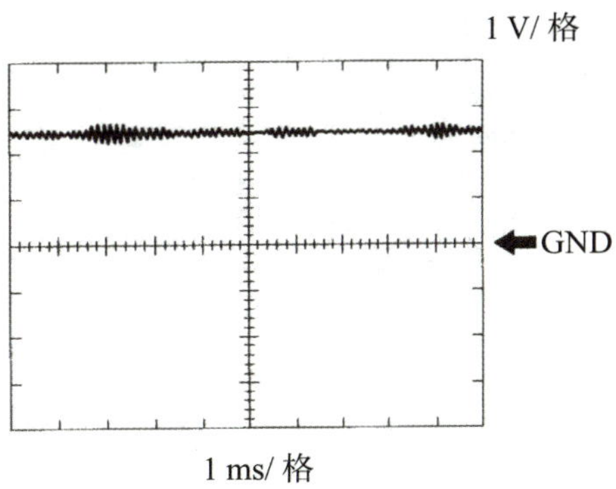

图 3–56　爆震控制传感器信号

七、节气门执行器正极信号

【提示】ECM 端子 M+ 和 ME01 之间，如图 3-57 所示，示波器分度值为 5 V/ 格，1 ms/ 格，测量条件是发动机暖机时怠速运转，波形占空比随节气门执行器的操作而变化。

八、节气门执行器负极信号

【提示】测量 ECM 端子 M– 和 ME01 之间，如图 3-58 所示，示波器设定为 5 V/ 格，1 ms/ 格。测量条件是发动机暖机时怠速运转，波形占空比随节气门执行器的操作而变化。

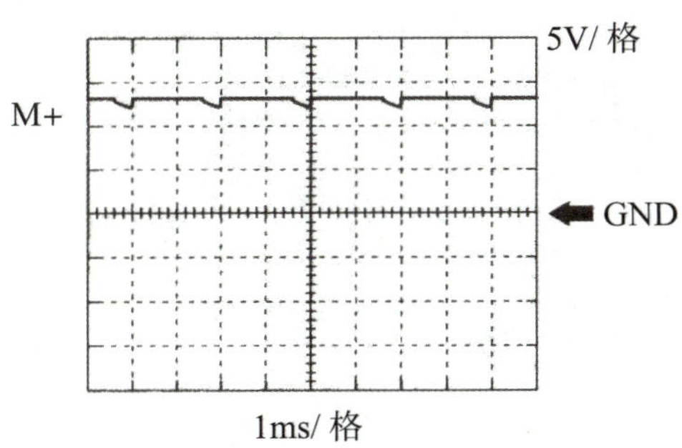

图 3–57　节气门执行器正极信号

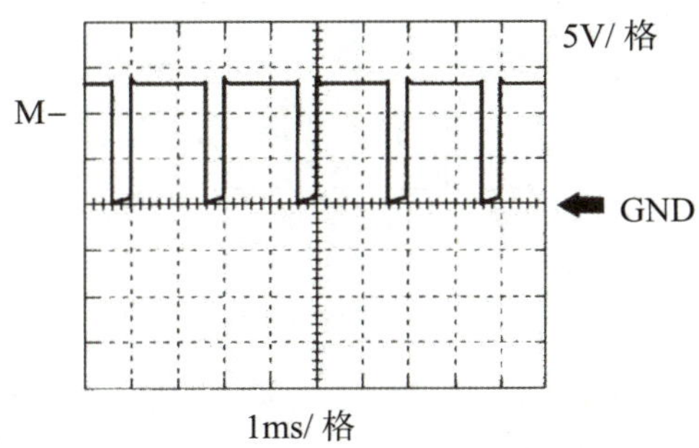

图 3–58　节气门执行器负极信号

九、清污真空阀（VSV）信号

【提示】测量 ECM 端子 PRG 和 E1 之间，如图 3-59 所示，示波器设定为 10 V/ 格，20 ms/ 格。测量条件为怠速运转，清污控制下如果波形与插图不相似，则怠速运转 10 分钟或更长时间后再次检查波形。

笔记

十、发动机转速信号

【提示】测量 ECM 端子 TACH 和 E1 之间，如图 3-60 所示，示波器设定为 5 V/ 格，10 ms/ 格。测量条件为怠速运转，波长随发动机转速的增加而变短。

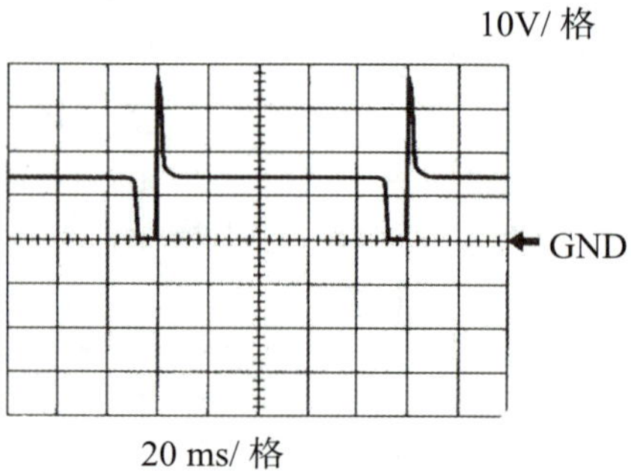

图 3-59 清污真空阀（VSV）信号

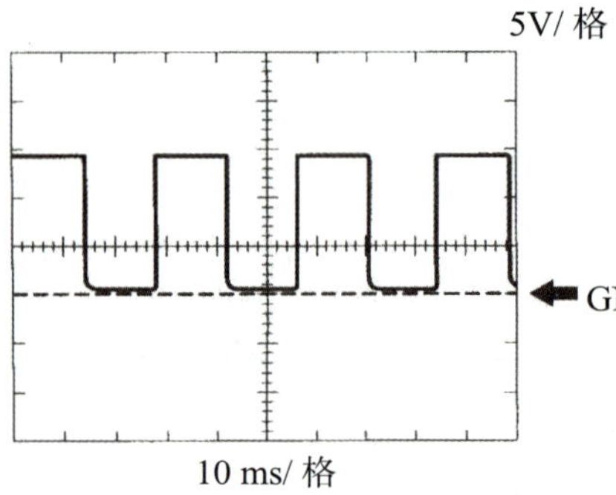

图 3-60 发动机转速信号

十一、凸轮轴正时控制阀信号

【提示】测量 ECM 端子 OC14- 和 OC1 之间，如图 3-61 所示，示波器设定为 5 V/ 格，1 ms/ 格。测量条件为怠速运转。

十二、CAN 通信信号（参考）

【提示】测量 ECM 端子 CANH 和 E1、CANL 和 E1 之间，如图 3-62 所示，示波器设定为 1 V/ 格，10 ms/ 格。测量条件为发动机停止且电源开关 ON（IG）。波形随 CAN 通信信号而变化。

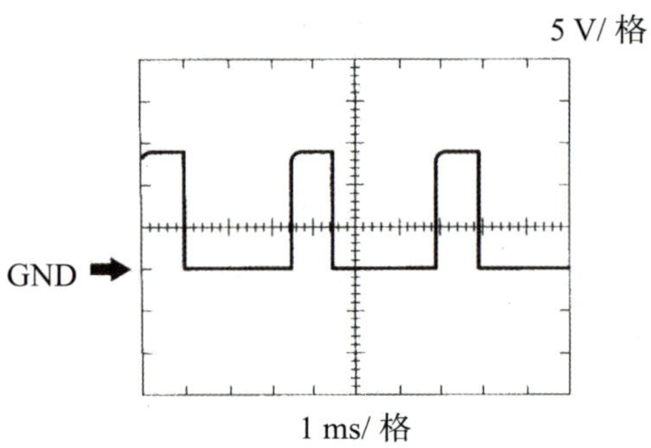

图 3-61 凸轮轴正时控制阀信号

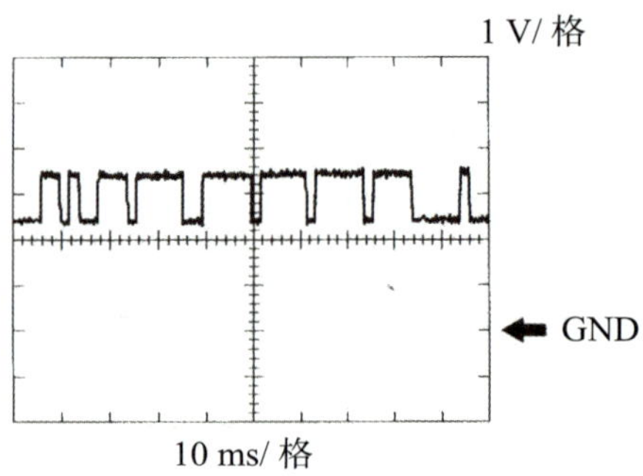

图 3-62 CAN 通信信号（参考）

十三、凸轮轴转速信号

凸轮轴转速信号来自 ECM 传至动力管理控制 ECU 和带转换器的逆变器总成（MG ECU）。

【提示】测量 ECM 端子 G2O 和 E1 之间，如图 3-63 所示，示波器设定为 5 V/ 格，20 ms/ 格。测量条件为怠速运转。波长随发动机转速的增加而变短。

笔记

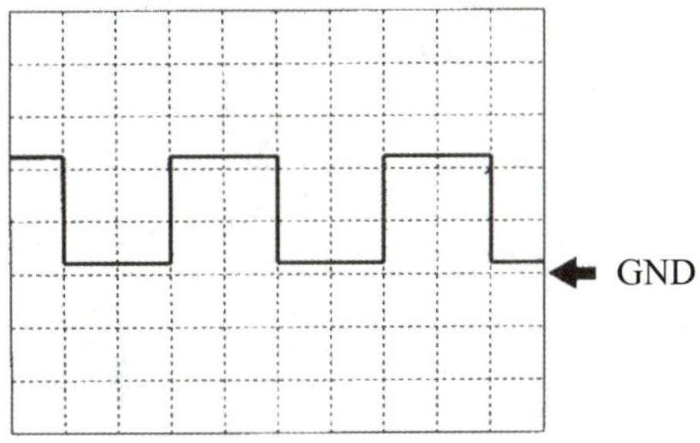

图 3-63　凸轮轴转速信号

第六节　米勒发动机数据分析

一、米勒 1.8L 发动机数据界面

参数	值	单位
Vehicle Speed	0	km/h
Engine Speed	0	rpm
Calculate Load	0.0	%
Vehicle Load	0.0	%
MAF	0.18	gm/sec
Atmosphere Pressure	101	kPa(abs)
MAP	99	kPa
Coolant Temp	53	C
Intake Air	55	C
Engine Run Time	5482	s
Initial Engine Coolant Temp	40.6	C
Initial Intake Air Temp	35.0	C
Battery Voltage	14.648	V
Throttle Sensor Volt %	16.8	%
ThrottleSensor #2 Volt %	49.0	%
Throttle Idle Position	ON	
Throttle Require Position	0.839	V
Throttle Sensor Position	0.0	%
Throttle Position No.1	0.839	V
Throttle Position No.2	2.441	V
Throttle Position Command	0.839	V
Throttle Sens Open Pos #1	0.878	V
Throttle Sens Open Pos #2	1.992	V
Throttle Motor Current	0.3	A
Throttle Motor DUTY	16.8	%
Throttle Motor Duty (Open)	0	%
Throttle Motor Duty (Close)	7	%
Throttle Fully Close Learn	0.625	V
Injector (Port)	3075	us
Injection Volume(Cylinder1)	0.072	ml

参数	值	单位
Fuel Pump/Speed Status	OFF	
EVAP (Purge) VSV	0.0	%
Evap Purge Flow	0.0	%
Purge Density Learn Value	0.000	
EVAP Purge VSV	OFF	
Purge Cut VSV Duty	0.0	%
Target Air-Fuel Ratio	0.733	
AF Lambda B1S1	1.044	
AFS Voltage B1S1	3.542	V
AFS Current B1S1	0.08	mA
A/F Heater Duty #1	26.5	%
O2S B1S2	0.000	V
O2 Heater B1S2	Not Act	
O2 Heater Curr Val B1S2	0.000	A
Short FT #1	0.000	%
Long FT #1	0.000	%
Total FT #1	0.000	
Fuel System Status #1	Unused	
Fuel System Status #2	Unused	
IGN Advance	5.0	deg
Knock Feedback Value	-3.0	deg (CA)
Knock Correct Learn Value	11.0	deg (CA)
Catalyst Temp B1S1	266.9	C
Catalyst Temp B1S2	186.5	C
Closed Throttle Position SW	ON	
Fuel Cut Condition	ON	
TC Terminal	OFF	
# Codes(Include History)	0	

图 3-64　米勒发动机数据流

笔记

参数	值	单位	参数	值	单位
MIL ON Run Distance	0	km	Judge Time Engine Ignition	2.9	s
Running Time from MIL ON	0	min	Judge Time Engine Output	0.0	s
Time after DTC Cleared	111	min	Fuel Level	Not Emp	
Distance from DTC Cleared	1	km	ISC Learning	Incmpl	
Warm-up Cycle Cleared DTC	0		F/C for Engine Stop Req	ON	
Dist Batt Cable Disconnect	1	km	Engine Independent	Not Opr	
IG OFF Elapsed Time	40	min	Racing Operation	Not Opr	
TC and TE1	OFF		Request Warm-up	Not Req	
Ignition Trig. Count	339		Engine Independent Control	Not Opr	
Cylinder #1 Misfire Count	0		Elec Water Pump Target Spd	0	rpm
Cylinder #2 Misfire Count	0		Elec Water Pump Spd	0	rpm
Cylinder #3 Misfire Count	0		ISC Learning Value	2.760	L/s
Cylinder #4 Misfire Count	0				
All Cylinders Misfire Count	0				
Misfire RPM	0	rpm			
Misfire Load	0.00	g/rev			
Misfire Margin	127.00	%			
Electric Fan Motor	OFF				
Idle Fuel Cut	OFF				
FC TAU	OFF				
Communication with HV	Comm				
Communication with Brake	Comm				
Comm with Air Conditioner	Comm				
Transmission Type2	NA				
Sports Mode Switch	OFF				
Requested Engine Torque	0.00	kW			
HV Target Engine Speed	0	rpm			
Actual Engine Torque	0	Nm			
Engine Run Time	255	s			
Request Engine Run Time	25.5	s			

图 3-65　米勒发动机数据流（续）

二、米勒 1.8L 发动机数据分析

米勒 1.8L 发动机数据分析参考表 3-3。

表 3-3　米勒 1.8L 发动机数据分析

参数	值	单位	参数	值	单位
Vehicle Speed 车速	0	km/h	Evap Purge Flow 油箱蒸发控制气流比例	0.0	%
Engine Speed 发动机转速	0	r/min	Purge Density Learn Value 油箱蒸发控制学习值	0.000	
Calculate Load 计算的负荷	0.0	%	EVAP Purge VSV 油箱蒸发控制真空开关阀	OFF	
Vehicle Load 车辆的负荷	0.0	%	Purge Cut VSV Duty 油箱蒸发切断真空开关阀占空比循环	0.0	%
MAF 质量空气流量计	0.18	gm/sec	Targrt Air-Fuel Ratio 目标空燃比	0.739	
Atmosphere Pressure Sensor 大气压力传感器	101	kPa（abs）	AF Lambda B1S1 宽带型氧传感器内置的窄带型空燃比氧传感器	1.032	

笔记

续表

参数	值	单位	参数	值	单位
MAP 进气绝对压力传感器（真空度传感器值）	100	kPa（abs）	AFS Voltage B1S1 宽带型空燃比氧传感器	3.527	V
Coolant Temp 冷却液温度	40	℃	AFS Current B1S1 宽带型空燃比氧传感器平衡用电流值	0.08	mA
Intake Air 进气温度	36	℃	A/F Heater Duty #1 宽带型空燃比氧传感器加热占空比值	19.5	%
Engine Run Time 发动机运行时间	1345	s	O2S B1S2 三元催化器效率监测氧传感器输出电压值	0.000	V
Initial Engine Coolant Temp 打开点火开关时的发动机冷却液温度	35.6	℃	O2 Heater B1S2 三元催化器效率监测氧传感器加热是否激活	Not Act	
Initial Intake Air Temp 打开点火开关时的发动机进气温度	23.1	℃	O2 Heater Curr Val B1S2 三元催化器效率监测氧传感器加热电流值	0.000	A
Battery Voltage 铅酸蓄电池电压（ECU 的供电电压）	14.4	V	Short FT #1 空燃比氧传感器的短期燃油修正	0.000	%
Throttle Sensor Volt % 主节气门位置传感器电压百分数	17.2	%	Long FT #1 空燃比氧传感器的长期燃油修正	0.000	%
Throttle Sensor #2 Volt % 副节气门位置传感器电压百分数	49.0	%	Total FT #1 空燃比氧传感器的总燃油修正	0.000	
Throttle Idle Position 节气门怠速位置开关识别	ON		Fuel System Status #1 燃油系统状态 1	Unused	
Throttle Require Position 要求的节气门位置	0.859	V	Fuel System Status #2 燃油系统状态 2	Unused	
Throttle Sensor Position 节气门开度百分数	0.0	%	IGN Advance 点火提前角	5.0	deg
Throttle Position No.1 主节气门位置传感器电压信号值	0.859	V	Knock Feedback Valve 爆震反馈值	-3.0	deg
Throttle Position No.2 副节气门位置传感器电压信号值	2.441	V	Knock Corrcet Learn Valve 爆震传感器修正学习值	11.0	deg
Throttle Position Command 节气门位置执行命令值	0.859	V	Catalyst Temp B1S1 前三元催化器温度	311.9	℃

笔记

续表

参数	值	单位	参数	值	单位
Throttle Sens Open Pos #1 主节气门位置传感器在开的方向的电压值	0.878	V	Catalyst Temp B1S2 后三元催化器温度	287.3	℃
Throttle Sens Open Pos #2 副节气门位置传感器在开的方向的电压值	1.972	V	Closed Throttle Position SW 关闭油门位置开关	ON	
Throttle Motor Current 节气门电机的电流值	0.3	A	Fuel Cut Condition 燃油切断（停供）条件是否满足	ON	
Throttle Motor DUTY 节气门电机的占空比值	17.2	%	TC Terminal TC 端子检查关闭	OFF	
Throttle Motor Duty (Open) 节气门电机在开的方向上的占空比循环值	0	%	# Codes (Include History) 包括历史故障码在内的故障代码数量	0	
Throttle Motor Duty (Close) 节气门电机在关的方向上的占空比循环值	6	%	MIL ON Run Distance 故障灯亮起运行的距离	0	km
Throttle Fully Close Learn 节气门全关学习值	0.625	V	Running Time from MIL ON 故障灯亮起运行的时间	0	min
Injector (Port) 喷油器的喷油时间	2289	us	Time after DTC Cleared 清除故障码后运行的时间	66	min
Injection Volume (Cylinder1) 1 缸喷油器的喷油量	0.156	ml	Distance from DTC Cleared 清除故障码后行驶的距离	0	min
Fuel Pump/Speed Status 燃油泵的工作状态	OFF		Racing Operation 是否有加速模式操作	Not Opr	
EVAP (Purga) VSV 油箱蒸发控制真空开关阀占空比	0.0	%	Request Warm-up 现在是否有暖机的需求	Not Req	
Warm-up Cycle Cleared DTC 暖机循环清除的故障码数	0		Engine Independent Contory 发动机是否独立运行的情况	Not Opr	
Dist Batt Cable Disconnect 蓄电池电缆断开后运行的距离	0	km	Elec Water Pump Target Spd 电动水泵的目标转速	0	rpm
IG OFF Elapsed Time 点火开关关闭的消失时间	0	min	Elec Water Pump Spd 电动水泵的实际转速	0	rpm
TC and TE1 TC 与 TE1 连接诊断测试	OFF		ISC Learning Value 怠速转速控制学习值	2.760	L/s
Ignition Trig Count 点火触发累积数	356		Actual Engine Torque 实际发动机转矩	0	N·m

笔记

续表

参数	值	单位	参数	值	单位
Cylinder #1 Misfire Count 发动机 1 缸失火累计数	0		Communication with Air Conditoner 是否能与空调 ECU 进行通讯	Comm	
Cylinder #2 Misfire Count 发动机 2 缸失火累计数	0		Transmission Type2 变速器类型 2	NA	
Cylinder #3 Misfire Count 发动机 3 缸失火累计数	0		Sports Mode Switch 运动模式开关	OFF	
Cylinder #4 Misfire Count 发动机 4 缸失火累计数	0		Requested Engine Torque 需求的发动机转矩	0.00	N · m
All Cylinders Misfire Count 所有缸的失火累计数	0		HV Target Engine Speed 混动发动机的目标转速	0	r/min
Misfire RPM 失火的发动机转速	0	r/min	Engine Run Time 发动机运行时间	255	s
Misfire Load 失火的负荷	0.00	g/rev	Requested Engine Run Time 需要发动机运行的时间	11.9	s
Misfire Margin 失火边界	127.00	%	Judge Time Engine Ignition 发动机点火	2.9	s
Electric Fan Motor 电动冷却风扇电机	OFF		Judge Time Engine Output 发动机运行输出的时间	0	s
Idle Fuel Cut 怠速燃油切断	OFF		Fuel level 油箱的液面油位	Empty	
FC TAU 燃油泵转速控制	OFF		ISC Learning 怠速转速学习值	Incmpl	
Communication with HV 是否能与混合动力控制单元通讯	Comm		F/C for Engine Stop Red 是否有停车需求的燃油切断	ON	
Communication with Brake 是否能与 ABS/VSC 进行通讯	Comm		Engine Independent 是否有发动机独立工作	Not Opr	

第四章

电池管理系统

情境引入

一辆 2005 年款的丰田普锐斯混合动力汽车，在 2017 年出现电池箱电池内阻、电压不一致、个别电池模块内阻高于 40 mΩ（正常一般在 20 mΩ）的故障，原因方向已经确定，请你在实车上根据现场环境，找出可能的具体原因。

假如你是车间的小林，你知道该如何解决这个问题吗?

学习目标

（1）了解电池管理系统的传感器有哪几种、输出执行器有哪几种。

（2）能够正确拆装丰田普锐斯的电池箱，更换单条电池或整箱电池。

（3）能够对电池管理系统的数据流进行分析，找到数据异常的元件。

笔记

第一节 主要零部件位置

一、主要部件位置

图 4-1 所示为电池管理系统电池箱、保险丝和继电器。动力管理控制 ECU 位置如图 4-2 所示，电池箱元件位置如图 4-3 所示。

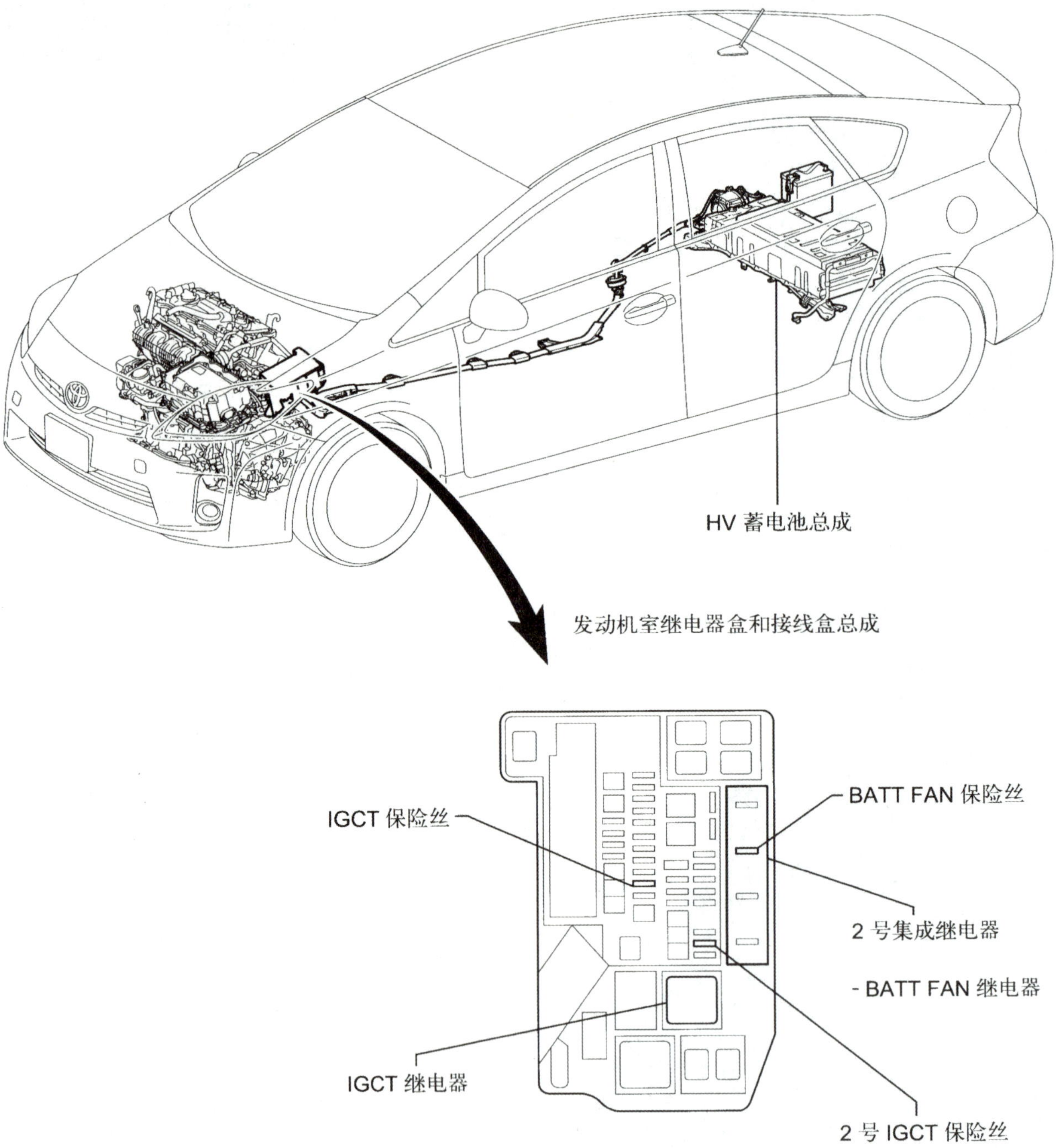

图 4-1 电池箱、保险丝和继电器

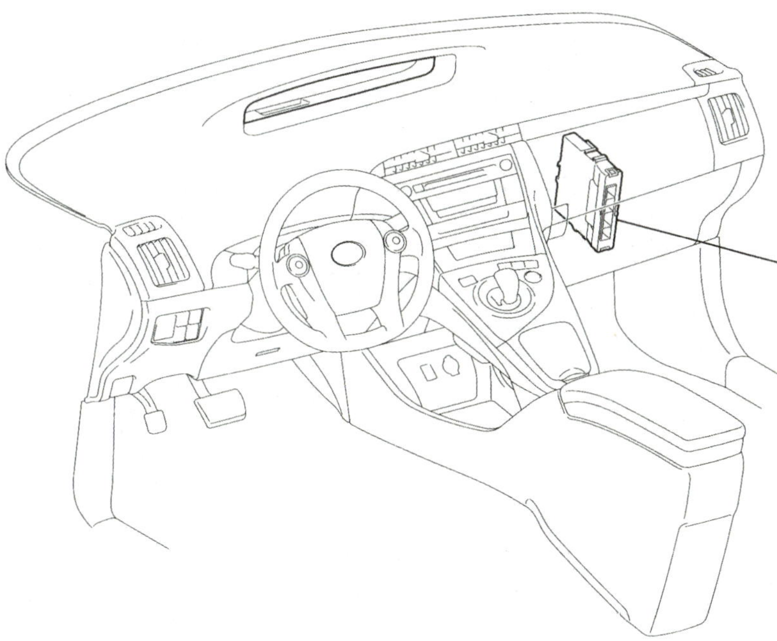

图 4–2　动力管理控制 ECU 位置

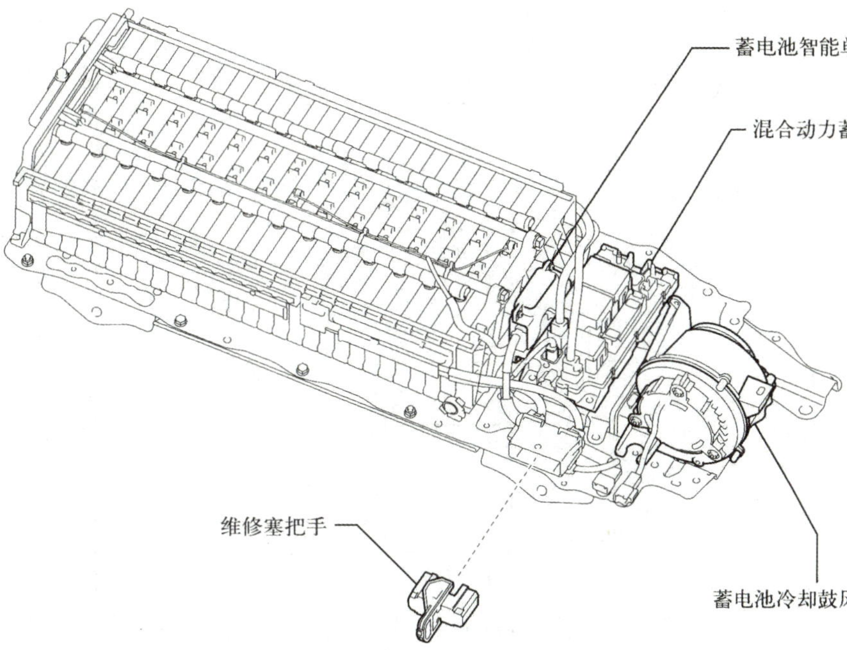

图 4–3　电池箱元件位置

蓄电池智能单元即电池管理系统（Battery Management System，BMS），作用是输入电池模组电压信号、电流和电池进气和出气温度信号、输出电池 SOC 数据、14 个模组的电压数据、总电压数据、模组的内附阻（即 12 个镍氢电池的内阻及其 12 单体串联接线的电阻和）、电池进气温度、电池出气温度、电池绝缘检测值等。

混合动力蓄电池接线盒总成即高压配电箱，鼓风机的作用是对电池箱进行通风，防止镍氢电池过热。维修塞把手也称检修塞，其内部 129 A 直流保险丝是过载的第二道防线，在维修时检修塞可实现电池组间断开的操作，防止电池对外部供电。

笔记

二、系统电路图

图 4-4 所示为电池管理系统的电路，电池管理系统也称蓄电池智能单元，本章第二节将分解本图为原理图来讲解。

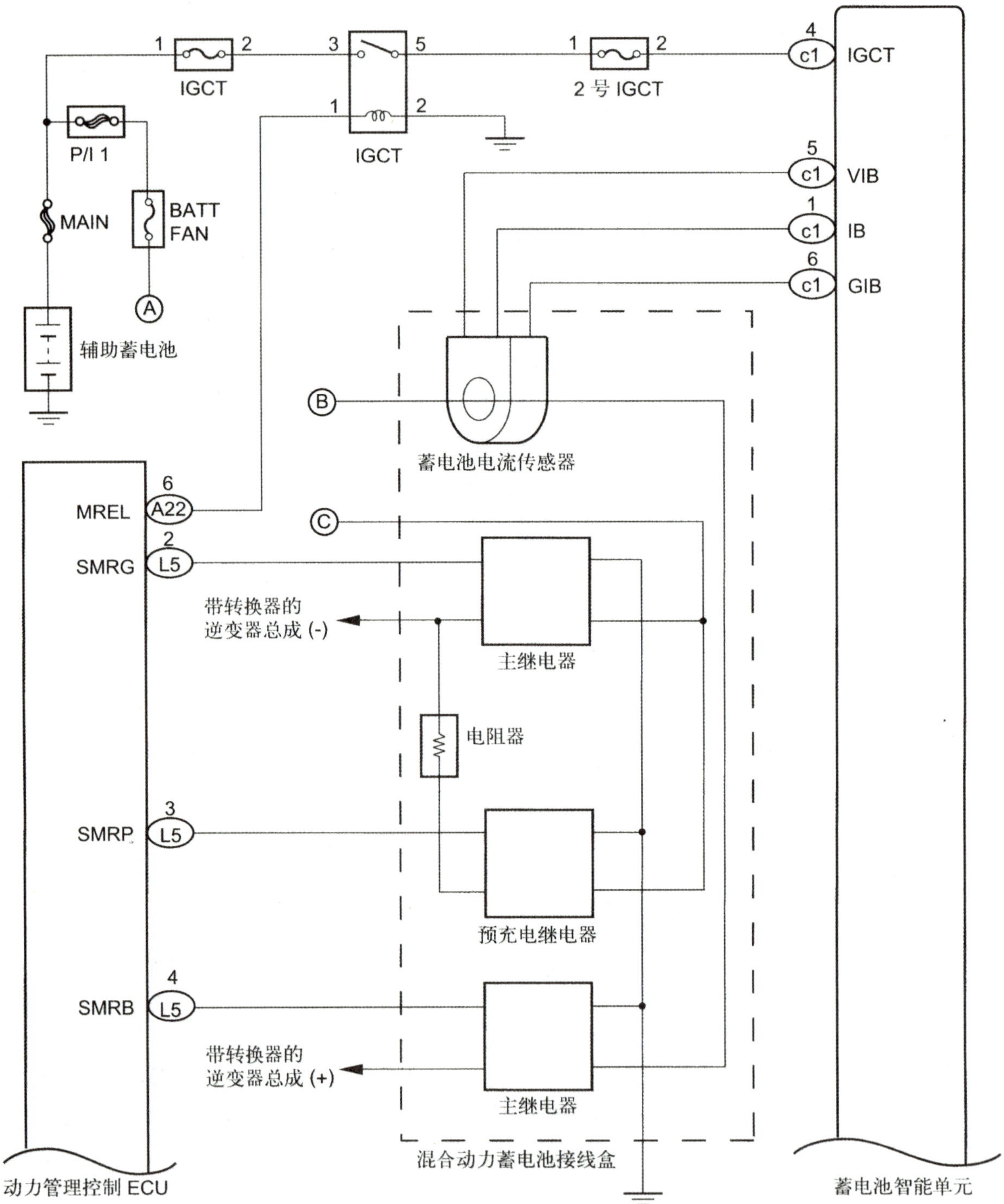

图 4-4　电池管理系统电路图

笔记

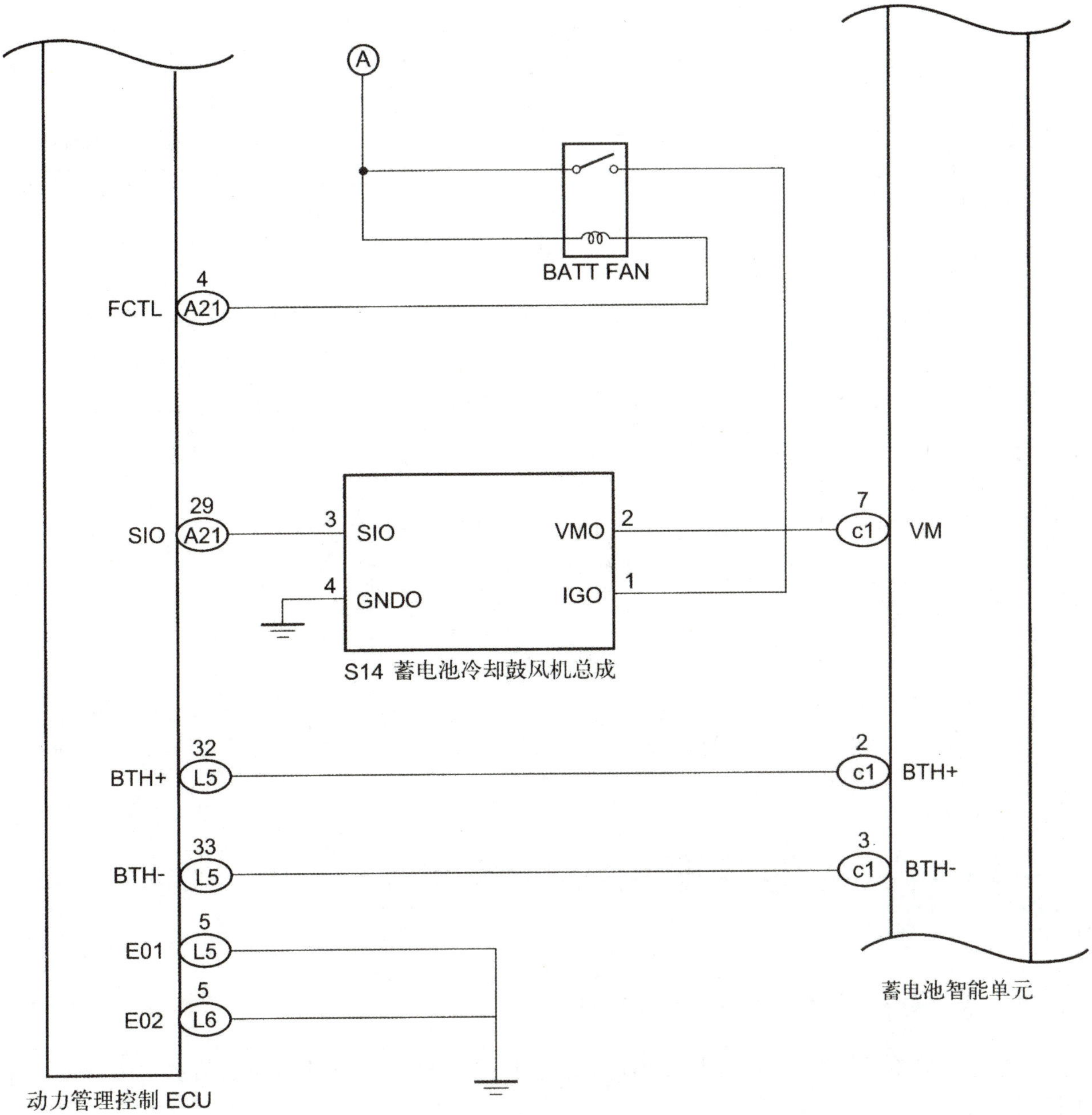

图 4-4　电池管理系统电路图（续）

三、系统框图

图 4-5 所示为电池管理单元（BMS），也称为蓄电池智能单元，其作用如下。

（1）可以将判定充电值或放电值（由动力管理控制 ECU 计算）所需的 HV 蓄电池状态信号（电压、电流和温度）转换为数字信号，并通过串行通信将其传输至动力管理控制 ECU。

（2）蓄电池智能单元检测动力管理控制 ECU 所需的冷却风扇的电压，实现对冷却风扇的控制。蓄电池智能单元还将这些信号转换为数字信号并通过串行通信将其传输至动力管理控制 ECU。

笔记

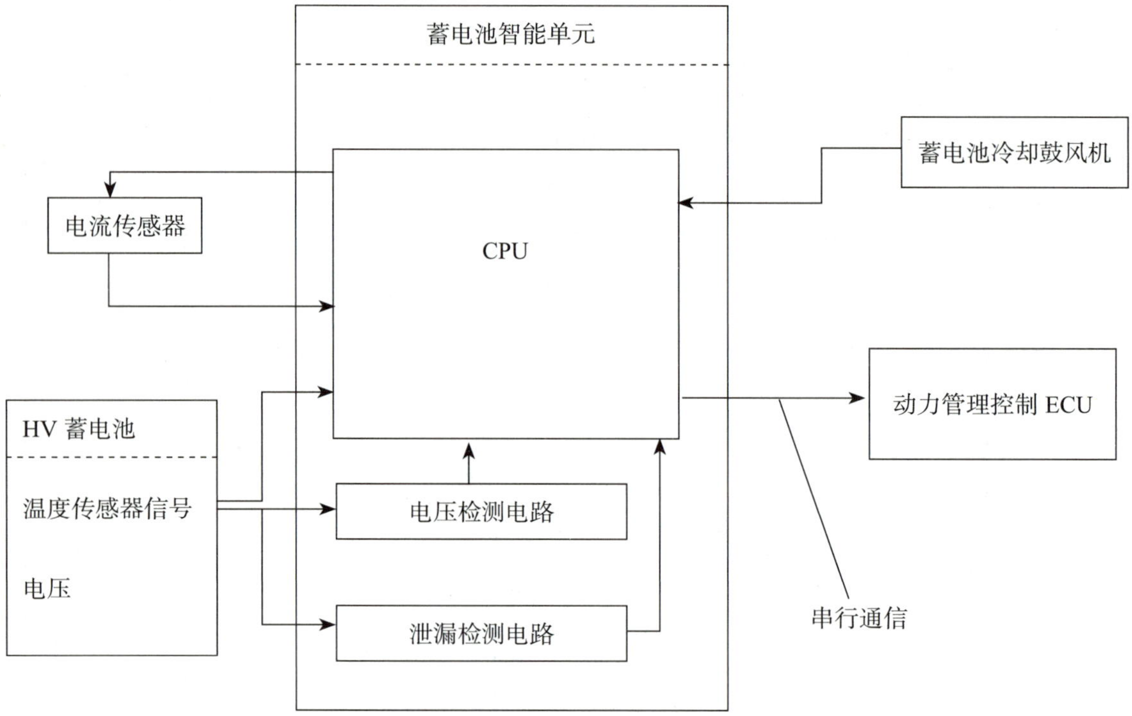

图 4-5　蓄电池智能单元控制框图

【提示】蓄电池智能单元采用内部的漏电检测电路来检测 HV 蓄电池的漏电情况。

第二节　电池管理系统检修

一、混合动力蓄电池组传感器模块

蓄电池智能单元（蓄电池能量控制模块）通过串行通信将 HV 蓄电池电压信息发送至动力管理控制 ECU。

检查程序如下。

在电源开关置于“ON（READY）”位置、选择驻车挡“P”且发动机停机的情况下，确认数据表中的“Power Resource VB”（电源电压）、“VL—Voltage before Boosting”（增压前的 VL 电压）和“VH—Voltage after Boosting”（增压后的 VH 电压）为 220 V 或更高。

系统正常时，电源 VB 的电压、增压前的 VL 电压、增压后的 VH 电压的值应几乎相等（换挡杆置于空挡时不会出现电压增加）。如果各电压之间的差超过表 4-1 的规定值，则带转换器的变频器有故障。

笔记

【注意】换挡杆置于“N”位时，如果长时间执行检查程序，则可能导致设定 DTC P3000388。

【提示】进行故障排除后，如有必要更换蓄电池智能单元，安装新蓄电池智能单元后需确认电压。

表 4–1　增压前 VL、增压后 VH、电源 VB 的电压允许差

检查电压	最大电压差
“Power Resource VB”（电源 VB）和“VL—Voltage before Boosting”（增压前的 VL 电压）之间的差	50 V
“Power Resource VB”（电源 VB）和“VH—Voltage after Boosting”（增压后的 VH 电压）之间的差	70 V
“VL—Voltage before Boosting”（增压前的 VL—电压）和“VH—Voltage after Boosting”（增压后的 VH—电压）之间的差	90 V

二、动力管理控制 ECU 和蓄电池智能单元通信线

1. 描述

动力管理控制 ECU，根据蓄电池智能单元发送的故障信号警告驾驶员并执行失效保护控制。

2. 电路图（见图 4–6）

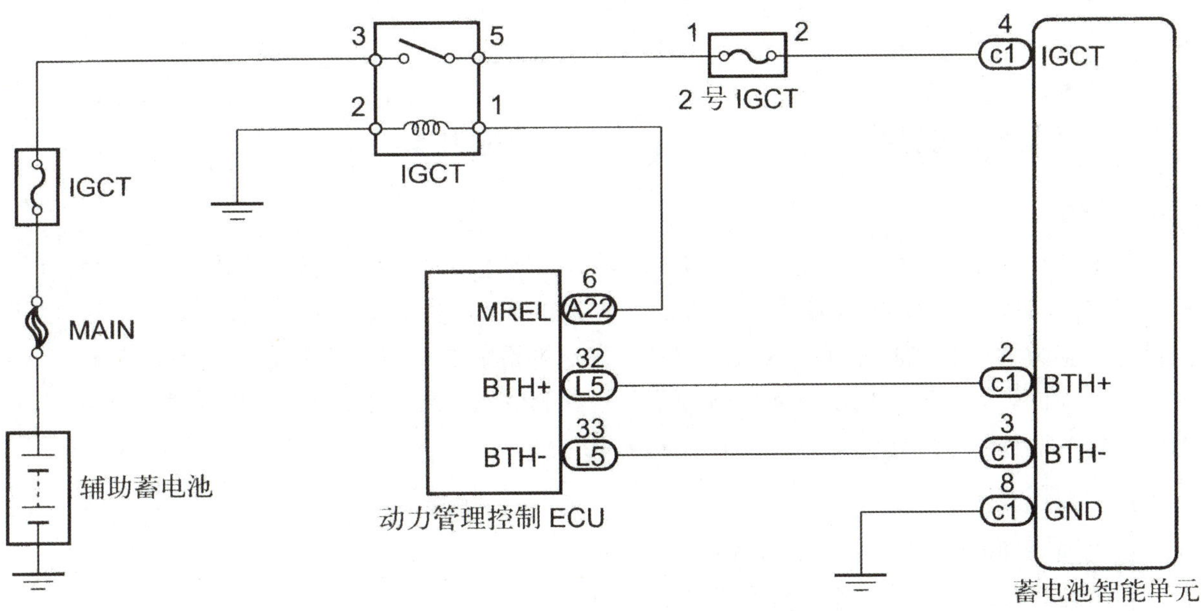

图 4–6　动力管理控制 ECU 和蓄电池智能单元的通信电路

三、混合动力蓄电池组的分组电压

HV 蓄电池为镍氢蓄电池，无需外部充电。在行驶过程中，动力管理控制 ECU 将 HV 蓄电池的 SOC（充电状态）控制在恒定水平。HV 蓄电池由 28 个模块组成，1 个模块包括 6 个串联的

笔记

1.2V 蓄电池单格，2 个模块在信号电压采样上为一组，蓄电池智能单元存 14 组蓄电池单元电压（见图 4-7）。14 组蓄电池单元电压的和为总电压，即为升压前的电压，这个电压是蓄电池 SOC 测量的静态的信号，而电流积分测量是动态测量 SOC 的信号。

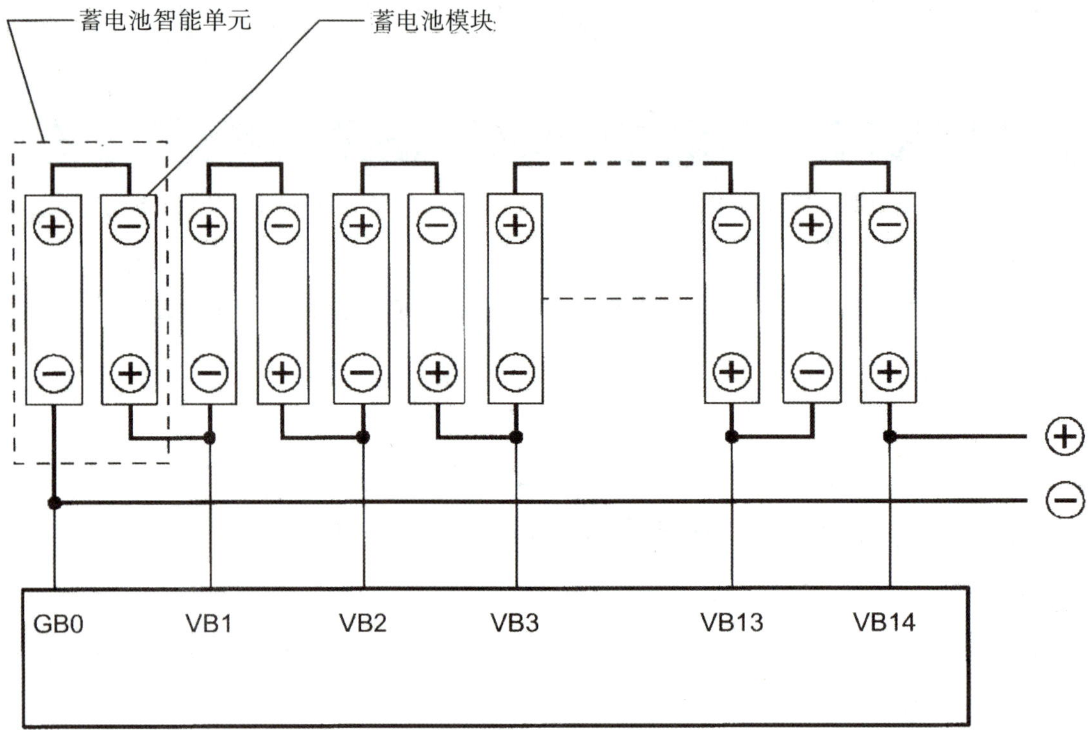

图 4-7　混合动力蓄电池组的 14 组电压测量

四、混合动力蓄电池组冷却风扇控制电路低电位

1. 描述

蓄电池冷却鼓风机转速控制框图如 4-8 所示。蓄电池冷却鼓风机总成的转速由动力管理控制 ECU 控制。动力管理控制 ECU 端子 FCTL 打开蓄电池鼓风机继电器时，向蓄电池冷却鼓风机总成供电。动力管理控制 ECU 将指令信号（SI）发送至蓄电池冷却鼓风机总成，以获得与 HV 蓄电池温度相应的风扇转速。用串行通信通过蓄电池智能单元，将施加到蓄电池冷却鼓风机总成电压的信息作为监控信号发送至动力管理控制 ECU 中。

2. 电路图

蓄电池冷却鼓风机转动控制通信电路如图 4-9 所示。

蓄电池冷却鼓风机的转速控制电路如图 4-10 所示。

笔记

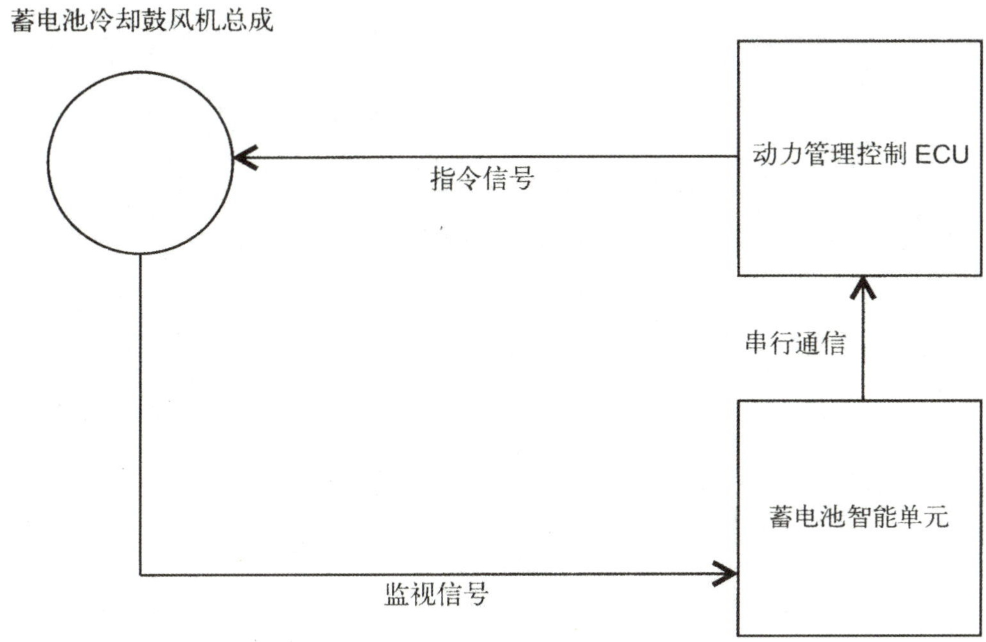

图 4-8　蓄电池冷却鼓风机转速控制框图

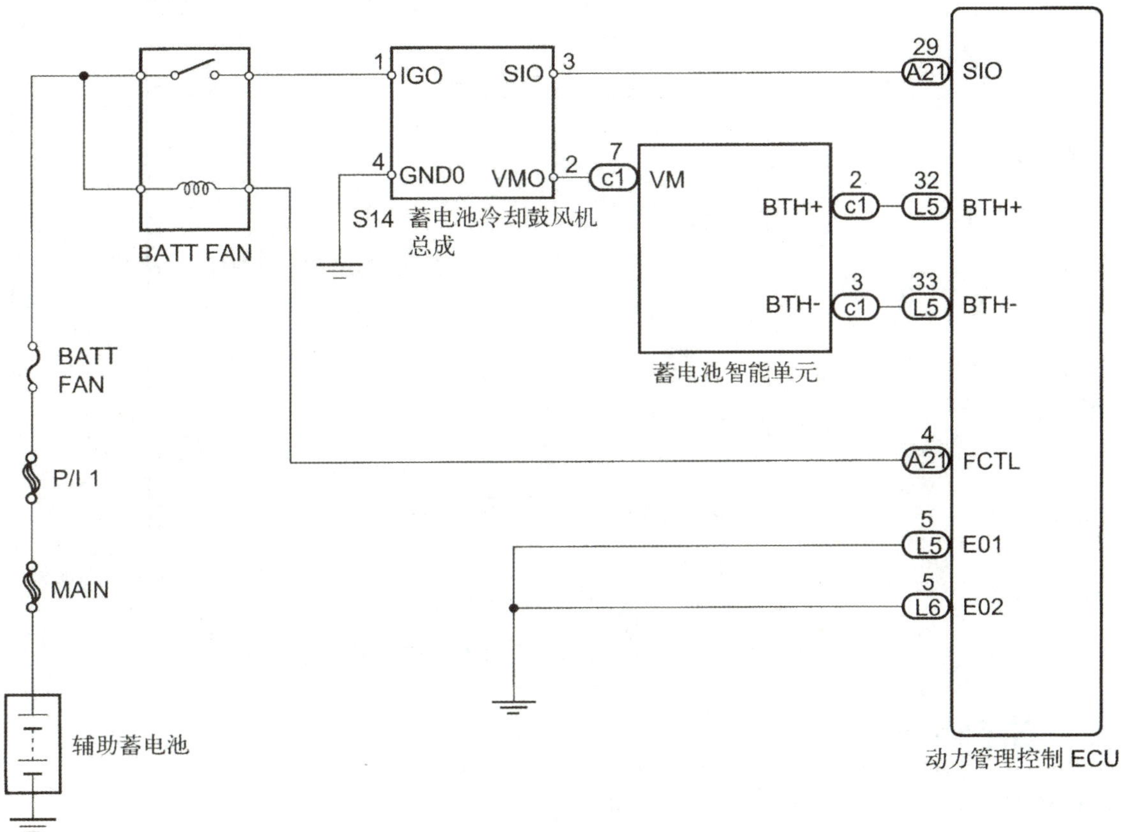

图 4-9　蓄电池冷却鼓风机转动控制通信电路图

笔记

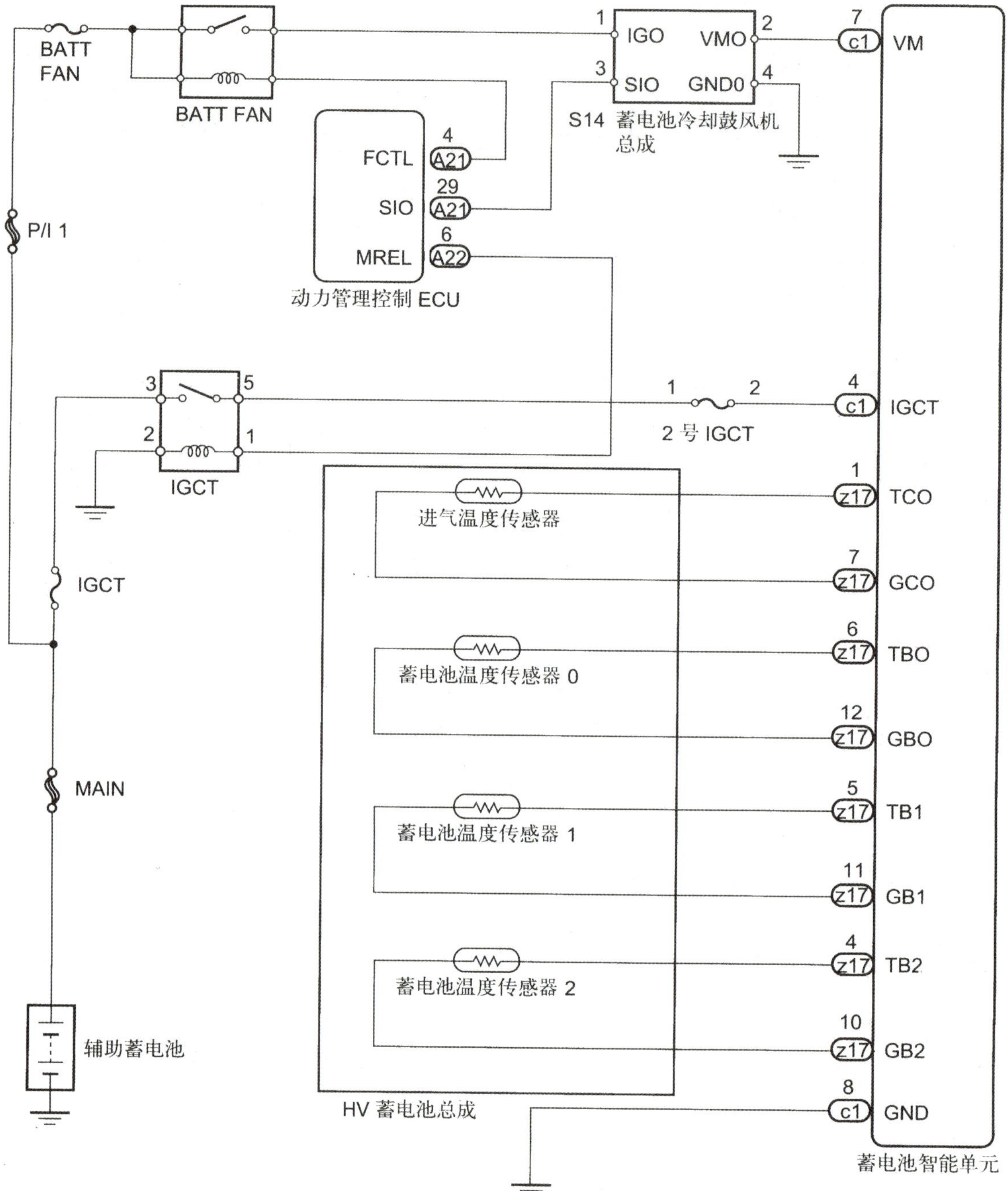

图 4-10　蓄电池冷却鼓风机的转速控制电路图

五、高压保险丝

1. 电路图

蓄电池检修塞及中间 125A 保险丝如图 4-11 所示。

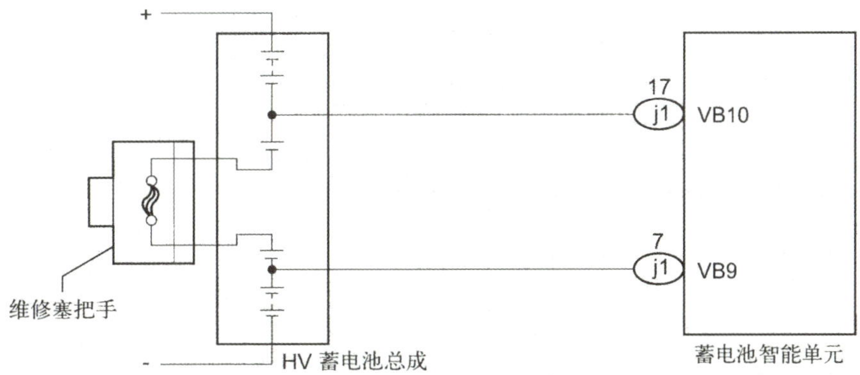

图 4-11　蓄电池检修塞及中间 125A 保险丝

2. 检查程序注意以下问题

（1）检查高压系统前，务必采取安全措施，如佩戴绝缘手套并拆下维修塞把手以防电击。拆下维修塞把手后放到自己口袋中，防止其他技师在你进行高压系统作业时将其意外重新连接。

（2）断开维修塞把手后、接触任何高压连接器或端子前，等待至少 10 分钟。

（3）将电源开关置于“OFF”位置后，从辅助蓄电池负极（-）端子上断开电缆前需要等待一定的时间。因此，继续工作前，确保阅读从辅助蓄电池负极（-）端子上断开电缆的注意事项。

【提示】

①使带转换器的逆变器总成内的高压电容器放电至少 10 分钟。

②报废 HV 蓄电池时，确保由能对其进行安全处理的授权收集商将其回收。如果 HV 蓄电池能通过制造商指定的途径回收，则可通过授权的收集商以安全的方式正确回收。

六、混合动力蓄电池温度传感器

1. 描述

HV 蓄电池的 3 个位置均具有蓄电池温度传感器。内置于各蓄电池温度传感器的热敏电阻的阻值会随着 HV 蓄电池温度的变化而变化。蓄电池温度传感器的温度—电阻特性曲线如图 4-12 所示。蓄电池温度越低，热敏电阻的阻值越大；反之，温度越高，阻值越小。蓄电池智能单元使用蓄电池温度传感器检测 HV 蓄电池温度，并将检测值发送至动力管理控制 ECU，动力管理控制 ECU 根据此检测结果控制鼓风机风扇。

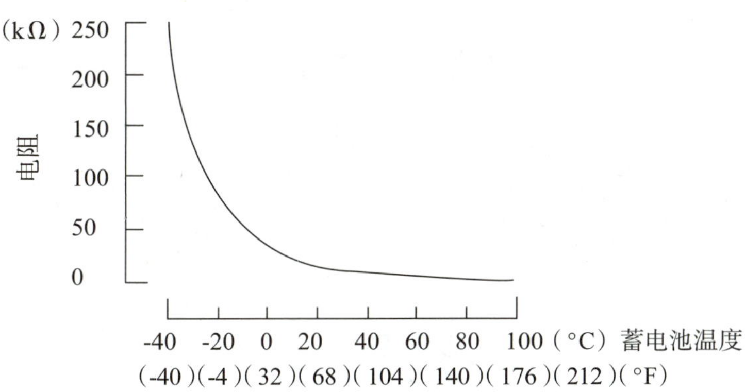

图 4-12　蓄电池温度传感器的温度—电阻特性曲线

笔记

【注意】

HV 蓄电池温度上升超过预定水平时，鼓风机风扇起动。

2. 电路图

蓄电池温度传感器及电流传感器电路如图 4-13 所示。

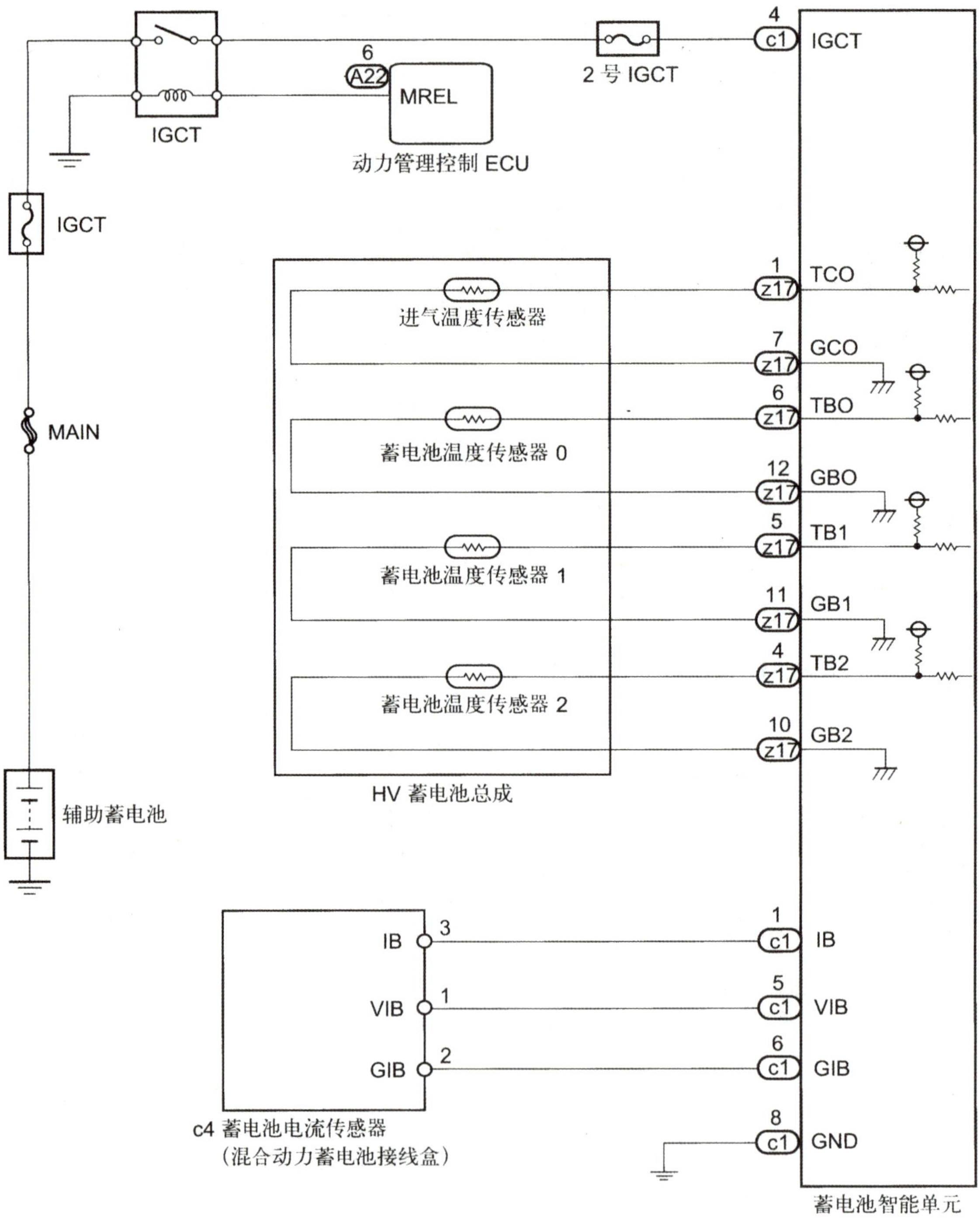

图 4-13　蓄电池温度传感器及电流传感器电路图

笔记

七、混合动力蓄电池组空气温度传感器

蓄电池进气温度传感器安装在 HV 蓄电池上，传感器电阻值随进气温度的变化而变化。进气温度传感器的特性与蓄电池温度传感器的特性相同，蓄电池智能单元利用来自进气温度传感器的信号控制蓄电池冷却鼓风机总成的空气流量。

八、混合动力蓄电池组电流传感器

蓄电池电流传感器安装在 HV 蓄电池总成的正极电缆侧，用于检测流入 HV 蓄电池的安培数。蓄电池智能单元从蓄电池电流传感器将电压输入端子 IB，该电压与安培数成比例并在 0 到 5 V 之间变化，如图 4-14 所示。蓄电池电流传感器的输出电压低于 2.5 V 表示 HV 蓄电池正在放电，高于 2.5 V 表示 HV 蓄电池正在充电。动力管理控制 ECU 根据从蓄电池智能单元输入端子 IB 的信号来确定 HV 蓄电池的充电和放电安培数，并通过累计的安培数计算 HV 蓄电池的 SOC（充电状态）。

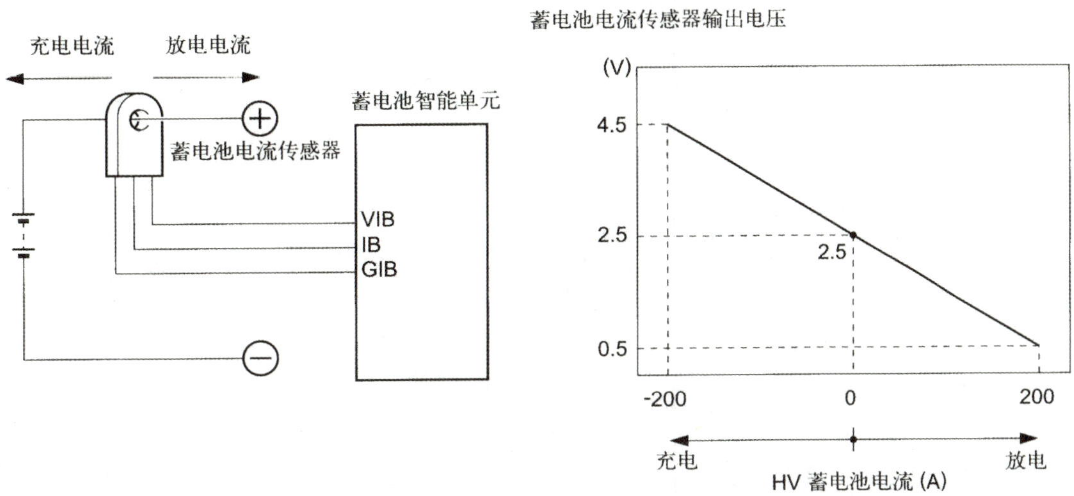

图 4-14　蓄电池电流传感器及其输出

【技师指导】使用智能检测仪，检查 HV 蓄电池电压和电流的数据表（见图 4-15）。如果这些值不在下列范围内，则蓄电池智能单元有故障。

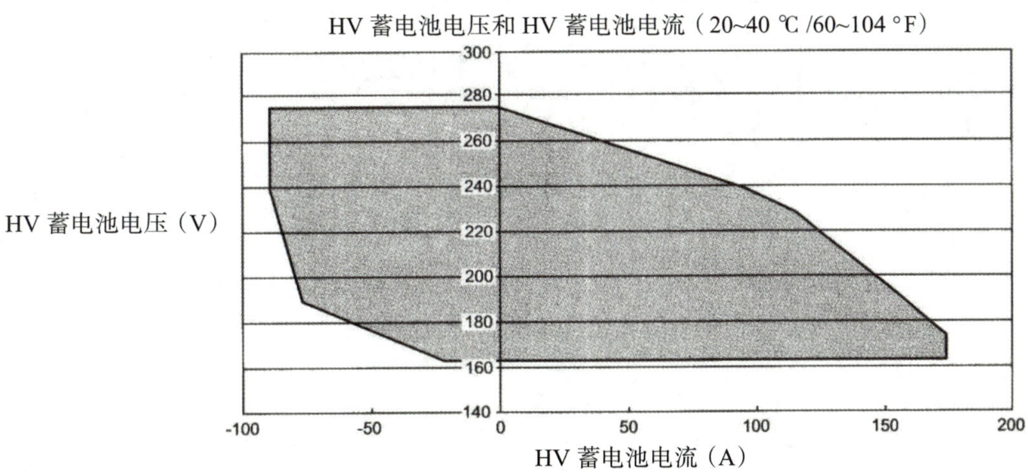

图 4-15　HV 蓄电池电压和电流的数据表

笔记

九、动力管理 ECU 与电池智能单元有关的输入 / 输出

动力管理 ECU 与电池智能单元有关的输入 / 输出如图 4-16 所示，图中向左的箭头表示去往的元件，这里 ACCD、FCTL 为电流流入动力管理 ECU（电流方向向右），SPDI、IG1D、GI 为电流流出（电流方向向左），保险左侧接蓄电池的正极。

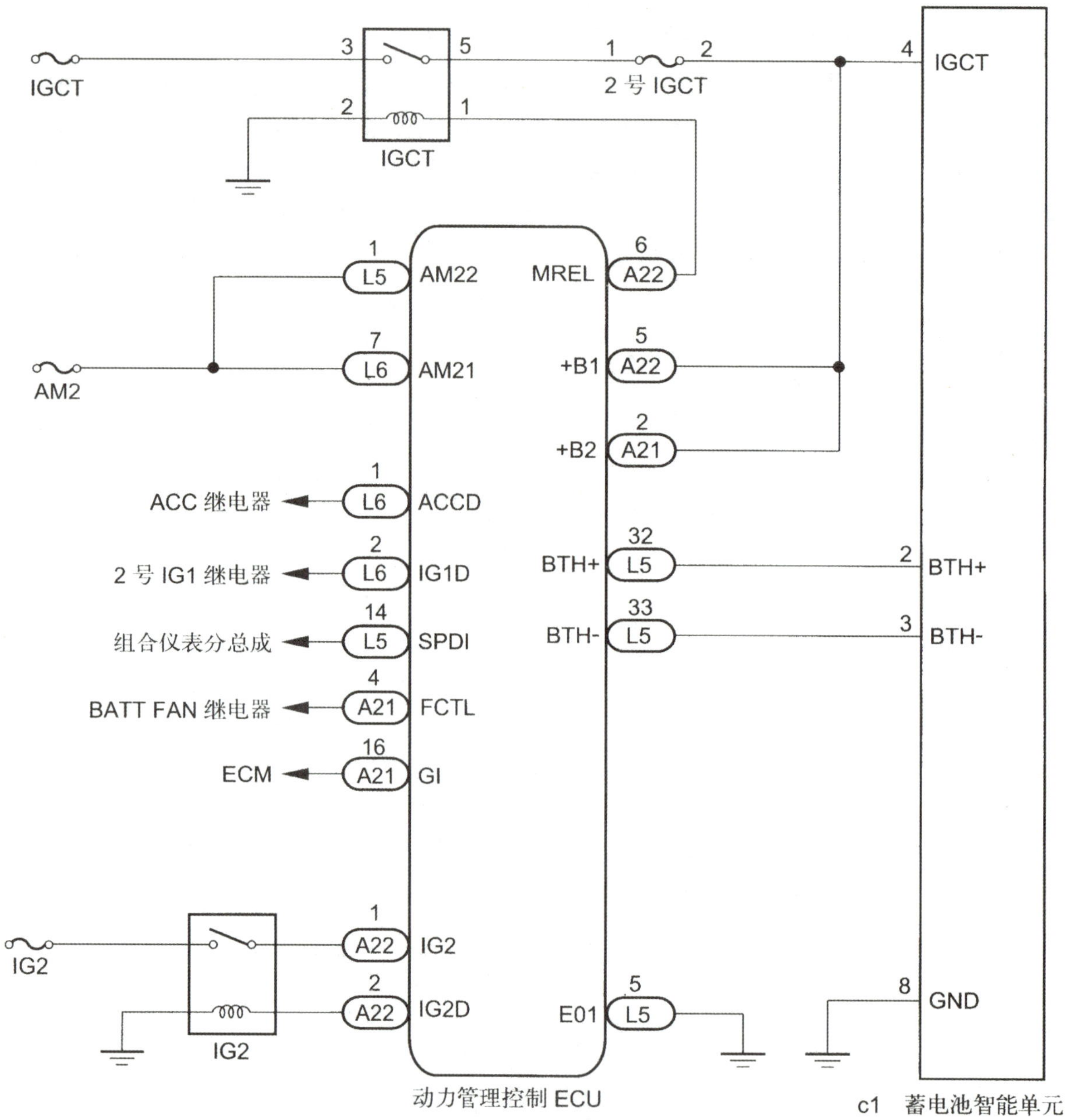

图 4-16 动力管理 ECU 与电池智能单元有关的输入 / 输出

笔记

第三节 电池管理系统诊断数据

一、第二代丰田普锐斯电池数据

第二代丰田普锐斯电池数据列表如图 4-17 至图 4-24 所示，数据流翻译见表 4-2 至表 4-6。

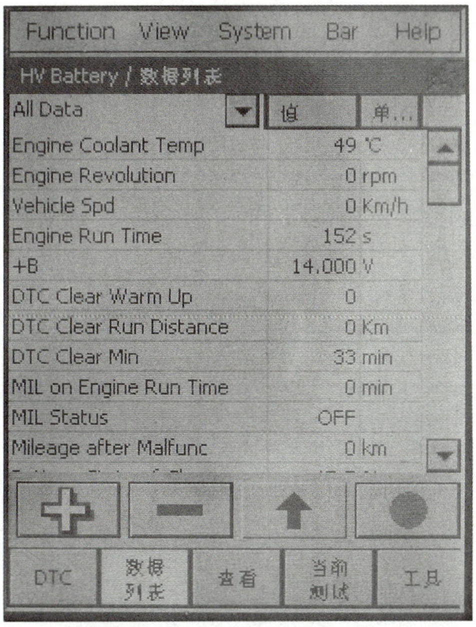

图 4-17 数据流第 1 页

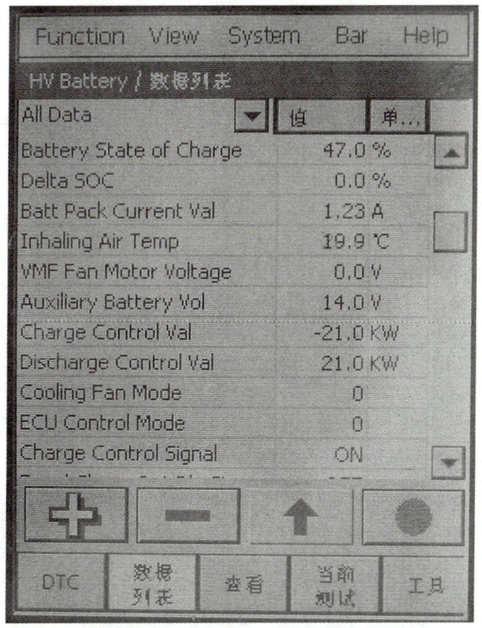

图 4-18 数据流第 2 页

表 4-2 图 4-17 数据流翻译

数据流全写	专业技术翻译
Engine Coolant Temperature	发动机冷却液温度
Engine Revolution	发动机转速
Vehicle Speed	车速
Engine Run Time	发动机运行时间
+Battery Voltage	蓄电池电压
Diagnostic Trouble Code Clear Warm Up	发动机暖机后诊断出的故障数
Diagnostic Trouble Code Clear Run Distance	故障码清除后运行的距离
Diagnostic Trouble Code Clear Minimum	故障码清除后的最小时间
Malfunction Indication Lamp on Engine Run Time	带故障码运行时间
Malfunction Indication Lamp Status	故障灯状态是否点亮
Mileage after Malfunction	带故障运行里程数

笔记

表 4-3　图 4-18 数据流翻译

数据流全写	专业技术翻译
Battery State of Charge	电池的 SOC（荷电状态）
Delta SOC	SOC 变化量
Battery Pack Current Value	电池包电流值
Inhaling Air Temperature	进气温度
VMF Fan Motor Voltage	风扇（鼓风机）电机电压
Auxiliary Battery Voltage	辅助电池电压值
Charge Control Value	充电控制功率值
Discharge Control Value	放电控制功率值
Cooling Fan Mode	冷却风扇控制模式
ECU Control Mode	ECU 控制模式
Charge Control Signal	充电控制信号

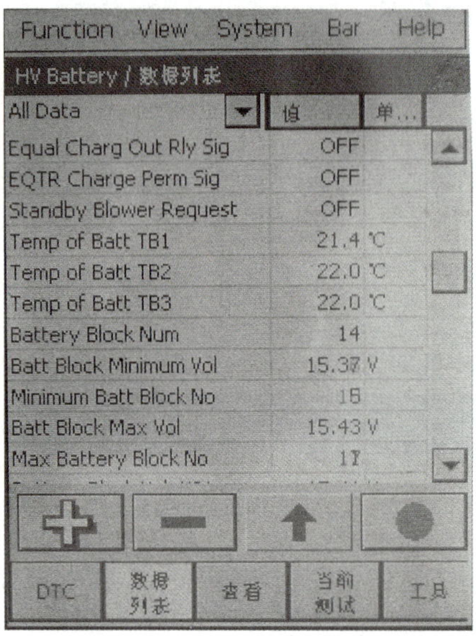

图 4-19　数据流第 3 页

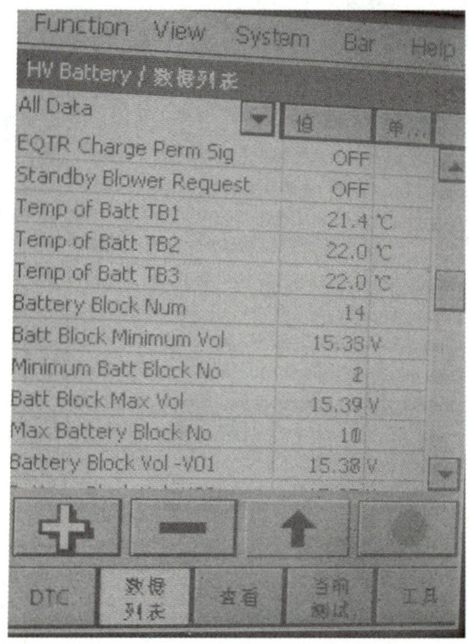

图 4-20　数据流第 4 页

表 4-4　图 4-19 及 图 4-20 数据流翻译

数据流全写	专业技术翻译
Equal Charge Out Relay Signal	等电荷输出继电器信号
EQTR Charge Permanent Signal	永久充电信号
Standby Blower Request	鼓风机申请
Temperature of Battery 1#	1 号温度传感器温度
Temperature of Battery 2#	2 号温度传感器温度
Temperature of Battery 3#	3 号温度传感器温度

笔记

续表

数据流全写	专业技术翻译
Battery Block Number	电池箱内电池组数目
Battery Block Minimum Voltage	最低电压电池组电压
Minimum Battery Block Number	最低电压电池组组号
Battery Block Maximum Voltage	最高电压电池组电压
Maximum Battery Block Number	最高电压电池组组号
Battery Block Voltage 1#	第 1 组电池电压值（12 个镍氢电池串联的电压值）

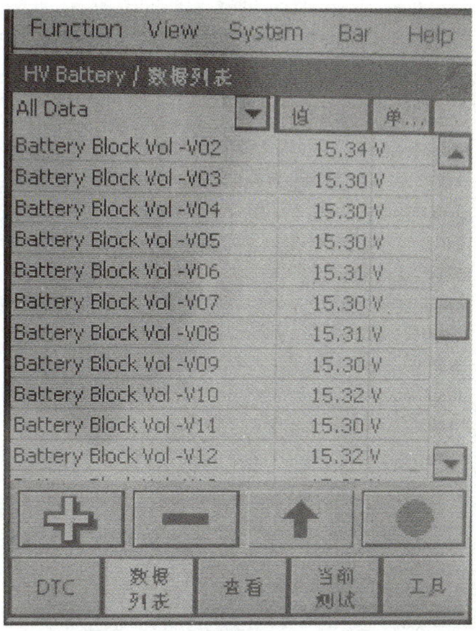

图 4–21　数据流第 5 页

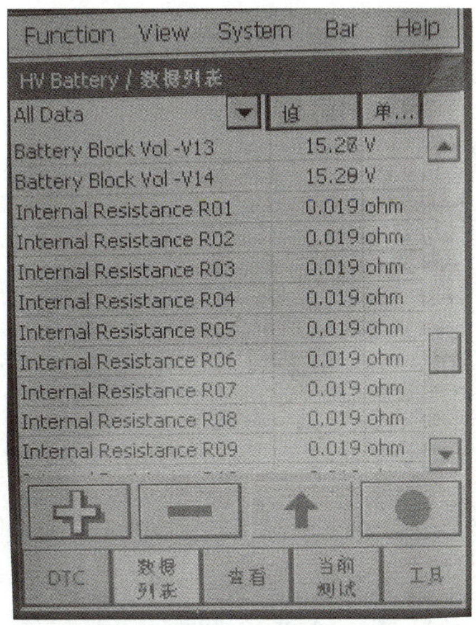

图 4–22　数据流第 6 页

表 4–5　图 4–21 及图 4–22 数据流翻译

数据流全写	专业技术翻译
Battery Block Voltage　2#	第 2 组电池电压值（12 个镍氢电池串联的电压值）
Battery Block Voltage　3#	第 3 组电池电压值（12 个镍氢电池串联的电压值）
Battery Block Voltage　4#	第 4 组电池电压值（12 个镍氢电池串联的电压值）
Battery Block Voltage　5#	第 5 组电池电压值（12 个镍氢电池串联的电压值）
Battery Block Voltage　6#	第 6 组电池电压值（12 个镍氢电池串联的电压值）
Battery Block Voltage　7#	第 7 组电池电压值（12 个镍氢电池串联的电压值）
Battery Block Voltage　8#	第 8 组电池电压值（12 个镍氢电池串联的电压值）
Battery Block Voltage　9#	第 9 组电池电压值（12 个镍氢电池串联的电压值）
Battery Block Voltage　10#	第 10 组电池电压值（12 个镍氢电池串联的电压值）
Battery Block Voltage　11#	第 11 组电池电压值（12 个镍氢电池串联的电压值）
Battery Block Voltage　12#	第 12 组电池电压值（12 个镍氢电池串联的电压值）
Battery Block Voltage　13#	第 13 组电池电压值（12 个镍氢电池串联的电压值）
Battery Block Voltage　14#	第 14 组电池电压值（12 个镍氢电池串联的电压值）
Internal Resistance　1#	第 1 组电池内阻值（12 个镍氢电池串联的内阻值）

笔记

续表

数据流全写	专业技术翻译
Internal Resistance　2#	第 2 组电池内阻值（12 个镍氢电池串联的内阻值）
Internal Resistance　3#	第 3 组电池内阻值（12 个镍氢电池串联的内阻值）
Internal Resistance　4#	第 4 组电池内阻值（12 个镍氢电池串联的内阻值）
Internal Resistance　5#	第 5 组电池内阻值（12 个镍氢电池串联的内阻值）
Internal Resistance　6#	第 6 组电池内阻值（12 个镍氢电池串联的内阻值）
Internal Resistance　7#	第 7 组电池内阻值（12 个镍氢电池串联的内阻值）
Internal Resistance　8#	第 8 组电池内阻值（12 个镍氢电池串联的内阻值）
Internal Resistance　9#	第 9 组电池内阻值（12 个镍氢电池串联的内阻值）

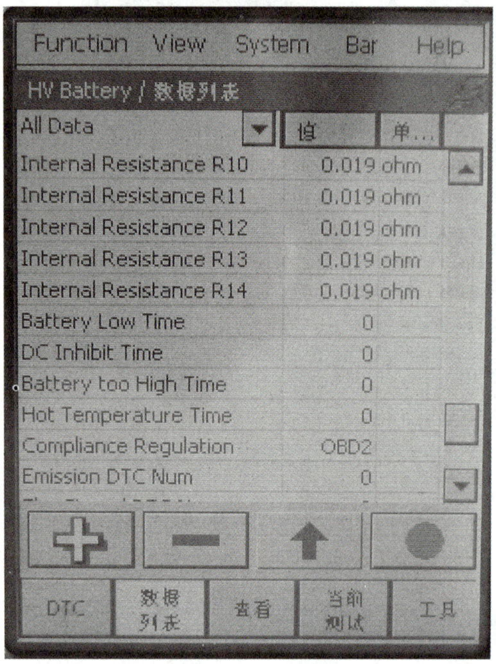

图 4-23　数据流第 7 页

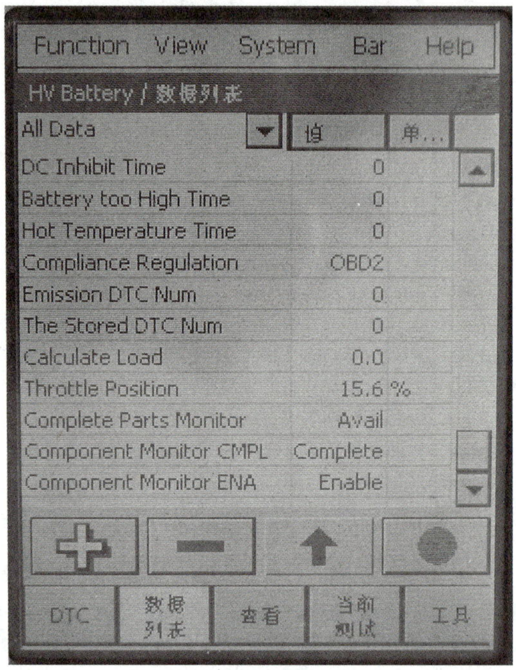

图 4-24 数据流第 8 页

表 4-6　图 4-23 及图 4-24 数据流翻译

数据流全写	专业技术翻译
Internal Resistance　10#	第 10 组电池内阻值（12 个镍氢电池串联的内阻值）
Internal Resistance　11#	第 11 组电池内阻值（12 个镍氢电池串联的内阻值）
Internal Resistance　12#	第 12 组电池内阻值（12 个镍氢电池串联的内阻值）
Internal Resistance　13#	第 13 组电池内阻值（12 个镍氢电池串联的内阻值）
Internal Resistance　14#	第 14 组电池内阻值（12 个镍氢电池串联的内阻值）
Battery Low Time	电池电压过低是否发生过
DC Inhibit Time	电池不工作是否发生过
Battery Too High Time	电池电压过高是否发生过
Hot Temperature Time	电池过热是否发生过

笔记

续表

数据流全写	专业技术翻译
Compliance Regulation	有故障时执行什么规则（执行 OBD2 规则）
Emission DTC Number	有关排放的故障码数目
The Stored DTC Number	存储故障码数目
Calculate Load	（发动机）计算的负荷
Throttle Position	（发动机）节气门位置
Complete Parts Monitor	完整部件监测是否有效
Component Monitor Complete	部件监测是否完成
Component Monitor Enable	部件监测是否启用

二、第三代丰田普锐斯电池数据

第三代丰田普锐斯在动力管理控制 ECU 中电池数据如图 4-25 所示，图中电池管理相关的数据已选择出来，翻译内容与第二代相同，不再翻译。

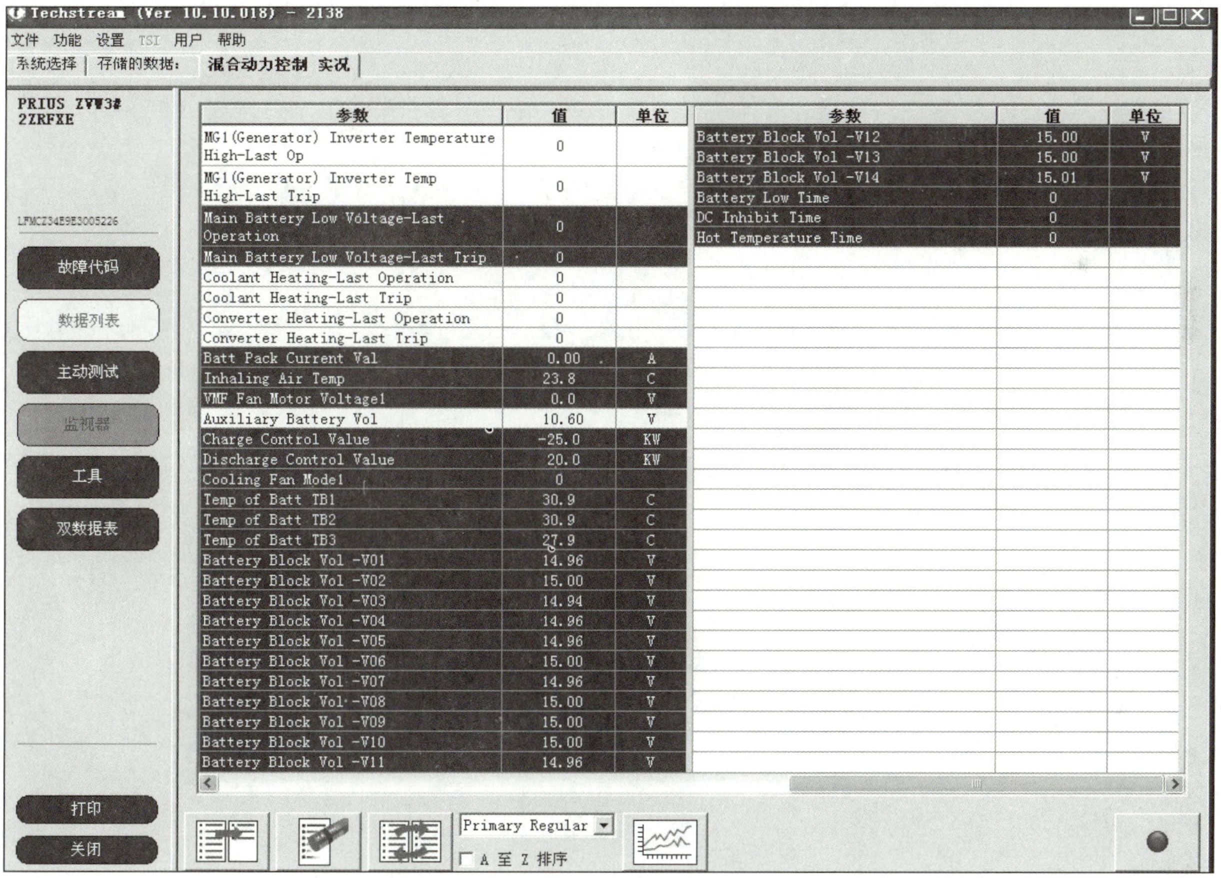

图 4-25　第三代丰田普锐斯电池数据

第五章

高压配电箱诊断与检修

情境引入

师傅让小林初步诊断拖车拖来的一辆丰田普锐斯，故障现象是电源开关置于“ON（READY)”位置时，仪表无 READY 显示。诊断仪显示故障码的内容是“混合动力蓄电池正极触点高电位”。

假如你是车间的小林，你知道解决这个问题，要用到哪些知识吗？

学习目标

（1）了解丰田普锐斯高压配电箱故障码有哪些。

（2）了解如何在车上测试系统主继电器。

（3）了解如何安全地更换高压配电箱总成。

笔记

第一节 高压绝缘检测

一、绝缘检测

如果使用兆欧表无法确认绝缘电阻大小，则检查数据表中的短波最高值（Short Wave Highest Val）。

短波最高值的特点：短波最高值随绝缘电阻的减小而降低。然而在某些情况下，即使车辆的绝缘电阻正常，短波最高值也可能降低。表 5-1 列出了数据表项目短波最高值和绝缘电阻的关系。

表 5–1　短波最高值检测绝缘

短波最高值	故障部位
不满足条件（*1）和（*2）且短波最高值（Short Wave Highest Val）大约为 0 V	绝缘电阻接近于 0 欧时，极可能受金属物体干扰
不满足条件（*1）和（*2）且短波最高值（Short Wave Highest Val）在 0 和 5V 之间	绝缘电阻为数十万欧时，极可能出现液体，如冷却液

因此，确认上述情况时检查短波最高值（Short Wave Highest Val）。将电源开关置于“ON（IG）”位置后大约经过 1 分钟再检查（*1），不要在系统电压（电源 VB、增压前的 VL 电压和增压后的 VH 电压）之间有差异时检查（*2）。

二、绝缘检测部位

1. 如何判定有绝缘故障的部位

（1）轻摇高压线束以检查车身搭铁的电阻是否随线束或施加力位置的变化而变化。

（2）反复旋转和停止 MG1、MG2 和带电动机的压缩机总成。检查并确认电动机停止时短波最高值（Short Wave Highest Val）不降低（例如，如果异物形成泄漏通道时电动机停止），或电动机旋转时短波最高值（Short Wave Highest Val）不恢复正常（例如，如果异物从泄漏通道移走）。

（3）升高 MG1 和 MG2 的温度。检查温度升高时短波最高值（Short Wave Highest Val）是否降低。

2. 检查程序注意的问题

（1）进行 POAA6 故障排除时，使用缠有乙烯绝缘带的工具或绝缘工具（高压电荷经过非绝缘工具导致短路时是非常危险的）。

（2）检查高压系统或断开带转换器的逆变器总成低压连接器前，务必采取安全措施，如佩戴绝缘手套并拆下检修塞把手以防电击。拆下检修塞把手后放到自己口袋中，防止其他技师在你进行高压系统作业时将其意外重新连接。

（3）拆下检修塞把手后，在接触任何高压连接器或端子前，等待至少 10 分钟。等待 10 分钟后，检查带转换器的逆变器总成检查点的端子电压。开始工作前的电压应为 0 V。

【提示】使带转换器的逆变器总成内的高压电容器放电至少需等待 10 分钟。

笔记

第二节 高压继电器触点电路

一、混合动力蓄电池正极触点电路卡在关闭位置

该电路使用动力管理控制 ECU 监视系统主继电器，如图 5-1 所示。如果在继电器内检测到故障，则停止该系统，因为任何一处继电器卡住，都可能无法切断高压系统。

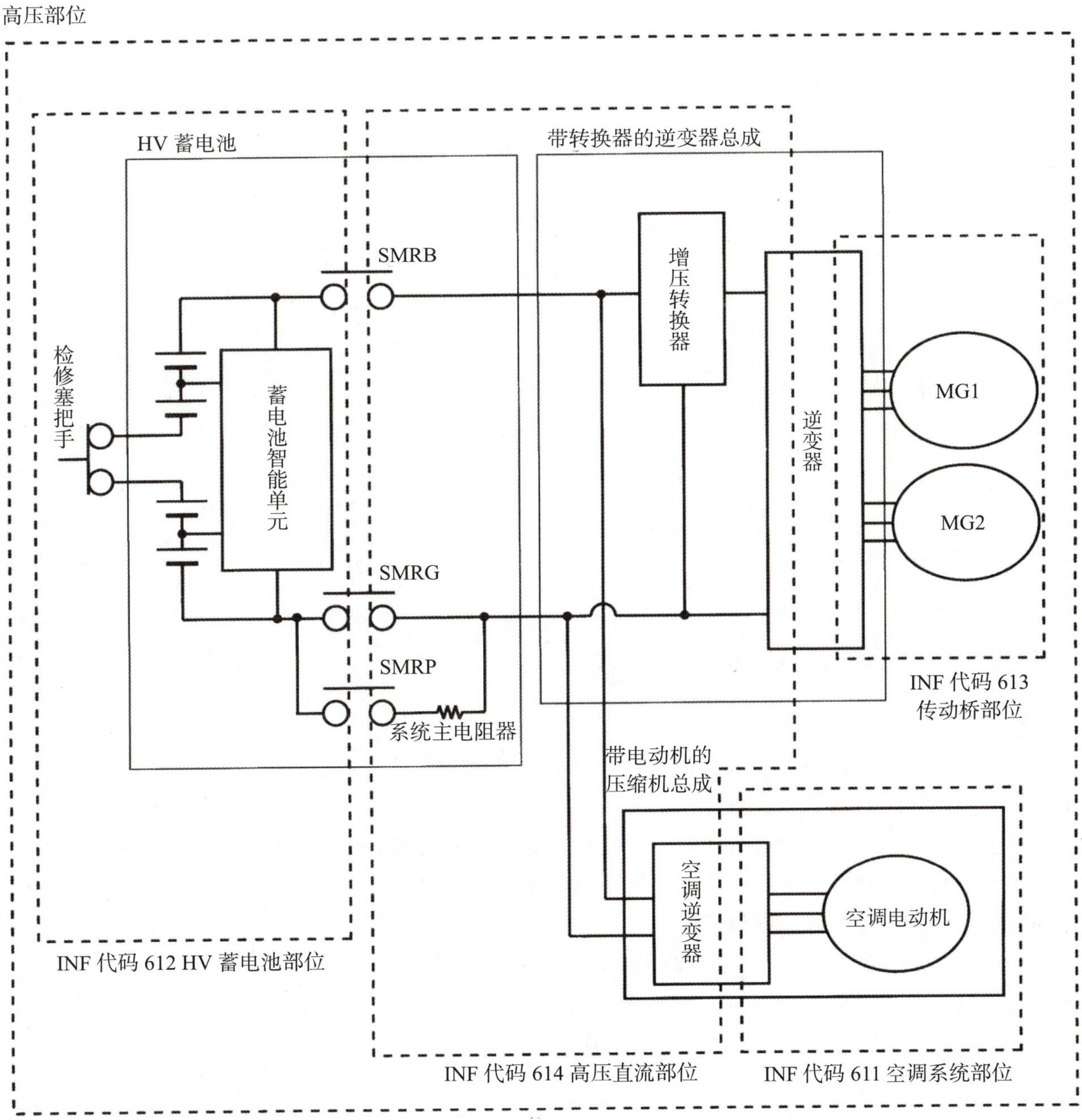

图 5-1 高压配电箱主继电器组

笔记

1.DTC 编号下的 INF 代码（见表 5-2）。

表 5-2 DTC 编号下的 INF 代码

DTC 编号	INF 代码	DTC 检测条件	故障部位
POAA6	526（*1）	高压电路和车身之间的绝缘电阻减小	• 混合动力车辆传动桥总成 • 电动机电缆 • 发电机电缆 • 带转换器的逆变器总成 • 线束组 • 发动机 2 号线束 • 混合动力蓄电池接线盒总成 • 空调系统 • HV 蓄电池 • 蓄电池智能单元
	611	空调系统中的高压电路的绝缘电阻减小	• 空调系统
	612	HV 蓄电池部位的绝缘电阻减小	• 混合动力蓄电池接线盒总成 • 蓄电池智能单元 • HV 蓄电池
	613	传动桥部位的绝缘电阻减小	• 混合动力车辆传动桥总成 • 电动机电缆 • 发电机电缆 • 带转换器的逆变器总成
	614	高压直流部位的绝缘电阻减小	• 带转换器的逆变器总成 • 线束组 • 空调系统 • 发动机 2 号线束 • 混合动力蓄电池接线盒总成

【提示】（*1）INF 代码 526 与 POAA6 一起存储。如果仅存储 DTC POAA6，则车辆无法起动。使用兆欧表测量绝缘电阻时，轻摇高压线束。

2. 检查程序需注意的问题

（1）进行 POAA1233 故障排除时，使用缠有乙烯绝缘带的工具或绝缘工具（高压电荷经过非绝缘工具导致短路时是非常危险的）。

（2）检查高压系统或断开带转换器的逆变器总成低压连接器前，务必采取安全措施，如佩戴绝缘手套并拆下检修塞把手以防电击。拆下检修塞把手后放到自己口袋中，防止其他技师在你进行高压系统作业时将其意外重新连接。

（3）拆下检修塞把手后，在接触任何高压连接器或端子前，等待至少 10 分钟。因为使带转换器的逆变器总成内的高压电容器放电至少需等待 10 分钟。等待 10 分钟后，检查带转换器的逆变器总成检查点的端子电压。开始工作前的电压应为 0 V。

【注意】将电源开关置于“OFF”位置后，从辅助蓄电池负极（-）端子上断开电缆前需要等待一定的时间。因此，继续工作前，确保阅读从辅助蓄电池负极（-）端子上断开电缆的注意事项。混合动力蓄电池电压系统绝缘故障动力管理控制 ECU 监视蓄电池智能单元并检测高压系统的绝缘故障。

笔记

二、混合动力蓄电池预充电触点控制电路低电位

1. 描述

混合动力蓄电池预充电触点控制电路低电位是指在继电器线圈断电后，继电器触点仍无法断开。SMR（系统主继电器）是根据来自动力管理控制 ECU 的指令连接或断开高压动力系统的继电器，包括 3 个 SMR 和 1 个预充电电阻器，SMRB、SMRP、SMRG 和预充电电阻器，都位于 HV 蓄电池组内的混合动力蓄电池接线盒总成内。

车辆将首先打开 SMRP 和 SMRB，通过系统主电阻器对车辆充电，以连接高压动力系统。然后，打开 SMRG 后关闭 SMRP。关闭 SMRB 和 SMRG 以切断高压动力系统。

2. 电路图（见图 5-2）

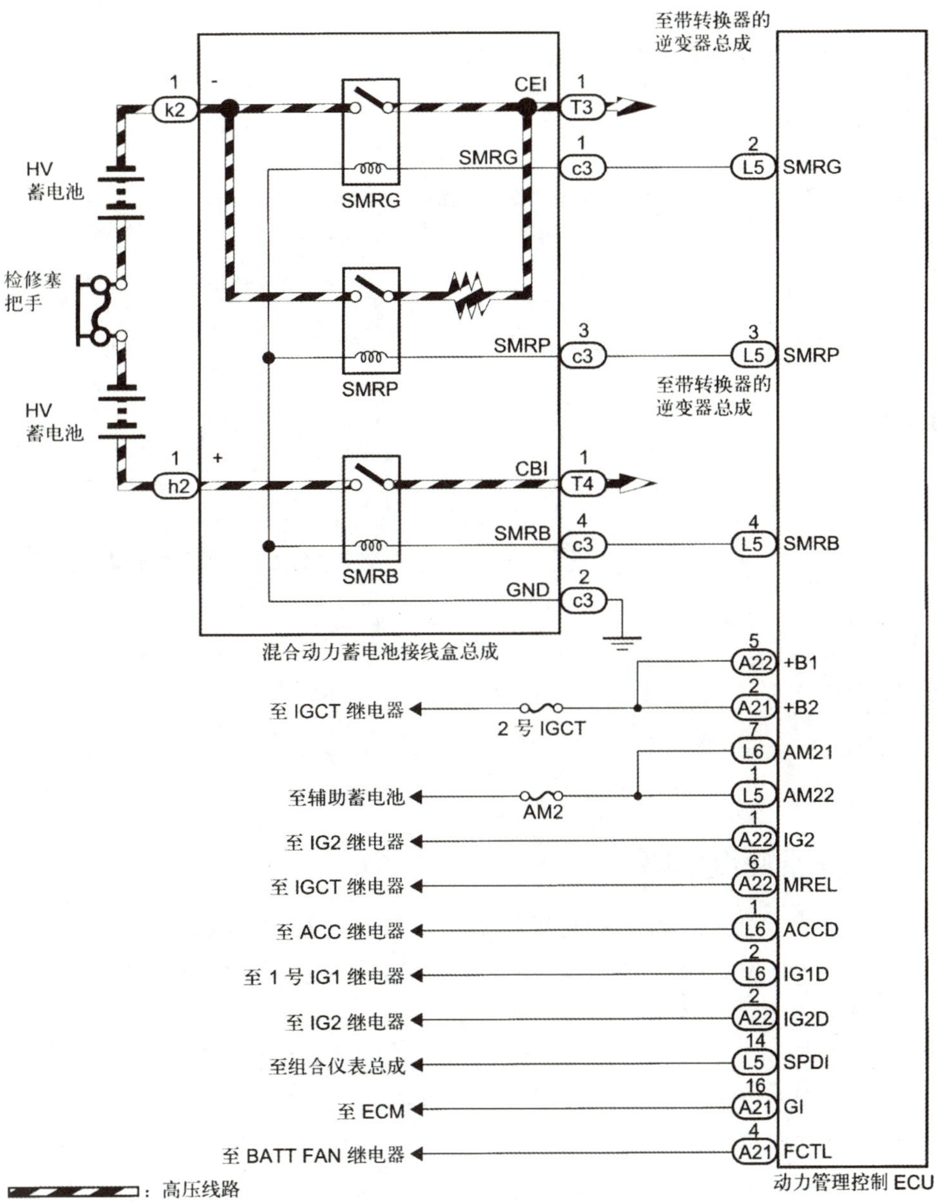

图 5-2　混合动力蓄电池预充电触点控制电路低电位

笔记

第三节 高压数据读取

一、高压绝缘数据读取

如图 5-3 所示，读取测量的高频波（短波）电压最高压值（Short Wave Highest Val）来确定绝缘值，图中为 4.98 V，数值越接近 5 V 说明高压绝缘越大，也就越安全。当数值低于电压的一半时，如电压在 2.0 V 以下就要检查高压正极或负极与车身的电阻下降的原因。

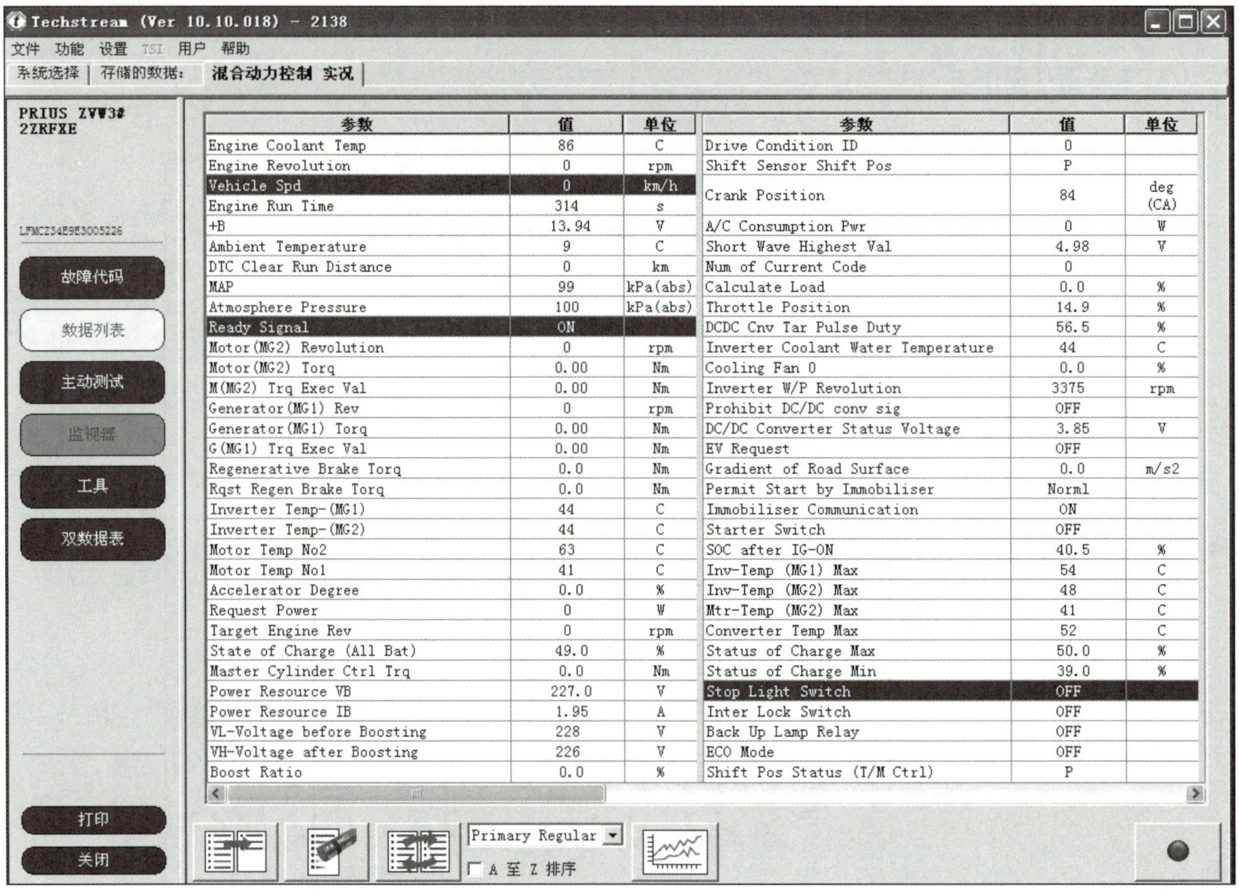

参数	值	单位
Engine Coolant Temp	86	C
Engine Revolution	0	rpm
Vehicle Spd	0	km/h
Engine Run Time	314	s
+B	13.94	V
Ambient Temperature	9	C
DTC Clear Run Distance	0	km
MAP	99	kPa(abs)
Atmosphere Pressure	100	kPa(abs)
Ready Signal	ON	
Motor(MG2) Revolution	0	rpm
Motor(MG2) Torq	0.00	Nm
M(MG2) Trq Exec Val	0.00	Nm
Generator(MG1) Rev	0	rpm
Generator(MG1) Torq	0.00	Nm
G(MG1) Trq Exec Val	0.00	Nm
Regenerative Brake Torq	0.0	Nm
Rqst Regen Brake Torq	0.0	Nm
Inverter Temp-(MG1)	44	C
Inverter Temp-(MG2)	44	C
Motor Temp No2	63	C
Motor Temp No1	41	C
Accelerator Degree	0.0	%
Request Power	0	W
Target Engine Rev	0	rpm
State of Charge (All Bat)	49.0	%
Master Cylinder Ctrl Trq	0.0	Nm
Power Resource VB	227.0	V
Power Resource IB	1.95	A
VL-Voltage before Boosting	228	V
VH-Voltage after Boosting	226	V
Boost Ratio	0.0	%

参数	值	单位
Drive Condition ID	0	
Shift Sensor Shift Pos	P	
Crank Position	84	deg (CA)
A/C Consumption Pwr	0	W
Short Wave Highest Val	4.98	V
Num of Current Code	0	
Calculate Load	0.0	%
Throttle Position	14.9	%
DCDC Cnv Tar Pulse Duty	56.5	%
Inverter Coolant Water Temperature	44	C
Cooling Fan 0	0.0	%
Inverter W/P Revolution	3375	rpm
Prohibit DC/DC conv sig	OFF	
DC/DC Converter Status Voltage	3.85	V
EV Request	OFF	
Gradient of Road Surface	0.0	m/s2
Permit Start by Immobiliser	Norml	
Immobiliser Communication	ON	
Starter Switch	OFF	
SOC after IG-ON	40.5	%
Inv-Temp (MG1) Max	54	C
Inv-Temp (MG2) Max	48	C
Mtr-Temp (MG2) Max	41	C
Converter Temp Max	52	C
Status of Charge Max	50.0	%
Status of Charge Min	39.0	%
Stop Light Switch	OFF	
Inter Lock Switch	OFF	
Back Up Lamp Relay	OFF	
ECO Mode	OFF	
Shift Pos Status (T/M Ctrl)	P	

图 5-3 读取测量的高频波（短波）电压最高压的绝缘值

二、高压继电器触点电路

图 5-4 所示为点火挡（IG-ON）的高压配电箱的上电继电器状态，这时正极系统主继电器（System Main Relay Battey +，SMRB）、负极系统主继电器（System Main Relay Ground-，SMRG）、负极预充系统主继电器（System Main Relay Precharge，SMRP）处于未工作状态。预充系统主继电器有的车系放在正极电缆线路上，与正极系统主继电器并联；有的车系放在负极电缆线路上，与负极系统主继电器并联；即使同一车型的不同年款预充系统主继电器放在正极电缆还是放在负极电缆也是可变化的。

图 5-5 所示为上电就绪挡（READY 挡）的高压配电箱的上电继电器状态，这时预充继电器已经工作完毕。

笔记

参数	值	单位
Drive Condition ID	0	
Shift Sensor Shift Pos	P	
Crank Position	-64	deg (CA)
A/C Consumption Pwr	0	W
Short Wave Highest Val	4.98	V
Num of Current Code	0	
Calculate Load	0.0	%
Throttle Position	17.6	%
DCDC Cnv Tar Pulse Duty	56.0	%
Inverter Coolant Water Temperature	43	C
Cooling Fan 0	0.0	%
Inverter W/P Revolution	500	rpm
Prohibit DC/DC conv sig	ON	
DC/DC Converter Status Voltage	0.00	V
EV Request	OFF	
Gradient of Road Surface	0.0	m/s2
Permit Start by Immobiliser	Check	
Immobiliser Communication	ON	
Starter Switch	OFF	
SOC after IG-ON	40.5	%
Inv-Temp (MG1) Max	45	C
Inv-Temp (MG2) Max	46	C
Mtr-Temp (MG2) Max	41	C
Converter Temp Max	46	C
Status of Charge Max	40.5	%
Status of Charge Min	39.0	%
Stop Light Switch	OFF	
Inter Lock Switch	OFF	
Back Up Lamp Relay	OFF	
ECO Mode	OFF	
Shift Pos Status (T/M Ctrl)	P	

参数	值	单位
Shift P Permission Signal	ON	
DC/DC Cnv Temp (Upper)	43	C
DC/DC Cnv Temp (Lower)	42	C
Mtr-Temp (MG1) Max	65	C
Internal Shift Position	P	
P Request (T/M Ctrl)	ON	
(Inverter) W/P Run Control Duty	6.25	%
Engine Stop Request	Request	
Engine Idling Request	No	
Main Batt Charging Rqst	No	
Aircon Request	No	
Engine Warming Up Rqst	No	
SMRP Status	OFF	
SMRB Status	OFF	
SMRG Status	OFF	
SMRP Control Status	OFF	
SMRB Control Status	OFF	
SMRG Control Status	OFF	
MG1 Gate Status	ON	
MG2 Gate Status	ON	
Converter Gate Status	ON	
Auxiliary Battery Low-Last Operation	1	
Auxiliary Battery Low-Last Trip	4	
MG2 Temperature High-Last Operation	0	
MG2 Temperature High-Last Trip	0	
MG1 Temperature High-Last Operation	0	
MG1 Temperature High-Last Trip	0	
MG2(Motor) Inverter Temperature High-Last Op	0	
MG2(Motor) Inverter Temperature High-Last Trip	0	

图 5-4　点火挡（IG-ON）的高压配电箱的上电继电器状态

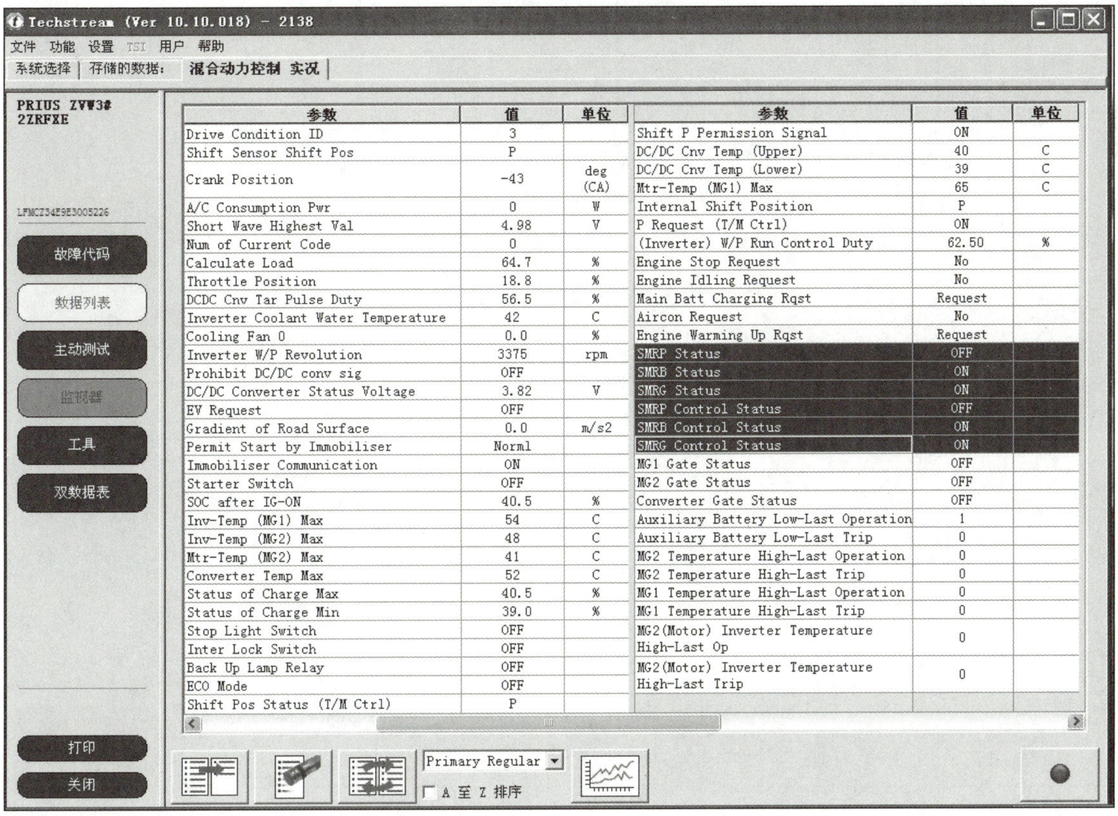

参数	值	单位
Drive Condition ID	3	
Shift Sensor Shift Pos	P	
Crank Position	-43	deg (CA)
A/C Consumption Pwr	0	W
Short Wave Highest Val	4.98	V
Num of Current Code	0	
Calculate Load	64.7	%
Throttle Position	18.8	%
DCDC Cnv Tar Pulse Duty	56.5	%
Inverter Coolant Water Temperature	42	C
Cooling Fan 0	0.0	%
Inverter W/P Revolution	3375	rpm
Prohibit DC/DC conv sig	OFF	
DC/DC Converter Status Voltage	3.82	V
EV Request	OFF	
Gradient of Road Surface	0.0	m/s2
Permit Start by Immobiliser	Norml	
Immobiliser Communication	ON	
Starter Switch	OFF	
SOC after IG-ON	40.5	%
Inv-Temp (MG1) Max	54	C
Inv-Temp (MG2) Max	48	C
Mtr-Temp (MG2) Max	41	C
Converter Temp Max	52	C
Status of Charge Max	40.5	%
Status of Charge Min	39.0	%
Stop Light Switch	OFF	
Inter Lock Switch	OFF	
Back Up Lamp Relay	OFF	
ECO Mode	OFF	
Shift Pos Status (T/M Ctrl)	P	

参数	值	单位
Shift P Permission Signal	ON	
DC/DC Cnv Temp (Upper)	40	C
DC/DC Cnv Temp (Lower)	39	C
Mtr-Temp (MG1) Max	65	C
Internal Shift Position	P	
P Request (T/M Ctrl)	ON	
(Inverter) W/P Run Control Duty	62.50	%
Engine Stop Request	No	
Engine Idling Request	No	
Main Batt Charging Rqst	Request	
Aircon Request	No	
Engine Warming Up Rqst	Request	
SMRP Status	OFF	
SMRB Status	ON	
SMRG Status	ON	
SMRP Control Status	OFF	
SMRB Control Status	ON	
SMRG Control Status	ON	
MG1 Gate Status	OFF	
MG2 Gate Status	OFF	
Converter Gate Status	OFF	
Auxiliary Battery Low-Last Operation	1	
Auxiliary Battery Low-Last Trip	0	
MG2 Temperature High-Last Operation	0	
MG2 Temperature High-Last Trip	0	
MG1 Temperature High-Last Operation	0	
MG1 Temperature High-Last Trip	0	
MG2(Motor) Inverter Temperature High-Last Op	0	
MG2(Motor) Inverter Temperature High-Last Trip	0	

图 5-5　上电就绪挡（READY 挡）的高压配电箱的上电继电器状态

第六章

电机系统诊断与检修

情境引入

一位女性驾驶员感觉其驾驶的丰田普锐斯混合动力汽车有故障，她说在纯电动工况行驶时，电机工作无力，请小林师傅分析原因。

假如你是车间的小林，如何来解决这个问题?

学习目标

（1）能够说出丰田普锐斯变频器的内部组成和作用。

（2）能够检查电机温度传感器的好坏。

（3）能够检查电机解角传感器的好坏。

（4）能够检查并更换变频器和电机内的冷却液。

12

笔记

第一节 丰田普锐斯逆变器描述

一、逆变器

1. 描述

逆变器包括三相桥接电路，该电路包括六个功率晶体管（IGBT），每一晶体管都对应 MG1 和 MG2。逆变器将来自 HV 蓄电池的高压直流转换为 MG1 和 MG2 的三相交流；也可将 MG1 和 MG2 提供的三相交流转换为 HV 蓄电池的直流。MG ECU 控制功率晶体管（IGBT）的执行。逆变器向 MG ECU 传输控制所必需的信息，例如电流和电压。MG ECU 使用内置的逆变器电压传感器检测增压控制所需的增压后的高压。丰田普锐斯混合动力汽车高压网络和低压控制框图如图 6-1 所示。

2. 故障描述

（1）逆变器过压。

如果电动机逆变器或发电机逆变器出现过电压，则 MG ECU 对其进行检测并将该信息传输至动力管理控制 ECU。

（2）逆变器过热、存在电路故障或内部短路。

如果电动机逆变器过热、存在电路故障或内部短路，则逆变器通过电动机逆变器故障信号线路传输该信息至 MG ECU。

（3）逆变器过流。

如果异常电流量流过电动机逆变器，则 MG ECU 检测此情况并发送信号以告知动力管理控制 ECU 出现故障。

（4）扭矩执行值与扭矩指令值不一致。

如果 MG2 扭矩执行值与从 MG ECU 至 MG2 的扭矩指令值不一致，则动力管理控制 ECU 将存储该 DTC。

（5）电动机门切断信号。

如果逆变器接收来自 MG ECU 的电动机门切断信号，则它将关闭所有驱动 MG2 的功率晶体管以强行停止 MG2 工作。MG ECU 监视电动机门切断信号并检测故障。

二、驱动电动机

三相交流流经定子线圈的三相绕组时，电动机内产生旋转磁场。系统根据转子的旋转位置和速度控制磁场的旋转。在旋转方向拉动转子上的永久磁铁，从而产生扭矩。系统通过调整交流的频率控制电动机转速。此外，系统正确控制旋转磁场和转子磁铁的角度如图 6-2 所示，以一种有效的方式产生高扭矩，即使在高速时也是如此。

笔记

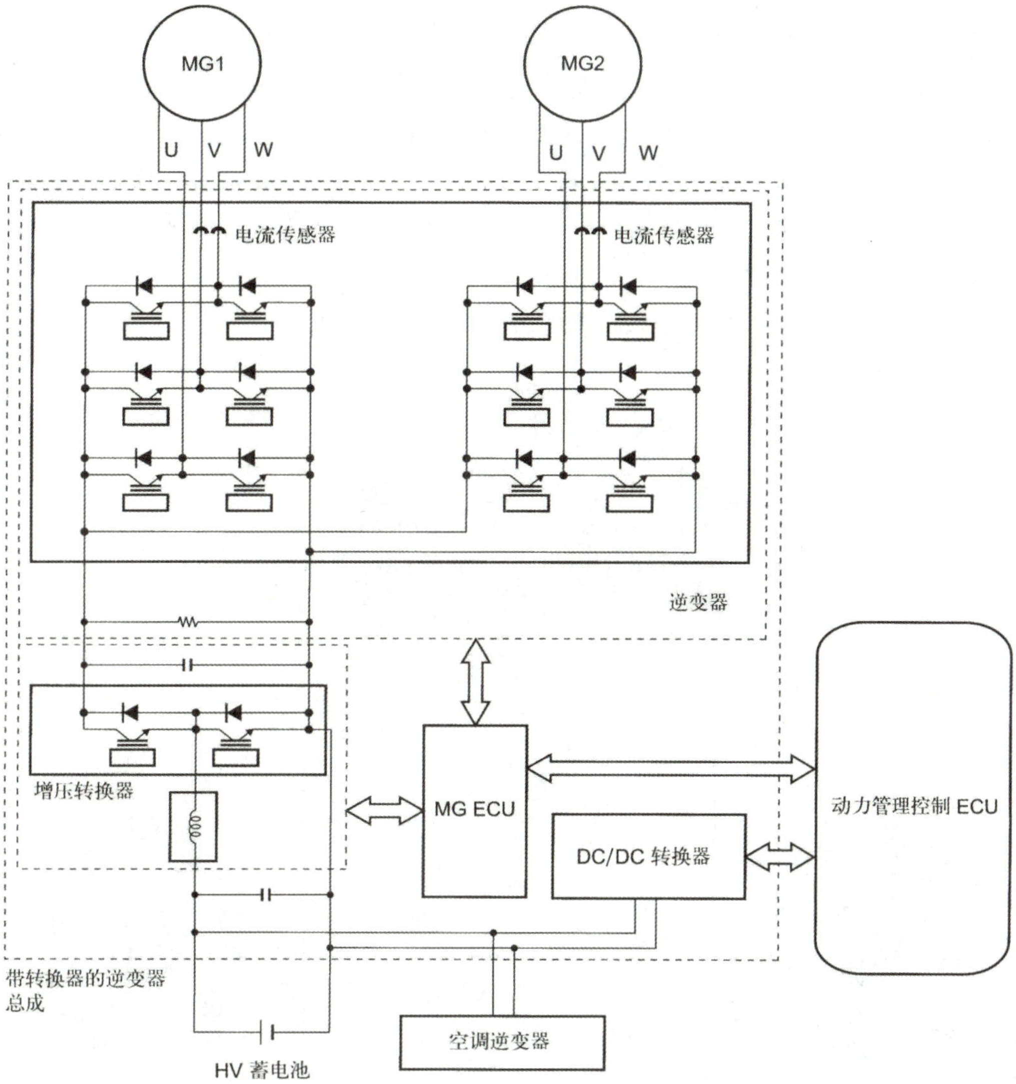

图 6-1 丰田普锐斯混合动力汽车高压网络和低压控制框图

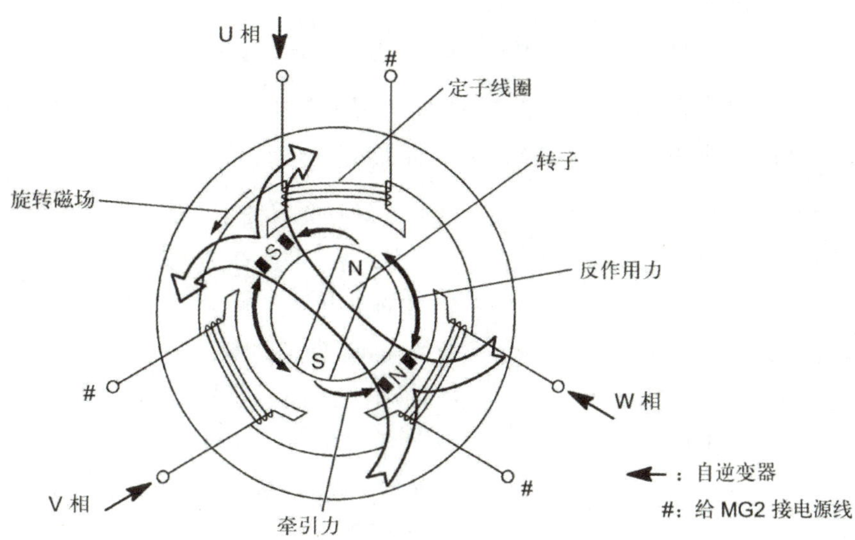

图 6-2 系统正确控制旋转磁场和转子磁铁的角度

笔记

三、发动机无法起动

如果发动机出现故障，则 ECM 发送发动机故障信号至动力管理控制 ECU。动力管理控制 ECU 接收到此信号时，其设定 DTC 并执行失效保护控制。

如果动力管理控制 ECU 检测到发动机或传动桥（见图 6-3）齿轮卡住，则动力管理控制 ECU 将执行失效保护控制。同样，如果其他物质或物体阻止发动机或传动桥内部零部件旋转，则动力管理控制 ECU 也将执行失效保护控制。

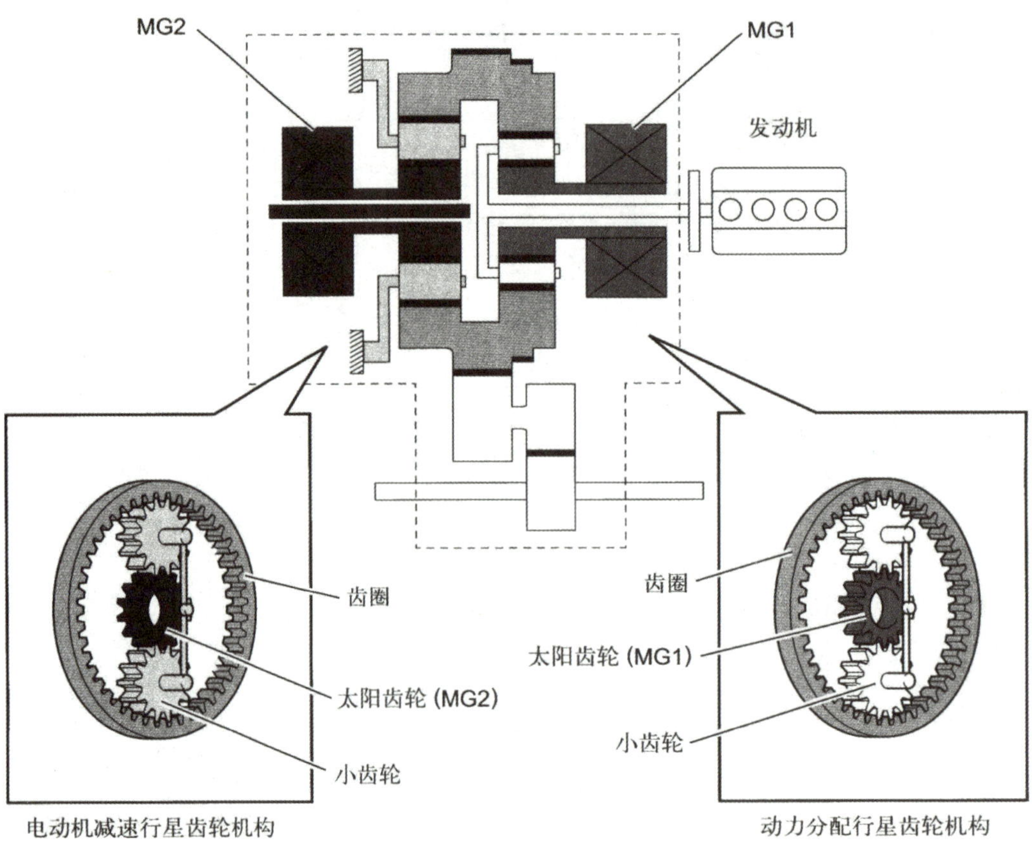

图 6–3　丰田普锐斯电力无级变速传动桥结构

位于带转换器的逆变器总成内的 MG ECU 监视其内部工作并在其检测到故障时设定 DTC。如果输出以下任一 DTC，则更换带转换器的逆变器总成。

- 运转脉冲信号循环偏差或停止；
- MCU 的 ROM 和 RAM 故障；
- A/D 转换器通信故障；
- IPM 负极电源故障；
- R/D 转换器 NM 停止故障；
- 标准电压模拟信号故障；
- ALU 故障；
- ND 转换器故障；
- 通信故障（从 MG1 至 MG2）；
- IPM 正极电源故障；
- A/D 转换器故障；
- 标准电压模拟信号偏移；
- 通信故障（从 MG2 至 MG1）；
- R/D 转换器通信故障。

笔记

第二节 电机传感器诊断与检修

一、电机解角传感器

电机解角传感器是用来测量永磁转子磁极位置和转速的传感器，如图 6-4 所示。知道磁极位置对于保证 MG2 和 MG1 的精确控制来说是必不可少的。各解析器都包括由励磁线圈和 2 个检测线圈（S、C）组成的定子。由于转子是椭圆形的，转子转动过程中，定子和转子之间的间隙会发生改变。预定频率 10 kHz（或 5 kHz）、12 V 的正弦交流电流过励磁线圈，并检测线圈 S 和 C 输出与传感器转子位置相对应的交流电。

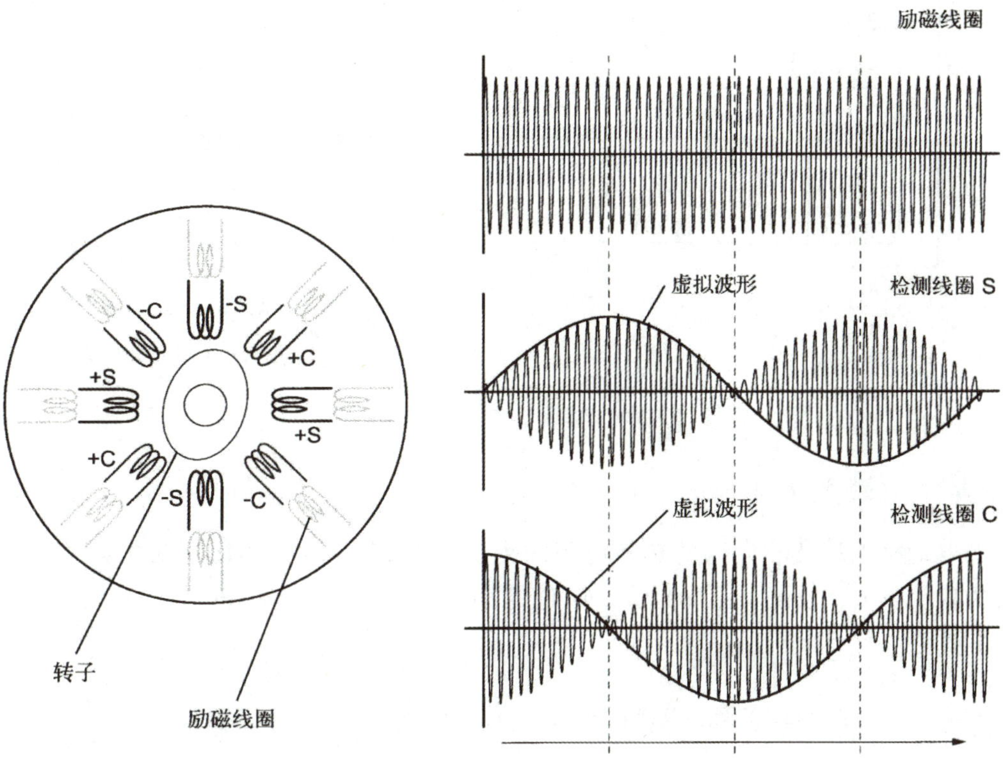

图 6-4　旋转变压器式电机解角传感器及其正弦和余弦输出

带转换器的逆变器总成内的 MG ECU 根据检测线圈 S（SIN）和 C（COS）的相位及其波形的高度，检测转子的绝对位置。此外，MCU 计算预定时长内位置的变化量，从而将解析器作为转速传感器使用。MG ECU 监视电动机解析器的输出信号，并检测故障。丰田普锐斯旋转变压器式电机解角传感器电路如图 6-5 所示。

笔记

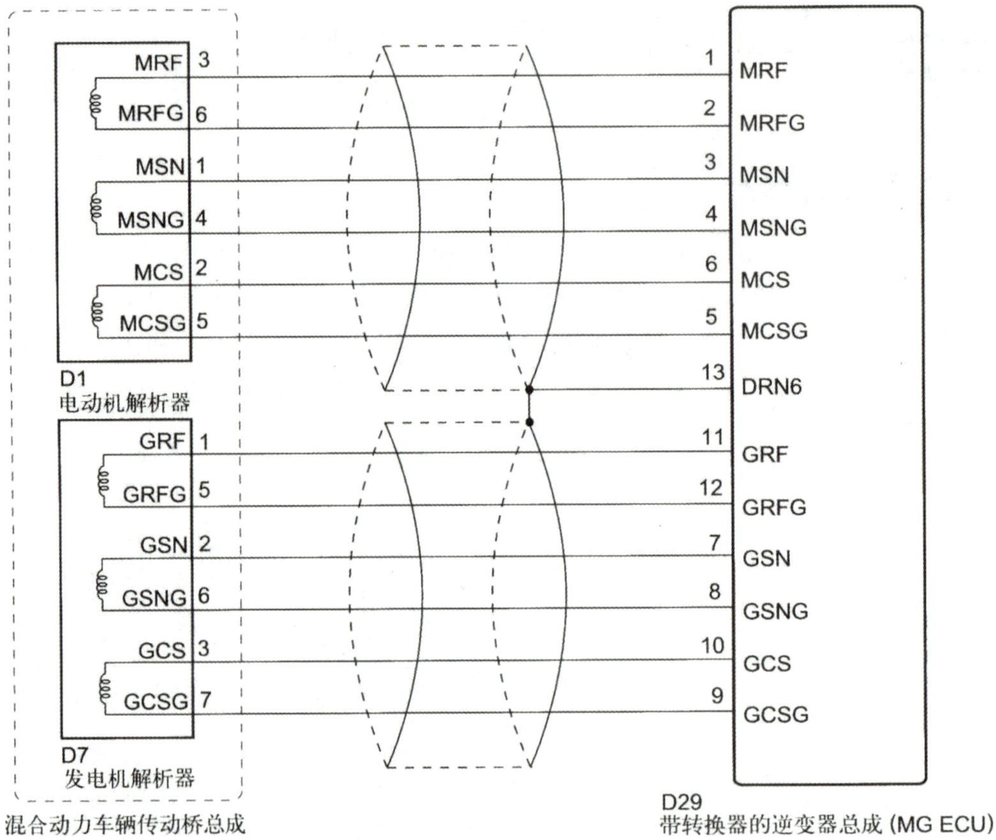

图 6-5　丰田普锐斯旋转变压器式电机解角传感器电路图

二、驱动电动机温度传感器

内置于电动机温度传感器内的热敏电阻的阻值随 MG2 温度的变化而变化。MG2 温度越低，热敏电阻的阻值越大；反之，温度越高，阻值越小。丰田普锐斯电动机温度传感器温度—电阻特性如图 6-6 所示。

【提示】术语“驱动电动机 A”指示 MG2。

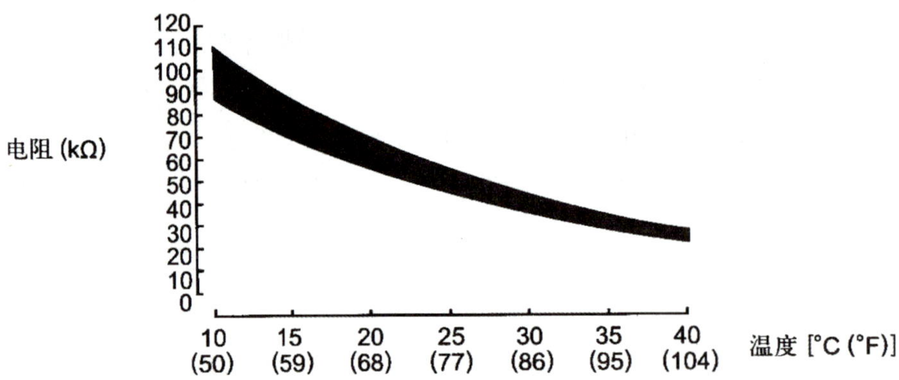

图 6-6　丰田普锐斯电动机温度传感器温度—电阻特性图

丰田普锐斯电动机温度传感器电路如图 6-7 所示，电动机温度传感器断路或对 +B 短路数据流显示为 −40℃，或对搭铁短路数据流显示为 215℃。

笔记

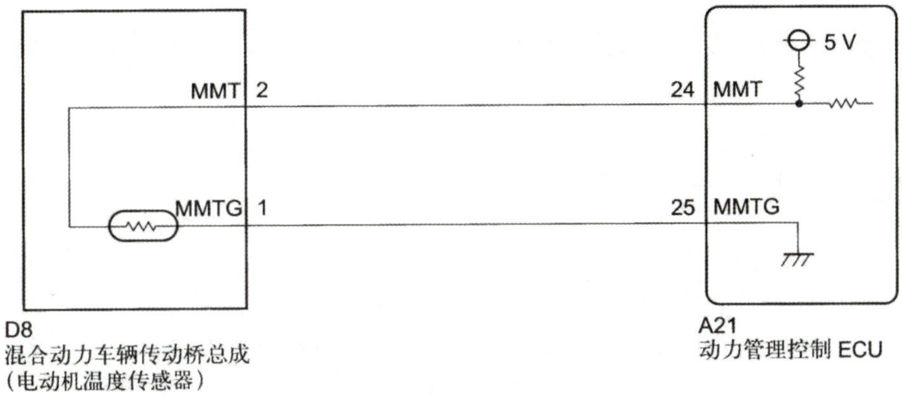

图 6–7　丰田普锐斯电动机温度传感器电路图

三、发电机温度传感器

内置于发电机温度传感器内的热敏电阻的阻值随 MG1 温度的变化而变化。MG1 温度越低，热敏电阻的阻值越大；反之，温度越高，阻值越小。丰田普锐斯发电机温度传感器温度—电阻特性如图 6-8 所示。

丰田普锐斯发电机温度传感器电路如图 6-9 所示，发电机温度传感器断路或对 +B 短路数据流显示为 −40℃，或对搭铁短路数据流显示为 215℃。

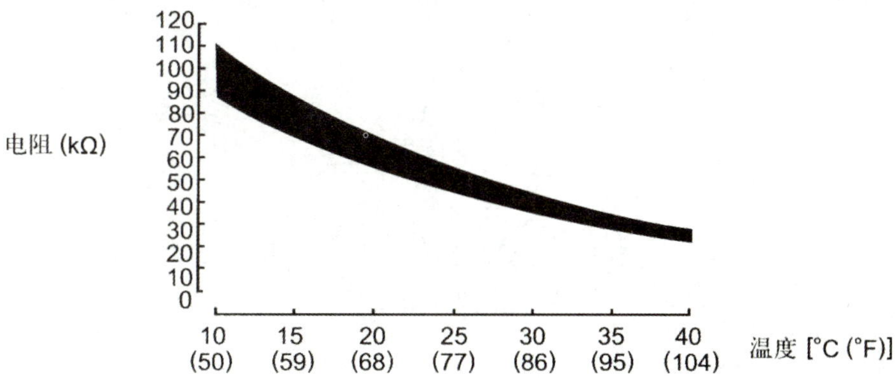

图 6–8　丰田普锐斯发电机温度传感器温度—电阻特性图

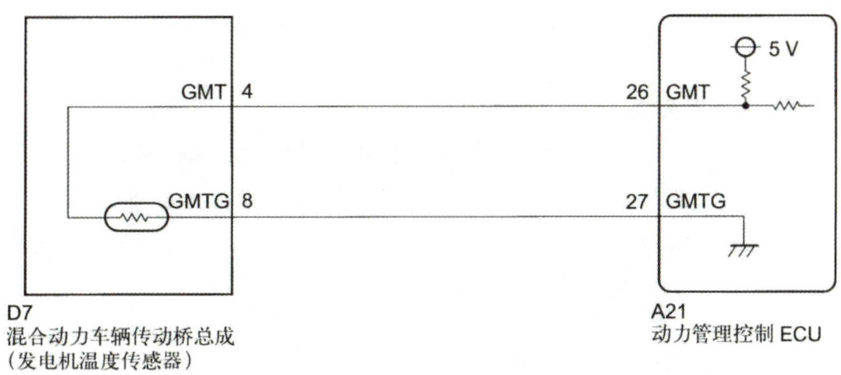

图 6–9　丰田普锐斯发电机温度传感器电路图

笔记

第三节 电机 / 逆变器冷却系统诊断与维修

一、逆变器冷却系统

丰田普锐斯双电机及带有 DC/AC 的逆变器冷却系统如图 6-10 所示，逆变器将 HV 蓄电池的高压直流转换为供 MG1 和 MG2 使用的交流，在转换过程中逆变器会产生热量。因此，逆变器通过由逆变器水泵总成、冷却风扇和散热器组成的专用冷却系统进行冷却。该冷却系统独立于发动机冷却系统。动力管理控制 ECU 监视逆变器水泵总成、冷却风扇和冷却系统，并检测故障。

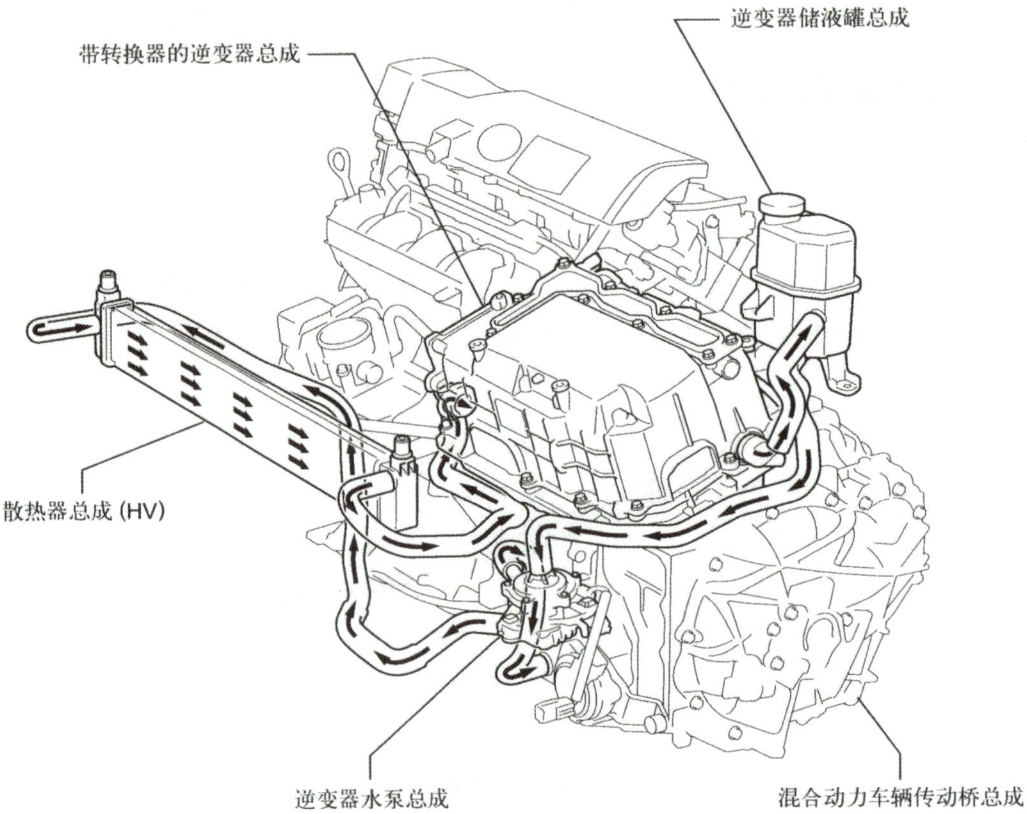

图 6–10　丰田普锐斯双电机及带有 DC/AC 的逆变器冷却系统

【技师指导】检查变频器冷却系统的方法。

①检查变频器冷却液量是否正常，软管是否弯曲、扭曲、损坏或堵塞。

②检查电机是否正常转动。储液罐中的冷却液液面波动是否正常。

③使用诊断仪的主动测试功能检查冷却风扇电机，冷却风扇应转动平稳。

以上 3 点检查过后，读取温度传感器数据，检查温度传感器。

二、驱动电动机逆变器温度传感器

位于带转换器的逆变器总成中的 MG2 ECU 使用内置于带转换器的逆变器总成的温度传感器检测电动机逆变器的温度。逆变器冷却系统独立于发动机冷却系统进行工作，MG2 ECU 利用来

笔记

自电动机逆变器温度传感器的信号来检查逆变器冷却系统的效能。如有必要，则 MG2 ECU 将限制逆变器输出以防逆变器过热。MG2 ECU 还检测电动机逆变器温度传感器及其配线的故障。

三、发电机逆变器温度传感器

位于带转换器的逆变器总成中的 MG1 ECU 使用内置于带转换器的逆变器总成的温度传感器检测发电机逆变器的温度。逆变器冷却系统独立于发动机冷却系统进行工作，MG1 ECU 利用来自发电机逆变器温度传感器的信号来检查逆变器冷却系统的效能。如有必要，则 MG1 ECU 将限制逆变器输出以防逆变器过热。MG1 ECU 还检测发电机逆变器温度传感器及其配线的故障。

第四节 变频器数据读取分析

一、变频器数据界面

变频器的故障通常要在故障码中体现，并不在数据流中体现，而故障码只有在有故障时才会出现。如图 6-11 所示，变频器数据主要是温度数据。

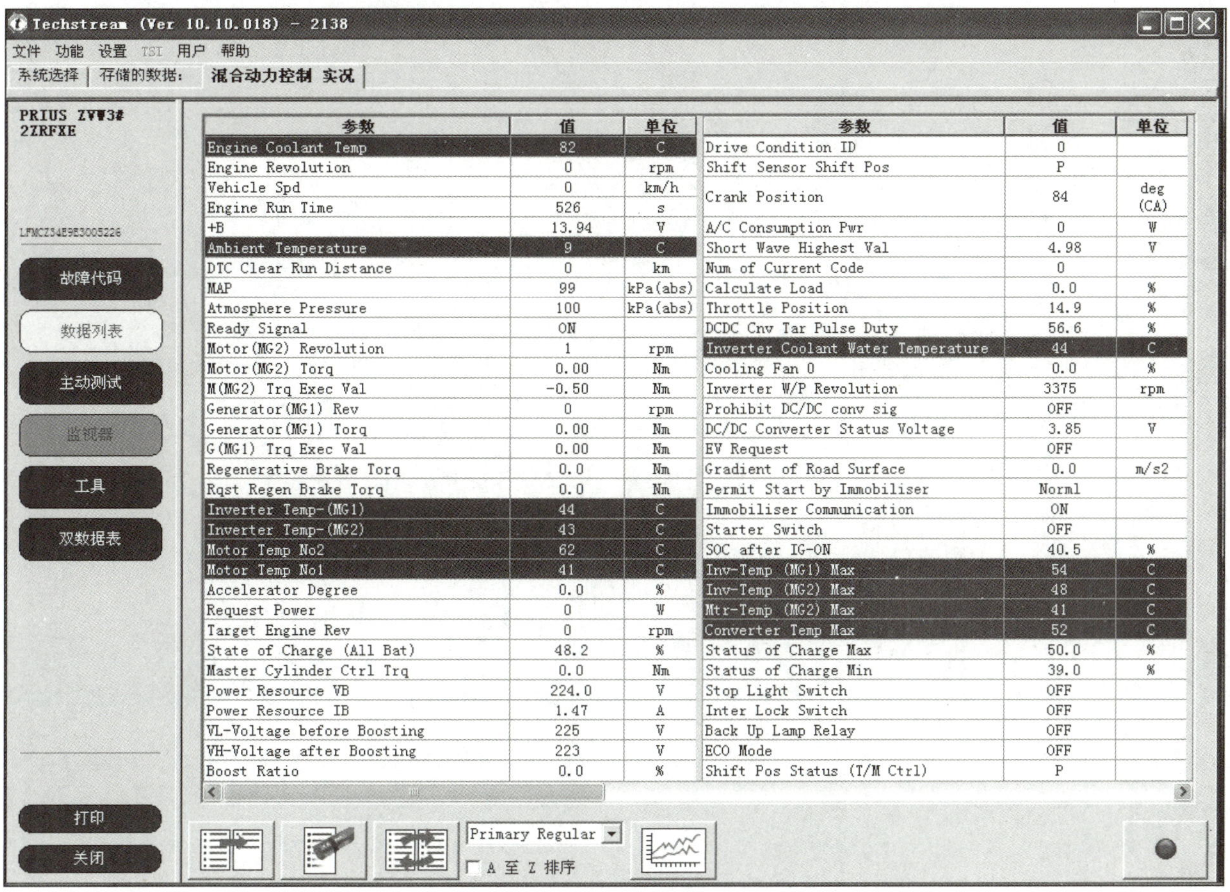

参数	值	单位
Engine Coolant Temp	82	C
Engine Revolution	0	rpm
Vehicle Spd	0	km/h
Engine Run Time	526	s
+B	13.94	V
Ambient Temperature	9	C
DTC Clear Run Distance	0	km
MAP	99	kPa(abs)
Atmosphere Pressure	100	kPa(abs)
Ready Signal	ON	
Motor(MG2) Revolution	1	rpm
Motor(MG2) Torq	0.00	Nm
M(MG2) Trq Exec Val	-0.50	Nm
Generator(MG1) Rev	0	rpm
Generator(MG1) Torq	0.00	Nm
G(MG1) Trq Exec Val	0.00	Nm
Regenerative Brake Torq	0.0	Nm
Rqst Regen Brake Torq	0.0	Nm
Inverter Temp-(MG1)	44	C
Inverter Temp-(MG2)	43	C
Motor Temp No2	62	C
Motor Temp No1	41	C
Accelerator Degree	0.0	%
Request Power	0	W
Target Engine Rev	0	rpm
State of Charge (All Bat)	48.2	%
Master Cylinder Ctrl Trq	0.0	Nm
Power Resource VB	224.0	V
Power Resource IB	1.47	A
VL-Voltage before Boosting	225	V
VH-Voltage after Boosting	223	V
Boost Ratio	0.0	%

参数	值	单位
Drive Condition ID	0	
Shift Sensor Shift Pos	P	
Crank Position	84	deg (CA)
A/C Consumption Pwr	0	W
Short Wave Highest Val	4.98	V
Num of Current Code	0	
Calculate Load	0.0	%
Throttle Position	14.9	%
DCDC Cnv Tar Pulse Duty	56.6	%
Inverter Coolant Water Temperature	44	C
Cooling Fan 0	0.0	%
Inverter W/P Revolution	3375	rpm
Prohibit DC/DC conv sig	OFF	
DC/DC Converter Status Voltage	3.85	V
EV Request	OFF	
Gradient of Road Surface	0.0	m/s2
Permit Start by Immobiliser	Norml	
Immobiliser Communication	ON	
Starter Switch	OFF	
SOC after IG-ON	40.5	%
Inv-Temp (MG1) Max	54	C
Inv-Temp (MG2) Max	48	C
Mtr-Temp (MG2) Max	41	C
Converter Temp Max	52	C
Status of Charge Max	50.0	%
Status of Charge Min	39.0	%
Stop Light Switch	OFF	
Inter Lock Switch	OFF	
Back Up Lamp Relay	OFF	
ECO Mode	OFF	
Shift Pos Status (T/M Ctrl)	P	

图 6-11 变频器的温度数据

笔记

二、变频器数据分析

变频器温度出现异常时会出现电机的限扭，即电机的功率输出会下降，这时要观察限扭的原因是生热过多，还是生的热量无法散出去。首先要看冷却液是否正常，水泵转速是否正常，个别情况也要看发动机温度是否正常，因为有些电机及变频器的散热器和发动机的散热器是一体共用，内部分隔的，两个散热器也有热交换。

第七章

混合动力控制系统

情境引入

小林拆下丰田普锐斯混合动力汽车发动机舱内变频器上盖的一条黑色金属盖板后，听到后备厢内部有一声继电器动作的声音，小林再试图打到“READY”挡发现已不可能了。

假如你是车间的小林，你知道可能是什么原因导致无法打到“READY”挡吗?

学习目标

（1）能够说出检查混合动力控制系统的注意事项。

（2）能够说出高压系统互锁电路的原理。

（3）能够在车上找到相应零部件的位置。

（4）能够画出丰田普锐斯混合动力汽车电路原理图。

（5）能够结合原理图分析丰田普锐斯电路图。

笔记

第一节 检查的注意事项

一、检查混合动力控制系统的注意事项

（1）检查高压系统或断开带转换器的逆变器总成低压连接器前，务必采取安全措施。如佩戴绝缘手套并拆下检修塞把手以防电击。

（2）拆下检修塞把手后放到自己口袋中，防止其他技师在你进行高压系统作业时将其意外重新连接。拆检修塞过程分为检修塞互锁开关解锁（见图 7-1）和转动手柄取出检修塞（见图 7-2）两个过程。

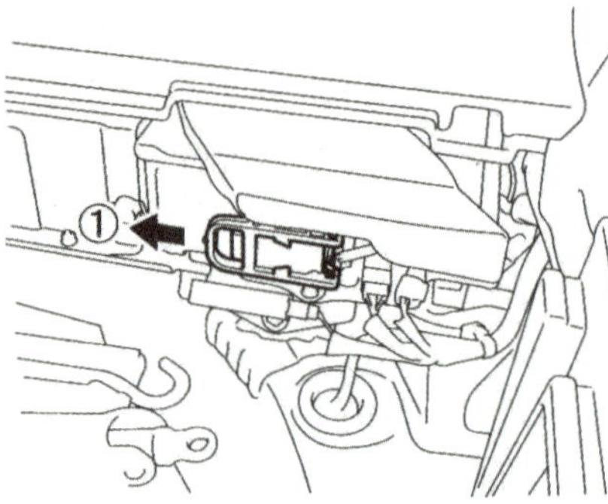

图 7-1 检修塞互锁开关解锁操作

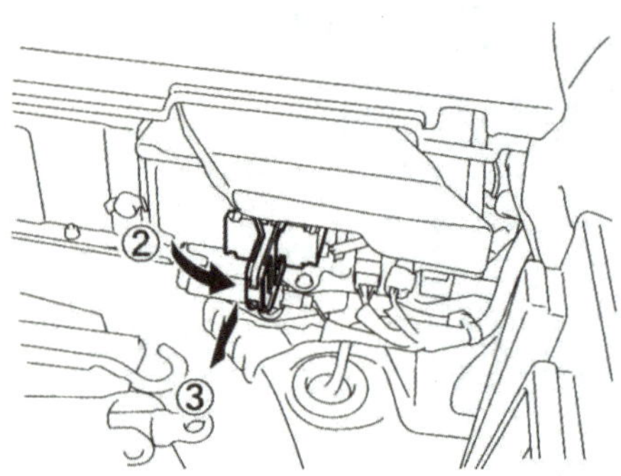

图 7-2 检修塞取出操作

（3）断开检修塞把手后，接触任何高压连接器或端子前，等待至少 10 分钟；使带转换器的逆变器总成内的高压电容器放电至少需等待 10 分钟；检查带转换器的逆变器总成内检查点的端子电压前，注意务必佩戴绝缘手套。

（4）拆下 9 个螺栓（见图 7-3）和逆变器盖；拆下连接器盖后用非残留性胶带覆盖开口以防异物或液体进入；将万用表量程设定为 750 V 或更高的直流以测量电压，进行验电操作（见图 7-4）。检查期间将电源开关置于“ON（IG）”位置时，请勿在踩下制动踏板的情况下按下电源开关。

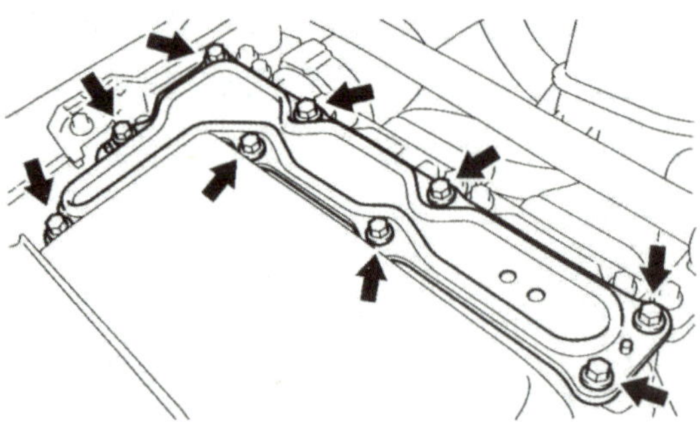

图 7-3 拆下逆变器上部 9 个螺栓

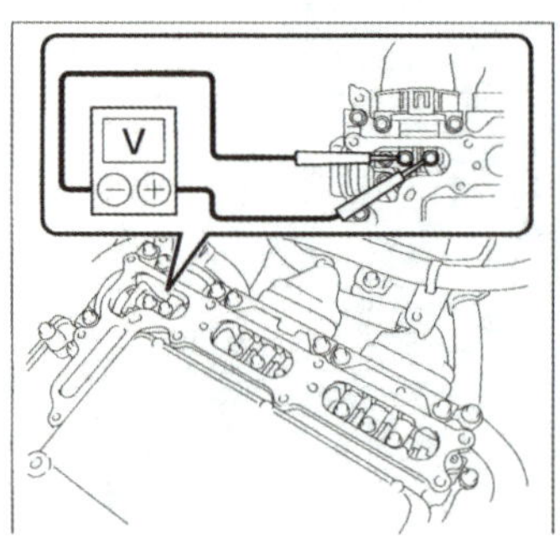

图 7-4 逆变器供电验电操作

【注意】

①在踩下制动踏板的情况下按下电源开关将导致系统进入“READY-ON”状态。这非常危险，因为可能会对检查区域施加高电压。接触高压系统的任何橙色线束前，将电源开关置于“OFF”位置，佩戴绝缘手套并从辅助蓄电池负极（–）端子上断开电缆。

笔记

②将电源开关置于“OFF”位置后，从辅助蓄电池负极（-）端子上断开电缆前需要等待一定的时间。因此，继续工作前，确保阅读从辅助蓄电池负极（-）端子上断开电缆的注意事项。

执行任何电阻检查前，将电源开关置于“OFF”位置。

断开或重新连接任何连接器前，将电源开关置于“OFF”位置。

进行涉及高压线束的作业时，使用缠有乙烯绝缘带的工具或绝缘工具。

拆下高压连接器后，用绝缘胶带缠绕连接器以防止其接触异物。

二、高压系统互锁电路

动力管理控制 ECU 检测到安全装置工作时，将禁止混合动力系统运行或切断系统主继电器。在三个不同的位置有三个安全装置（见图 7-5）：第一个安全装置位于检修塞把手上；第二个安全装置位于与带转换器的逆变器总成连接的线束组上；第三个安全装置位于电动机和发电机电缆及发动机 2 号线束（空调线束）与带转换器的逆变器总成连接的逆变器盖上。如果拆下检修塞把手、逆变器盖或线束组，则互锁信号线路断路；如果车辆正在行驶，则该情况将被判定为断路且系统主继电器不切断；如果重新正确安装安全装置，则将电源开关置于“ON（IG)”位置时，系统将恢复正常。

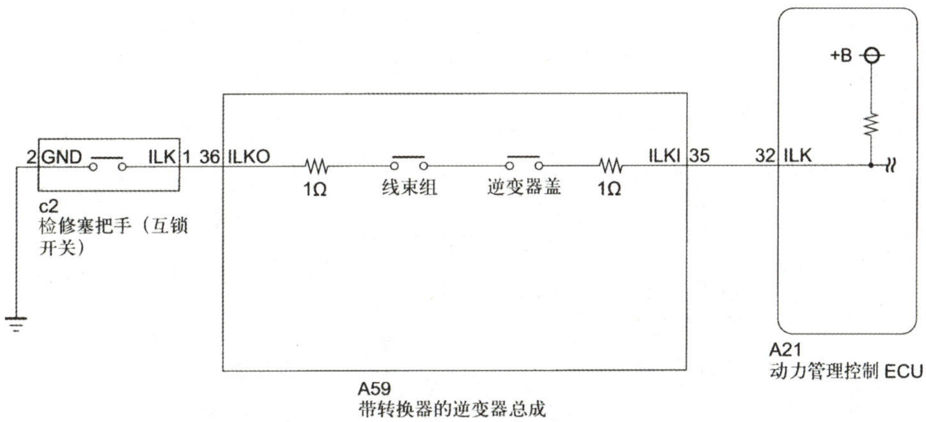

图 7-5　逆变器盖和检修塞互锁开关电路图

三、混合动力控制系统激活的注意事项

警告灯点亮或断开并重新连接辅助蓄电池时，首次尝试将电源开关置于“ON（READY)”位置可能不会起动系统（系统可能未进入“READY-ON”状态）。如果这样，则将电源开关置于“OFF”位置并再次尝试起动混合动力系统。

【注意】将电源开关置于“OFF”位置后，从辅助蓄电池负极（-）端子上断开电缆前需要等待一定的时间。因此，继续工作前，确保阅读从辅助蓄电池负极（-）端子上断开电缆的注意事项。

四、断开 AMD 端子的注意事项

从发动机室继电器盒和接线盒总成上断开 AMD 端子前，务必从辅助蓄电池的负极（-）端子上断开电缆。AMD 端子连接至辅助蓄电池正极端子，以防断开 AMD 端子时使其受损。

笔记

断开 AMD 端子后，用绝缘胶带缠绕端子。重新连接辅助蓄电池负极（–）端子电缆前，务必将 AMD 端子重新连接到发动机室继电器盒和接线盒总成上（见图 7-6）。

【注意】将电源开关置于“OFF”位置后，从辅助蓄电池负极（–）端子上断开电缆前需要等待一定的时间。因此，继续工作前，确保阅读从辅助蓄电池负极（–）端子上断开电缆的注意事项。

如果从辅助蓄电池负极（–）端子上断开电缆前断开 AMD 端子，则可能对搭铁短路。如果对搭铁短路，则可能导致熔断丝或保险丝断路。

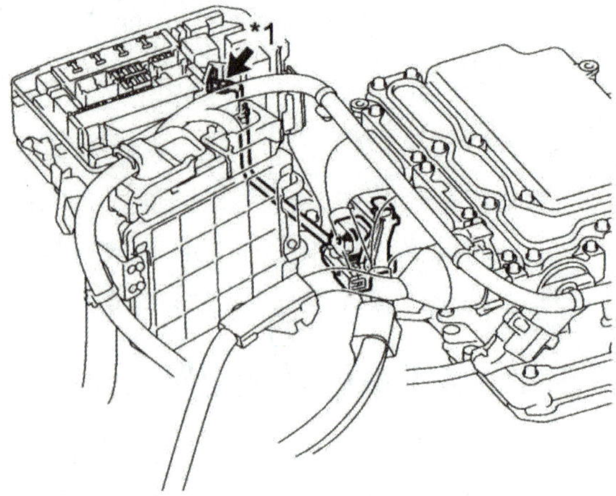

图 7–6　逆变器内 DC/DC 转换器经保险丝盒给蓄电池充电的 AMD 线

第二节　混合动力汽车主要部件

一、驾驶室主要部件

混合动力汽车驾驶室主要部件名称如图 7-7 所示。

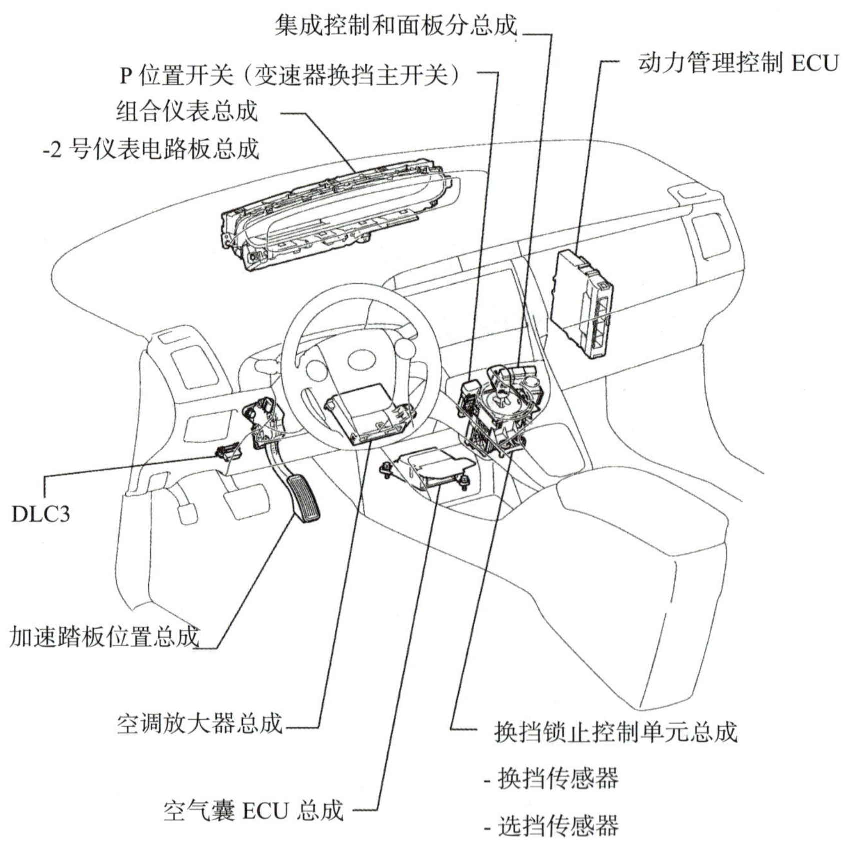

图 7–7　驾驶室主要部件

笔记

二、整车主要部件

混合动力汽车整车主要部件名称如图 7-8 所示。

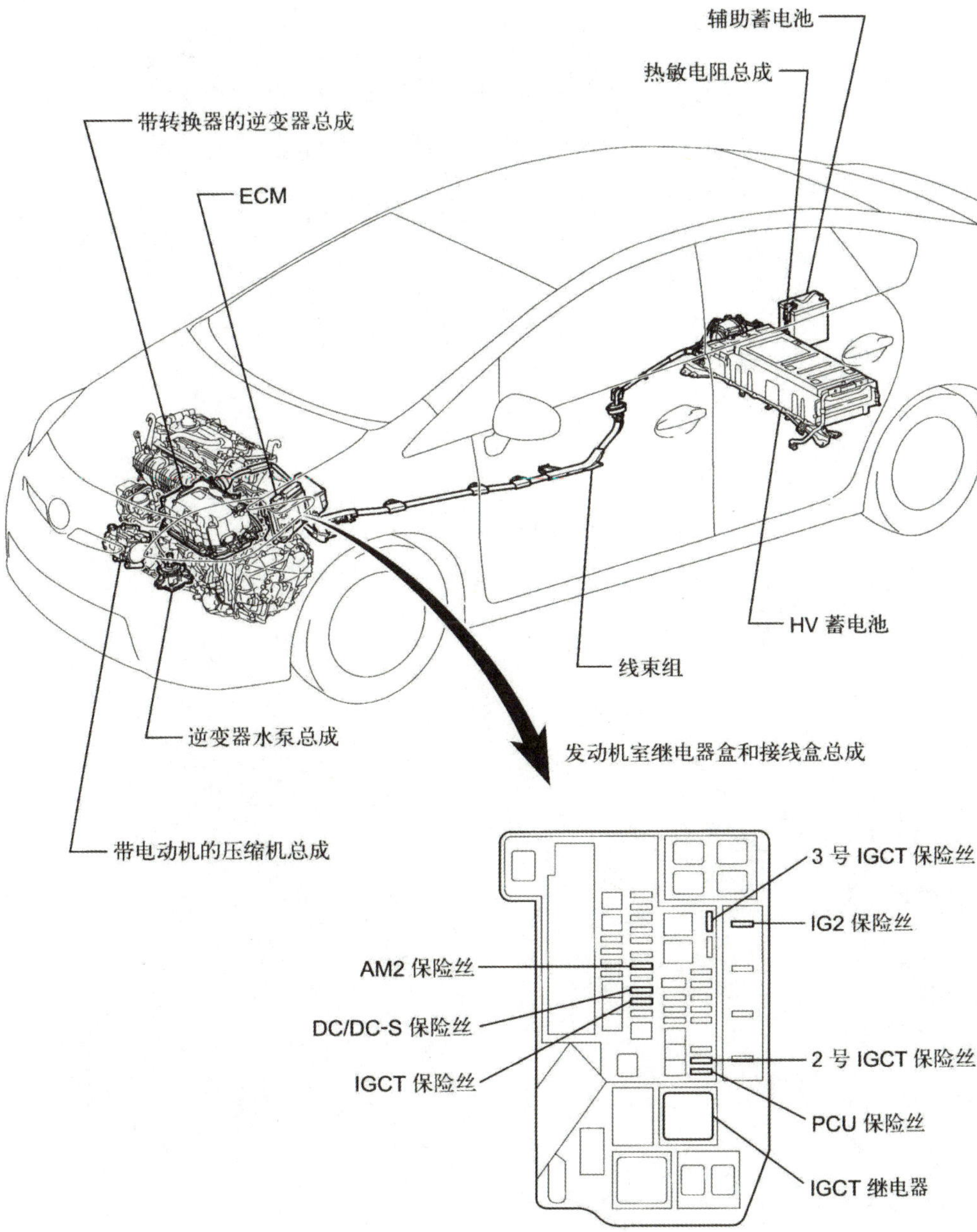

图 7–8　整车主要部件

三、逆变器及电力无级变速传动桥

混合动力汽车逆变器及电力无级变速传动桥的主要部件的名称如图 7-9 所示。

笔记

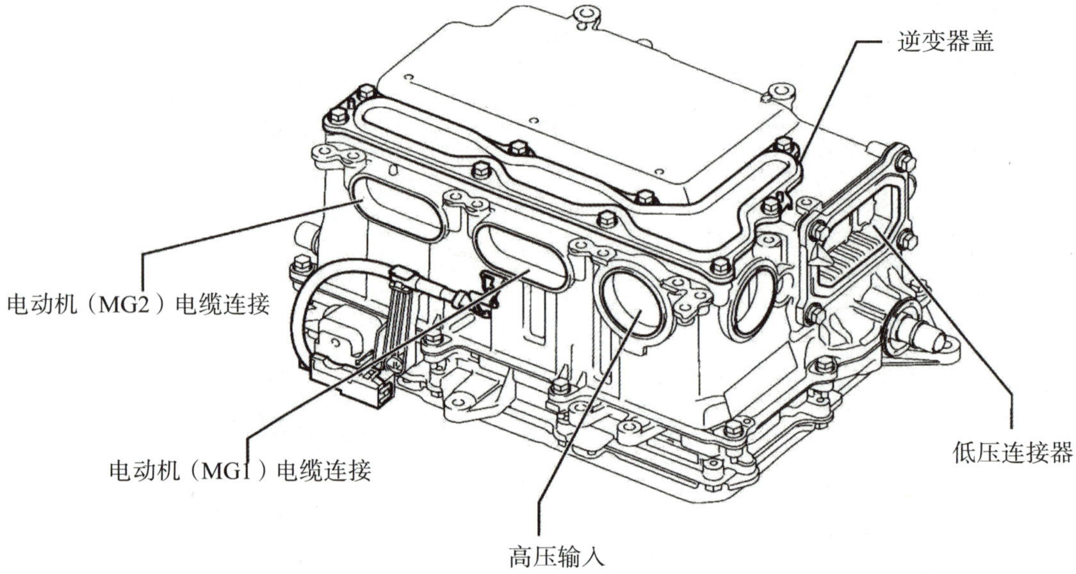

（a）带转换器的逆变器总成

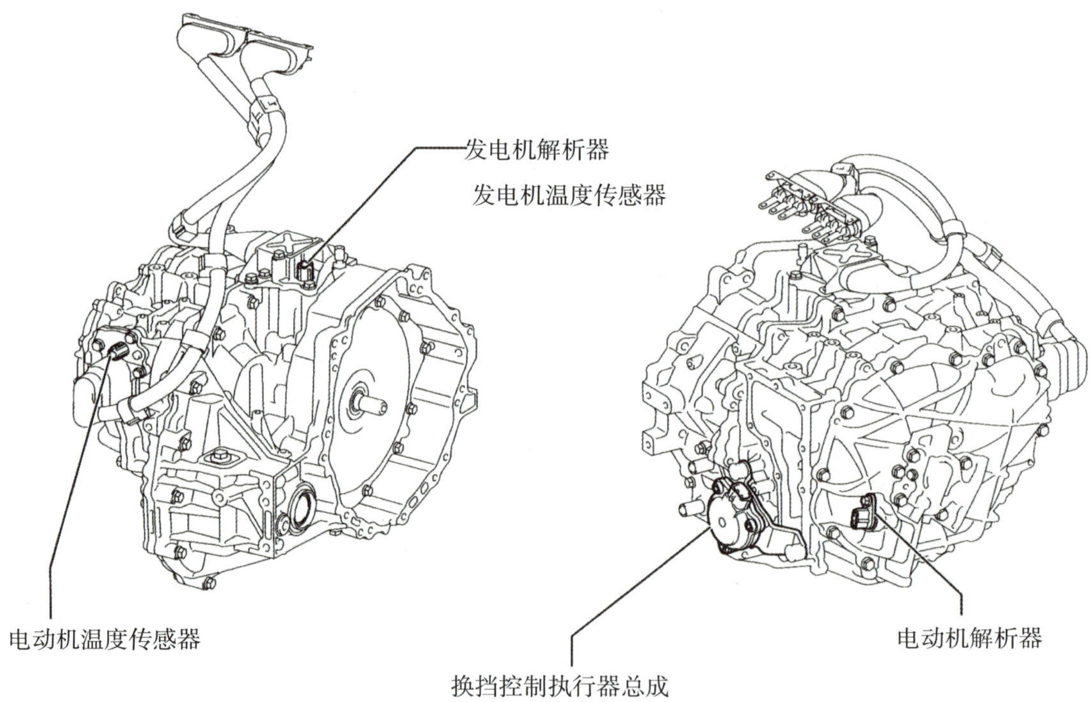

（b）混合动力车辆传动桥总成

图 7-9　逆变器及电力无级变速传动桥

四、电池箱及主继电器组模块接线盒

混合动力汽车电池箱及主继电器组模块接线盒的主要部件的名称如图 7-10 所示。

笔记

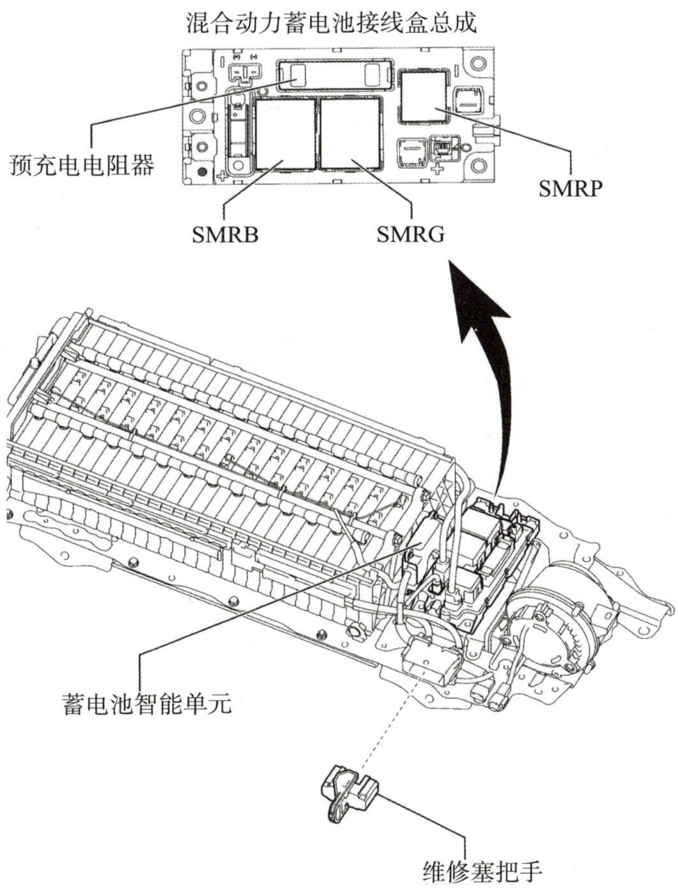

图 7–10　电池箱及主继电器组模块接线盒

第三节　系统原理图

一、动力管理系统原理图

如图 7-11 所示为混合动力汽车的动力管理系统原理图。HV ECU 是动力管理系统的核心，其作用是接收加速踏板的信号形成驱动转矩，申请的转矩数值经动力管理 ECU 分析确定以何种比例分配给发动机 ECM（Engine Control Module）和逆变器内部的电机 MCU（Motor Control Unit），这种比例分配是以兼顾完成转矩需求和高效为目标的。

IWP 为电动水泵转速控制，NIWP 为水泵故障反馈，MREL 为系统主继电器，AM 为常供电，IG 为点火挡，ACCD 为附件挡，IG1D 和 IG2D 分别为 1 号和 2 号点火挡继电器控制，LIN 为 LIN 总线，IMO 和 IMI 分别为防盗的输出和输入。

PCON 为 P 挡控制，PPOS 为 P 挡位置反馈，TC 为诊断通信线，ABFS 为撞车信号输入，STP 为制动灯信号，ST1– 为制动踏板开关信号，CCS 为巡航开关信号，EVSW 为电动模式开关，P1 为 P 挡申请开关，BL 为倒车灯开关。

STB、ETI、ITE、CLK 分别为空调控制的信号、信号输入、信号输出和同步时钟控制。

笔记

GMT 和 GMTG 为发电机温度传感器信号线；MMT 和 MMTG 为电动机温度传感器信号线；THB 和 ETHB 为辅助蓄电池的信号线；SPDI 为车速信号输入。VCP1、VPA1、EP1 为加速踏板位置传感器主位置传感器的 5V 电源、信号和地线；VCP2、VPA2、EP2 为加速踏板位置传感器副位置传感器的 5V 电源、信号和地线。VCX1 、VSX1、E2X1 为换挡传感器主信号的 5V 电源、信号和地线；VCX2 、VSX2 、E2X2 为换挡传感器副信号的 5V 电源、信号和地线。VCX3 和 VSX3 为选挡位置传感器主信号的电源和信号（地端取信号）；VCX4 和 VSX4 为选挡位置传感器副信号的电源和信号（地端取信号）。

SSW1、SSW2、INDW、INDS 分别为供电开关的开关 1、开关 2、状态指示灯、制动指示灯。

CA1H 和 CA1L、CA2H 和 CA2L、CA3P 和 CA3N 为 CAN 的三个通道。

SMRB、SMRG、SMRP 分别为系统主继电器的正极主继电器、负极主继电器、预充主继电器控制。

BTH+ 和 BTH– 为电池管理系统向动力管理系统发送的信号，FCTL 为电池鼓风机继电器控制，SIO 为鼓风机转速控制。

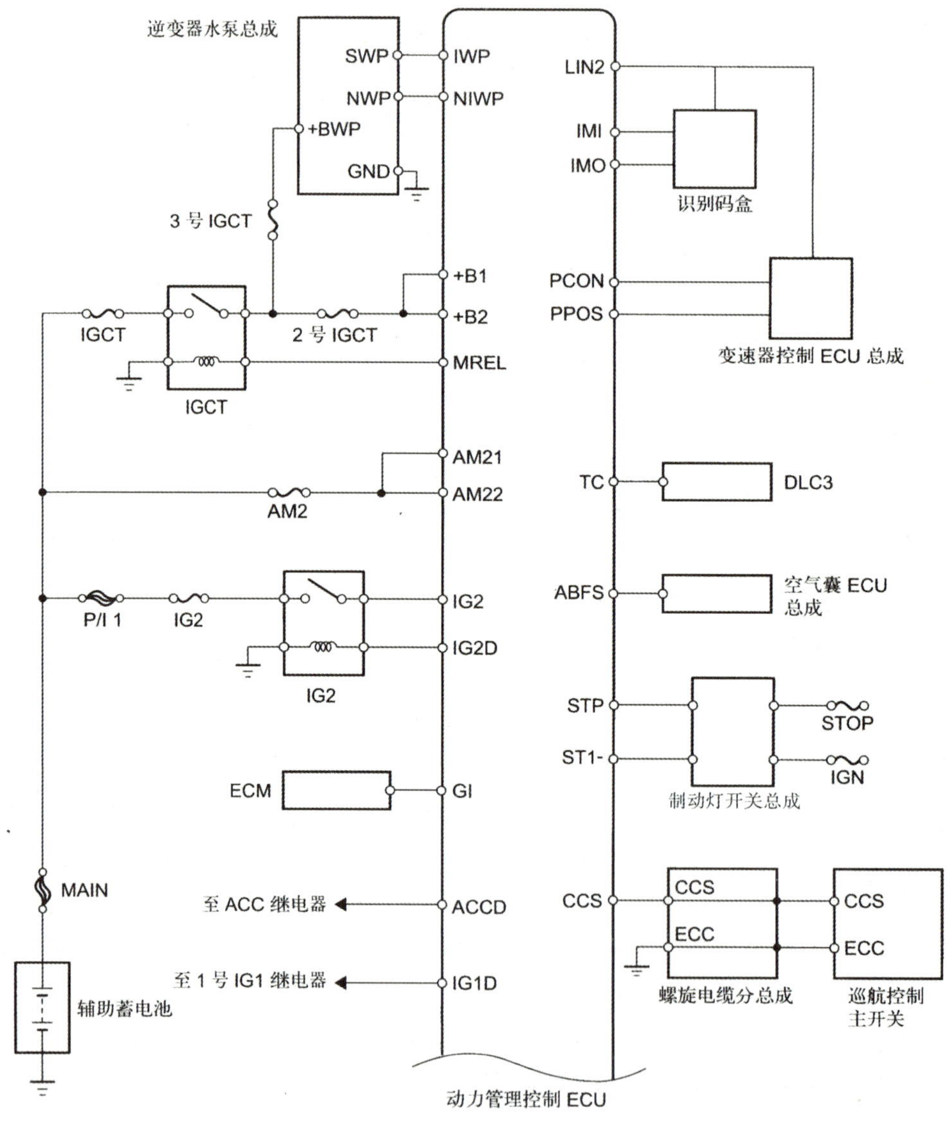

图 7–11　动力管理系统原理图

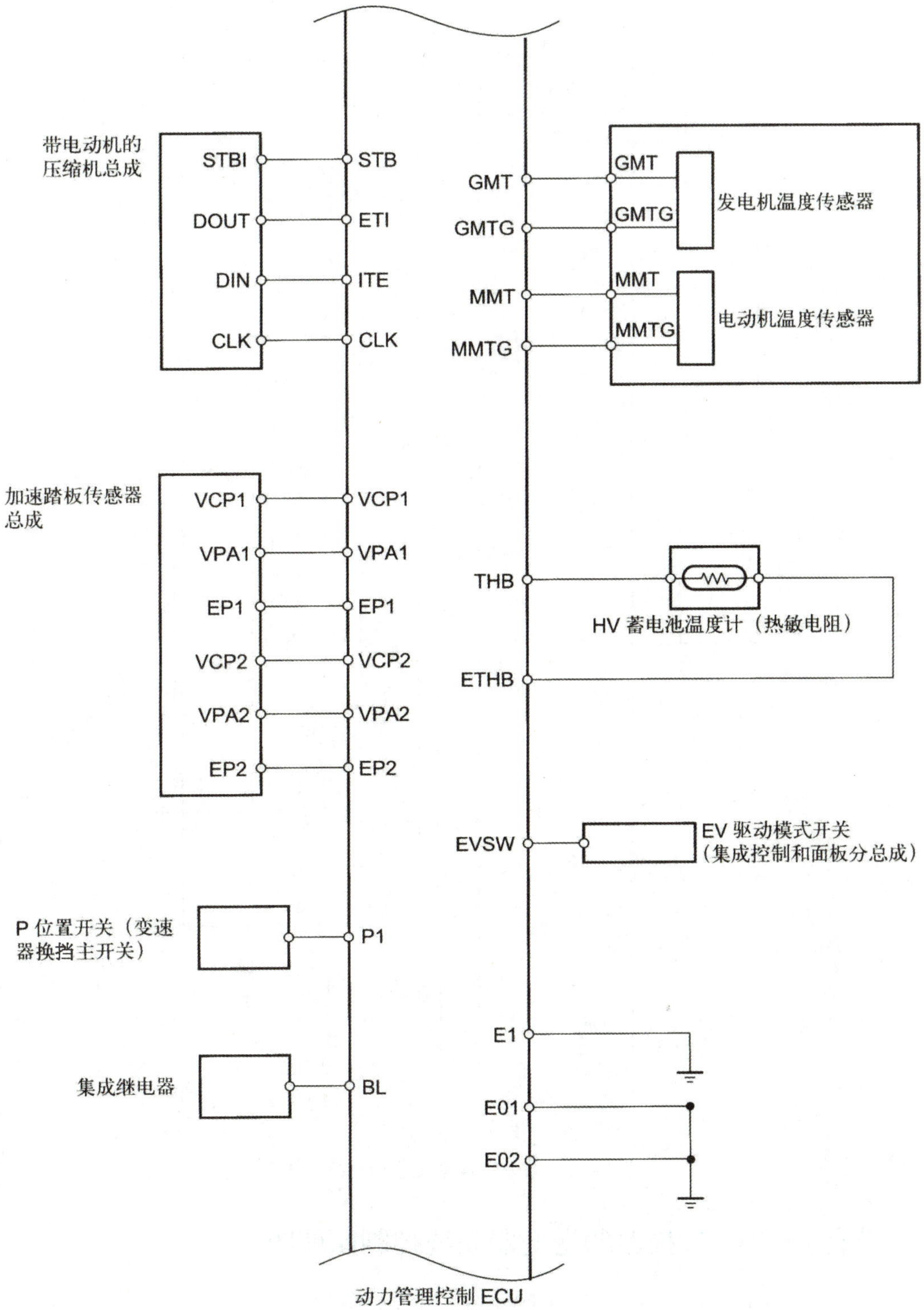

图 7-11　动力管理系统原理图（续 1）

笔记

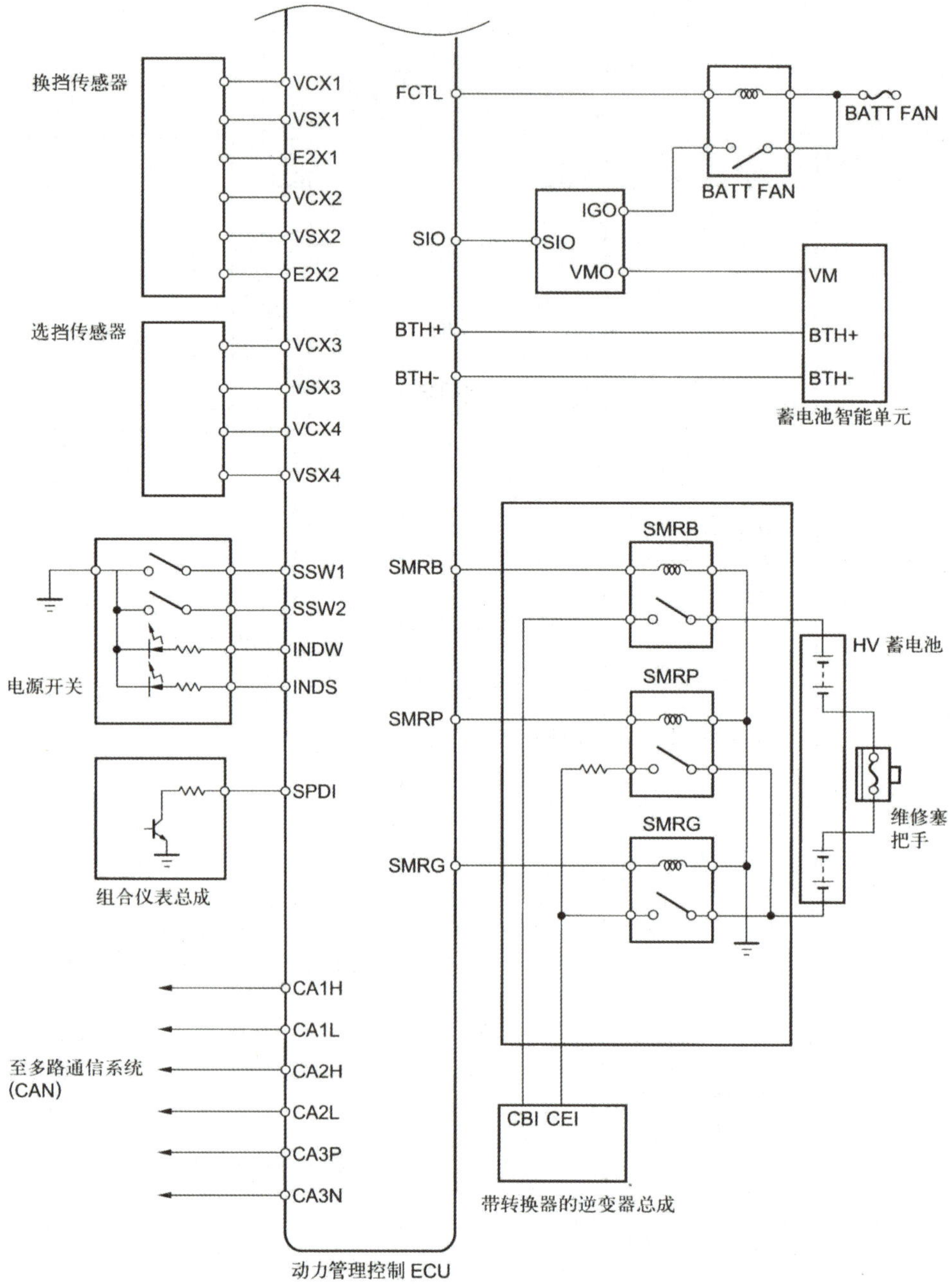

图 7-11　动力管理系统原理图（续 2）

二、带有 DC/DC 转换器的逆变器系统控制原理图

如图 7-12 所示为带有 DC/DC 转换器的逆变器系统控制原理图。

HTM 是动力管理控制单元向变频器控制单元发送信息，MTH 是变频器控制单元向动力管理控制单元发送信息，CLK 是同步通信用时钟，HSDN 是动力管理向变频器发送的关闭信号，REQ 是申请信号。

S 是 DC/DC 转换器的蓄电池电压检测法的信号线，VLO 是动力管理控制降压 DC/DC 转换器的信号，NODD 是降压 DC/DC 转换器向动力管理发出有故障的信号，IDH 是禁止空调加热器起动的信号。

笔记

U、V、W 是电机的三相交流供电电缆线，DRN 是信号线的屏蔽，GRF 是发电机参考信号（正弦励磁信号），GSN 是正弦信号输出，GCS 是余弦信号输出。MRF 是发电机参考信号（正弦励磁信号），MSN 是正弦信号输出，MCS 是余弦信号输出。

ILK 是变频器开盖互锁，ILKI 是直流母线及检修塞互锁信号，GI 是发动机转速信号输入。

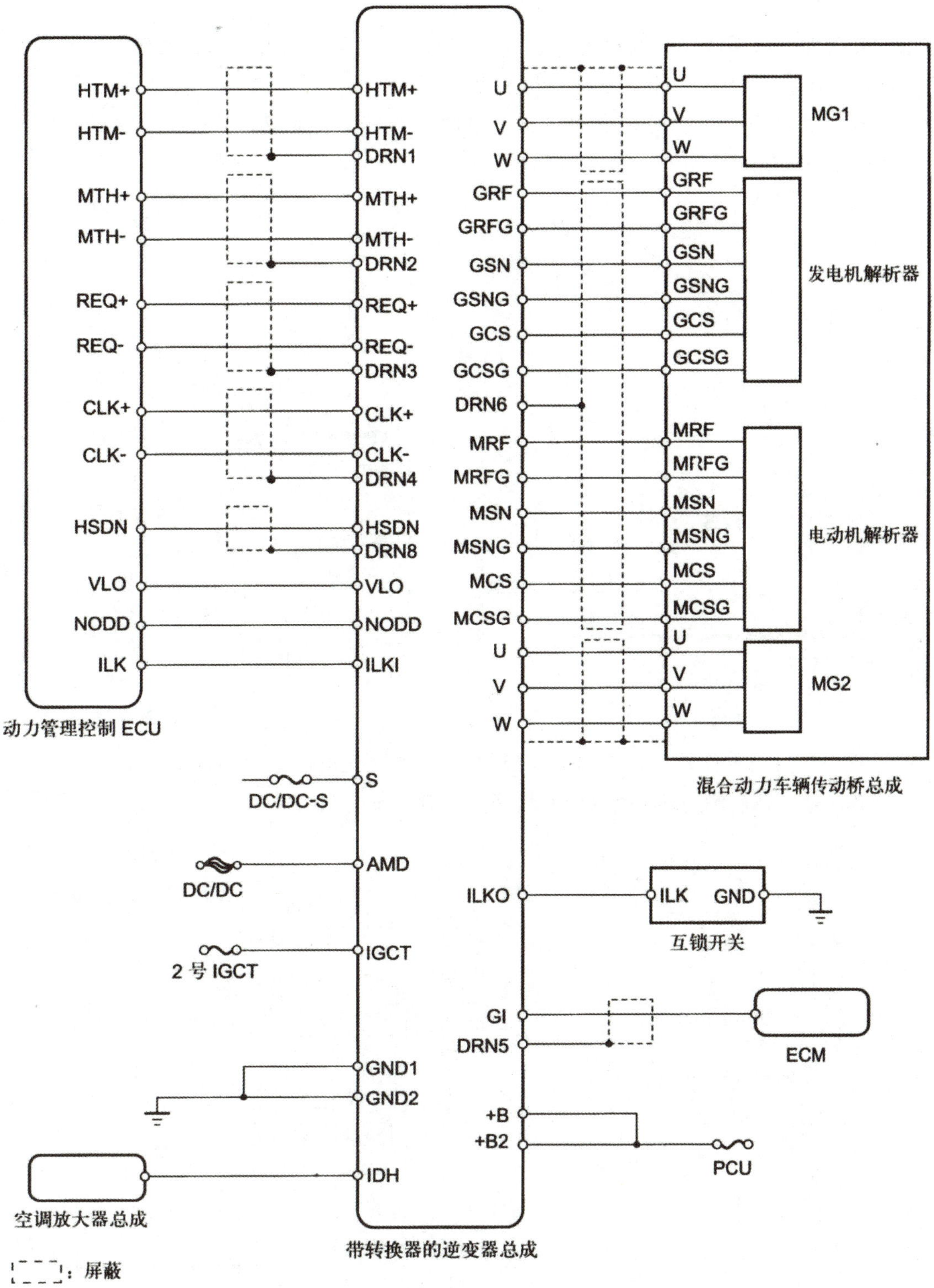

图 7–12　带有 DC/DC 转换器的逆变器系统控制原理图

笔记

第四节 丰田普锐斯系统描述

一、基本操作

根据驾驶条件，该系统结合发动机、MG1 和 MG2 产生动力。各种结合的典型例子说明如下。

（1）HV 蓄电池向 MG2 供电，从而提供驱动前轮的动力（见图 7-13）。

（2）发动机通过行星齿轮驱动前轮时，也将通过行星齿轮驱动 MG1，以产生的电力提供给 MG2（见图 7-14）。

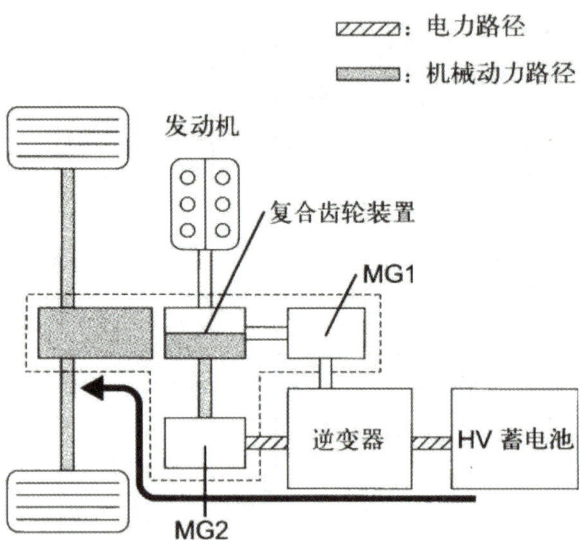

图 7-13　纯电动工况控制

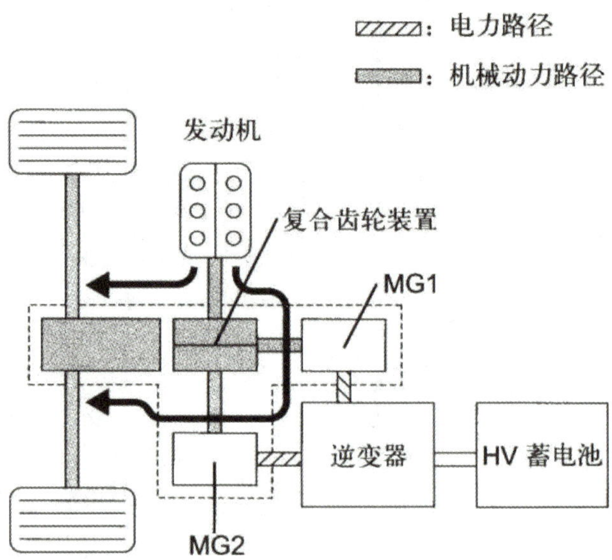

图 7-14　串联工况控制

（3）发动机通过行星齿轮转动 MG1，以对 HV 蓄电池充电（见图 7-15）。

（4）车辆减速时，前轮的动能被回收并转换为电能，通过 MG2 向 HV 蓄电池充电（见图 7-16）。

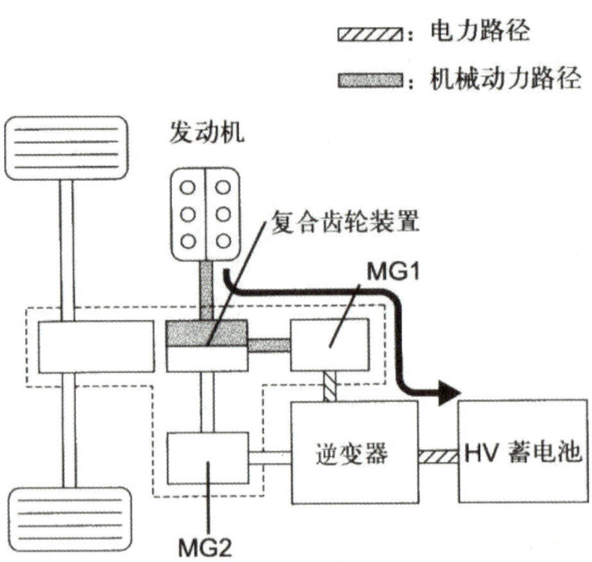

图 7-15　MG1 发电工况控制

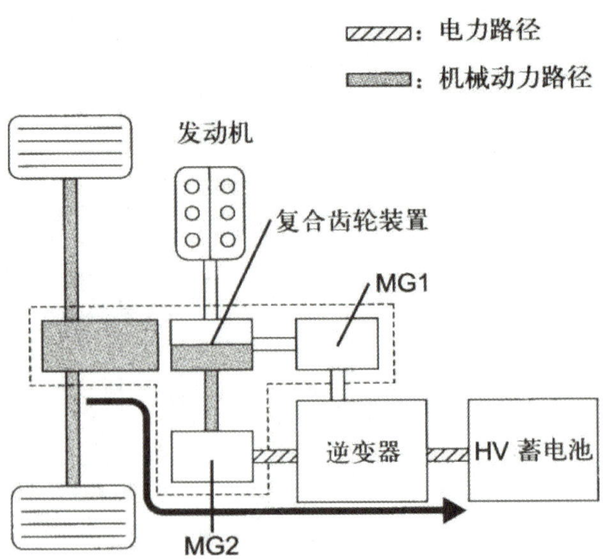

图 7-16　再生制动工况控制

笔记

二、系统图及主要零部件的功能

图 7-17 所示为丰田普锐斯系统图。

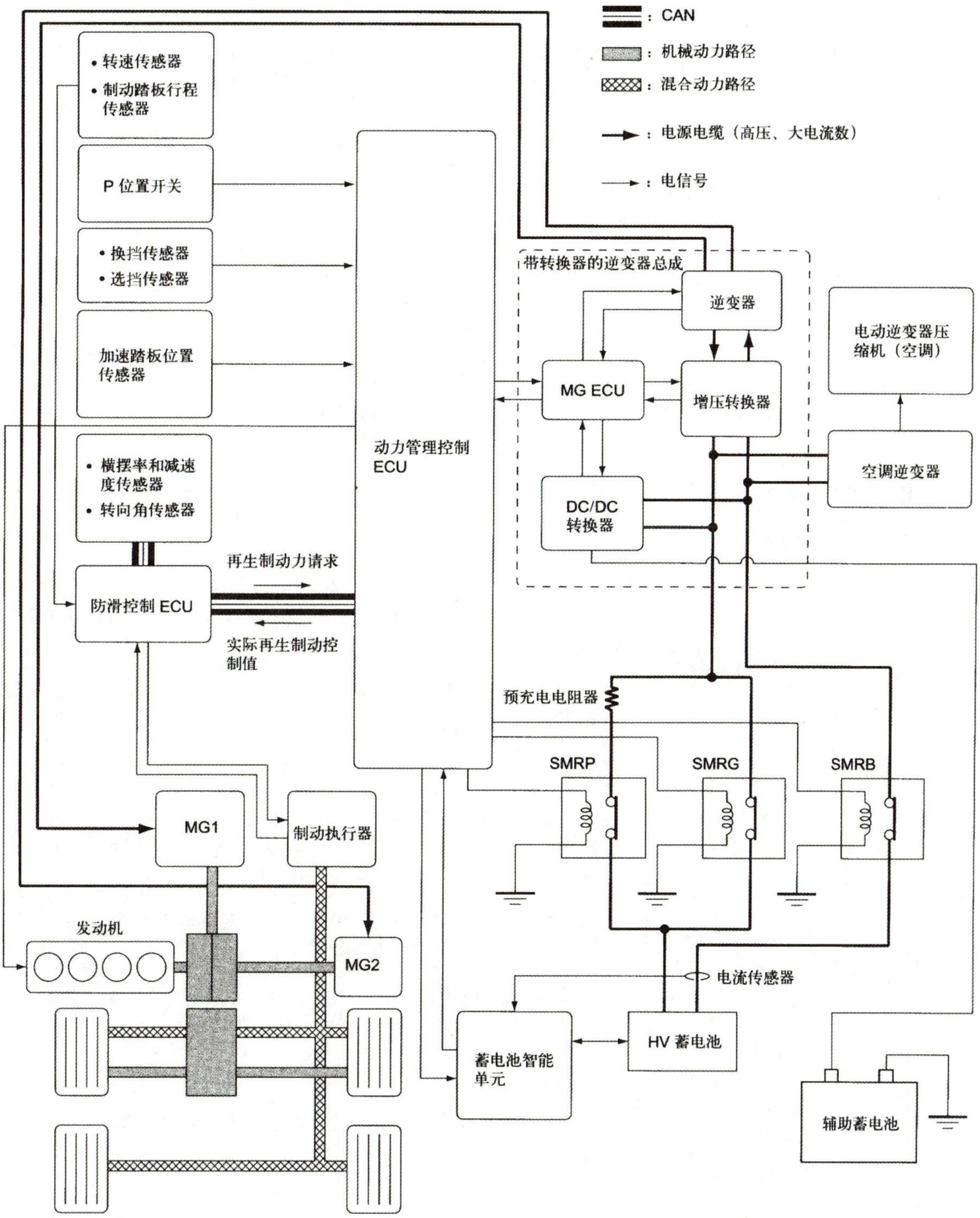

图 7–17　丰田普锐斯系统图

图 7-17 中主要零部件的功能见表 7-1。

笔记

表 7-1　主要零部件的功能

<table>
<tr><th>零部件</th><th colspan="2">功能</th></tr>
<tr><td>动力管理控制 ECU</td><td colspan="2">执行混合动力系统的综合控制
• 接收来自各传感器及 ECU（ECM、MG ECU、蓄电池智能单元和防滑控制 ECU）的信息，并基于该信息，计算出所需扭矩及输出功率。动力管理控制 ECU 将计算的结果发送到 ECM、MG ECU 和防滑控制 ECU
• 监视 HV 蓄电池的 SOC
• 控制 DC/DC 转换器
• 控制带电动机的 HV 水泵
• 控制 HV 蓄电池冷却鼓风机</td></tr>
<tr><td rowspan="6">混合动力车辆传动桥总成</td><td colspan="2">电动机发电机 1（MG1）
• 由发动机驱动的 MG1 产生高压电，以使 MG2 运行并为 HV 蓄电池充电
• 同时，它还可作为起动机以起动发动机</td></tr>
<tr><td colspan="2">电动机发电机 2（MG2）
• 由 MG1 和 HV 蓄电池的电能驱动，产生驱动轮原动力
• 制动期间，或未踩下加速踏板时，将产生高压电以对 HV 蓄电池再充电</td></tr>
<tr><td colspan="2">解析器（MG1/MG2）
检测转子位置、转速以及 MG1 和 MG2 的方向</td></tr>
<tr><td colspan="2">温度传感器（MG1/MG2）
检测 MG1 和 MG2 的温度</td></tr>
<tr><td rowspan="2">复合齿轮装置</td><td>动力分配行星齿轮机构合理分配发动机原动力以直接驱动车辆及 MG1</td></tr>
<tr><td>电动机减速行星齿轮机构根据行星齿轮的特点降低 MG2 的转速，以增大扭矩</td></tr>
<tr><td rowspan="7">带转换器的逆变器总成</td><td>逆变器</td><td>将来自增压转换器的直流转换为用于 MG1 和 MG2 的交流，反之亦然（从 AC 至 DC）</td></tr>
<tr><td>增压转换器</td><td>将 HV 蓄电池额定电压 201.6 V 的直流增高为最高 650 V 的直流，反之亦然（将 650 V 的直流降低为 201.6 V 的直流）</td></tr>
<tr><td>DC/DC 转换器</td><td>将 HV 蓄电池额定电压从 201.6 V 的直流降低为大约 14 V 的直流，为电气部件提供电力，并为辅助蓄电池充电</td></tr>
<tr><td>MG ECU</td><td>根据接收来自动力管理控制 ECU 的信号控制逆变器和增压转换器，从而使 MG1 和 MG2 作为发电机或电动机运行</td></tr>
<tr><td>大气压力传感器</td><td>检测大气压力</td></tr>
<tr><td>温度传感器（带转换器的逆变器总成）</td><td>检测带转换器的逆变器总成零件的温度和 HV 冷却液温度</td></tr>
<tr><td>逆变器电流传感器</td><td>检测 MG1 和 MG2 的电流</td></tr>
<tr><td rowspan="2">HV 蓄电池</td><td>HV 蓄电池（蓄电池模块）</td><td>• 根据车辆驾驶条件，向 MG1 和 MG2 供电
• 根据 SOC 及车辆驾驶条件，MG1 和 MG2 对其充电</td></tr>
<tr><td>HV 蓄电池温度传感器</td><td>检测 HV 蓄电池零件的温度和来自 HV 蓄电池冷却鼓风机的进气温度</td></tr>
</table>

笔记

续表

<table>
<tr><th colspan="2">零部件</th><th>功能</th></tr>
<tr><td rowspan="2">混合动力蓄电池接线盒总成</td><td>系统主继电器</td><td>通过使用来自动力管理控制 ECU 的信号，连接和断开 HV 蓄电池和带转换器的逆变器总成之间的高压电路</td></tr>
<tr><td>HV 蓄电池电流传感器</td><td>检测 HV 蓄电池的输入和输出电流</td></tr>
<tr><td colspan="2">蓄电池智能单元</td><td>• 监视 HV 蓄电池状态，例如电压、电流和温度，并将此信息传输至动力管理控制 ECU
• 监视高压系统电子绝缘故障</td></tr>
<tr><td colspan="2">维修塞把手</td><td>拆下该维修塞把手时，切断 HV 蓄电池的高压电路以检查或保养车辆</td></tr>
<tr><td colspan="2">互锁开关（维修塞把手，逆变器端子盖，电源电缆连接器）</td><td>确认已安装检修塞把手、逆变器盖和逆变器电源电缆连接器</td></tr>
<tr><td colspan="2">电源电缆</td><td>连接 HV 蓄电池、带转换器的逆变器总成、混合动力车辆传动桥总成和带电动机的冷却器压缩机总成</td></tr>
<tr><td colspan="2">逆变器水泵总成</td><td>由来自动力管理控制 ECU 的信号操作来冷却带转换器的逆变器总成和 MG1</td></tr>
<tr><td colspan="2">HV 蓄电池冷却鼓风机</td><td>由来自动力管理控制 ECU 的信号操作来冷却 HV 蓄电池</td></tr>
<tr><td colspan="2">热敏电阻总成</td><td>检测辅助蓄电池的温度</td></tr>
<tr><td colspan="2">加速踏板位置传感器</td><td>将加速踏板位置转换为电信号，并将其输出至动力管理控制 ECU</td></tr>
<tr><td colspan="2">换挡杆位置传感器</td><td>将换挡杆操作转换为电信号，并将其输出至动力管理控制 ECU</td></tr>
<tr><td colspan="2">P 位置开关</td><td>驾驶员操作时，将 P 位置开关信号输出至动力管理控制 ECU</td></tr>
<tr><td colspan="2">EV 行驶模式开关（集成控制和面板分总成）</td><td>驾驶员操作时，将 EV 行驶模式开关（集成控制和面板分总成）信号输出至动力管理控制 ECU</td></tr>
<tr><td colspan="2">动力模式开关（集成控制和面板分总成）</td><td>驾驶员操作时，将动力模式开关（集成控制和面板分总成）信号通过 ECM 输出至动力管理控制 ECU</td></tr>
<tr><td colspan="2">环保模式开关（集成控制和面板分总成）</td><td>驾驶员操作时，将环保模式开关（集成控制和面板分总成）信号通过空调放大器输出至动力管理控制 ECU</td></tr>
<tr><td colspan="2">空调放大器</td><td>将各空调状态信号传输至动力管理控制 ECU</td></tr>
</table>

三、故障症状表

故障症状表是故障现象和故障原因的对照表（见表 7-2），对每个症状都有一定的可疑部位对应。

使用故障症状表在电路图中进行逆向分析是技师的一项高级技能，是高技能人才的一种体现。故障症状表的电路图逆向分析是指选一种故障的症状，然后在相应的电路图中进行分析产生这个症状的可能原因。

笔记

表 7-2　混合动力控制系统故障症状表

症状	可疑部位
不能进入 EV 模式	CAN 通信系统
	组合仪表
	EV 行驶模式开关（集成控制和面板分总成）
	EV 行驶模式开关电路
EV 模式指示灯不亮	组合仪表
	EV 行驶模式开关（集成控制和面板分总成）
EV 模式指示灯不熄灭	组合仪表
	EV 行驶模式开关（集成控制和面板分总成）
不能进入动力模式	CAN 通信系统
	组合仪表
	动力模式开关（集成控制和面板分总成）
	模式选择开关动力模式电路
动力模式指示灯不亮	组合仪表
	动力模式开关（集成控制和面板分总成）
动力模式指示灯不熄灭	组合仪表
	动力模式开关（集成控制和面板分总成）
	模式选择开关动力模式电路
不能进入环保模式	CAN 通信系统
	组合仪表
	环保模式开关（集成控制和面板分总成）
	模式选择开关环保模式电路
环保模式指示灯不亮	组合仪表
	环保模式开关（集成控制和面板分总成）
环保模式指示灯不熄灭	组合仪表
	环保模式开关（集成控制和面板分总成）
	模式选择开关环保模式电路
喘抖或加速不良	制动超控系统
混合动力车辆传动桥发出较大的响振声	混合动力车辆变速器
	变速器输入减振器总成
	混合动力车辆传动桥总成
电源开关未置于“ON（READY）”位置	智能上车和起动系统（起动功能）
	ECU 电源电路
	动力管理控制 ECU
	ECM

笔记

第五节 数据列表分析

一、数据界面

数据列表如图 7-18 至图 7-20 所示，数据列表翻译如表 7-3 所示。

参数	值	单位
Engine Coolant Temp	62	C
Engine Revolution	0	rpm
Vehicle Spd	0	km/h
Engine Run Time	4346	s
+B	14.53	V
Ambient Temperature	15	C
DTC Clear Run Distance	1	km
MAP	99	kPa(abs)
Atmosphere Pressure	99	kPa(abs)
Ready Signal	ON	
Motor(MG2) Revolution	0	rpm
Motor(MG2) Torq	0.00	Nm
M(MG2) Trq Exec Val	0.62	Nm
Generator(MG1) Rev	0	rpm
Generator(MG1) Torq	0.00	Nm
G(MG1) Trq Exec Val	0.00	Nm
Regenerative Brake Torq	0.0	Nm
Rqst Regen Brake Torq	0.0	Nm
Inverter Temp-(MG1)	38	C
Inverter Temp-(MG2)	37	C
Motor Temp No2	37	C
Motor Temp No1	29	C
Accelerator Degree	0.0	%
Request Power	0	W
Target Engine Rev	0	rpm
State of Charge (All Bat)	50.1	%
Master Cylinder Ctrl Trq	0.0	Nm
Power Resource VB	226.0	V
Power Resource IB	0.65	A
VL-Voltage before Boosting	227	V

参数	值	单位
VH-Voltage after Boosting	227	V
Boost Ratio	0.0	%
Drive Condition ID	0	
Shift Sensor Shift Pos	P	
Crank Position	36	deg (CA)
A/C Consumption Pwr	0	W
Short Wave Highest Val	4.98	V
Num of Current Code	0	
Calculate Load	0.0	%
Throttle Position	16.4	%
DC/DC Cnv Tar Pulse Duty	67.5	%
Inverter Coolant Water Temperature	37	C
Cooling Fan 0	0.0	%
Inverter W/P Revolution	3375	rpm
Prohibit DC/DC conv sig	OFF	
DC/DC Converter Status Voltage	3.85	V
EV Request	OFF	
Gradient of Road Surface	0.0	m/s2
Permit Start by Immobiliser	Normal	
Immobiliser Communication	ON	
Starter Switch	OFF	
SOC after IG-ON	0.0	%
Inv-Temp (MG1) Max	53	C
Inv-Temp (MG2) Max	43	C
Mtr-Temp (MG2) Max	29	C
Converter Temp Max	47	C
Status of Charge Max	50.0	%
Status of Charge Min	0.0	%
Stop Light Switch	OFF	

图 7-18　数据列表（1~2 帧）

参数	值	单位
Inter Lock Switch	OFF	
Back Up Lamp Relay	OFF	
ECO Mode	OFF	
Shift Pos Status (T/M Ctrl)	P	
Shift P Permission Signal	ON	
DC/DC Cnv Temp (Upper)	38	C
DC/DC Cnv Temp (Lower)	37	C
Mtr-Temp (MG1) Max	37	C
Internal Shift Position	P	
P Request (T/M Ctrl)	ON	
(Inverter) W/P Run Control Duty	62.50	%
Engine Stop Request	Request	
Engine Idling Request	No	
Main Batt Charging Rqst	No	
Aircon Request	No	
Engine Warming Up Rqst	No	
SMRP Status	OFF	
SMRB Status	ON	
SMRG Status	ON	
SMRP Control Status	OFF	
SMRB Control Status	ON	
SMRG Control Status	ON	
MG1 Gate Status	OFF	
MG2 Gate Status	OFF	
Converter Gate Status	OFF	
Auxiliary Battery Low-Last Operation	1	
Auxiliary Battery Low-Last Trip	0	
MG2 Temperature High-Last Operation	0	
MG2 Temperature High-Last Trip	0	
MG1 Temperature High-Last Operation	0	

参数	值	单位
MG1 Temperature High-Last Trip	0	
MG2(Motor) Inverter Temperature High-Last Op	0	
MG2(Motor) Inverter Temperature High-Last Trip	0	
MG1(Generator) Inverter Temperature High-Last Op	0	
MG1(Generator) Inverter Temp High-Last Trip	0	
Main Battery Low Voltage-Last Operation	0	
Main Battery Low Voltage-Last Trip	0	
Coolant Heating-Last Operation	0	
Coolant Heating-Last Trip	0	
Converter Heating-Last Operation	0	
Converter Heating-Last Trip	0	
Batt Pack Current Val	0.65	A
Inhaling Air Temp	21.0	C
VMF Fan Motor Voltage1	0.0	V
Auxiliary Battery Vol	14.43	V
Charge Control Value	-20.0	KW
Discharge Control Value	19.0	KW
Cooling Fan Mode1	0	
Temp of Batt TB1	22.5	C
Temp of Batt TB2	21.6	C
Temp of Batt TB3	20.3	C
Battery Block Vol -V01	16.11	V
Battery Block Vol -V02	16.14	V
Battery Block Vol -V03	16.09	V
Battery Block Vol -V04	16.16	V

图 7-19　数据列表（3~4 帧）

笔记

参数	值	单位	参数	值	单位
MG1 Temperature High-Last Trip	0		Battery Block Vol -V05	16.50	V
MG2(Motor) Inverter Temperature High-Last Op	0		Battery Block Vol -V06	16.53	V
			Battery Block Vol -V07	16.48	V
MG2(Motor) Inverter Temperature High-Last Trip	0		Battery Block Vol -V08	16.50	V
			Battery Block Vol -V09	16.50	V
MG1(Generator) Inverter Temperature High-Last Op	0		Battery Block Vol -V10	16.53	V
			Battery Block Vol -V11	16.48	V
MG1(Generator) Inverter Temp High-Last Trip	0		Battery Block Vol -V12	16.50	V
			Battery Block Vol -V13	16.53	V
Main Battery Low Voltage-Last Operation	0		Battery Block Vol -V14	16.55	V
			Battery Low Time	0	
Main Battery Low Voltage-Last Trip	0		DC Inhibit Time	0	
Coolant Heating-Last Operation	0		Hot Temperature Time	0	
Coolant Heating-Last Trip	0				
Converter Heating-Last Operation	0				
Converter Heating-Last Trip	0				
Batt Pack Current Val	0.65	A			
Inhaling Air Temp	21.0	C			
VMF Fan Motor Voltage1	0.0	V			
Auxiliary Battery Vol	14.43	V			
Charge Control Value	-20.0	KW			
Discharge Control Value	19.0	KW			
Cooling Fan Mode1	0				
Temp of Batt TB1	22.1	C			
Temp of Batt TB2	21.2	C			
Temp of Batt TB3	19.9	C			
Battery Block Vol -V01	16.48	V			
Battery Block Vol -V02	16.53	V			
Battery Block Vol -V03	16.48	V			
Battery Block Vol -V04	16.50	V			

图 7-20　数据列表（第 5 帧）

表 7-3　数据列表翻译（1~5 帧）

参数	值	单位	参数	值	单位
Engine Coolant Temp	61	℃	Rqst Regen Brake Torq	0.0	N·m
Engine Revolution	0	r/min	Inverter Temp-（MG1）	35	℃
Vehicle Spd	0	km/h	Inverter Temp-（MG2）	35	℃
Engine Run Time	6288	s	Motor Temp No.2	34	℃
+B	14.29	V	Motor Temp No.1	25	℃
Ambient Temperature	14	℃	Accelerator Degree	0.0	%
DTC Clear Run Distance	0	km	Request Power	0	W
MAP	100	kpa（abs）	Target Engine Rev	0	r/min
Atmosphere Pressure	100	kpa（abs）	State of Charge（A11 Bat）	50.1	%
Ready Signal	ON		Master Cylinder Ctrl Trq	0.0	N·m
Motor（MG2）Revolution	0	r/min	Power Resource VB	230.0	V
Motor（MG2）Torq	0.00	N·m	Power Resource IB	0.49	A
M（MG2）Trq Exec Val	0.00	N·m	VL-Voltage before Boosting	230	V
Generator（MG1）Rev	0	r/min	VH-Voltage after Boosting	228	V
Generator（MG1）Torq	0.00	N·m	Boost Ratio	0.0	%
G（MG1）Trq Exec Val	0.00	N·m	Drive Condition ID	0	
Regenerative Brake Torq	0.0	N·m	Shift Sensor Shift Pos	p	

笔记

续表

参数	值	单位	参数	值	单位
Crank Position	40	deg（CA）	Mtr-Temp（MG1）Max	30	℃
A/C Consumption Pwr	0	W	Internal Shift Position	P	
Short Wave Highest Val	4.98	V	P Request（T/M Ctrl）	ON	
Num of Current Code	0		（Inverter）W/P Run Control Duty	62.50	%
Calculate Load	0.0	%	Engine Stop Request	Request	
Throttle Position	17.2	%	Engine Idling Request	NO	
DC/DC Cnv Tar Pulse Duty	64.9	%	Main Batt Charging Rqst	NO	
Inverter Coolant Water Trmperature	26	℃	Aircon Request	NO	
Cooling Fan 0	0.0	%	Engine Warming Up Rqst	NO	
Inverter W/P Revolution	3375	r/min	SMRP Status	OFF	
Prohibit DC/DC conv sig	OFF		SMRB Status	NO	
DC/DC Converter Status Voltage	3.83	V	SMRG Status	NO	
EV Request	OFF		SMRP Control Status	OFF	
Gradient of Road Surface	0.0	m/s^2	SMRB Control Status	NO	
Permit Start by Immobiliser	Normal		SMRG Control Status	NO	
Immobiliser Communication	ON		MG1（Generator）Inverter Temperature High-Last Op	0	
Starter Switch	OFF		MG1（Generator）Inverter Temperature High-Last Trip	0	
SOC after IG-ON	50.0	%	Main Battery Low Voltage-Last Operation	0	
Inv-Temp（MG1）Max	38	℃	Main Battery Low Voltage-Last Trip	0	
Inv-Temp（MG2）Max	28	℃	Coolant Heating-Last Operation	0	
Mtr-Temp（MG2）Max	22	℃	Coolant Heating-Last Trip	0	
Converter Temp Max	34	℃	Converter Heating-Last Operation	0	
Status of Charge Max	52.0	%	Converter Heating-Last Trip	0	
Status of Charge Min	47.0	%	Batt Pack Current Val	0.56	A
Stop Light Switch	OFF		Inhaling Air Temp	25.1	℃
Inter Lock Switch	OFF		VMF Fan Motor Voltagel	0.0	V
Back Up Lamp Relay	OFF		Auxiliary Battery Vol	14.22	V
ECO Mode	OFF		Charge Control Value	-23.00	kW
Shift Pos Status（T/M Ctrl）	P		Discharge Control Value	20.0	kW
Shift P Permission Signal	ON		Cooling Fan Model	0	
DC/DC Cnv Temp（Lower）	31	℃	MG1 Gate Status	OFF	

笔记

续表

参数	值	单位	参数	值	单位
MG2 Gate Status	OFF		Battery Block Vo1-Vo3	16.14	V
Converter Gate Status	OFF		Battery Block Vo1-Vo4	16.14	V
Auxiliary Battery Low-Last Operation	0		Battery Block Vo1-Vo5	16.14	V
Auxiliary Battery Low-Last Trip	0		Battery Block Vo1-Vo6	16.14	V
MG2 Temperature High-Last Operation	0		Battery Block Vo1-Vo7	16.14	V
MG2 Temperature High-Last Trip	0		Battery Block Vo1-Vo8	16.14	V
MG1 Temperature High-Last Operation	0		Battery Block Vo1-Vo9	16.14	V
MG1 Temperature High-Last Trip	0		Battery Block Vo1-Vo10	16.14	V
MG2（Motor）Inverter Temperature High-Last Op	0		Battery Block Vo1-Vo11	16.14	V
MG2（Motor）Inverter Temperature High-Last Trip	0		Battery Block Vo1-Vo12	16.14	V
Temp of Batt TB1	25.6	℃	Battery Block Vo1-Vo13	16.14	V
Temp of Batt TB2	24.1	℃	Battery Block Vo1-Vo14	16.14	V
Temp of Batt TB3	23.2	℃	Battery Low Time	0	
Battery Block Vo1-Vo1	16.14	V	DC Inhibit Time	0	
Battery Block Vo1-Vo2	16.14	V	Hot Temperature Time	0	

第八章

DC/DC 转换器诊断与检修

情境引入

小林遇到丰田普锐斯混合动力汽车后备厢 12 V 铅酸蓄电池馈电，他在其它修理部更换了一块全新的 12 V 蓄电池，可不到一天，车辆 12 V 铅酸蓄电池就再次馈电。

假如你是车间的小林，你知道解决这个问题要用到哪些知识吗？

学习目标

（1）能够说出升压 DC/DC 转换器原理图的工作原理。

（2）能够操作诊断仪对升压 DC/DC 转换器进行诊断。

（3）能够说出降压 DC/DC 转换器电路图的工作原理。

（4）能够操作诊断仪对降压 DC/DC 转换器进行诊断。

（5）能够操作仪用万用表对降压 DC/DC 转换器进行诊断。

笔记

第一节 升压 DC/DC 转换器诊断与检修

一、升压 DC/DC 转换器原理

升压 DC/DC 转换器原理如图 8-1 所示，MG ECU 使用内置于升压 DC/DC 转换器的电压传感器（VL）检测升压前的高压；它也使用内置于逆变器的电压传感器（VH）检测升压后的高压。根据升压前后的电压，MG ECU 控制升压 DC/DC 转换器的工作，将电压增至目标电压。

MG ECU 使用内置于升压转换器的电压传感器（VL）检测升压前的高压。ECU 也使用蓄电池智能单元检测 HV 蓄电池电压（VB）。

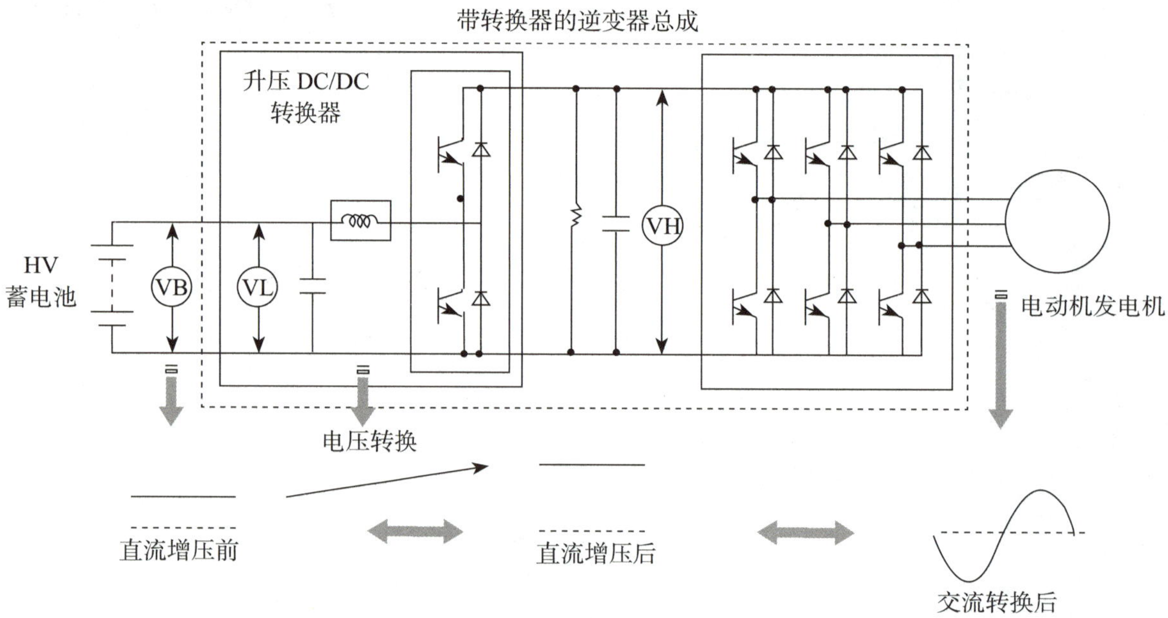

图 8-1　DC/DC 转换器升压原理

二、升压 DC/DC 转换器的作用

升压 DC/DC 转换器将 HV 蓄电池 201.6 V 的直流升压至最大值 650 V 的直流，逆变器将升压 DC/DC 转换器升压后的电压转换为用于驱动 MG1 和 MG2 的交流电压。电动机发电机作为发电机工作时，产生的交流通过逆变器转换为直流，升压 DC/DC 转换器将该电压降至大约 201.6 V 的直流以对 HV 蓄电池进行充电。

笔记

第二节 降压 DC/DC 转换器诊断与检修

一、DC/DC 转换器状态电路 NODD

1. 描述

混合动力车辆转换器（DC/DC 转换器）将 HV 蓄电池的 201.6 V 的直流转换为 12 V 的直流，以对车辆照明、音响和 ECU 系统等部位供电，此外，还对辅助蓄电池充电。晶体管桥接电路先将 201.6 V 的直流转换为交流，并经变压器降压。然后，经整流和滤波转换为 12 V 的直流。混合动力车辆转换器控制输出电压，以保持辅助蓄电池端子处的电压恒定。

2. 原理图

动力管理控制 ECU 使用 NODD 信号线路向混合动力车辆转换器传输 DC/DC 转换器停止、接收指示 12 V 充电系统正常或异常状态的信号。如果车辆行驶时混合动力车辆转换器不工作，则辅助蓄电池的电压将降低，这将阻止车辆继续运行。因此，动力管理控制 ECU 监视混合动力车辆转换器的工作情况，并在检测到故障时警告驾驶员。其原理如图 8-2 所示。

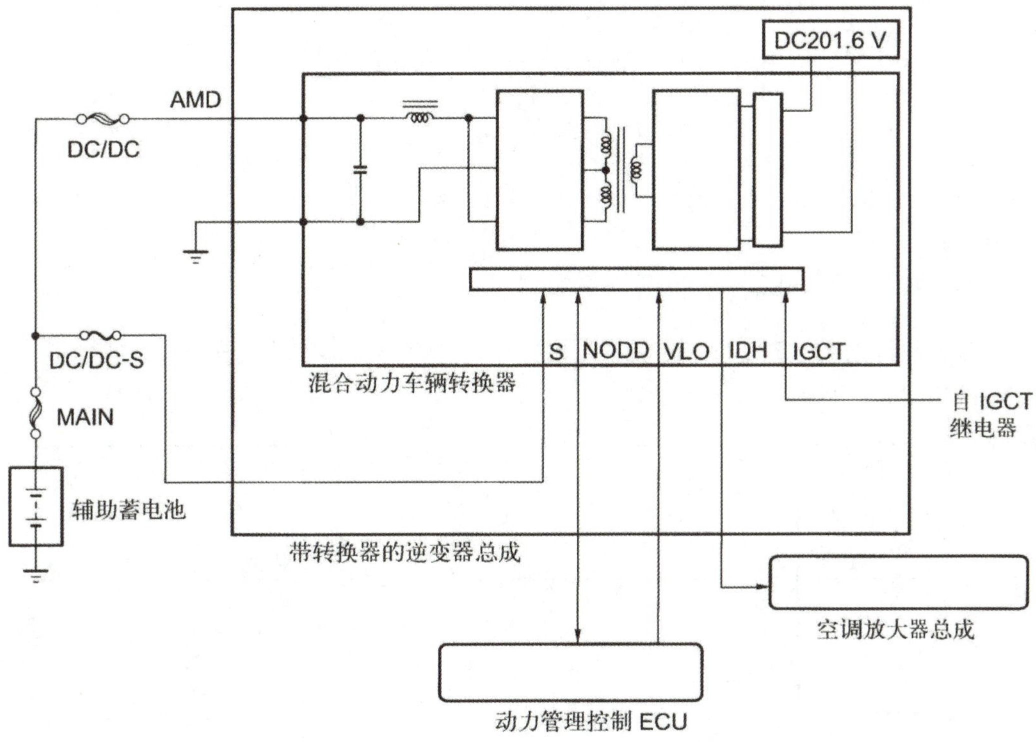

图 8-2　DC/DC 转换器状态控制总电路

笔记

3. 电路图（见图 8-3）。

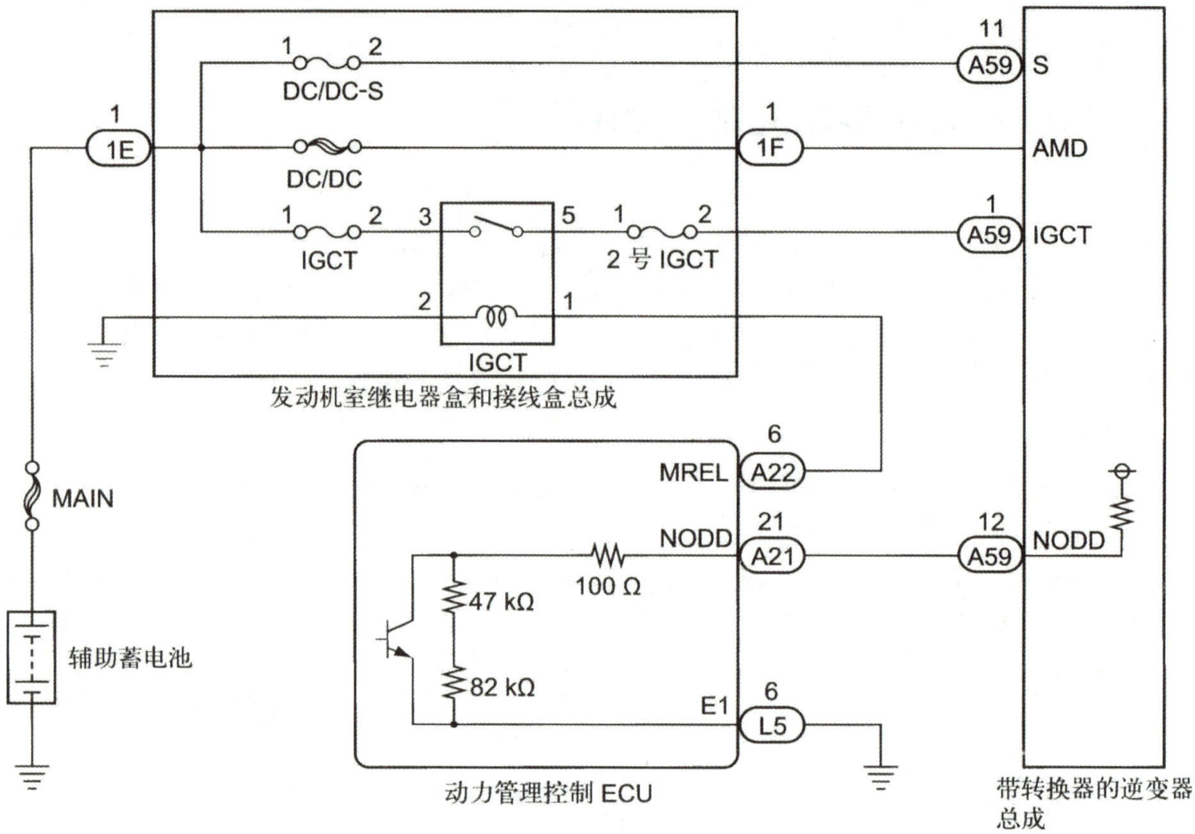

图 8-3　DC/DC 转换器状态电路 NODD

二、DC/DC 转换器状态电路 VLO

混合动力车辆转换器（DC/DC 转换器）根据动力管理控制 ECU 发送的占空比信号控制输出电压（12V），如图 8-4 所示。

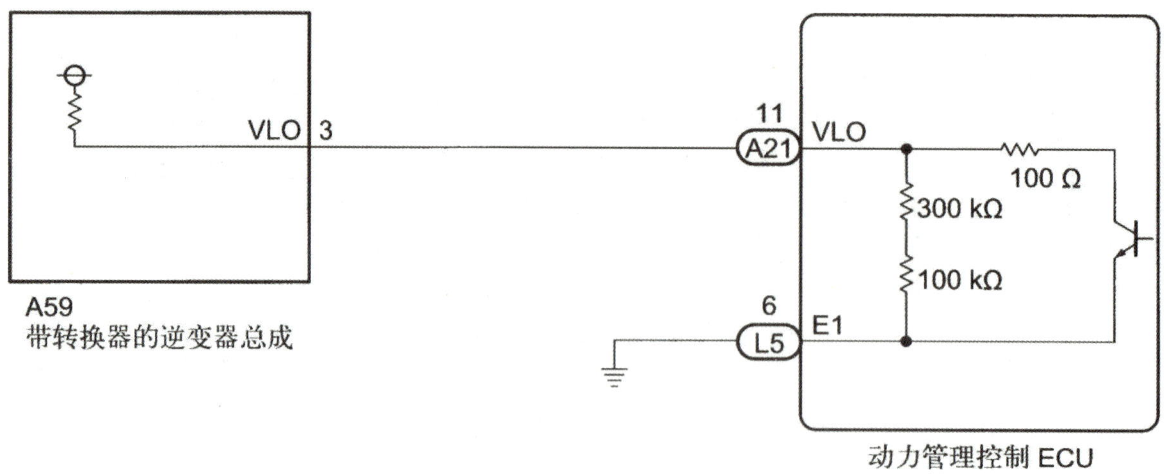

图 8-4　DC/DC 转换器状态电路 VLO

笔记

三、DC/DC 转换器状态电路 IDH

混合动力车辆转换器（DC/DC 转换器）通过 IDH 端子控制空调电加热器的开关，即 DC/DC 转换器检测自身工作状态，不能全力提供充电电流或目前蓄电池电压低时禁止空调加热器操作。

第三节 降压 DC/DC 转换器诊断实训

一、故障码和故障部位

1.DTC 检测条件

（1）检测到 DC/DC 转换器内部电路故障。

（2）DC/DC 转换器进入安全保护模式。

（3）备用蓄电池电压降至 11 V 以下。

2. 故障可能发生部位

（1）备用蓄电池。

（2）保险熔丝组块。

（3）保险丝（12V 电子设备）。

（4）发动机室继电器盒。

（5）变频器冷却软管。

（6）带电机和支架的水泵总成。

（7）冷却风扇电机。

（8）2 号冷却风扇电机。

（9）线束或连接器。

（10）带转换器的变频器总成（DC/DC 转换器）。

二、检查备用蓄电池端子的电缆连接情况

（1）关闭电源开关。

（2）在下列各点检查备用蓄电池（12 V）电缆连接情况。

①蓄电池正极和负极端子没有松动。

②蓄电池负极电缆的车身接地没有松动。

③保险熔丝组块螺母没有松动（正常情况下没有松动）。

④检查线束和连接器（带转换器的变频器总成—蓄电池和车身接地）。

三、线路测量

（1）打开电源开关“IG”。

（2）测量线束侧连接器的电压，标准电压。

① S—车身接地之间为蓄电池电压。

② AMD—车身接地之间为蓄电池电压。

③电源开关打开，IGCT—车身接地之间电压应在 8~16 V 之间 。

④检查线束侧连接器间的电阻。NODD—车身接地标准电阻为 100~140 Ω。

（3）检查变频器的高压连接器和低压连接器连接和供电情况。

在线束连接器连接完整的情况下，安装变频器盖，安装检修塞卡箍，打开电源开关“ON（READY)”，等待 5 分钟，准备进行带负荷能力测试。

四、带负荷能力测试

1. 将用电负荷开至最大的操作

（1）将车灯（稳定负载）开关设定为远光。

（2）打开空调，将鼓风机（稳定负载）设定至高速转动（HIGH)。

（3）也可打开后除雾器（稳定负载）。

（4）也可按下或提起四个车窗玻璃升降器的调节开关（不稳定负载）。

（5）也可向右或向左转动方向盘（不稳定负载）。

2. 测量电压和电流

（1）电压。在打开以上负载时，蓄电池电压应一直稳定在 13~15 V。

（2）电流。将电流钳夹在 DC/DC 转换器输出电缆上，在打开以上负载时，输出电流应在 40~100 A，电流大小随负载功率的增加而增加。

第四节　DC/DC 转换器数据读取分析

一、通用 DC/DC 转换器检查方法

按步骤完成 DC/DC 转换器的检查（见图 8-5 至图 8-10）。

图 8-5　蓄电池电压测量

步骤 1：如图 8-5 所示，打开点火开关，从应急充电端口测量蓄电池电压，本例为 12.96 V，说明 DC/DC 转换器未工作。

图 8-6　DC/DC 输出电压测量

步骤 2：如图 8-6 所示，打开“READY”挡，从应急充电端口测量蓄电池电压，本例为 14.12 V，说明 DC/DC 转换器输出电压正常。

笔记

图 8–7 将电流钳夹在 DC/DC 转换器输出电缆上

步骤 3：如图 8-7 所示，松开储液罐的支架固定螺栓，移开储液罐，将电流钳串入 DC/DC 转换器输出电缆上，本例测得 20.17 A。

图 8–8 打开大灯开关到远光

步骤 4：如图 8-8 所示，通过打开大灯开关，增加用电负载，测试 DC/DC 转换器的电流输出能力。

图 8–9 读取打开大灯时的电流值

步骤 5：如图 8-9 所示，通过打开大灯开关，增加用电负载，测试 DC/DC 转换器的电流输出能力，本例测得 36.33 A。

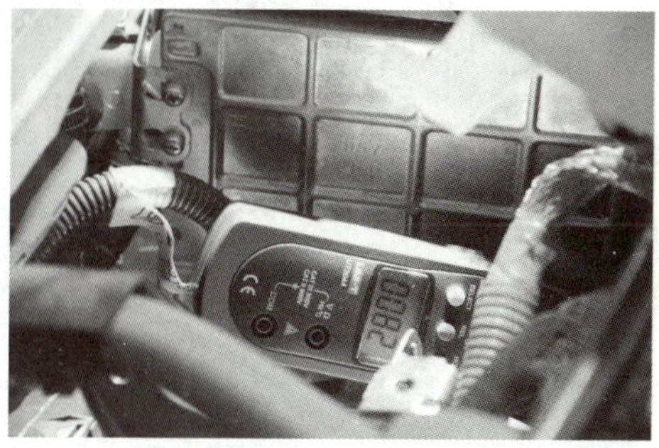

图 8–10 读取打开空调鼓风机时的电流值

步骤 6：如图 8-10 所示，打开空调，调至制冷温度最低、鼓风机转速最高，测试 DC/DC 转换器的电流输出能力，本例测得 82 A。

二、检查 DC/DC 转换器数据

如图 8-11 所示，进入丰田普锐斯混合动力控制，检查混合动力控制数据表，在其中选出 DC/DC 转换器的数据。

DC/DC 转换器数据解析如下。

（1）状态数据：在没有故障的情况下，状态数据基本没有实质性变化，所以根据状态数据无法查出故障。

（2）DC/DC 转换器电压输出数据是重点检查的数据。如图 8-12 所示 DC/DC 转换器输出电压 10.68 V，其实是 DC/DC 转换器未输出，这里的 10.68 V 电压是蓄电池的端电压。只有电压在（14 ± 0.5）V 时才说明 DC/DC 转换器工作正常。

（3）DC/DC 转换器输出电流数据也是重点检查的数据。不过有些诊断仪中并不提供 DC/DC 转换器的电流数据，可在诊断仪的数据中查找有无此数据，没有的情况下只能进行通用的电流检查。

笔记

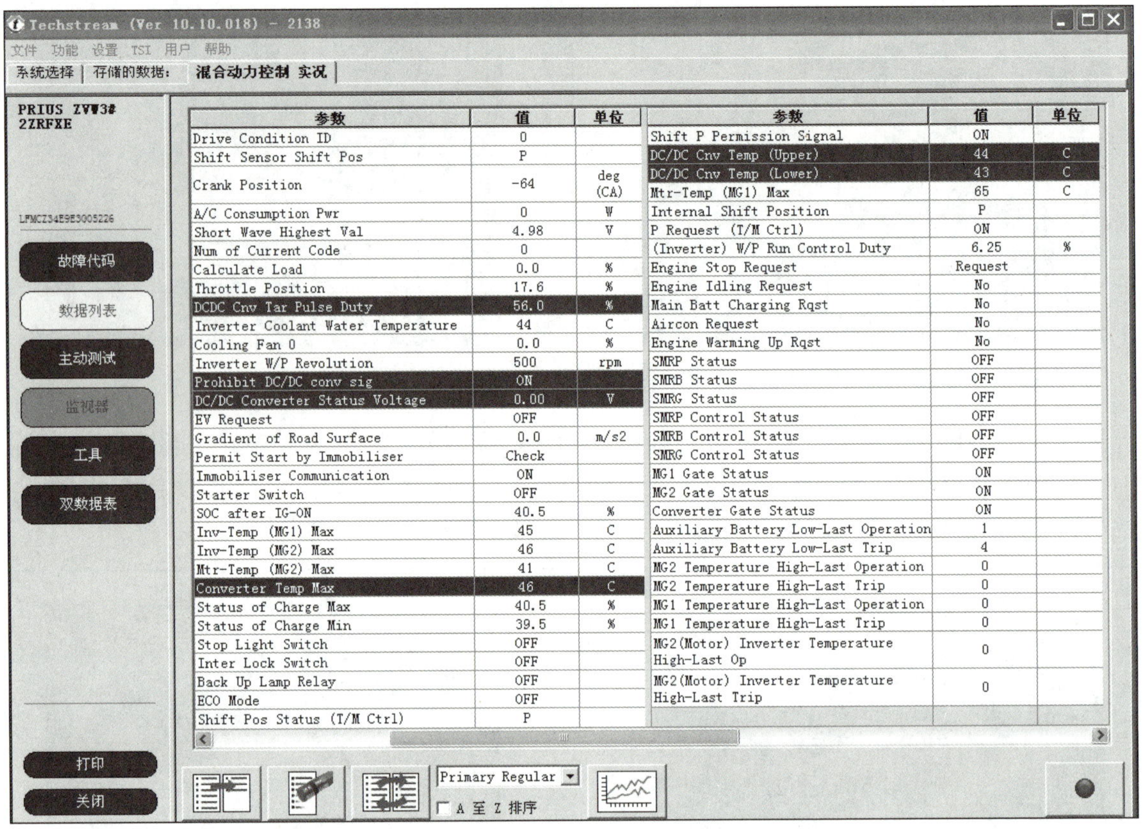

参数	值	单位
Drive Condition ID	0	
Shift Sensor Shift Pos	P	
Crank Position	-64	deg (CA)
A/C Consumption Pwr	0	W
Short Wave Highest Val	4.98	V
Num of Current Code	0	
Calculate Load	0.0	%
Throttle Position	17.6	%
DCDC Cnv Tar Pulse Duty	56.0	%
Inverter Coolant Water Temperature	44	C
Cooling Fan 0	0.0	%
Inverter W/P Revolution	500	rpm
Prohibit DC/DC conv sig	ON	
DC/DC Converter Status Voltage	0.00	V
EV Request	OFF	
Gradient of Road Surface	0.0	m/s2
Permit Start by Immobiliser	Check	
Immobiliser Communication	ON	
Starter Switch	OFF	
SOC after IG-ON	40.5	%
Inv-Temp (MG1) Max	45	C
Inv-Temp (MG2) Max	46	C
Mtr-Temp (MG2) Max	41	C
Converter Temp Max	46	C
Status of Charge Max	40.5	%
Status of Charge Min	39.5	%
Stop Light Switch	OFF	
Inter Lock Switch	OFF	
Back Up Lamp Relay	OFF	
ECO Mode	OFF	
Shift Pos Status (T/M Ctrl)	P	

参数	值	单位
Shift P Permission Signal	ON	
DC/DC Cnv Temp (Upper)	44	C
DC/DC Cnv Temp (Lower)	43	C
Mtr-Temp (MG1) Max	65	C
Internal Shift Position	P	
P Request (T/M Ctrl)	ON	
(Inverter) W/P Run Control Duty	6.25	%
Engine Stop Request	Request	
Engine Idling Request	No	
Main Batt Charging Rqst	No	
Aircon Request	No	
Engine Warming Up Rqst	No	
SMRP Status	OFF	
SMRB Status	OFF	
SMRG Status	OFF	
SMRP Control Status	OFF	
SMRB Control Status	OFF	
SMRG Control Status	OFF	
MG1 Gate Status	ON	
MG2 Gate Status	ON	
Converter Gate Status	ON	
Auxiliary Battery Low-Last Operation	1	
Auxiliary Battery Low-Last Trip	4	
MG2 Temperature High-Last Operation	0	
MG2 Temperature High-Last Trip	0	
MG1 Temperature High-Last Operation	0	
MG1 Temperature High-Last Trip	0	
MG2(Motor) Inverter Temperature High-Last Op	0	
MG2(Motor) Inverter Temperature High-Last Trip	0	

图 8-11　检查 DC/DC 转换器数据

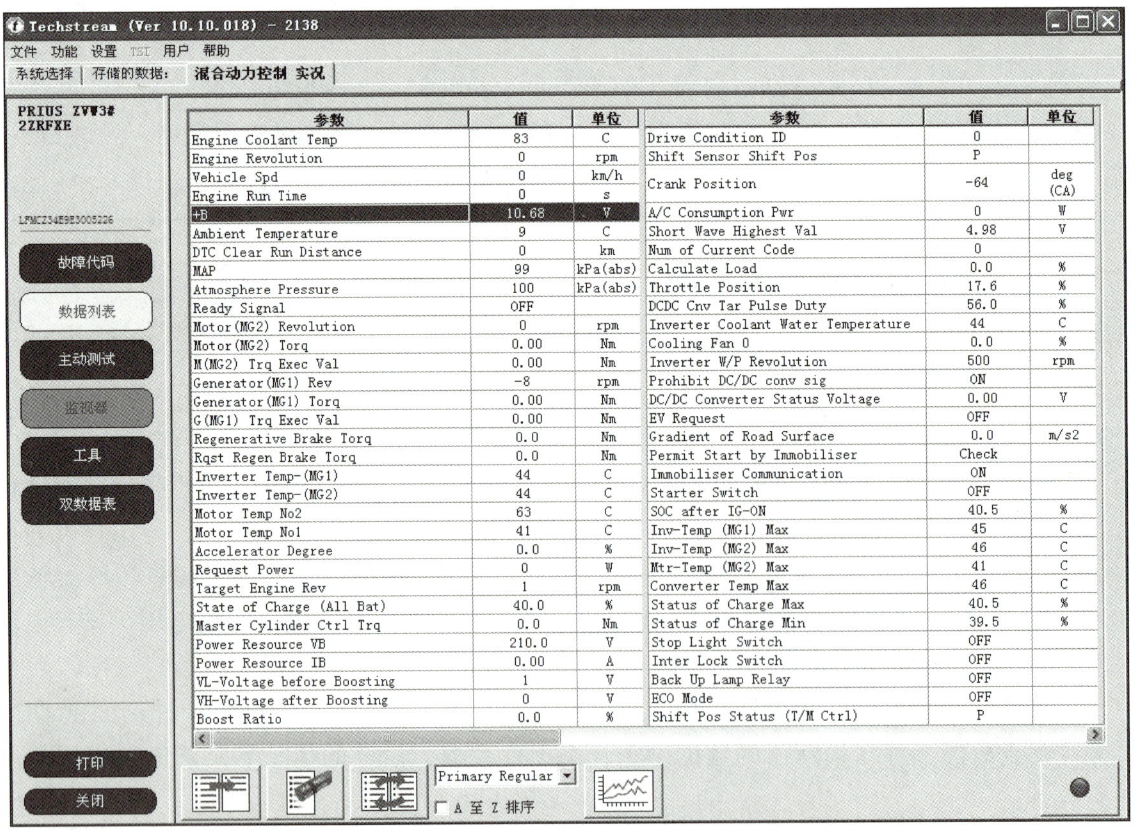

参数	值	单位
Engine Coolant Temp	83	C
Engine Revolution	0	rpm
Vehicle Spd	0	km/h
Engine Run Time	0	s
+B	10.68	V
Ambient Temperature	9	C
DTC Clear Run Distance	0	km
MAP	99	kPa(abs)
Atmosphere Pressure	100	kPa(abs)
Ready Signal	OFF	
Motor(MG2) Revolution	0	rpm
Motor(MG2) Torq	0.00	Nm
M(MG2) Trq Exec Val	0.00	Nm
Generator(MG1) Rev	-8	rpm
Generator(MG1) Torq	0.00	Nm
G(MG1) Trq Exec Val	0.00	Nm
Regenerative Brake Torq	0.0	Nm
Rqst Regen Brake Torq	0.0	Nm
Inverter Temp-(MG1)	44	C
Inverter Temp-(MG2)	44	C
Motor Temp No2	63	C
Motor Temp No1	41	C
Accelerator Degree	0.0	%
Request Power	0	W
Target Engine Rev	1	rpm
State of Charge (All Bat)	40.0	%
Master Cylinder Ctrl Trq	0.0	Nm
Power Resource VB	210.0	V
Power Resource IB	0.00	A
VL-Voltage before Boosting	1	V
VH-Voltage after Boosting	0	V
Boost Ratio	0.0	%

参数	值	单位
Drive Condition ID	0	
Shift Sensor Shift Pos	P	
Crank Position	-64	deg (CA)
A/C Consumption Pwr	0	W
Short Wave Highest Val	4.98	V
Num of Current Code	0	
Calculate Load	0.0	%
Throttle Position	17.6	%
DCDC Cnv Tar Pulse Duty	56.0	%
Inverter Coolant Water Temperature	44	C
Cooling Fan 0	0.0	%
Inverter W/P Revolution	500	rpm
Prohibit DC/DC conv sig	ON	
DC/DC Converter Status Voltage	0.00	V
EV Request	OFF	
Gradient of Road Surface	0.0	m/s2
Permit Start by Immobiliser	Check	
Immobiliser Communication	ON	
Starter Switch	OFF	
SOC after IG-ON	40.5	%
Inv-Temp (MG1) Max	45	C
Inv-Temp (MG2) Max	46	C
Mtr-Temp (MG2) Max	41	C
Converter Temp Max	46	C
Status of Charge Max	40.5	%
Status of Charge Min	39.5	%
Stop Light Switch	OFF	
Inter Lock Switch	OFF	
Back Up Lamp Relay	OFF	
ECO Mode	OFF	
Shift Pos Status (T/M Ctrl)	P	

图 8-12　DC/DC 转换器输出电压 10.68V

第九章

线控换挡模块

情境引入

在一次外出救援时，小林遇到停在楼底下的一辆丰田普锐斯混合动力汽车的P挡线控驻车无法解除的情况。假如你是车间的小林，你知道解决这个问题要用到哪些知识吗?

学习目标

（1）能够说出什么是线控换挡杆。

（2）能够说出线控换挡的选挡与换挡原理。

（3）能够说出驻车制动控制的工作过程。

笔记

第一节 选挡和换挡控制

一、线控换挡杆

1. 功能

如图 9-1 所示，线控换挡杆（换挡锁止控制单元总成）含有一个换挡传感器和一个选挡传感器以检测换挡杆位置（原始位置 R、N、D 或 B）。由于换挡传感器采用霍尔集成电路且选挡传感器采用 MR 集成电路，因此能够以可靠的方式准确检测换挡杆位置。两个传感器含有两条检测电路，一条主电路和一条副电路。

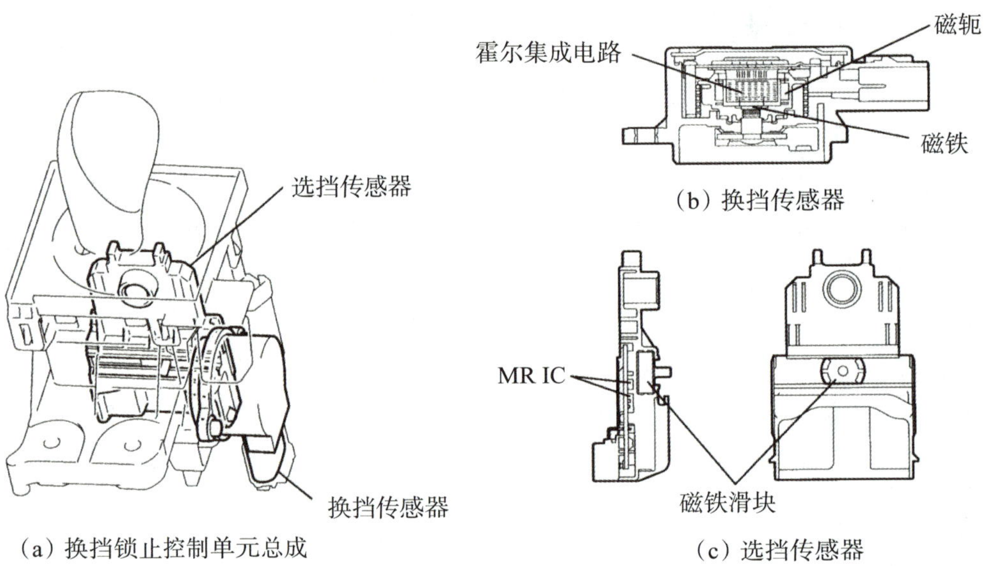

图 9-1　线控换挡元件组成

换挡传感器将电压（根据换挡杆的垂直移动在 0 和 5 V 之间变化）输出至动力管理控制 ECU。动力管理控制 ECU 将来自换挡传感器的低位电压输入视为 R 位置，将中位电压视为原始位置或 N 位置并将高位电压视为 D 位置或 B 位置。

选挡传感器将电压（根据换挡杆的水平移动在 0 和 5 V 之间变化）输出至动力管理控制 ECU。动力管理控制 ECU 将来自选挡传感器的低位电压输入视为原始位置或 B 位置，并将高位电压视为 R 位置、N 位置或 D 位置。

根据来自换挡传感器和选挡传感器信号的组合，动力管理控制 ECU 判定换挡杆的位置。

2. 电路原理图

选挡传感器和换挡传感器的电路如图 9-2 所示。

笔记

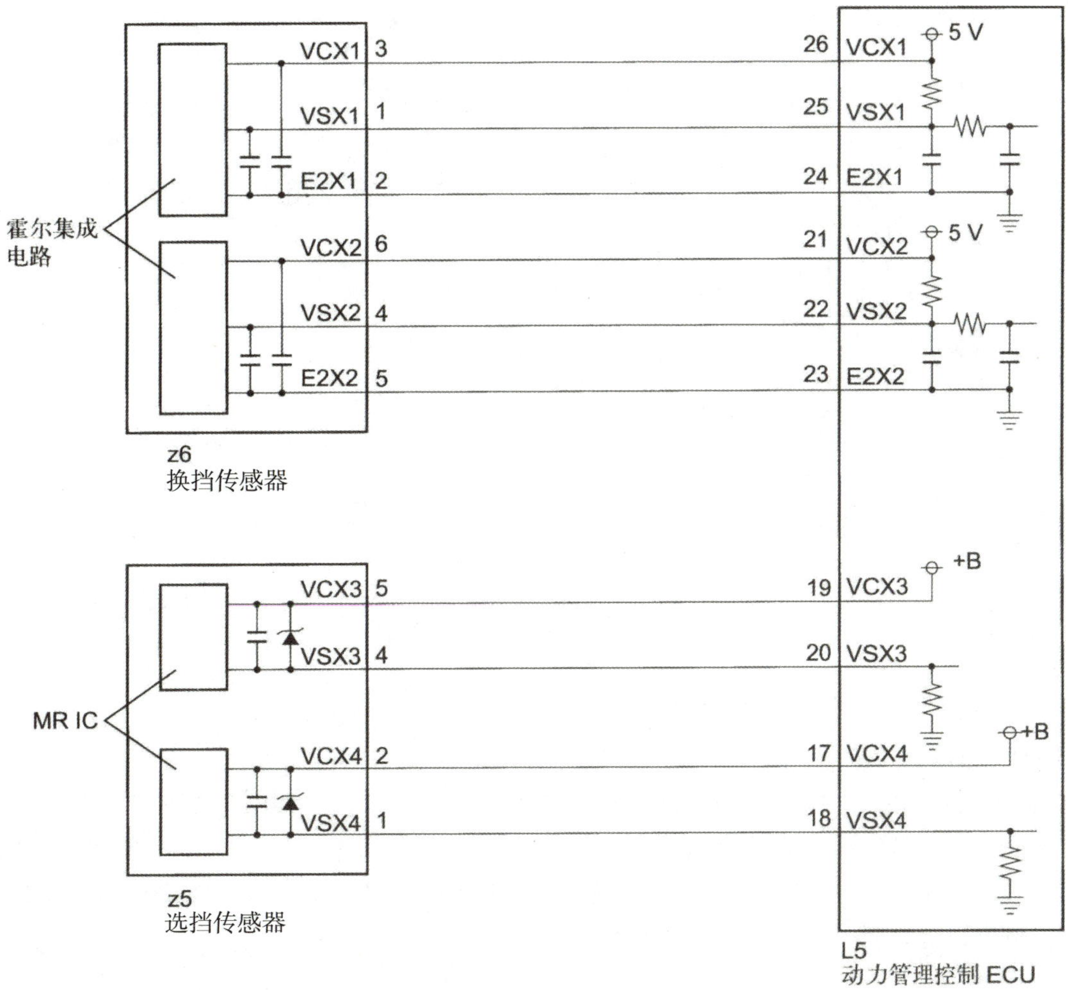

图 9–2 选挡传感器和换挡传感器的电路图

【技师指导】VC 为控制单元向传感器提供的 5 V 稳恒电源、VS 是信号输出、E 是搭铁、+B 是 12V 供电源、X1 是主传感器、X2 是副传感器。MR IC 是磁阻效应霍尔集成电路，是利用磁阻效应工作的。

霍尔集成电路如不特殊指出时一般三线时为电压型，两线时为电流型。在三线电压型中，可知 VS 的信号电压高低取决于左侧霍尔集成电路内部有多少电流流向 E，流过的电流越大，信号电压越低。从图 9-2 可知两线电流型的负线经采样电阻去搭铁，可知负极线在这里才是信号线，线路中电流越大，信号电压越高。

二、线控换挡信号

1. 线控选挡原理

选挡传感器为两线电流型，为保证可靠，采用冗余控制方式。如图 9-3 所示，原始位置为主挡，线控换挡杆的横向运动称为选挡。如图中 H 和 L，H 表示电压输出在 2.9~4.3 V，表示的挡位可以是 R、N、D 挡；L 表示电压输出在 1.0~1.6 V，表示的挡位可以是主挡和 B 挡。

笔记

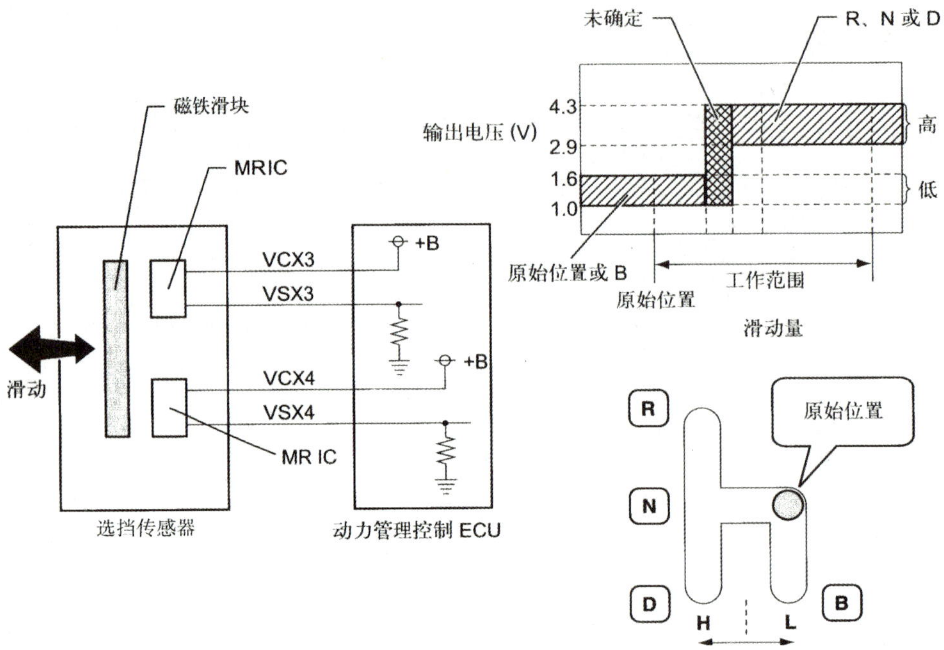

图 9-3　线控选挡原理

2. 线控换挡原理

换挡传感器为三线电压型，为保证可靠，采用冗余控制方式。如图 9-4 所示，原始位置为主挡，线控换挡杆的纵向运动称为换挡。图中 H 表示电压输出在 4.2~4.8 V，表示的挡位可以是 D、B 挡；M 表示电压输出在 0.8~4.2 V，表示的挡位可以是 N、主挡；L 表示电压输出在 0.2~0.8 V，表示的挡位可以是 R 挡。

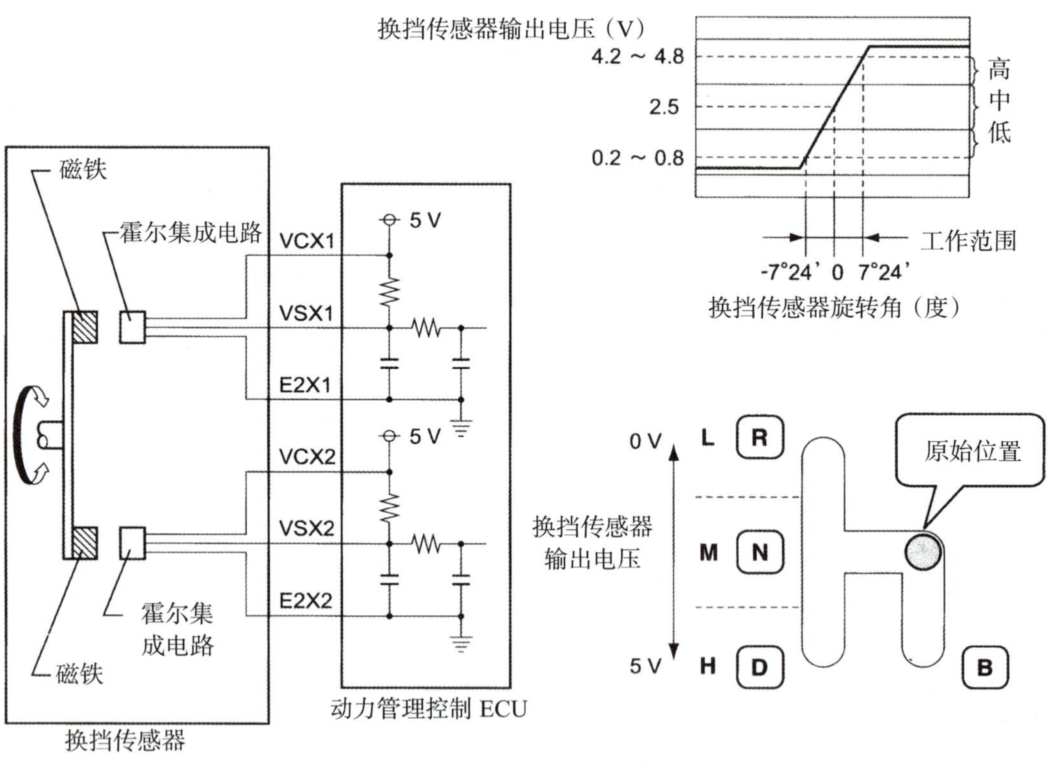

图 9-4　线控换挡原理

笔记

第二节 驻车制动控制

一、电子驻车挡

1. 描述

不再将驻车挡作为常规换挡杆的一个挡位，而是在换挡杆上方独立安装一个 P 位置开关（变速器换挡主开关），如图 9-5 所示。此开关为瞬时开关，置于其中的按钮不能机械锁止。P 位置开关（变速器换挡主开关）含有电阻器 R1 和 R2。未按下 P 位置开关（变速器换挡主开关）时，开关提供 R1 和 R2 的合成电阻；按下 P 位置开关（变速器换挡主开关）时，开关仅提供 R1 的电阻。动力管理控制 ECU 端子 P1 的电压随开关电阻的变化而变化。根据该电阻信号，动力管理控制 ECU 判定 P 位置开关（变速器换挡主开关）的操作情况。

2. 电路图（见图 9–5）

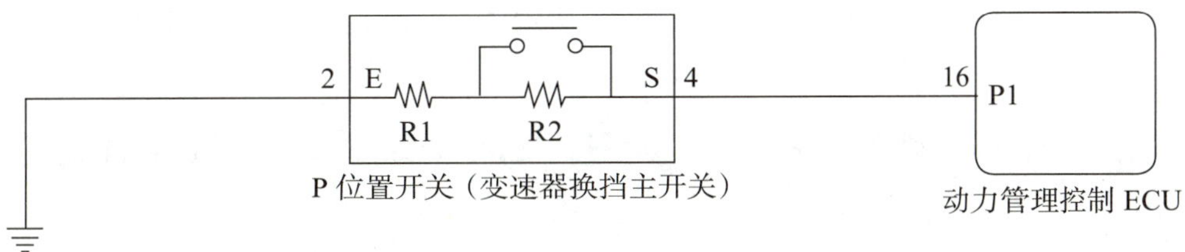

图 9–5　驻车挡开关

二、换挡控制模块

1. 描述

如图 9-6 所示，按下 P 挡开关，P 挡开关向动力管理控制 ECU 提供一个接地信号，以及变速器换挡主开关或换挡杆的换挡锁止控制单元总成的信号时，动力管理控制 ECU 将 P 位置控制（PCON）信号传输至变速器控制 ECU 总成。基于此信号，变速器控制 ECU 总成驱动换挡控制执行器总成以机械锁止或解锁混合动力车辆传动桥总成的中间轴主动齿轮。

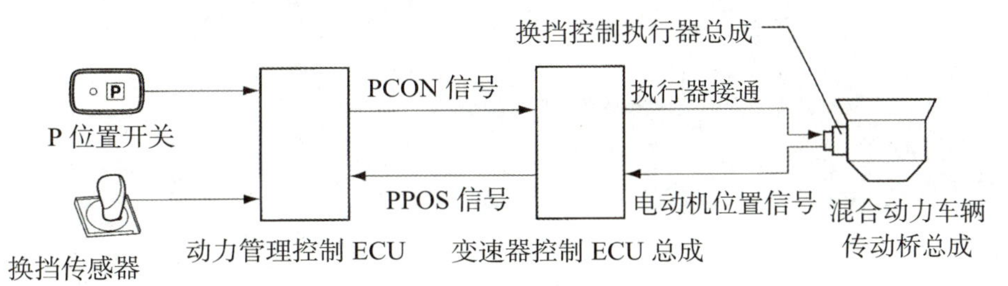

图 9–6　P 挡控制过程

2. 电路图

如图 9-7 所示，变速器控制 ECU 将执行器总成的 P 位置状态（接合或松开）作为 P 位置（PPOS）信号发送至动力管理控制 ECU。

笔记

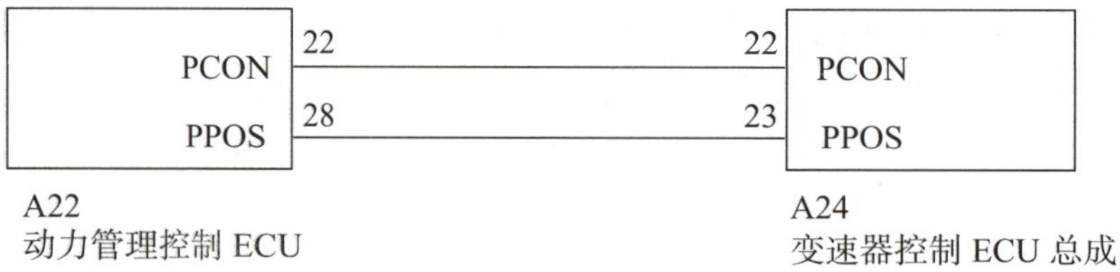

图 9-7 P 挡控制和反馈

【技师指导】PCON 为 Park Control 的缩写，PPOS 为 Park Position 的缩写。

第三节 换挡数据分析

一、换挡数据界面

进入诊断仪的混合动力控制单元，找到图 9-8 选中的数据，操作换挡杆分别至 P、R 、N、D，从诊断仪读取操作响应值。

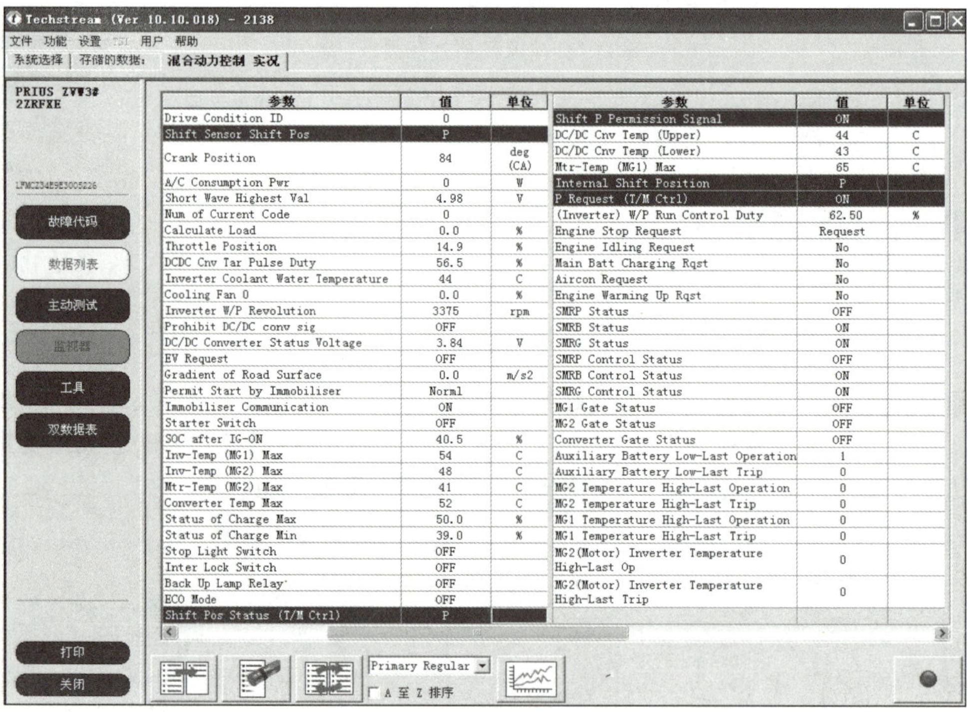

图 9-8 换挡数据分析界面

二、换挡数据分析

换挡数据分析要求如下。

（1）在做换挡数据分析时，也可通过仪表的挡位显示进行确认。

（2）在做换挡数据分析时，也要结合电路图进行确认，通过数据找到相应的数据执行到哪里，那里的反馈值是什么，一个数据值表格中可能有多种显示结果。

第十章

奥迪 Q5 混合动力汽车技术应用

情境引入

学完丰田普锐斯混合动力汽车的小林想要了解一下奥迪混合动力汽车的结构和原理，所以找到了奥迪 Q5 混合动力汽车的电路图，由于在上课时老师讲过奥迪 Q5 混合动力汽车的特点，小林翻阅了上学时的教材，希望用电路图结合教材内容能很快掌握奥迪混合动力汽车电力驱动系统的诊断和维修。

不久，车间一辆奥迪 Q5 混合动力汽车的发动机无法起动，在踩下加速踏板时，曲轴丝毫没有转动的征兆，初步分析是高压起动机没工作。

假如你是车间的小林，你知道解决这个问题要用到哪些知识吗?

学习目标

（1）能够说出奥迪 Q5 混合动力车型区别于奥迪 Q5 非混合动力车型的部件有哪些。

（2）能够说出奥迪 Q5 混合动力系统的工作过程。

（3）能够说出奥迪 Q5 混合动力系统高压橙色电缆的供电过程。

（4）能够说出奥迪 Q5 混合动力汽车的制动真空泵工作过程。

（5）能够说出奥迪 Q5 混合动力汽车电动空调压缩机的工作过程。

（6）能够对奥迪 Q5 混合动力汽车的电路图做出原理说明。

（7）能够说出奥迪 Q5 混合动力汽车的显示和操纵有哪些。

（8）掌握使用奥迪 Q5 混合动力汽车专用工具对高压电缆进行测量。

笔记

第一节 奥迪 Q5 混合动力汽车简介

一、奥迪混合动力汽车发展过程

奥迪公司早在 1989 年以 Audi 100 Avant C3 车为基础开发出了第一代 Audi 混合动力轿车。该 Audi 混合动力轿车用 5 缸汽油发动机驱动前轮，用一台 9 kW 电动机驱动后轮，使用镍镉蓄电池来储存电能。1992 年，奥迪公司又以 Audi 100 Avant quattro C4 车为基础推出了另一款 Audi 混合动力轿车。在 1997 年，奥迪公司以 A4 Avant B5 车为基础开发并小批量生产“全混”式混合动力汽车。该车使用一台 66 kW 的 1.9 L TDI 发动机和一台水冷式 21 kW 电机来提供动力，使用安装在车后部的铅酸凝胶蓄电池来提供电能，油电两种动力装置都是驱动前轮。量产的 Audi 混合动力轿车采用插电式（Plug-in）设计，在纯电动模式时，Audi 混合动力轿车的最高车速可达到 80 km/h；要是以 TDI 发动机作为动力，其最高车速可达 170 km/h。

奥迪轿车 e-tron 采用了插电串联式混合动力技术，即增程式电动汽车。增程用的发动机和前轮之间根本就没有任何机械连接，发动机带动发电机发电来驱动汽车。

奥迪 Q5 混合四驱（Audi Q5 hybrid quattro）车是奥迪公司第一款使用 155 kW 的 2.0 L-TFSI 发动机的高级 SUV 完全混合动力车，这种混合动力是一种并联式混合动力技术，其动力接近 V6 发动机，油耗接近四缸 TDI 发动机。

二、能量流

1. 电驱动阶段

高压蓄电池给电机供电，为了提高电机效率，电压还要升高，同时 12 V 的车载电网也由高压蓄电池来供电，如图 10-1 所示为蓄电池向电机和低压电气系统供电。

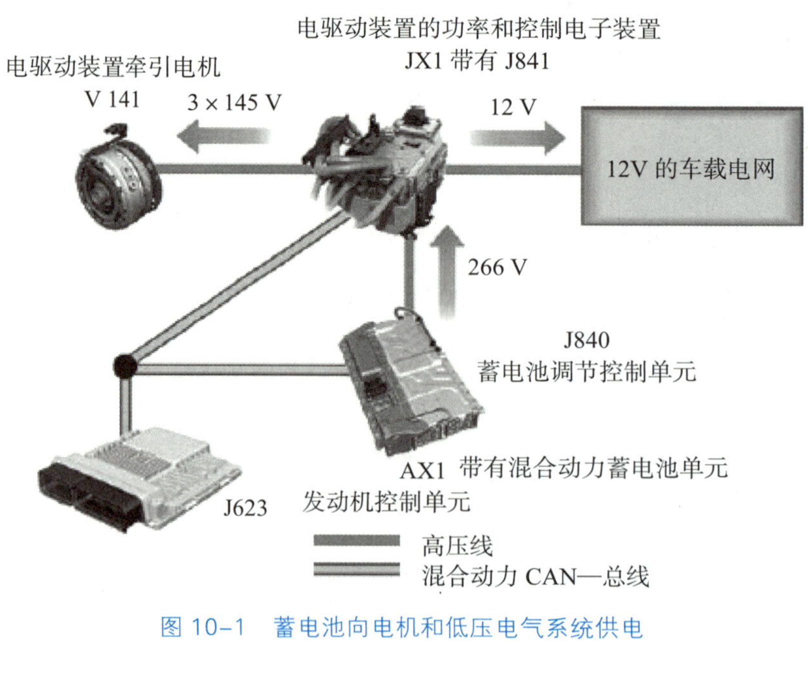

图 10-1 蓄电池向电机和低压电气系统供电

笔记

2. 能量回收阶段

如图 10-2 所示，在减速阶段，牵引电机以发电方式来实施制动，从而为高压蓄电池充电。司机刚一松开油门踏板，一部分能量就得到了回收，另外在制动过程中也会回收部分能量，12 V 的车载电网由牵引电机发电来充电。

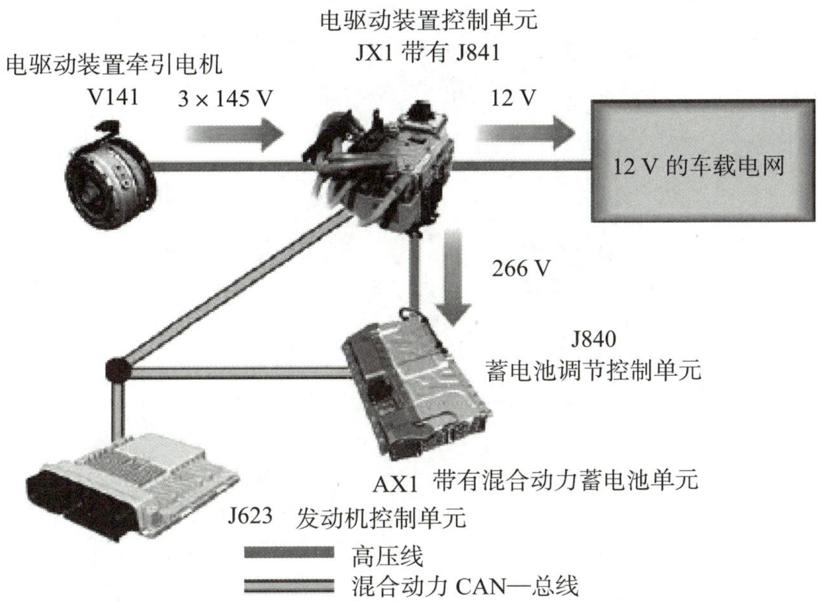

图 10-2 电机能量再生发电供给蓄电池和低压电气系统

3. 电动加速阶段

执行电动加速（E-Boost）功能时，发动机功率是 155 kW，电动机是 40 kW（本电动机作为发电机时是 31 kW）。总体算来，发动机和电动机共计可产生 180 kW（并不是 195 kW）的功率。

4. 下坡阶段

车轮处在车身推动的滚动状态，这时离合器断开，发动机关闭，电机通过能量回收，再降压为 12 V，为 12 V 的车载电网供电。

第二节 奥迪 Q5 混合动力汽车发动机

一、油电混动机械特性

图 10-3 所示为奥迪 Q5 混合动力 2.0 L TFSI 发动机的扭矩—功率特性曲线，从虚线可以看出扭矩和功率都得到了提升，低速小功率时产生大扭矩，这才是汽车行驶需要的扭力输出。

笔记

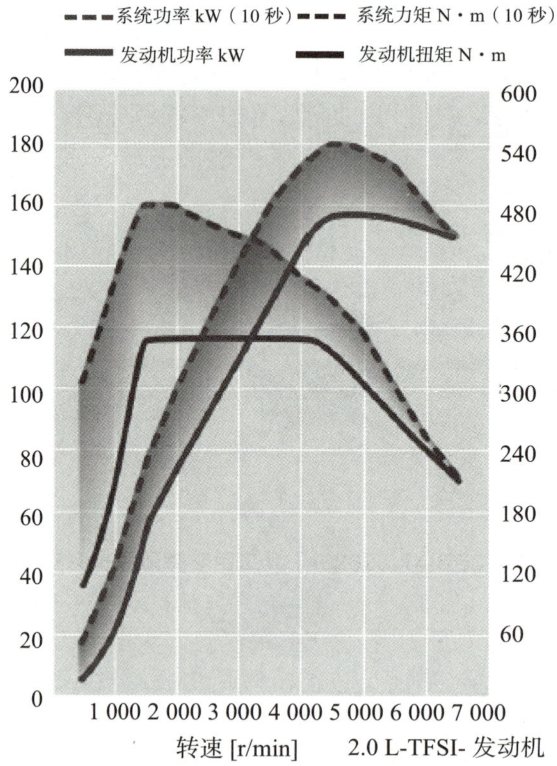

图 10–3　2.0 L TFSI 发动机扭矩—功率特性曲线

表 10-1 所示为奥迪 Q5 混合动力汽车技术参数。

表 10–1　奥迪 Q5 混合动力汽车技术参数

结构形式	四缸直列发动机和三相交流电机 / 发电机
排量（cm^3）	1984
内燃机功率（kW)(PS)，转速（r/min）	155（211），4 300~6 000
系统功率(kW)(PS)	180（245）
内燃机扭矩（N·m)，转速	350，1 500~4 200
系统扭矩（N·m）	480
纯电力驱动时的最高车速（km/h）	100
纯电力驱动时的可达里程（km）	3（车速为 60 km/h 时）
每缸气门数	4
缸径（mm）	82.5
行程（mm）	92.8
压缩比	9.6 ∶ 1
传动形式	8 挡自动变速器，quattro
发动机管理系统	MED17.1.1
燃油	高级无铅汽油 ROZ 95

笔记

续表

排放标准	EUV
CO_2 排放（g/km）	159
混合动力部件所增加的额外重量（kg）	<130

二、发动机改进

1. 省去皮带传动机构

由于没有了传统的发电机，就省去了皮带传动机构，因此使用新的辅助装置支架，该支架用于电动空调压缩机。曲轴和平衡轴轴承的材质有所变化，以满足起动—停止模式的工作需要。

2. 可控式排气阀

如图 10-4 所示，后消音器上装有可控式排气阀，该阀由排气控制阀 1— N321 来控制。排气控制阀膜盒有真空作用时，排气管内的排气阀就关闭，断电后真空消失，排气阀打开。

在发动机停机时，该阀是打开的。在扭矩低于 300 N·m，或者转速低于 1800 r/min，以及怠速工况电机作为发电机给蓄电池充电时，为防止产生节流的噪音，该阀关闭。

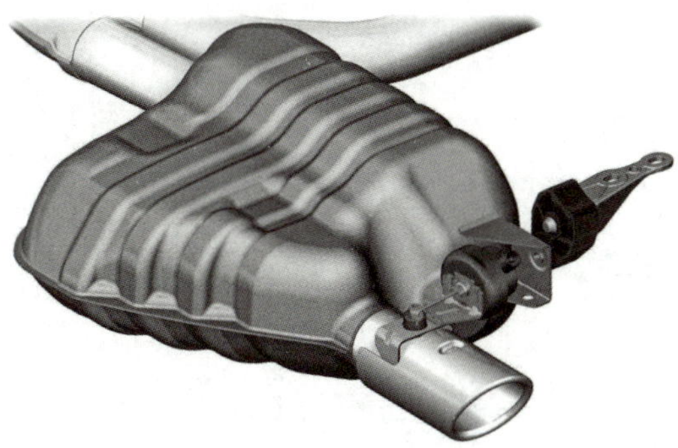

图 10-4　后消音器真空单元（用于通过真空来控制排气阀）

3. 发动机和电机串联冷却

如图 10-5 所示，为了冷却电驱动装置的功率控制装置 JX1，增设一个低温冷却循环回路。在冷却液循环和温度管理方面引入了发动机控制系统 MED.17.1.1，它有三个处理器，因此也可以实现创新温度管理。使用这种控制单元的目的是通过改进车辆热平衡，进一步降低油耗和 CO_2 排放。所谓改进热平衡，是指将所有受热部件和连接在冷却系统上的部件，例如发动机或变速器上的温度保持功能，使发动机效率保持在最佳的范围内。

奥迪 Q5 混合动力汽车上的冷却系统分为低温循环和高温循环两部分。在发动机不工作时，冷却液是由电动冷却液泵来循环的。

发动机冷却系统为高温循环部分，组件包括暖风热交换器、冷却液截止阀 N82、电机 V141、高温循环冷却液泵 V467、冷却液泵、废气涡轮增压器、发动机机油冷却器、冷却液温度传感器 G62、特性曲线控制的发动机冷却系统节温器 F265、冷却液续动泵 V51、高温循环散热器。

电机驱动为低温循环部分，组件包括电驱动装置的功率和控制电子装置 JX1、低温循环冷却液泵 V468、低温循环散热器。

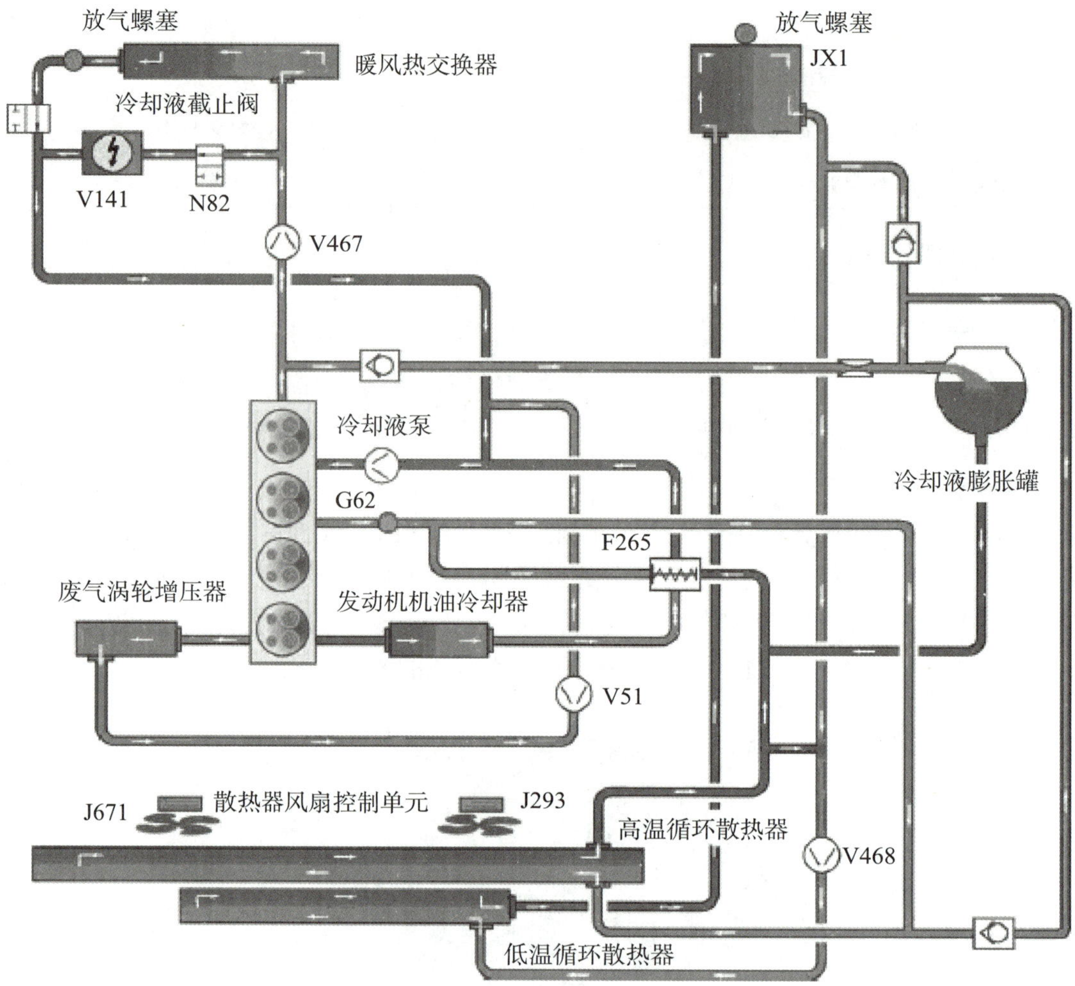

图 10-5　奥迪 Q5 混合动力汽车冷却系统

F265——特性曲线控制的发动机冷却系统节温器 2（开启温度为 95℃）;
G62——冷却液温度传感器;
J293——散热器风扇控制单元 2;
J671——散热器风扇控制单元 22;
JX1——电驱动装置的功率和控制电子装置;
N82——冷却液截止阀 2（在热的一侧）;
V51——冷却液续动泵 2;
V141——电机 1;
V467——高温循环冷却液泵 2;
V468——低温循环冷却液泵 1。

（1）由电驱动装置的功率和控制电子装置 JX1 来控制的有 V141 和 V468。

（2）由发动机控制单元 J623 来控制的有 F265、J293、J671、N82、V51 和 V467。

【完成任务】在图 10-5 中找出这个冷却系统工作的发动机高温循环部件和电机驱动的低温循环部件，并尝试写出发动机高温循环和电机驱动的低温循环路径。

笔记

发动机高温循环路径：________________________________。
电机驱动的低温循环路径：______________________________。

4. 发动机控制单元 J623

图 10-6 所示为发动机控制单元 J623，J623 不仅要控制发动机工作，还要控制温度管理系统。发动机控制单元 J623 在执行温度管理功能时会控制所有冷却液循环过程，最后它还是车辆混合动力功能的管理单元，决定是否要用电动方式来驱动车辆，并将司机期望的车速通知功率控制电子系统 JX1。

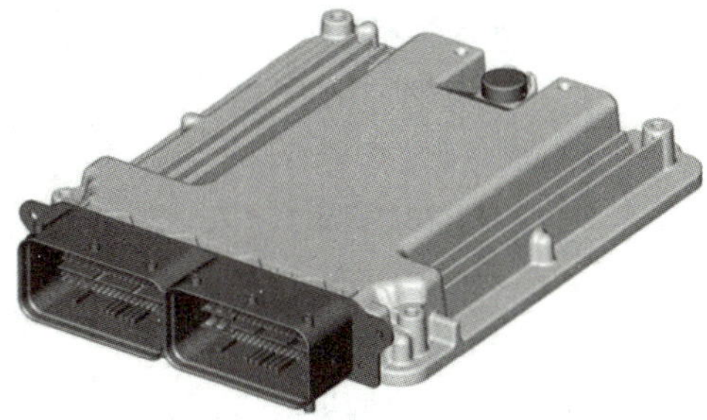

图 10-6　发动机控制单元 J623

5. 运输模式

使用运输模式，可以在故障诊断时让发动机持续运转着。随后发动机一直运转，直至挂上某个挡位行驶为止。在电动模式时，车速调节装置总是处于激活状态。

在运输模式下，发动机运转时会一直为高压蓄电池充电。电机就只作为发电机来使用，不能靠电动方式来驱动车辆，无电动加速（E-Boost）功能，无起动—停止模式功能，无能量回收功能。在运输模式时，汽车最高车速为 35 km/h，发动机最高转速为 3 500 r/min。如果未关闭运输模式，那么当车辆在下次 15 号线（“ON” 位置）供电时，如果行驶距离超过了 100 km，运输模式就会自动被关闭。

6. 售后服务模式

在发动机控制单元内进行自适应，就可激活售后服务模式，冷却液温度必须不低于 25 ℃。作为识别标记，废气警报灯 K83（MIL）和发动机电子系统指示灯 K149（EPC）会亮起。在售后服务模式下，电机就只作为发电机来使用，且发动机运转时会一直为高压蓄电池充电。因此也就不能靠电动方式来驱动车辆，无电动加速（E-Boost）功能，无起动—停止模式功能，无能量回收功能。

此外，可以通过 12 V 辅助起动机来起动发动机。若未取消自适应过程，那么当车辆在下次 15 号线供电时如果行驶距离超过了 50 km，该模式就会被关闭。

【完成任务】维修发动机系统，需要发动机工作时，要起动什么模式才能让发动机工作：
____。

用诊断仪进入哪个控制单元进行自适应才能使供电开关 READY 挡起点火开关 START 挡的作用：__________________________________
____。

7. 带有混合动力模块的 8 挡自动变速器

奥迪 Q5 混合动力 8 挡自动变速器如图 10-7 所示。自动变速器控制单元 J217 是混合动力 CAN—总线和驱动 CAN—总线的用户。

多片式离合器 K0 与电机转子一体取代了变扭器，多片式离合器浸在油池中工作，它用于将发动机和电机断开或连接上。由于取消了变扭器，位于电机和变速器之间的离合器 K1 就用来做起步元件了。各执行元件具体工作情况参考表 10-2。

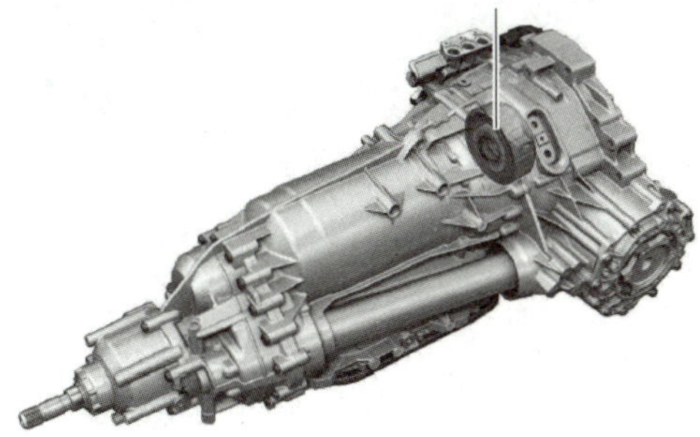

图 10-7　奥迪 Q5 混合动力 8 挡自动变速器

笔记

表 10-2 各工况变速器执行元件的工作情况

行驶状态	离合器 K0	离合器 K1
发动机起动	接合	未接合
纯电力驱动时	未接合	接合
能量回收	未接合	接合
内燃机驱动车辆行驶	接合	未接合
内燃机在怠速运转	接合	未接合
电动加速（E-Boost）	接合	接合
车辆滑行（无能量回收）	未接合	未接合
车辆滑行（有能量回收）	未接合	接合

为了能在电机不工作时润滑自动变速器，并为液压操纵机构建立起必要的 ATF 液压压力，安装了一个变速器 ATF 油辅助液压泵 1-V475。但温度较低时，该泵可能无法建立起所需要的压力。

由于在被动牵引时，变速器是得不到润滑的，因此车辆需要牵引时，其规定与以前的自动变速器一样，需要将选挡杆挂在 N 位置，牵引距离不超过 50 km，牵引车速不超过 50 km/h。

【完成任务】离合器 K0 的位置在____________________；作用是____________________。离合器 K1 的位置在____________________；作用是____________________。

第三节 奥迪 Q5 混合动力汽车转向和制动系统

一、电动转向系统

图 10-8 所示为奥迪 Q5 混合动力汽车上使用的电动转向系统，转向助力控制单元 J600 是组合仪表 / 底盘 CAN—总线的用户。

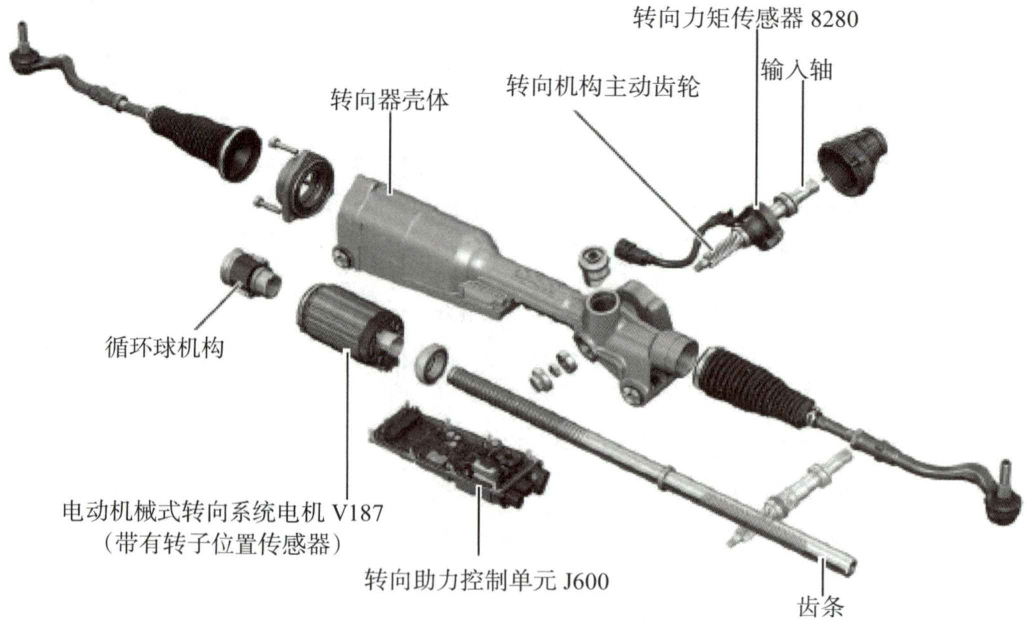

图 10-8 奥迪 Q5 混合动力汽车电动转向系统

笔记

二、电动真空泵

电动真空泵 V192 固定在电子稳定程序（Electronic Stability Program，ESP）整体总成的前面，如图 10-9 所示。该泵的作用是在发动机关闭期间，为制动助力器提供足够的真空度。真空度低时，通过制动助力压力传感器 G294 来产生信号，由发动机控制单元 J623 经继电器 J318 来操控。

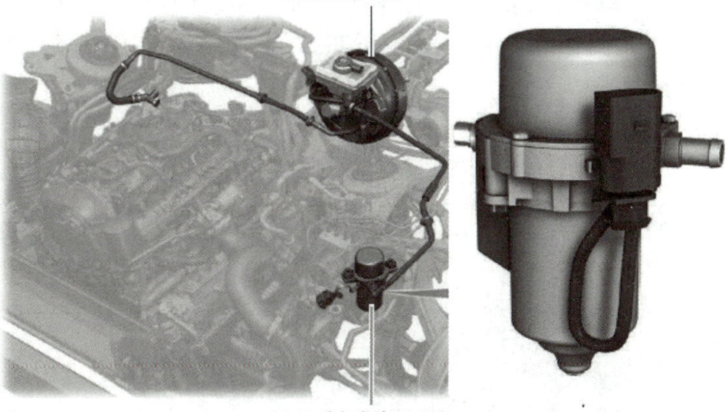

图 10-9　电动真空泵位置

【完成任务】奥迪 Q5 混合动力制动系统采用电动真空泵 V192 后，发动机工作时，电动真空泵是否还工作:________________；纯电动工况电动真空泵工作的机会多还是少:________________。

三、ESP 总成

奥迪 Q5 混合动力四轮驱动（Audi Q5 hybrid quattro）车上的 ESP 总成，其结构与传统燃油奥迪 Q5 上的是一样的，但是在软件方面对混合动力发动机牵引力矩调节（MSR）功能做了如下变动。

（1）在电力制动（能量回收）时，出于稳定考虑不会使制动压力泄压，所以发动机控制单元在需要时会下令去调节驱动力矩。如果在挡位 D 时关闭了 ESP 或者是接通了坡路起步辅助系统，那么在车辆行驶过程中，发动机会一直处于工作状态。

（2）制动踏板位置传感器 G100 连接在发动机控制单元上。发动机控制单元通过制动踏板位置传感器 G100 的信号来操控“电力制动（能量回收）”和“液压制动”的比例分配。制动踏板在制动助力器上有一个约 9 mm 的空行程。在这段空行程中是仅有能量再生制动的，等到制动时就可以很好地过渡到液压制动了。

（3）在更换了制动踏板位置传感器或者是更换了发动机控制单元时，必须进行制动踏板位置传感器 G100 与发动机控制单元之间的自适应。

【完成任务】奥迪 Q5 混合动力制动系统哪个传感器控制能量回收:________________。

笔记

第四节 奥迪 Q5 混合动力汽车电气系统

一、蓄电池单元 AX1

混合动力蓄电池单元 AX1 在行李厢内的备胎坑中，结构如图 10-10 所示，它由高压蓄电池 A38、蓄电池管理控制单元 J840、高压系统保养插头接口 TW、安全插头 TV44、高压线束接口 PX1、12 V 车载电网接口等构成。

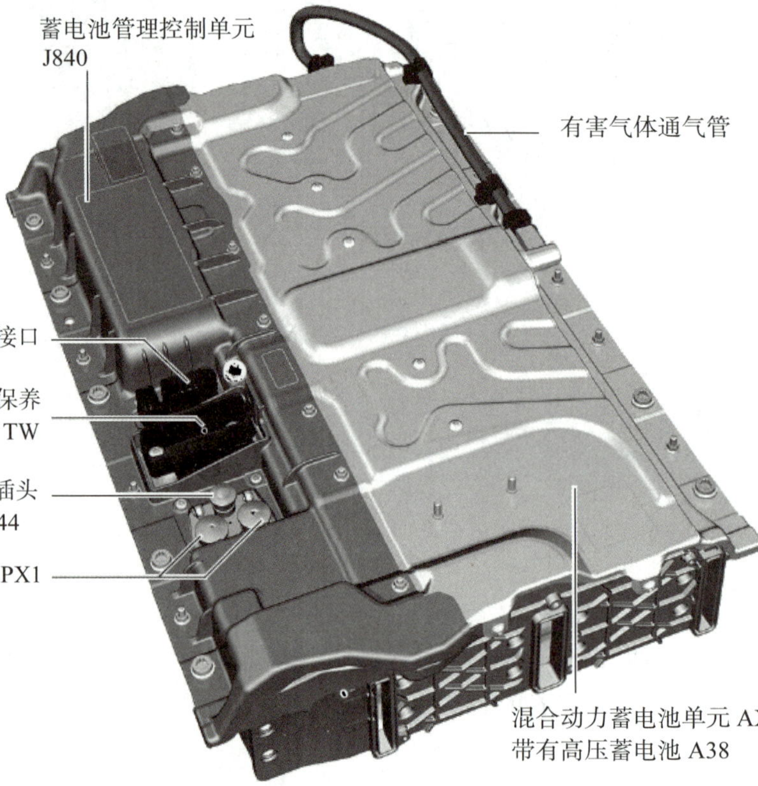

图 10-10　混合动力蓄电池单元 AX1

在这个蓄电池壳体内，集成有用于吸入和排出冷却空气的开口。混合动力蓄电池单元电池参数如表 10-3 所示，壳体使用电位补偿线（电位均衡线）与车辆相连。

为了能在蓄电池出现过热故障时，将溢出的气体引至车底部位，在该壳体上装了一个有害气体通气管，这根管子从车底通向车外。

表 10-3　混合动力蓄电池单元电池参数

额定电压（V）	266
单格电压（V）	3，7
电池格数量	72（串联的）
容量（A·h）	5，0
工作电压（V）	+15~+55
总能量（kW·h）	1，3

笔记

续表

可用能量（kW·h）	0，8
功率（kW）	最大 40
重量（kg）	38

【完成任务】蓄电池壳体使用电位均衡线后，壳体一旦漏电，人站在车身上是否会被电击：________________；实践中如果这根电位均衡线没有接到车身上是错误的。

二、蓄电池管理控制单元

蓄电池管理控制单元 J840 集成在混合动力蓄电池单元 AX1 的左侧，该控制单元是混合动力 CAN 总线和驱动 CAN 总线的用户。J840 监测高压蓄电池的温度，并通过蓄电池冷却模块来调节蓄电池冷却状况，这个控制过程称为温度管理。同时该控制单元监控充电状态、单格电池电压和蓄电池总电压的信息，并将这些信息通过混合动力 CAN 总线传至发动机控制单元 J623。

1. 高压上电继电器

高压蓄电池通过高压上电继电器与外部高压部件连接。高压上电继电器采用正极和负极各一个继电器的形式。一旦 15 号线（点火开关供电线）接通，蓄电池管理控制单元 J840 会立即接通高压继电器，继电器触点闭合。如果蓄电池管理控制单元 J840 供电的 12 V 电压中断，高压触点断开，出现 12 V 车载电网无法向 J840 供电的情况时，高压继电器无法上电，此时高压装置无法工作。

出现下述情况之一，高压继电器的触点由蓄电池管理控制单元 J840 来断开。

（1）点火开关已关闭。

（2）安全线已切断。

（3）安全带张紧器已触发。

（4）安全气囊已触发。

（5）两个 12V 蓄电池在“15 号线接通”的情况下已与车载电网断开了。

【完成任务】想一想丰田普锐斯的高压上电继电器是哪个控制单元控制的：______________；和奥迪 Q5 有什么区别：________________。

2. 高压蓄电池

高压蓄电池 A38 集成在混合动力蓄电池单元 AX1 内，一个霍尔电流传感器用于在充电和放电时监测电流。另有霍尔传感器用于监测高压触点前、后的电压。

控制高压蓄电池的电量状态（SOC）保持在 30%~80%，可以明显提高高压蓄电池的寿命，但组合仪表上的蓄电池电量是以 0~100% 来显示的。电池电量状态百分数作为一个信息被放置在混合动力 CAN 总线上，哪个控制单元想用，哪个控制单元接收。

在达到了高压起动能力最低极限值时（高压蓄电池电量状态低于 25%）或者是没能起动发动机，那么发动机控制单元会给仪表显示发送一个信息，显示“车辆现在无法起动”（请参见随车的使用说明书）。如果高压蓄电池电量状态低于 20%，那么就不准许有放电电流。此时高压蓄电池仍给 12 V 车载电网供电。

笔记

【完成任务】奥迪 Q5 混合动力仪表的 SOC 表在 0% 说明电池电量为多少:＿＿＿＿＿＿＿＿＿＿＿＿;奥迪 Q5 混合动力仪表的 SOC 表在 100% 说明电池电量为多少:＿＿＿＿＿＿＿＿＿＿＿＿;电池电量状态低于多少无法进行高压起动:＿＿＿＿＿＿＿＿＿＿＿＿;电量状态低于 20%,高压上电继电器是否断开:＿＿＿＿＿＿＿＿＿＿＿＿。

3. 高压蓄电池的充电

如果组合仪表上显示“车辆现在无法起动”(见随车的使用说明书),那就必须给高压蓄电池充电。充电前要先关闭点火开关,将充电器(至少 30 A)或者带有三相发电机的发电车接到“跨接起动销”上。充电过程完成后接通点火开关,仪表就会显示“正在形成起动能力,请稍等…”这个信息。

如果在 1 分钟内,高压蓄电池无法吸收充电电流,那么就会显示“充电过程已中断,无法形成起动能力”这个信息。其原因是充电器或者发电车的充电能力太弱。另外这种故障信息也可以以红色的混合动力警报灯来提示。如果识别出充电电流,那么当高压蓄电池被充电到 35% 的状态,组合仪表上会显示一个绿色的充电插头,表示 12 V 蓄电池在这时被充电。如果高压蓄电池的电量状态降至 5% 以下了,那么 12 V 蓄电池就无法再充电了。

【完成任务】奥迪 Q5 混合动力汽车高压蓄电池无电时,充电机要接到什么上:＿＿＿＿＿＿＿＿＿＿＿＿;请在车上找到这个起动销;若充电过程中断说明什么:＿＿＿＿＿＿＿＿＿＿＿＿;电量状态低于 5%,高压蓄电池还能向 12V 蓄电池充电吗:＿＿＿＿＿＿＿＿＿＿＿＿。

4. 高压系统保养(维修)插头 TW

该插头是两部分高压蓄电池之间的中间保险,如果拔下这个保养插头,那么这两部分电池的连接就断开了。如果在高压部件上或者在高压部件附近要使用车削工具、成型工具或棱角锋利的工具,那么必须要拔下这个保养插头。要想恢复供电的话,请在诊断仪中进行故障码清除操作,这也是一个安全设计。

(1)保养插头的开锁和上锁。

请关闭点火开关。要打开高压系统保养插头 TW,必须打开行李厢内的高压系统保养盖板。保养插头就在混合动力蓄电池单元 AX1 的橘黄色橡胶盖下,因此必须先移开橡胶盖。操作如图 10-11、图 10-12 所示。

(2)拔下保养插头。

高压上电继电器断开,只控制了外部 P1 和 P2 的供电输出。有些维修操作是在高压蓄电池箱的内部进行的,为了安全,一个途径就是操作这个保养插头,因为该插头是高压蓄电池两个部分之间的连通部位。

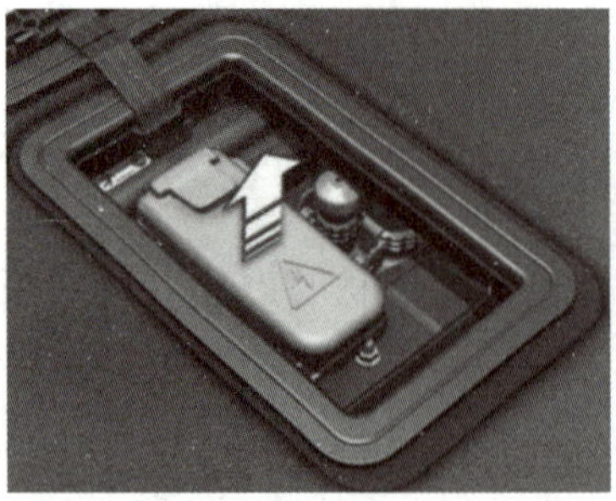

图 10-11　先移开橡胶盖

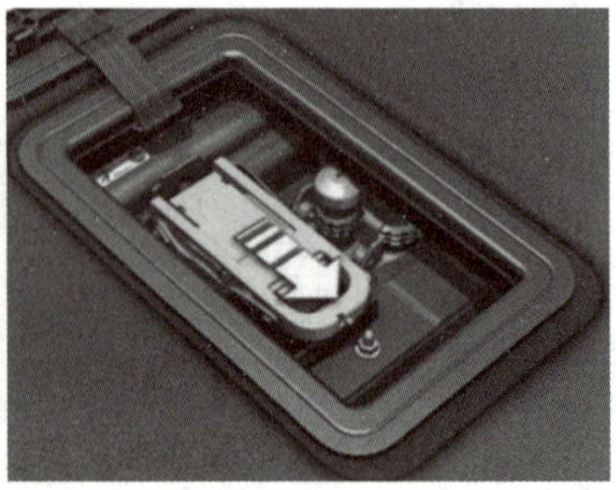

图 10-12　保养插头已插好状态

笔记

具体说就是该插头有两个确定的开关位置。在位置 1 时，安全线是被切断（高压上电继电器断开）；在位置 2 时，蓄电池两个部分之间的串联连接就被断开了（蓄电池中间保险丝被拔下了），如图 10-13、图 10-14 所示。这时可以将保养插头从支架上拉出，高压装置就被关闭了，从更安全的角度讲，应检查是否可靠断电（就是验电）。

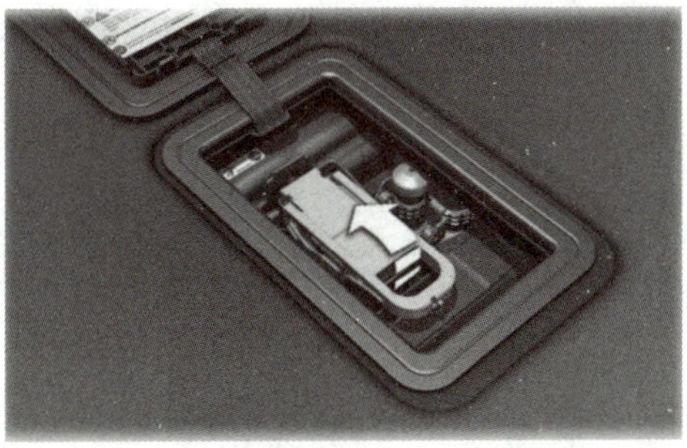

图 10-13　保养插头在位置 1

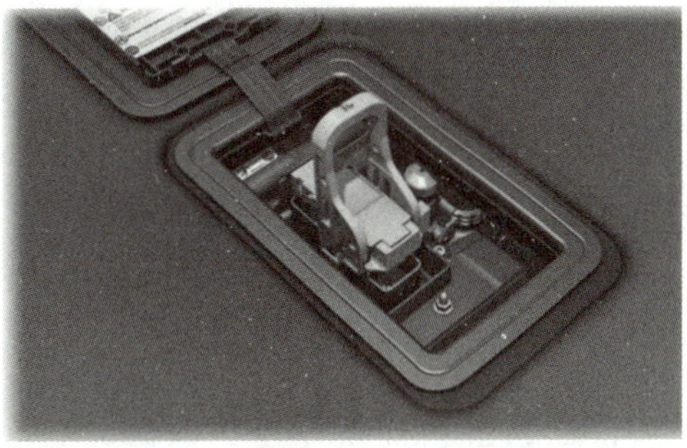

图 10-14　保养插头在位置 2

保养插头内有一个直流高压装置熔断式保险丝，其额定规格是 125 A（与丰田普锐斯相同），如图 10-15 所示。

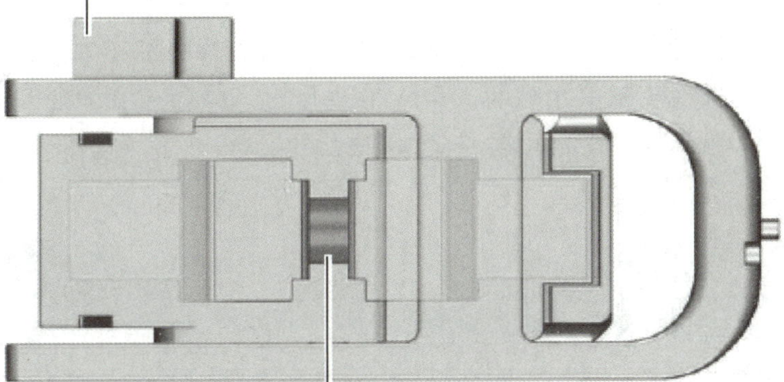

图 10-15　保养插头内的熔断式保险丝

要想让高压系统再次恢复工作，请按相反顺序将保养插头复位。

【注意】只有受训合格的高压电技工才可以拔这个保养插头，以保证装置处于停电状态。

【完成任务】针对奥迪 Q5 混合动力汽车，请为学生组织一次高压蓄电池箱维护的安全操作。

三、高压安全设计

图 10-16 所示为蓄电池单元上的安全设计。

1. 绝缘控制

整个高压回路包括高压蓄电池内部、正负母线、功率控制电子装置（逆变器）、电机的三相线和连接空调压缩机（包括空调压缩机）的导线。为了识别整个高压回路上的绝缘故障，每隔 30 秒钟，系统会对高压电网完成一次绝缘测量。如果有绝缘故障的话，那么组合仪表上就会有信息提

笔记

示用户去服务站寻求帮助。

2. 带有安全插头 TV44 的安全设计

安全设计包含一个电气元件和一个机械元件。电气元件的设计是用安全线串联所有高压元件，一旦将某个高压部件与电网分离，控制单元则控制高压上电继电器断开。机械部分是由安全插头与锁环一起构成的一个机械锁，该锁可防止高压线在未断开高压上电继电器时（即 P1 和 P2 有电时）被拔出。

【提示】德国奥迪汽车的安全线和日本丰田汽车的互锁开关具有相同的功能，但德国奥迪汽车的安全线串联了更多的高压元件。

3. 安全线接合

高压装置的所有部件都是通过一根单独的低压呈环状彼此相连的导线串联的。当所有部件都可以工作时，高压继电器触点就可以接合了。

4. 安全线中断

如果安全线脱开（例如因为某个部件无法工作或者安全插头已拔下），即使再插上这个高压元件，高压上电继电器也不会闭合，这是因为系统检测到安全线断开后，系统存储了针对安全线断开的故障码。

检查安全线插头是接合还是断开的工作状态由混合动力蓄电池单元（电池箱）内的蓄电池管理控制单元来完成。如果该控制单元判断安全线是断开的，那么它就不会去操控高压继电器触点闭合，于是高压蓄电池与高压装置之间的连接就中断了。

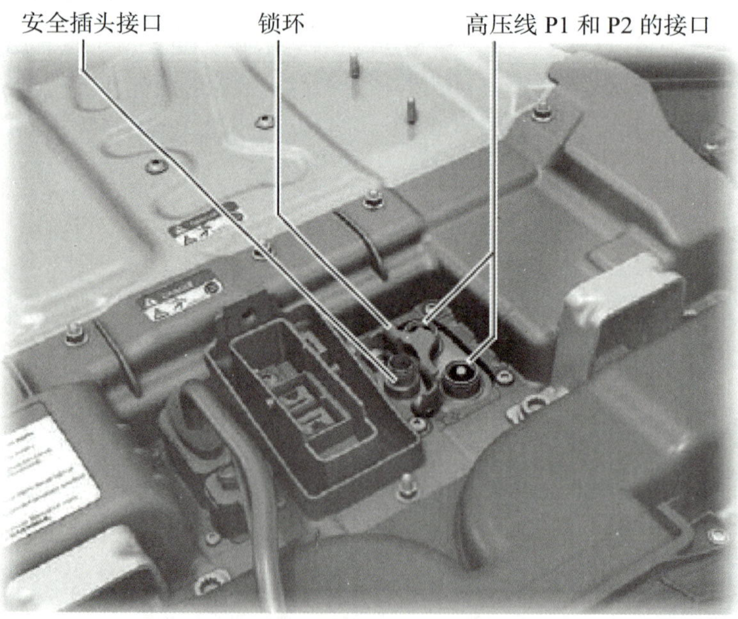

混合动力蓄电池单元上的带有锁环的安全插头座
（插头和高压线均已拔下）

图 10-16　蓄电池单元上的安全设计

【完成任务】P1 是蓄电池的正极，还是负极：________________。

笔记

5. 安全插头 TV44

开始进行电池箱的拆开或移动工作前，必须拔下保养插头。只有在先拔下了安全插头 TV44 后，才允许断开混合动力蓄电池单元的高压线。由于断开了安全线，所以高压线上就没有电了（无电压），在拔高压线时就不会遭电击。操作时拨离锁环后，才能拔下高压线的插头，断开 P1 和 P2 的两条正、负高压线。安全插头操作参考图 10-17、图 10-18 所示。

图 10–17　拔下安全插头 TV44

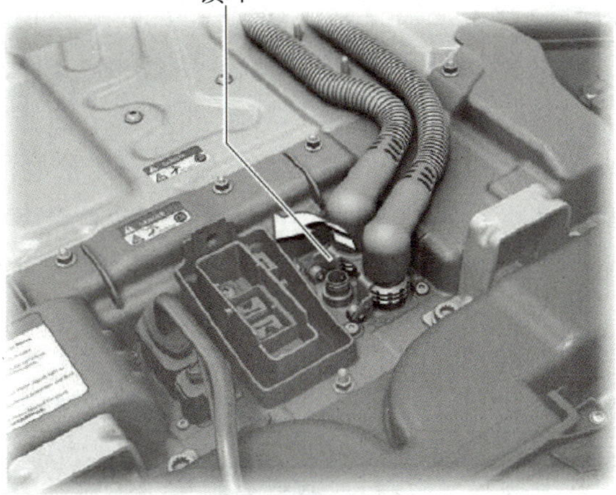

图 10–18　拨离锁环

【注意】只有受训合格的高压电技工才可以拔这个保养插头，以保证装置处于停电状态。

【技师指导】安全插头 TV44 是为防止不拔检修塞而直接拔 P1 和 P2 供电线而设计的，因为不拔检修塞而断开 P1 和 P2 供电线是有一定危险的。在安全插头下加了 TV44 这个安全插头后，必须要断开这个 TV44 插头和转动锁环才能实现断开 P1 和 P2 供电线，而在断开 TV44 这个安全插头后，安全线断开，高压上电继电器下电断开。

四、蓄电池冷却

由于奥迪 Q5 混合动力四轮驱动（Audi Q5 hybrid quattro）车上的高压蓄电池总是在不断地充电和放电，蓄电池充电或放电都会放出热量。热量除了会导致蓄电池老化外，最重要的是还会使得相关导体上的电阻增大，导致电能不转换为功，而是转换成热量释放掉了。因此，高压蓄电池有一个冷却模块，该模块上有自己的蒸发器，并连接在电动空调压缩机的冷却液循环管路上。这个冷却模块使用 12 V 的车载电网电压工作。

如图 10-19 所示，蓄电池冷却系统元件位置冷却模块的部件如下。

（1）蓄电池风扇 V457。

（2）混合动力蓄电池循环空气翻板 1 的伺服电机 V479。

（3）混合动力蓄电池循环空气翻板 2 的伺服电机 V480。

（4）混合动力蓄电池蒸发器前的温度传感器 G756。

（5）混合动力蓄电池蒸发器后的温度传感器 G757。

（6）混合动力蓄电池制冷剂截止阀 1—N516。

（7）混合动力蓄电池制冷剂截止阀 2—N517。

笔记

如果蓄电池管理控制单元通过蒸发器前传感器 G756 或者蒸发器后传感器 G757 探测到蓄电池的温度过高，那么蓄电池管理控制单元接通风扇 V457。控制单元内设置了冷却功能模型，根据具体温度情况，在蒸发器工作时可从新鲜空气模式切换为循环空气模式。发往自动空调控制单元 J255 的冷却功率请求分为三级，鼓风机转速由蓄电池管理控制单元 J840 通过 LIN 总线来控制。

在新鲜空气工作模式时，风扇 V457 从备胎坑内抽入空气，空气经蒸发器被引入到蓄电池，热空气后经保险杠下方引出。在循环空气工作模式时，循环空气翻板 1 和 2 都是关闭的，不会吸入新鲜空气。在需要时，控制单元 J840 将请求信息通过 CAN 总线发送给空调控制单元，以便去接通电动空调压缩机 V470、蓄电池风扇 V457、混合动力蓄电池循环空气翻板 1 的伺服电机 V479 和混合动力蓄电池循环空气翻板 2 的伺服电机 V480 由控制单元经 LIN 总线来调节。伺服电机 V479 和 V480 是串联的。混合动力蓄电池制冷剂截止阀 1—N516 在不通电时是关闭的，它控制去往混合动力蓄电池空调器的制冷剂液流；混合动力蓄电池制冷剂截止阀 2—N517 在不通电时是打开的（N517 不在图中），它控制去往车内空调器的制冷剂液流。

图 10-19　蓄电池冷却系统元件位置

【完成任务】1. 奥迪 Q5 的蓄电池降温是通过在电池箱内使用空调的蒸发箱，这与丰田普锐斯是否相同？________。

2. 数一数电池箱内的电池单元个数是多少：________；热空气遇冷会生成水，设计上是否应该有排水装置：________；循环空气模式是否从备胎坑中吸入空气：________。

3. 请写出图 10-19 蓄电池冷却系统元件名称。

G757：________；N516：________；G756：________；

V479：________；V457：________；V480：________。

笔记

五、电驱动装置的功率和控制电子系统 JX1

电驱动装置的功率和控制电子系统 JX1 是翻译名称，实际上是电机的逆变器和电机控制单元（DSP 控制器，微控制器中的高速型）。表 10-4 列出了控制功率的电子装置参数。

电驱动装置（逆变器）的功率和控制电子系统 JX1 由电机驱动控制单元 J841、交流电机驱动装置 VX54、牵引电机逆变器 A37、降压 DC/DC 转换器 A19 和中间电容器 1—C25 组成。电机驱动控制单元 J841 是混合动力 CAN 总线和驱动 CAN 总线用户，承担混合动力控制单元发送来的直接扭矩数值控制。牵引电机逆变器 A37 将高压蓄电池的直流电转换成三相交流电，供交流电机使用。在能量回收和发电机工况时，会将三相交流电经过“斩波控制”转换成直流电，用于给高压蓄电池充电。电动机的转速是通过改变逆变器的输出频率来进行调节的，例如在转速为 1 000 r/min 时，供电频率约为 267 Hz，扭矩是通过脉冲宽度调制来进行调节的。降压 DC/DC 转换器 A19 用于将高压蓄电池（266 V）的直流电压转换成较低的 12 V 车载电网直流电压。中间电容器 1—C25 在电机电动时作为一个物理电源，在充电时起缓冲作用，功能相当于一个电的蓄能器。在“15 号线关闭”或者高压系统切断（因有撞车信号）时，该中间电容器会通过电驱动装置的内部电路主动放电。

由于 A19DC/DC 转换器可双向工作，因此它也能将 12 V 较低的车载电网电压转换成高压蓄电池的高电压（266 V），但该功能仅用于跨接起动时，目的是给高压蓄电池充电。

功率控制电子装置（IGBT 或 IPM）在逆变和整流时要生热，为了电子装置能正常工作，要将温度控制在一定范围内（一般 70 ℃或 80 ℃以下），因此要有自己的低温循环管路，该管路连接在发动机冷却循环管路的冷却液膨胀罐上。冷却液通过低温循环冷却液泵按需要来进行循环，低温循环管路是温度管理功能的一个组成部分，发动机控制单元 J623 负责触发该泵。

在电动驱动车辆行驶时，发动机控制单元为功率控制电子装置提供关于能量回收、发电模式和车速方面的信息。功率控制电子装置通过电驱动装置的位置传感器 1—G713 来检查转子的转速和位置，用电驱动装置温度传感器 1—G712 来检查电机 V141 的冷却液温度。

表 10-4　控制功率的电子装置参数

DC/AC	266 $V_{规定}$，189 $V_{有效}$ AC
AC 恒定电流	240 $A_{有效}$
AC 峰值电流	395 $A_{有效}$
AC/DC	189 $V_{有效}$，266 $V_{额定}$
电机（E-Maschine）驱动	0~215 V
DC/DC	266 ~12 V 以及 12~266 V（双向）
DC/DC 功率（kW）	2，6
重量（kg）	9，3
体积（L）	6

接通点火开关在“READY”挡，且已踩制动器时，高压上电控制如下：“15 号线接通且 50 号线接通”，仪表显示“Hybrid Ready”（混合动力已准备完毕）信息，表明正、负极母线的高压上电继电器有工作电流流过，高压电从高压蓄电池到功率控制电子装置，并且能从功率控制电子装置到电驱动装置的电机，也可从高压蓄电池到 12 V 车载电网。

笔记

【完成任务】1. 从单 / 双向角度说一说奥迪 Q5 的 12 V DC/DC 转换器和丰田普锐斯的 12 V DC/DC 转换器的不同：________________。

2. 丰田普锐斯汽车的功率电子装置的冷却电动循环泵是由哪个控制单元控制的：________；奥迪 Q5 混合动力汽车的冷却电动循环泵是由哪个控制单元控制的：____________。

3. 奥迪 Q5 混合动力汽车电机控制上采用了电机相线电流传感器、电机转子位置传感器 1-G713（检查转子的转速和位置），电机温度传感器 1—G712（来检查电机 V141 的冷却液温度），从控制传感器的种类上与丰田普锐斯是否相同：________________。

第五节　奥迪 Q5 混合动力汽车电机

一、电驱动电机

表 10-5 列出了空调电机 V141 的参数。

表 10–5　空调电机 V141 的参数

功率（kW)(相应转速）	40（2 300 r/min）
扭矩（N · m）	210
模块重量（kg）	31
电机（E-Maschine）驱动	26
电压（V）	AC 3~145

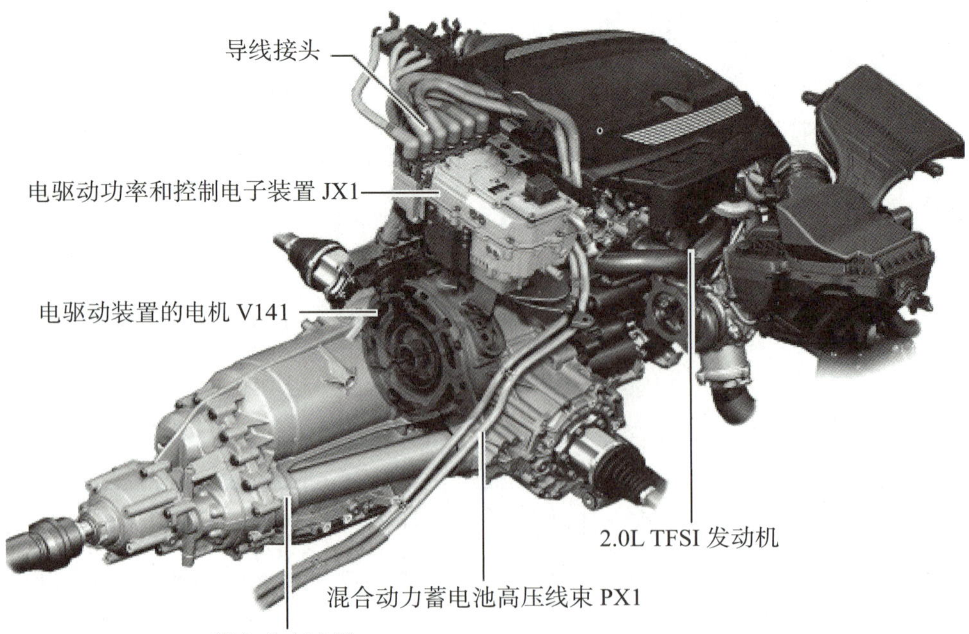

图 10–20　电机 V141 在变速器壳体内部

笔记

电驱动装置的电机安装在 2.0 L TFSI 发动机和 8 挡自动变速器之间的空隙处，取代了变扭器，如图 10-20 所示。该电机是永磁同步电机，由一个三相场来驱动，转子上装有永久磁铁。电机 V141 的电驱动装置集成在三相交流驱动装置 VX54 内。电驱动装置的电机由电驱动控制单元 J841 与电驱动功率和控制电子装置 JX1 来操控，通过改变频率来调节转速，通过脉冲宽度调制来调节扭矩。通过功率控制电子装置将 266 V 的直流电转换成三相交流电。

电机除了用于起动发动机外，在发电机模式时借助于电驱动功率和控制电子装置 JX1 内的 DC/DC 转换器来给高压蓄电池和 12 V 蓄电池充电。奥迪 Q5 混合动力四轮驱动汽车使用这个电驱动装置的电机来以纯电动方式驱动车辆行驶（但是车速和可达里程是受限制的），且该电机可在车辆加速（Boost）时给发动机提供助力。如果混合动力管理器识别出电驱动装置的电机足够用于驱动车辆行驶了，那么发动机关闭。

【完成任务】描述一下奥迪 Q5 发动机的排量是多少:＿＿＿＿＿＿；逆变桥位置:＿＿＿＿＿＿；电机控制器的位置:＿＿＿＿＿＿；电机 V141 位置:＿＿＿＿＿＿；从逆变器引入了几根电缆:＿＿＿＿＿＿；从逆变器又引出了几根电缆:＿＿＿＿＿＿；请注意电缆走向。

二、永磁同步电机

电动机是水冷式的，它集成在发动机的高温循环管路上。冷却液是由高温循环管路冷却液泵 V467 根据需要进行调节，该泵由发动机控制单元 J623 来操控。电驱动装置温度传感器 1—G712 是一个负温度系数电阻（NTC），它测量电机线圈间的温度。如果这个温度高于 180~200 ℃，那么电机的功率就被降至零。重新起动发动机取决于电机温度的情况，若必要可通过 12 V 起动机来起动。电机转子位置传感器 1—G713 是按坐标转换器原理来工作的，它用于监测转子的实际转速和角位置。

如图 10-21 所示，电驱动装置的电机由铸造铝壳体、带有电磁线圈的定子、带有永久磁铁的转子、一个轴承盖（用于连接到自动变速器的变频器上）、分离离合器 K0、三相动力接头和冷却水套组成。

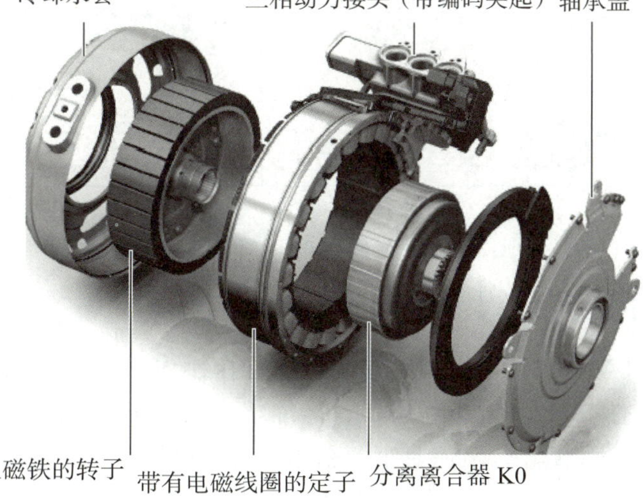

图 10-21　电机 V141 结构

笔记

如图 10-22 所示，电机温度传感器 1—G712 通过一个温度模型判定出该电机的最热点。这个温度传感器的信号用于操控高温循环的冷却能力，这个冷却循环管路是创新温度管理的组件。通过一个电动冷却液辅助泵和接通发动机的冷却液泵，可以实现让冷却液状态从静止不流动到最大冷却能力之间进行调节。若传感器出故障，那么组合仪表上就会显示黄色的混合动力系统警告灯，则司机必须到附近的服务站寻求帮助。这时车辆也无法重新起动，但是可以继续靠发动机工作来行驶，由于没有发电机，发动机单独行驶的里程取决于 12 V 蓄电池，即直至 12 V 蓄电池提供的电压不能维持汽车控制单元或发动机电控元件工作为止。

同时，如图 10-22 所示，电机转子位置传感器 1—G713。由于带有自己的转速传感器的发动机在以电动模式工作时，与电驱动装置的电机是断开的，因此电驱动装置的电机需要有自己的传感器，便于监测转子位置和转子转速。为此，在电驱动装置的电机内集成了一个转速传感器。若传感器出故障，则组合仪表上就会显示红色的混合动力系统警告灯。失效时的影响是电机关闭，车辆滑行至停止，无法使用电动方式来驱动车辆行驶，发电机工作模式关闭，无法起动发动机，这时司机应向服务站寻求帮助。

发动机管理系统和变速器管理系统根据传感器传来的信号，判断电驱动装置的电机是否转动以及转速是多少。该信号不仅用于操控电机发电和电机电动使用，还可以操控电机作发动机的起动机使用。

图 10-22　电机温度传感器 1-G712、电机转子位置传感器 1-G713

【完成任务】1. 奥迪 Q5 混合动力的电机冷却在发动机的高温回路上，还是低温回路上：________________。

2. 奥迪 Q5 混合动力电机冷却与丰田普锐斯电机冷却的区别：________________。

3. 在学习发动机冷却系统时，请掌握创新温度管理的控制思路，为学习奥迪发动机高温冷却系统提供技术支持。

第六节　奥迪 Q5 混合动力汽车空调

一、电动汽车空调介绍

电动空调压缩机 V470 使用压缩机内置的功率控制电子装置的交流高电压来工作。电动空调压缩机 V470 的工作参数如表 10-6 所示，压缩机上集成有空调压缩机控制单元 J842。该控制单元连接在扩展 CAN 总线上。转速是通过脉冲宽度调制（PWM）信号来调节的（PWM 信号为 0~100%）。该压缩机由自动空调控制单元 J255 来激活，“OFF”或者“AC 关闭”功能只会影响到车内制冷的空调。

表 10-6　电动空调压缩机 V470 参数

电机	无电刷式异步电动机
消耗功率（kW）	最大为 6
供电（V）	266 DC
电流消耗（A）	最大为 17
转速（r/min）	800~8 600
冷却	通过吸入冷却液
重量（kg）	7

对高压蓄电池进行冷却是单独激活该压缩机（不依赖于自动空调控制单元 J255），另外还安装了柴油发动机上常见的用于空气辅助加热器 Z35 的 PTC（正温度系数）加热元件。空气辅助加热控制单元 J604 负责操控小循环继电器 J359 和大循环继电器 J360。

【完成任务】奥迪 Q5 混合动力汽车空调电机的逆变器位置：____________；电机外部的高压线为几根线芯：______________。丰田普锐斯电机空调电机逆变器位置：________________。

二、空调压缩机控制单元

电动空调系统元件位置如图 10-23 所示。电动空调压缩机 V470 是用螺栓固定在缸体上，如图 10-24 所示，它通过一条四芯线与功率电子（逆变桥）和控制电子装置连接。该四芯高压线与其他单芯高压线不同，它有两条用作高压空调压缩机电机逆变桥的正、负高压线，另外两条线用作安全线。

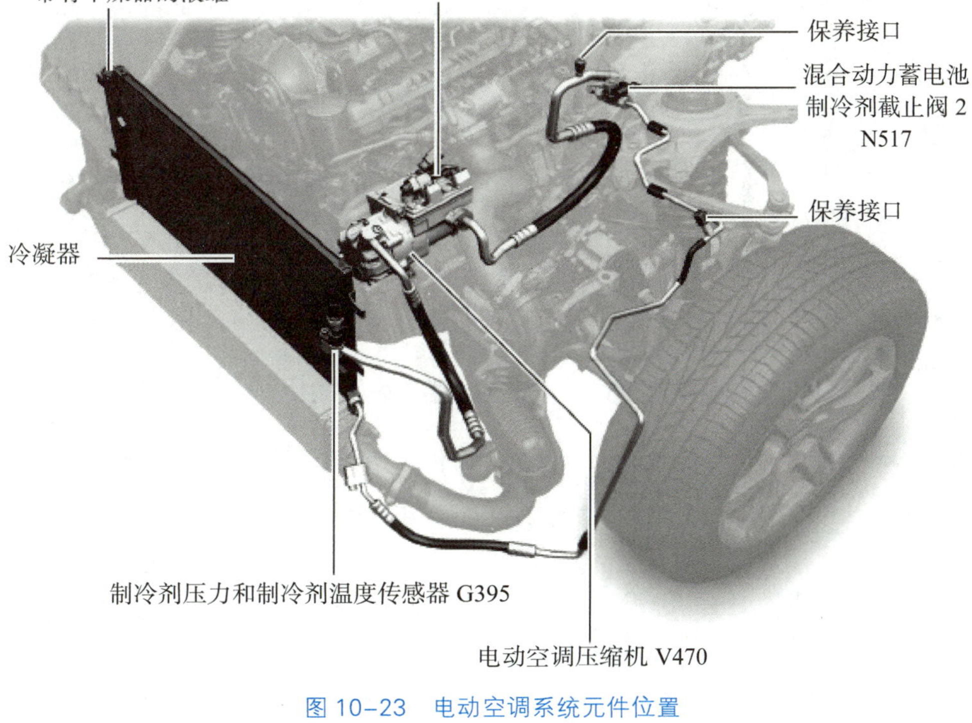

图 10-23　电动空调系统元件位置

笔记

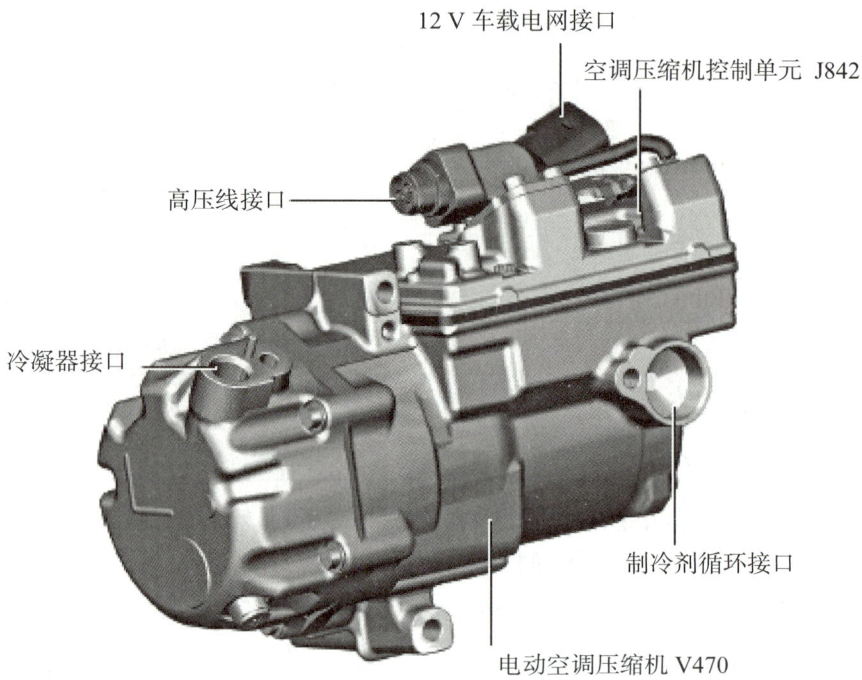

图 10-24　电动空调压缩机 V470 和压缩机控制单元 J842

空调系统与总线系统的电气连接如图 10-25 所示。

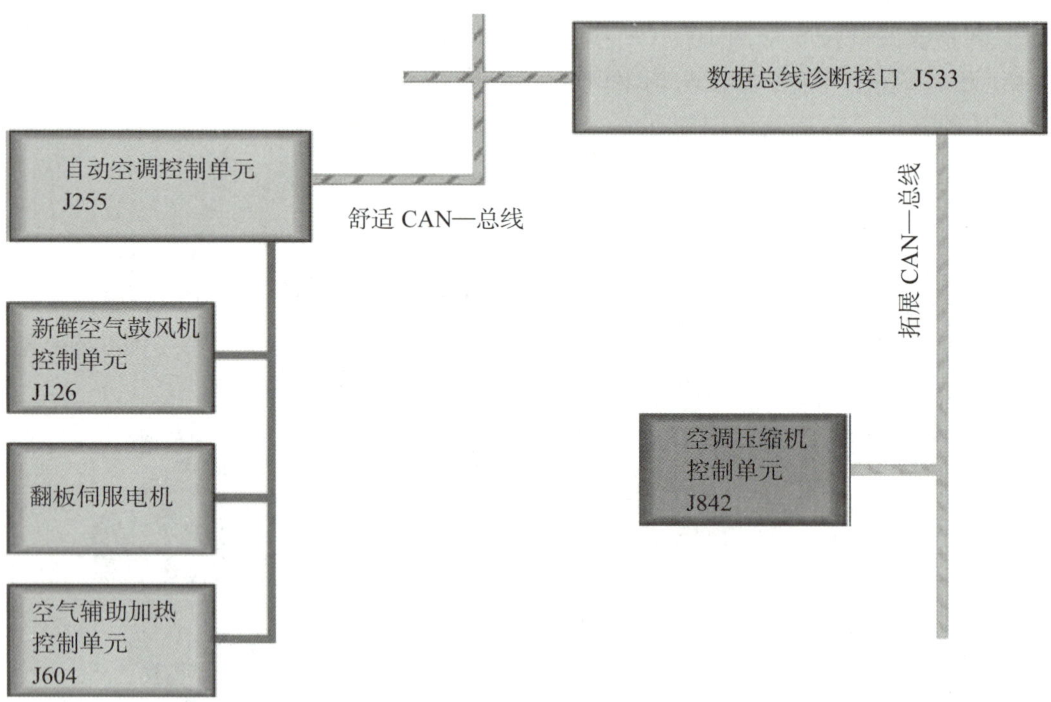

图 10-25　空调系统与总线系统的电气连接

【完成任务】请写出奥迪 Q5 混合动力汽车空调元件的位置和名称。

V470:______________;______________。J842:______________;______________。

G395:______________;______________。N157:______________;______________。

笔记

第七节 奥迪 Q5 混合动力汽车高压系统

一、高压系统简介

在高压系统内要完成 IT 线路结构转换。I 代表绝缘传递电能（通过单独的、对车身绝缘的正极导线和负极导线）。T 表示所有用电器都采用等电位与车身相连，该导线由蓄电池控制单元 J840 在绝缘检查时一同监控，以便识别出绝缘故障或者短路。另外，高压线的圆形触点上也有机械编码。在高压电网中，所有插头都有防接触层，所有高压导线都有厚厚的绝缘层和一个波纹管（多加了一层抗刮磨层）。

高压装置的导线与车载 12 V 电气系统用的导线是有明显区别的。由于电压高、电流大，所以高压装置导线的横截面积要明显大一些，且使用专用的插头触点来连接。为了让人们注意到高压导线所在位置，高压导线都是橙色的，在这方面所有生产厂商均已达成一致。为避免安装错误，高压导线都有机械编码，并用一个插接环下面的颜色环做上了标记。图 10-26 展示了奥迪 Q5 混合动力汽车高压系统连接，表 10-7 展示了奥迪 Q5 混合动力汽车高压系统连接的详细内容。

图 10-26　奥迪 Q5 混合动力汽车高压系统连接

笔记

表 10-7 奥迪 Q5 混合动力汽车高压系统连接

接头	编号	环颜色和局部颜色	状态
功率控制电子装置——高压蓄电池混合动力蓄电池高压线束 PX1	P1	红色	T+（HV—Plus）
	P2	棕色	T-（HV—Minus）
功率控制电子装置——空调压缩机	P3	红色	-
功率控制电子装置——电驱动装置的电机	P4	蓝色	U
电机高压线束 PX2	P5	绿色	V
	P6	紫色	W

高压装置内有如下线路段。

（1）从高压蓄电池到功率控制电子装置的两根高压线（P1，P2）。

（2）从功率控制电子装置到电机的三根高压导线（P4 编码环为蓝色，P5 编码环为绿色，P6 编码环为紫色）。

（3）从功率控制电子装置到空调压缩机的一根双芯高压线（P3 编码环为红色）。

【完成任务】从图 10-26 奥迪 Q5 混合动力汽车高压系统连接提示写出高压线芯数及功能。

P3:______________;______________。P1 和 P2:______________;______________。

P4、P5、P6______________;______________。

二、高压插头简介

图 10-27 所示为高压插头使用介绍。给空调压缩机供电的 P3 导线与其他导线插头是不同的，该插头有正、负双芯的双圆形触点和两个用于安全线的触点，所以 P3 实际是四芯结构，其余 5 根为单芯结构。

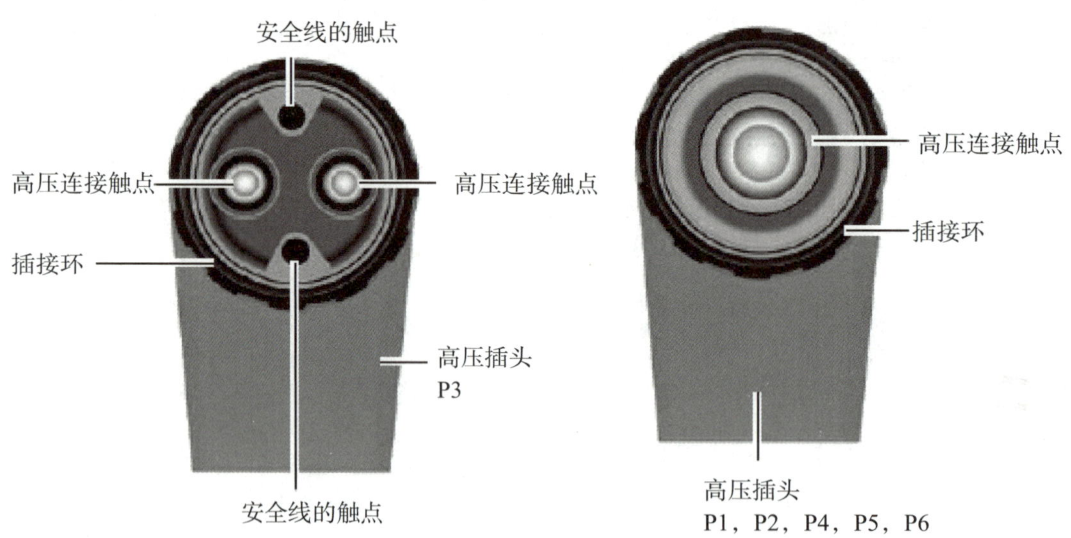

图 10-27 高压插头使用介绍

笔记

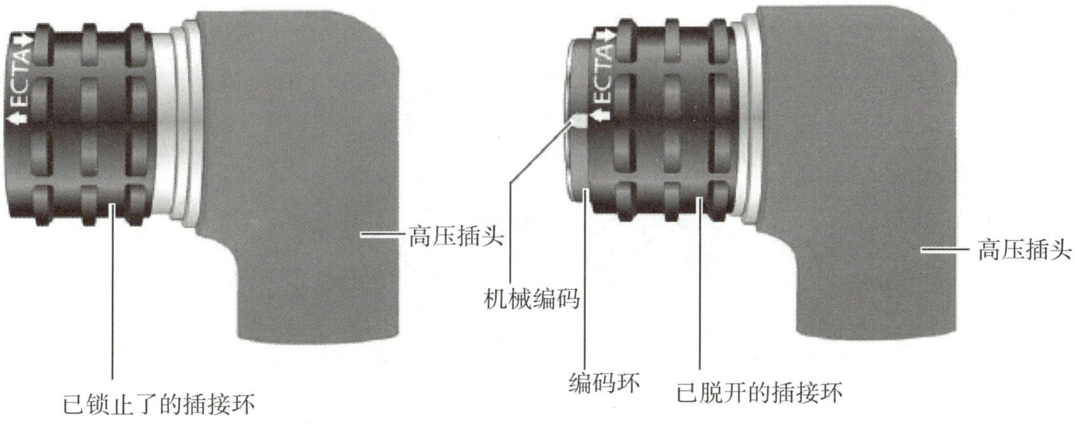

图 10–27　高压插头使用介绍（续）

如果向上拔出并松开插接环的话，就能看见编码环的颜色了。在插上插头后，必须向下压插接环，直至其卡止，这样才算真正接好。除了通过颜色环来标出编码外，高压插头和接口上还有机械编码，编码的位置用黄色标记标出。

【完成任务】机械编码是点还是环：________________。

三、功率电子装置的连接

图 10-28 所示为从高压蓄电池到功率控制电子装置混合动力蓄电池高压线束 PX1 接头 P1、P2。高压蓄电池和功率控制电子装置是通过两根橙色的高压线连接的。这两根导线是单极的，都有屏蔽功能和各自的电位。

图 10-29 所示为从功率控制电子装置到空调压缩机接头 P3，空调装置因空调压缩机的原因而成为奥迪 Q5 混合动力四轮驱动车高压装置的一部分。这种新颖的操控方式的优点在于：即使发动机不工作了，仍能对车内空间进行空调调节。该空调装置根据蓄电池充电状态来工作。如果高压蓄电池的充电量下降了，那么系统会自动起动发动机来给高压蓄电池充电。

图 10–28　高压电接头 P1、P2 的位置

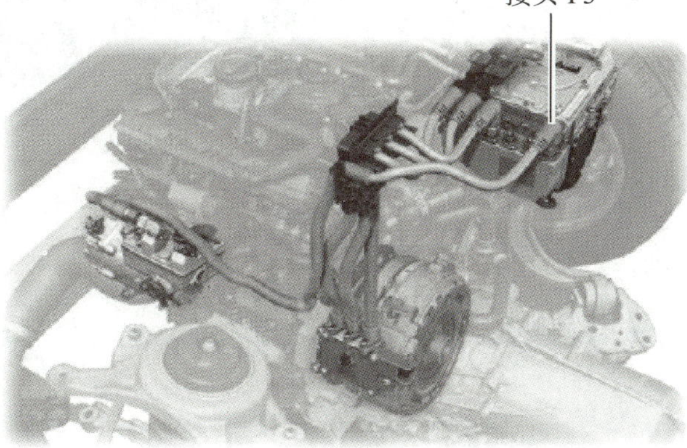

图 10–29　高压电接头 P3 的位置

为防止弄混高压线，采用颜色标识和机械标识，并都带有屏蔽功能和安全线。如果将该导线两个插头中的一个拔下，相当于拔下了安全插头，高压系统将关闭。

图 10-30 所示为功率控制电子装置的 P4、P5 和 P6 通过三相电缆经高压线束 PX2 夹到电机上。

笔记

图 10-30 高压电接头 P4、P5 和 P6 的位置

四、12V 车载供电网

图 10-31 所示为高压和低压电源系统元件位置，与传统燃油奥迪 Q5 汽车相比，12 V 车载供电网取消了 12 V 的交流发电机，交流发电机的功能由高压电机来接管。12 V 车载供电网由功率控制电子装置中的 DC/DC 转换器来供电。一个备用蓄电池 A1（12 A·h）安装在左后侧围板内。12 V 的蓄电池监控控制单元 2—J934 连接在数据总线诊断接口 J533 的 LIN 总线上。备用蓄电池在“15 号线接通”时由蓄电池分离继电器 J7 来接通。取消了稳压器 J532，其再生能量由备用蓄电池承担。在“15 号线关闭”时，备用蓄电池不消耗电流。

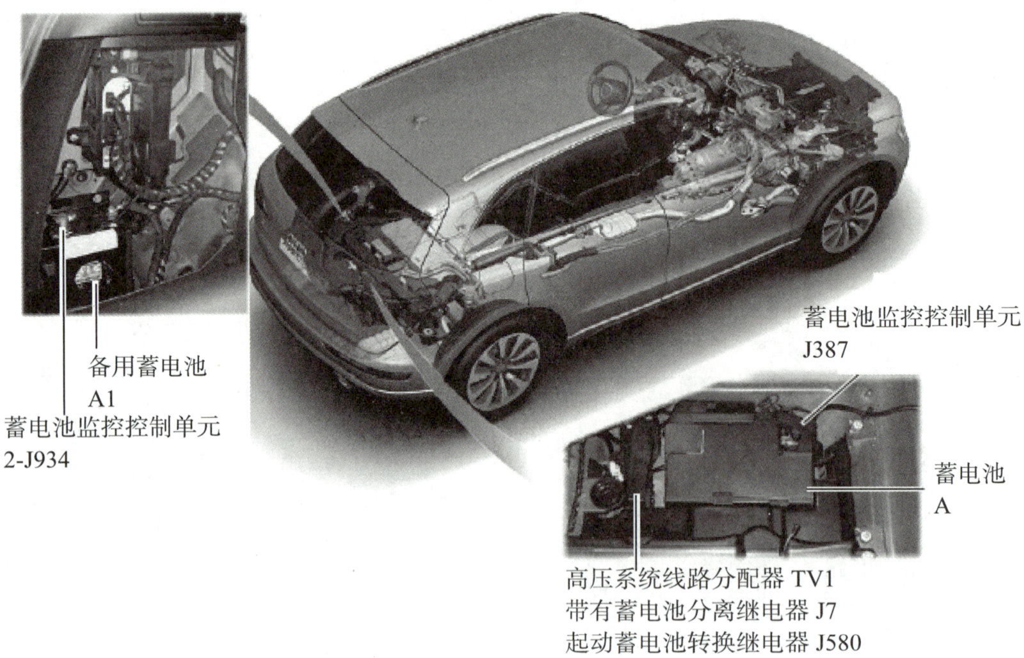

图 10-31 高压和低压电源系统元件位置

【完成任务】请写出图 10-31 高压和低压电源系统元件位置和名称。

A1:________;________。2-J934:________;________。

J387:________;________。J7:________;________。

TV1:________;________。J850:________;________。

笔记

1. 12V 辅助起动机

奥迪 Q5 混合动力汽车仍保留 12 V 起动机，目的是在高压蓄电池无法起动高压电动机的特定情况下用于起动发动机。这时发动机舱的 12 V、68 A·h 起动用的蓄电池 A（不是备用蓄电池 A1）就由发动机控制单元通过起动蓄电池转换继电器 J580 与车载供电网断开了，以便将全部能量都用于起动机。断开后的车载供电网由备用蓄电池 A1 和 DC/DC 转换器来供电。

【说明】在检修 12 V 车载供电网时，必须将两个 12 V 蓄电池的接线都断开。跨接起动螺栓可在诊断仪的自诊断中找到，通过外接起动螺栓可以给 12 V 蓄电池充电，也可在 12 V 蓄电池没电时，借助于跨接起动螺栓来起动，通过外接起动螺栓也可以给高压蓄电池充电。而备用蓄电池 A1 只有在接通点火开关时才能充上电。

【完成任务】(1）丰田普锐斯只有备用 12 V 蓄电池，没有 12 V 起动机用蓄电池的优缺点是什么？________________。

（2）奥迪 Q5 混合动力汽车采用备用 12 V 蓄电池和 12 V 起动机用蓄电池的优点是什么？________________。

2. 电子点火开关

通过“点火钥匙已插入”这个信息，点火开关告知高压装置：现在准备要行车了。对于蓄电池管理控制单元来说，“点火钥匙已插入”这个信息是必须要满足的条件，满足该条件后蓄电池管理控制单元才能将高压蓄电池的高压继电器上电，高压触点闭合，将高压电从电池箱的 P1、P2 输出。如果拔出了点火钥匙，蓄电池管理控制单元将高压蓄电池与高压供电网断开。

高压上电控制：踩下制动踏板，操作点火开关实现“15 号线接通”和“50 号线接通”，并在仪表上显示“Hybrid Ready”(混合动力已准备完毕)，才可以靠电动机来驱动车辆行驶（若高压蓄电池电量严重不足时则会自动起动发动机)。

3. 安全气囊控制单元 J234

为了避免在碰撞后高压装置对乘员和救援人员造成危害，安全气囊控制单元识别出碰撞信号后，蓄电池管理控制单元 J840 利用这个碰撞识别信号将高压上电继电器触点断开，从而将高压蓄电池与高压供电网络分离。

在第一个碰撞级时，安全带张紧器触发，同时高压上电继电器触点断开。第一级碰撞引起的高压断开这个过程是可逆的，也就是说，当再次接通点火开关后，高压触点可以再次合上。在第二个碰撞级时，安全带张紧器和安全气囊就都被触发，高压蓄电池与高压供电网的分离就是不可逆的，只能使用诊断仪来重置此过程。救援人员根据被触发的安全气囊就可以知道高压上电继电器已经断开了。

4. 系统管理

图 10-32、图 10-33 所示为系统管理功能涉及的控制单元，系统功能图展示了使用电机来驱动行驶时所用到的部件。所有参与行驶的车辆系统之间要交换大量的输入和输出信号，例如用于驱动暖风和空调、助力转向和制动器等。其中最重要的是从电驱动切换到发动机驱动时（或反之），两个动力系统的配合问题，以便在驱动力矩变化的情况下不影响行驶的舒适性。

因此，发动机管理系统、变速器管理系统和混合动力管理系统之间的彼此配合就需要非常精确。对于发动机驱动和电动驱动来说，发动机控制单元和电机控制单元是混合动力管理系统单元的两个子单元。

笔记

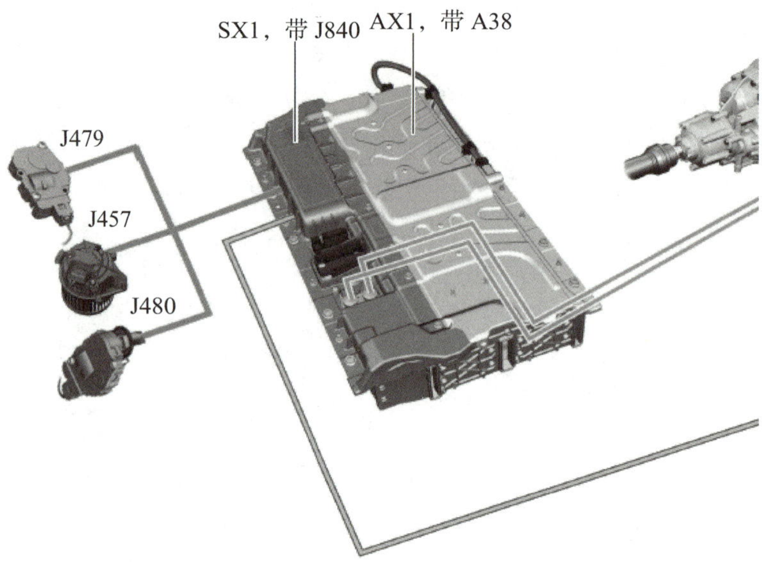

图 10-32　系统管理功能涉及的控制单元（1）

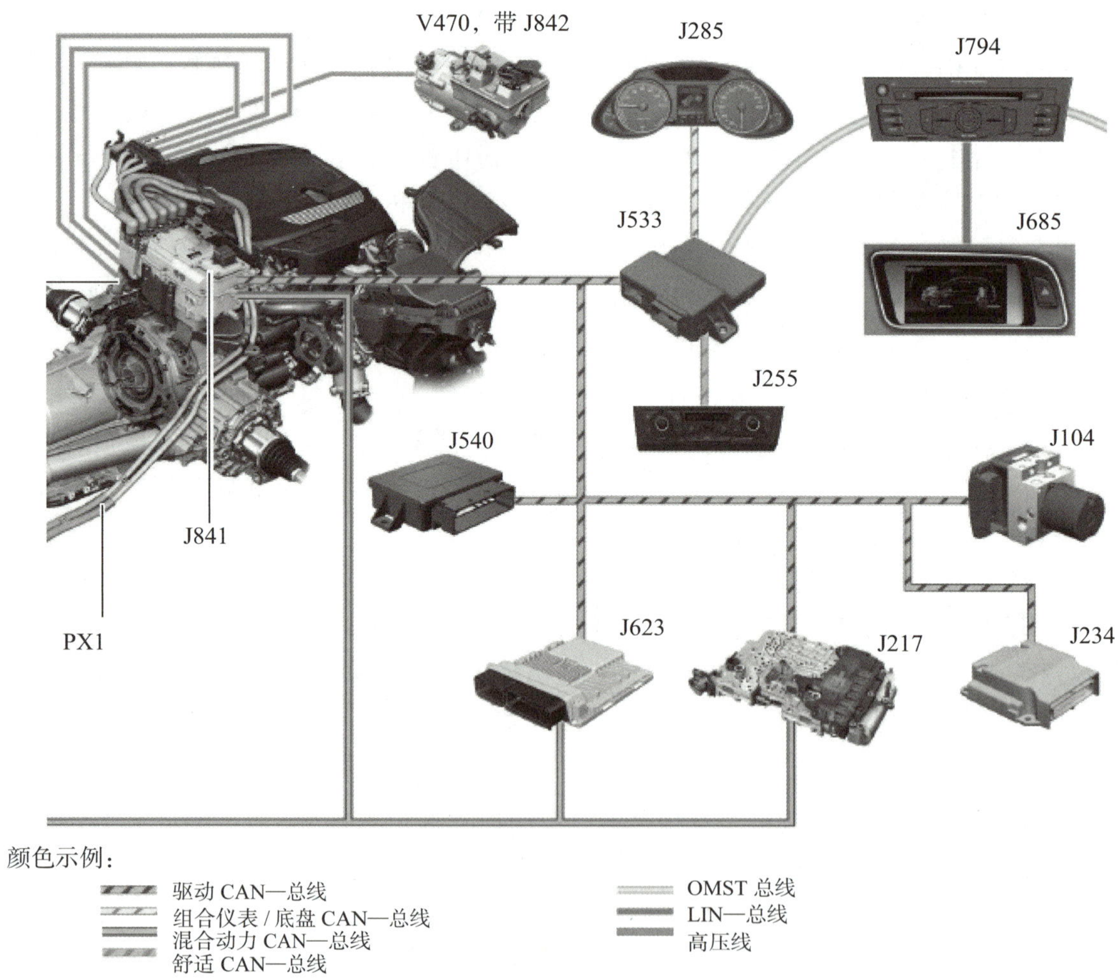

图 10-33　系统管理功能涉及的控制单元（2）

笔记

AX1 混合动力蓄电池单元

PX1 混合动力蓄电池高压线束

SX1 插头和配电盒 1

• 高压线监控

A38 高压蓄电池

J104 ABS 控制单元

• 制动装置液压压力，制动压力

• 车轮转速监测

J217 自动变速器控制单元

• 变速器转速

• 挡位识别

• 变速器液压系统温度

• 电动液压泵，变速器液压压力，挡位切换

• 发动机/电驱动电机的离合器操纵

J234 安全气囊控制单元

• 碰撞信号

J255 自动空调控制单元

• 激活空调压缩机

J285 组合仪表内控制单元

• 组合仪表显示屏上的文字信息和行驶状态说明

J457 蓄电池风扇 1

J479 混合动力蓄电池循环空气翻板 1 的伺服电机

J480 混合动力蓄电池循环空气翻板 2 的伺服电机

J533 数据总线诊断接口

• 不同总线系统之间的数据传递

J540 电动机械式驻车制动器

• 司机下车识别

J623 发动机控制单元

• 电动驱动模式接通 / 关闭

• 制动操作信号

• 电子油门 E—Gas 信号

• 发动机转速

• 发动机温度

• 司机缺席识别

• 电驱动电机的冷却液温度

J685 MMI—显示器

• 显示行驶状态说明

J794 信息电子控制单元 1

• 传送显示信息

J840 蓄电池管理控制单元

• 蓄电池温度

• 操控高压触点

J841 电驱动控制单元

• 电驱动电机的转速

• 电驱动电机的温度

• 功率电子控制装置的温度

• 电压监控

J842 空调压缩机控制单元

• 压缩机转速

V141 电驱动电机

V470 电动空调压缩机

五、下车识别和自动驻车功能

如果满足司机车门已关闭、行驶准备状态为“Hybrid Ready”(混合动力已准备完毕）或者发动机正在运行、车速低于 7 km/h、已挂入 D、R、S 或 Tip 等行驶挡位且未踩下制动踏板的全部条件时，若驾驶室左侧车门打开了，那么就识别为司机下车了，这时电动机械式驻车制动器自动实现驻车。要想再次激活司机下车识别功能，车速必须要高于 7 km/h。变速器在挡位 N（车辆在洗车机中）或 P（自动变速器内的机械锁）时，电动机械式驻车制动器不会自动驻车。

六、司机缺席识别

如果满足行驶准备状态为“Hybrid Ready”(混合动力已准备完毕)，或者识别出司机在场(通过驾驶室左侧车门关闭且司机系安全带）或驾驶室左侧车门已关闭且已挂入某个行驶挡位三个条件的话，就判定为司机在场。

笔记

如果在挂入挡位 P 时，打开了驾驶室左侧车门或者摘下了司机的安全带，将判定为司机缺席。如果是在发动机工作时识别出这种情况的，那么发动机会继续工作。如果是在发动机不工作时识别出这种情况的，那么混合动力管理系统将转换为待命状态，此时高压蓄电池不会有电流输出，且发动机也不能再起动。由于没有高压蓄电池给 12 V 蓄电池充电，12 V 蓄电池会放光电能。

【完成任务】请创造出司机缺席的假象，测试这时 DC/DC 转换器是否给 12 V 蓄电池供电，丰田普锐斯有这个功能吗？

七、行驶程序

奥迪 Q5 混合动力四轮驱动车有三种行驶程序可供用户来选择，如表 10-8 所示。

表 10-8　行驶程序控制

行驶挡位	程序	可能的影响
EV	扩展了的电驱动模式	● 电动行驶，只能使用到高压蓄电池的充电状态不低于 30% ● 纯电动行驶的最大车速为 100 km/h ● 滑行（内燃机和电机都不产生驱动力） ● 起动—停止 ● 无 Boost 功能 ● 制动能量回收
D	燃油消耗情况最佳，Boost 功能适中	● 电动行驶，只能使用到高压蓄电池的充电状态不低于 30% ● 滑行（内燃机和电机都不产生驱动力） ● 起动—停止 ● Boost 功能适中 ● 制动能量回收
S 和 Tip—通道	电驱动的 Boost 功能较强	● 起动—停止 ● 出色的 Boost 功能 ● 制动能量回收 ● 无电动行驶功能

第八节　奥迪 Q5 混合动力汽车显示和操纵单元

一、显示和操纵单元简介

奥迪 Q5 混合动力四轮驱动车装备了下述装置和功能，用于操纵和显示电动驱动系统 。

（1）功率表取代了发动机转速表。

（2）高压蓄电池充电状态显示。

（3）取消了冷却液温度显示。

（4）电驱动切换按钮 E709。

二、功率表上的显示

图 10-34 所示为仪表显示功能，在行车过程中，功率表上会显示各种车辆状态、混合动力系

笔记

统的动力输出情况或者充电功率情况。

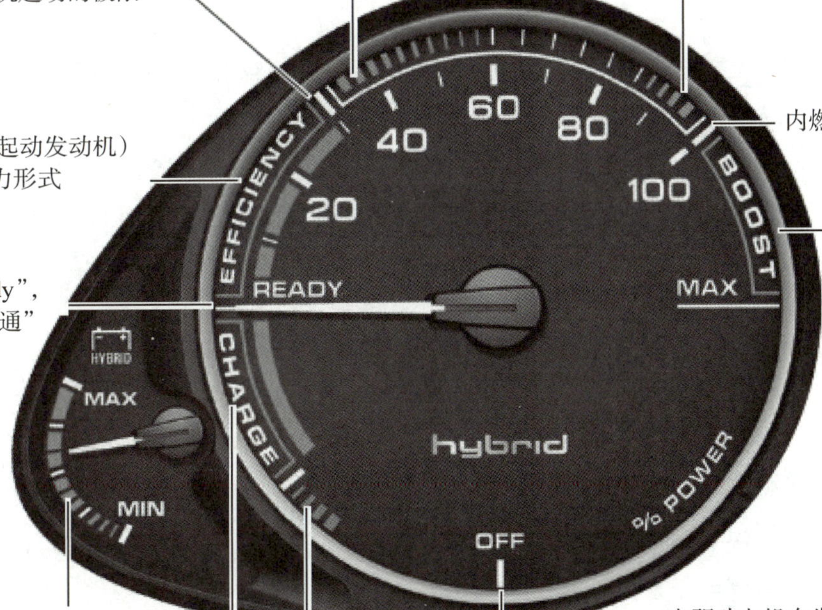

图 10-34　仪表显示功能

【完成任务】在图 10-34 仪表显示功能中请找到高压蓄电池的 SOC 表；在发动机工作时，将油门踏板踩到底，仪表指针应指到哪？大指针的这个仪表是功率表还是转速表？

三、显示屏显示内容

1. 显示故障

如果高压系统有故障，那么组合仪表显示屏上的警报灯会加以提示。该警报灯可能以黄色亮起表示有故障但还能行驶，也可能以红色亮起表示车辆无法行驶。根据高压系统的故障类型会显示相应的提示文字，如图 10-35 所示。

显示	文字提示	含义
 （现实为黄色）	Hybridantrieb（混合动力驱动装置） Systemstörung（系统故障） Bitte Service aufsuchen（请寻求服务站帮助）	车辆仍能行驶 可以使用内燃机来驱动车辆继续行驶
 （现实为红色）	Hybridantrieb（混合动力驱动装置） Systemstörung（系统故障） Ausfall Lenk-und Bremsunterstutzüng möglich.（转向助力和制动助力可能失灵）	车辆无法再行驶了

图 10-35　显示屏显示功能

笔记

2. 显示充电状态

图 10-36 所示为高压蓄电池充电的仪表显示，如果识别出有充电电流，组合仪表显示屏会出现一个“绿色”的充电插头提示。

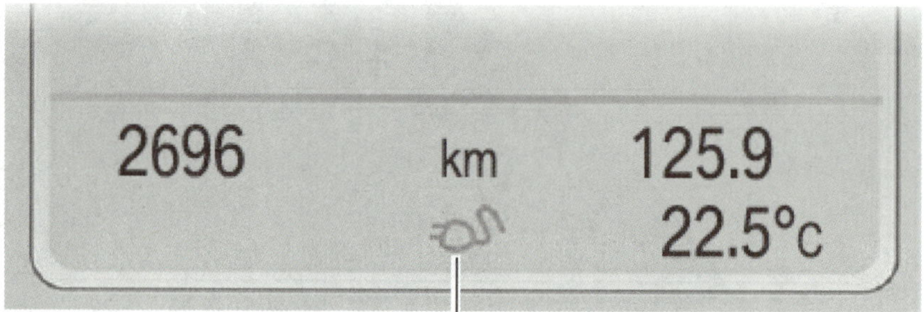

图 10-36　显示屏显示功能

【完成任务】显示屏出现图 10-36 所示的插头，是高压蓄电池充电还是 12V 蓄电池在充电：________。

3. 能量流显示

（1）Hybrid Ready。

如图 10-37 所示，“Hybrid ready”显示内容表示：混合动力系统已经准备就绪，可以工作了。

（2）电动驱动。

高压蓄电池符号和车轮行驶箭头表示正在用高压蓄电池来驱动，且电驱动电机正在工作。组合仪表显示屏上也会显示所有其他的行驶状态，显示内容只对应相应的行车状态。如图 10-38 所示，高压蓄电池符号和远离车轮的绿色箭头表示：正在用高压蓄电池来驱动且电驱动电机正在工作，显示使用电机来驱动车辆行驶。

（3）发动机驱动。

如图 10-39 所示，仅用发动机来行车时，用黄色的发动机和黄色的车轮行驶箭头表示：现在是以发动机来驱动车辆行驶的。

图 10-37　准备就绪显示

图 10-38　电动机驱动显示

图 10-39　发动机驱动显示

笔记

（4）混合动力。

图 10-40 所示为使用电驱动和发动机来行车（Boost）。

（5）能量回收。

发动机符号、高压蓄电池符号和远离车轮的黄色和绿色箭头表示：正在用发动机高压蓄电池和电驱动电机来驱动车辆行驶。如图 10-41 所示，车辆滑行时的能量回收小于 160 km/h，高压蓄电池符号和指向车轮的绿色箭头表示：正在回收能量且正在给高压蓄电池充电。

（6）停车。

图 10-42 所示为停车和发动机，发动机符号和高压蓄电池符号表示：发动机正在运转且正在给高压蓄电池充电。

图 10-40　混合驱动显示

图 10-41　能量回收显示

图 10-42　停车显示

【完成任务】仪表中央显示屏出现的能量流动状态显示图共用几屏：________________。分别是什么：________________。

奥迪 Q5 混合动力四轮驱动车上装有 MMI 增强版导航系统。因此 MMI 显示屏上的显示与组合仪表上的显示有所不同。

如图 10-43 所示，“Hybrid Ready”显示内容表示：混合动力系统已经准备就绪，可以工作。图 10-44 所示为仅用电机来驱动车辆行驶，高压蓄电池符号和远离车轮的绿色箭头表示：正在用高压蓄电池来驱动且电驱动电机正在工作。

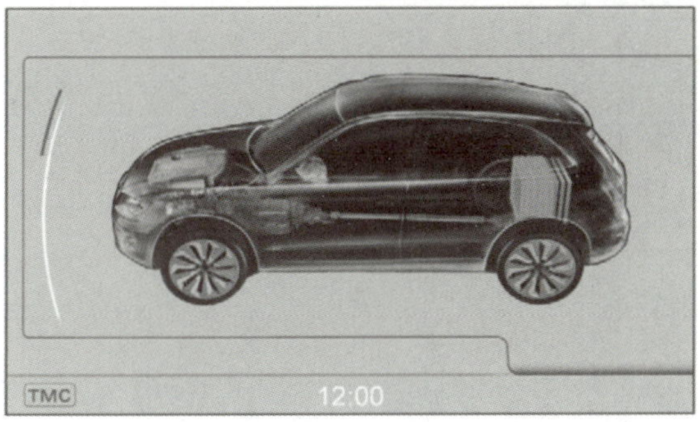

图 10-43　准备就绪显示

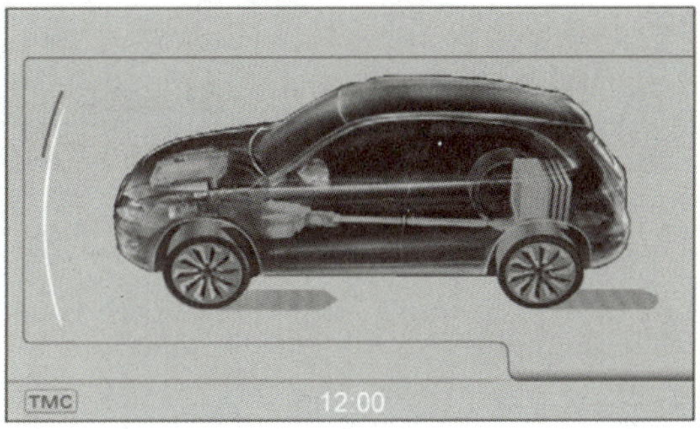

图 10-44　电动机驱动显示

笔记

图 10-45 所示为仅用发动机来行车，发动机符号、高压蓄电池符号和远离车轮的黄色箭头表示：现在是以发动机来驱动车辆行驶的。图 10-46 所示为使用电驱动和发动机来行车（Boost），发动机符号、高压蓄电池符号和远离车轮的黄色和绿色箭头表示：正在用发动机、高压蓄电池和电驱动电机来驱动车辆行驶。

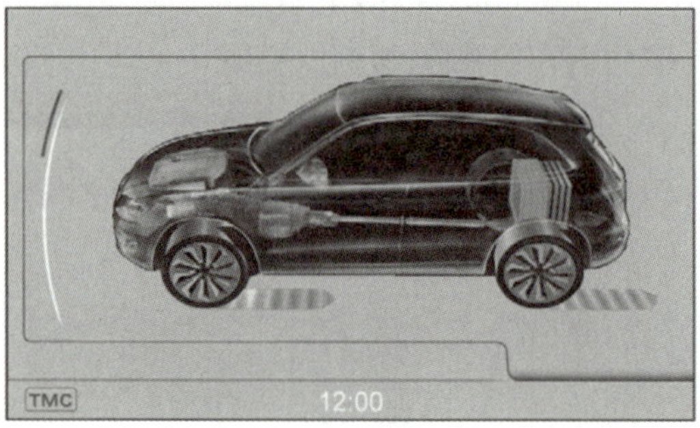

图 10-45　发动机驱动显示

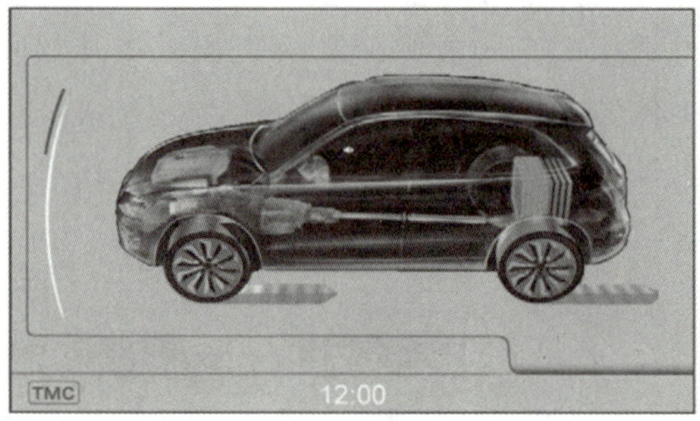

图 10-46　混合驱动显示

图 10-47 所示为车辆滑行时的能量回收小于 160 km/h，高压蓄电池符号和指向车轮的绿色箭头表示：正在回收能量且正在给高压蓄电池充电。图 10-48 所示为停车和发动机，发动机符号和高压蓄电池符号表示：发动机正在运转且正在给高压蓄电池充电。

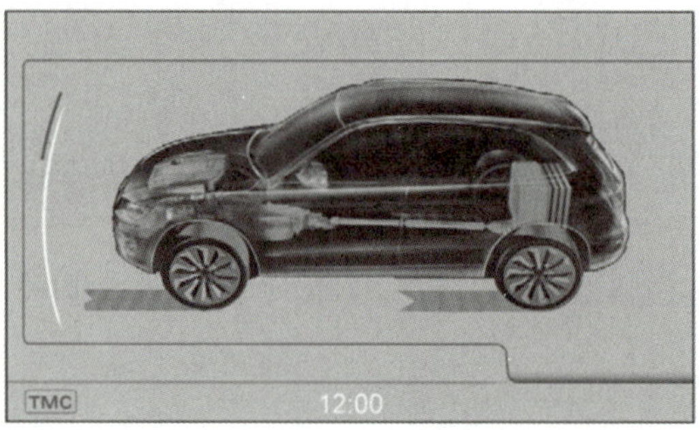

图 10-47　能量回收显示

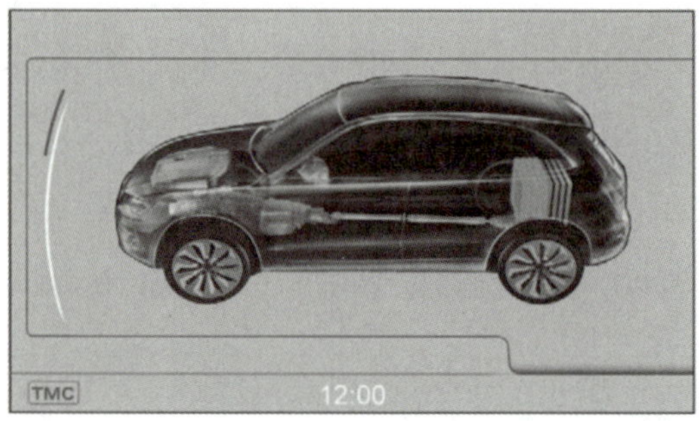

图 10-48　停车显示

消耗统计如图 10-49 所示，每五分钟就会显示一次车辆行驶时的能量消耗和能量回收情况。这些数据表示的是刚刚过去的 60 分钟内的情况，以柱形图的形式给出。实心的柱形图表示的是当前的行车状况，空心的柱形图表示的是以前的行车状况。

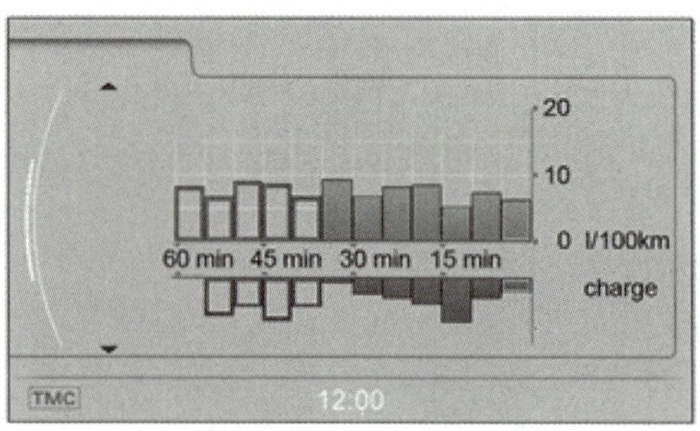

图 10-49　消耗统计

【完成任务】图 10-49 的能量消耗统计图中一个柱条代表几分钟：________________；共有多少个柱条：________________。

笔记

四、操纵面板

如图 10-50 所示，使用电驱动切换按钮 E709 选择 EV 模式，可以增长电动行驶的里程，电池的全部功率都用于车辆的电动行驶中。只要车速不高于 100km/h 或者蓄电池的电量状态（SOC）不低于 34%，那么就可以用纯电动方式来驱动车辆行驶。

使用 EV 模式行车的先决条件如下。

（1）蓄电池电量大于 42% 。

（2）高压蓄电池温度大于 +10℃ 。

（3）内燃机冷却液温度在 +5~ +50℃。

（4）车外温度不低于 +10℃（用于 EV 冷起步）。

（5）12 V 起动机已释放。

（6）海拔高度小于 4 000 m。

（7）非 Tiptronic（非手自一体模式）。

（8）系统有效电功率大于等于 15 kW。

（9）停止—使用能在一起作用。

图 10-50　电驱动切换按钮 E709

如图 10-51 所示，组合仪表上出现一个绿色符号且 EV 模式按钮下出现一个绿色的方块，就表示 EV 模式已经激活。如果失效，对混合动力驱动无影响，只是扩展的电动行驶的附加功能无法再使用。

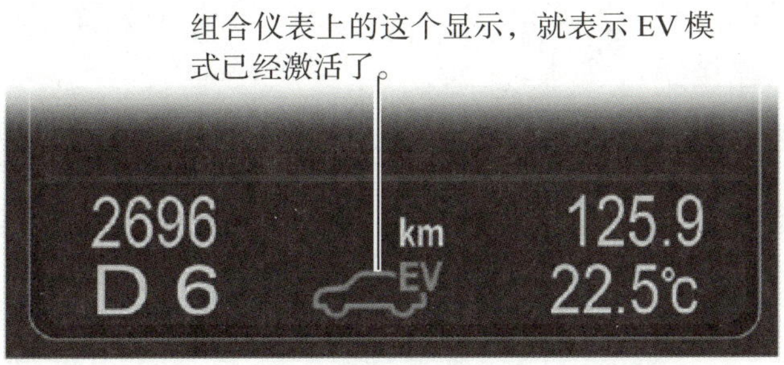

图 10-51　显示屏显示的 EV 模式

【完成任务】按下电驱动切换按钮 E790 选择 EV 模式，观察仪表显示。EV 模式在电池电量低时发动机会自动起动吗：________________。

第九节　售后服务和车间设备

一、售后服务专用工具

售后服务专用工具如图 10-52 所示。

1. 保养用断开锁 T40262

为了在保养时防止高压装置再次合闸接通，厂家设计保养插头用带挂锁的塑料盖上锁锁住。

笔记

这是在检修电气装置时的第二点安全规程，即“严防设备重新合闸”。

2. 适配头 T40259

这组工具有三套钩环组成，用于拆装高压蓄电池。

3. 松开工具 T40258

该工具用于拆卸高压插头。

图 10-52　售后服务专用工具 T40262、T40259 和 T40258

二、车间设备

车间设备如图 10-53 所示。

1. 检测适配器 VAS 6606

高压蓄电池和功率控制电子装置使用分离盒 VAS 6606 中的这些检测适配器来实现在线检查。也称在线检查盒（或 T 型连接器）。

2. 混合动力警告牌 VAS 6649

在开始检修混合动力车前，必须要保证工作地点的安全。因此必须把这个安全警示牌放在车内容易看到的地方，以提醒人们注意高电压的危险性。

3. 混合动力警告牌 VAS 6650

在开始检修混合动力车前，必须要保证工作地点的安全。因此必须把安全警示牌放在车内容易看到的地方，以提醒人们“切勿接通，正在检修”。

图 10-53　VAS 6606、VAS 6649 和 VAS 6650

4. 12 V 充电器

如果高压蓄电池的起动能力不足了（组合仪表上有显示），那么请用 12 V 充电器（例如 VAS 5904 或 VAS 5903）以不低于 30 A 的电流来进行充电。

笔记

【说明】高压设备的检修工作须认证的高压电技工来进行操作。只有受训合格的高压电技工才可以拔保养插头，以保证装置处于停电状态。为保证正确、安全地使用高压专用工具，请务必遵守维修手册上的规定。

5.VAS 6558 绝缘电阻测量插头

如图 10-54 所示，VAS 6558 这个测量模块用于通过一个非常小的电流产生一个 500 V（最高可达 1 000 V）的测量电压，供电是通过 USB2.0 接口获得的。用测量盒借助于某个测量适配器来测量停电（无电压）状态。另外，还可用它来确定绝缘电阻。该测量盒可以与诊断仪 VAS 5051B、VAS 5052A 和 VAS 6150 兼容。

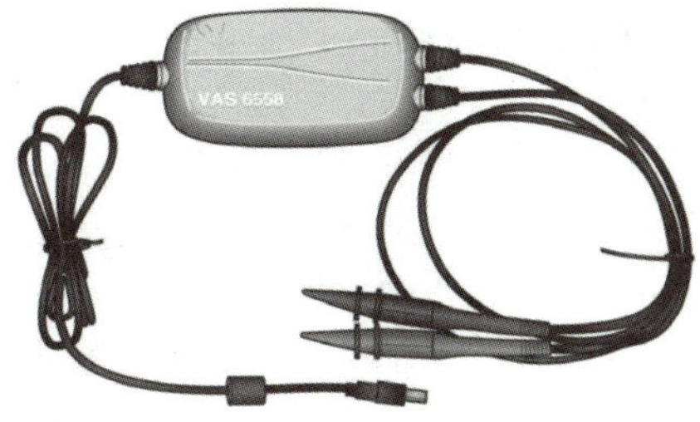

图 10-54　VAS 6558

该接头是组件 VAS 6558/1A 的一部分，用于配合 VAS 6558 测量高压装置内的停电（无电压）状态和绝缘电阻。

6. 无电压测量适配接头 VAS 6558/1-1

如图 10-55 所示，VAS 6558/1-1 接头直接连在电源、高压蓄电池和功率控制电子装置上，用于测量无电压状态。该接头内装的是高欧姆电阻，以保证在出现故障时，测量插口上只有很小的电流。在每次测量电压状况前，应检查一下测量适配接头。适配接头的所有高压连接线在外观上都有机械编码，只能用于与其相配的插口上。适配接头的高压连接线插、拔都要小心，否则可能会损坏插口。

【说明】高压设备的检修工作须认证的高压电技工来进行操作。只有受训合格的高压电技工才可以拔保养插头，以保证装置处于停电状态。

7. 测量插口 VAS 6558/1-2

如图 10-56 所示，VAS 6558/1-2 这两条高压接线是与混合动力蓄电池单元和功率控制电子装置上的接口相配的。该测量接头上的高压插口与混合动力蓄电池单元、功率控制电子装置以及电机的高压线是相配的。使用这个测量接头，可以测得高压供电网的绝缘电阻。

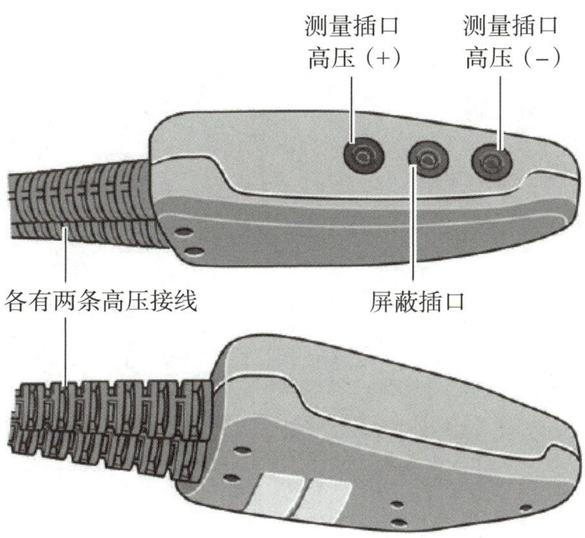

图 10-55　VAS 6558/1-1

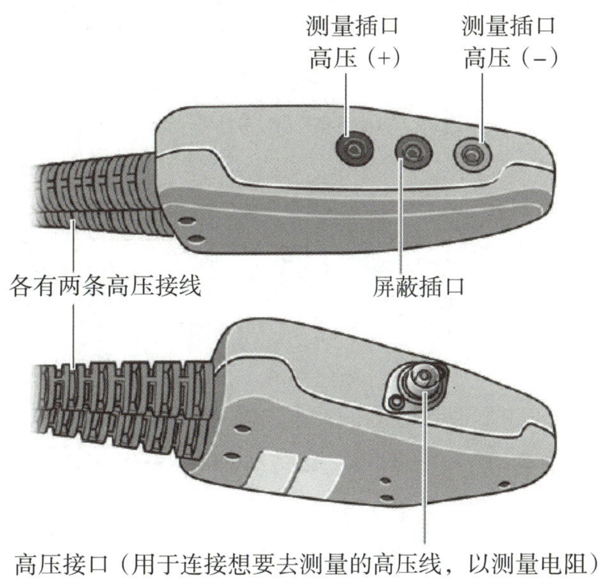

图 10-56　VAS 6558/1-2

笔记

8.VAS 6558/1–3A

空调压缩机和安全线的绝缘电阻测量接头安全线插口 VAS 6558/1-3A 如图 10-57 所示。该测量接头上的一条高压接线只与功率控制电子装置上的空调压缩机测量插口相适配。通过高压接口可以测得空调压缩机的高压线的绝缘电阻。由于安全线整合在空调压缩机的高压接线内了，所以使用这个测量插头还可以检查安全线。

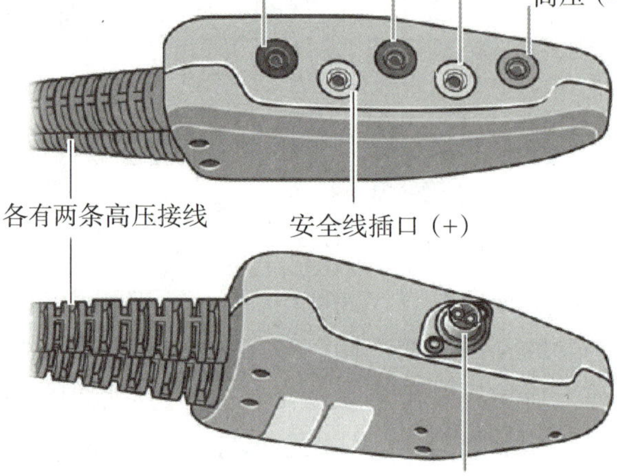

图 10–57　VAS 6558/1–3A

【说明】接头 VAS 6558/1-2 和 VAS 6558/1-3A 只可以在确定没有电压（停电）的时候使用。为保证正确、安全地使用高压专用工具，请务必遵守维修手册上的规定。

参考文献

［1］赵振宁，杨舒乐 . 新能源汽车技术［M］.3 版 . 北京：航空工业出版社，2021.

［2］赵振宁，袁牧，翟来涛 . 混合动力汽车构造、原理与检修［M］.2 版 . 北京：北京理工大学出版社，2021.

［3］丰田普锐斯混合动力汽车培训手册 .

［4］大众途锐混合动力汽车培训手册 .

［5］奥迪 Q5 混合动力汽车培训手册 .